Novo dicionário de dúvidas da língua portuguesa

Evanildo Bechara

Colaboração de
Shahira Mahmud

*As dúvidas de português
que temos todos os dias
respondidas pelo mais conhecido
gramático do nosso tempo*

Novo dicionário de dúvidas da língua portuguesa

3.ª edição revista e ampliada com novas dúvidas

Rio de Janeiro, 2022

© 2016 by Evanildo Bechara

Direitos de edição da obra em língua portuguesa no Brasil adquiridos pela EDITORA NOVA FRONTEIRA PARTICIPAÇÕES S.A. Todos os direitos reservados. Nenhuma parte desta obra pode ser apropriada e estocada em sistema de banco de dados ou processo similar, em qualquer forma ou meio, seja eletrônico, de fotocópia, gravação etc., sem a permissão do detentor do copirraite.

Editora Nova Fronteira Participações S.A.
Rua Candelária, 60 – 7º andar – Centro – 20091-020
Rio de Janeiro – RJ – Brasil
Tel.: (21) 3882-8200

Dados Internacionais de Catalogação na Publicação (CIP)

B391n Bechara, Evanildo

   Novo dicionário de dúvidas da língua portuguesa / Evanildo Bechara. – 3.ª ed. – Rio de Janeiro: Nova Fronteira, 2022.

   360 p.; 15,5 x 23 cm

   ISBN: 978-65-5640-390-8

   1 . Língua portuguesa. I. Título.

                                    CDD: 469.09
                                    CDU: 811.134

          André Queiroz – CRB-4/2242

CONHEÇA OUTROS LIVROS DO AUTOR:

Prefácio da 1.ª edição

Uma língua a serviço de uma sociedade se acha sempre num equilíbrio instável, isto é, está sujeita a alterações na sua estrutura e usos que não lhe comprometem o principal papel de permitir a intercomunicação dos seus utentes, vale dizer, dos seus usuários.

Notável mestre europeu dos estudos clássicos comparou certa vez esta situação de equilíbrio instável de uma língua viva a um rio congelado: por baixo da superfície parada e uniforme encontram-se, vivas e travessas, as correntes que levam o rio ao seu destino final. A superfície inerte assemelha-se à estrutura de uma gramática descritiva, e as inquietas correntes subjacentes equivalem aos fatos da língua viva, que se alteram para melhor traduzir o pensamento e as ideias dos seus usuários. A este último campo deve ater-se a gramática normativa e a atividade do professor de língua. Todo este universo vem refletido em obras da natureza deste dicionário, que se propõe a lembrar a tradição idiomática e a acrescentar-lhe as novidades que se vão descobrindo nesse aparente equilíbrio de um idioma vivo a serviço de todos.

Este *Novo dicionário de dúvidas da língua portuguesa* pretende ajudar o leitor a seguir o melhor caminho, indicando-lhe não só a tradição do idioma refletida na lição dos bons autores, mas também as novidades e concessões que se vão consolidando sob a responsabilidade dos escritores mais modernos.

Para a boa ciência, procurar falar e escrever "melhor" e "com os melhores" não resulta de uma atitude preconceituosa e profundamente antidemocrática, mas sim, como diz o linguista Eugenio Coseriu, de "uma aspiração genuína de todo falante consciente do seu ser histórico".

Para esta tarefa o autor contou com a colaboração competente e inteligente da colega Shahira Mahmud, cujos conselhos contribuíram para que a obra pudesse melhor prestar informações ao consulente. Também vai uma palavra de elogio à Editora Nova Fronteira, que não se tem cansado de enriquecer o seu catálogo de publicações com obras destinadas ao melhor domínio e conhecimento do nosso idioma.

Esta 1.ª edição selecionou o que pareceu mais necessário; todavia, espera contar com a leitura sempre atenta de todos para aperfeiçoá-la e enriquecê-la nas próximas edições.

Setembro, 2016
Evanildo Bechara

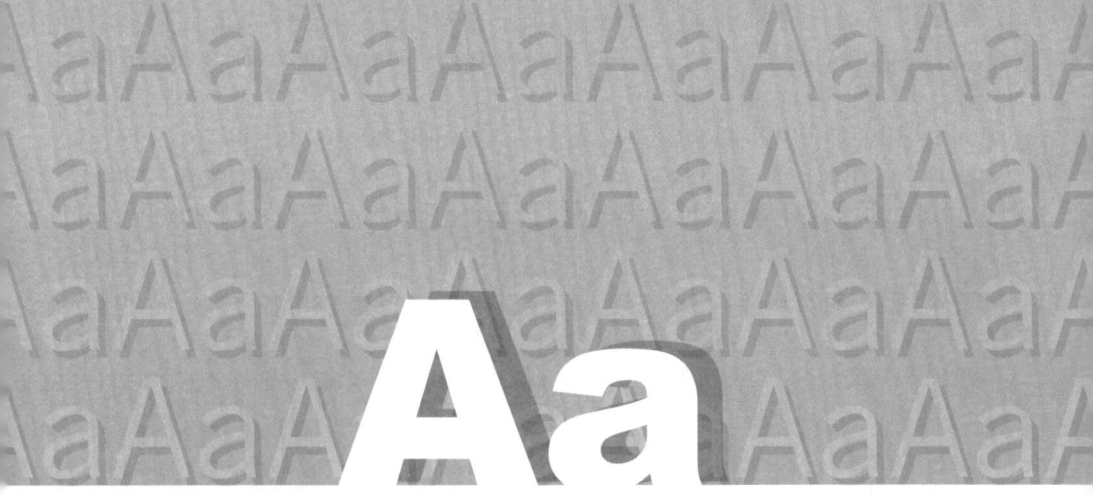

A álcool Não ocorre a crase diante de palavra masculina, como é o caso de *álcool*: *motor* a álcool; *avião* a álcool. Ver *crase*.

A baixo, abaixo *A baixo* é usado em oposição a *de alto, de cima*: *O estilista olhou a modelo de cima* a baixo; "Quintanilha, vexado e aborrecido, olhava para a tela, até que sacou de um canivete e rasgou-a de alto *a baixo*." (Machado de Assis, *Relíquias de casa velha*).

Já *abaixo* pode ser: 1. interjeição = grito de indignação ou reprovação (Abaixo *o orador!*). 2. advérbio = embaixo; em ponto inferior (*A casa ficava um pouco* abaixo *do topo da montanha.*); em posição subsequente (*Segue* abaixo *a lista dos aprovados.*); em categoria inferior, depois (Abaixo *de Deus, os pais.*); ao chão, à terra (*Com a implosão, a fábrica foi* abaixo.); em direção descendente (*A pedra rolou montanha* abaixo.).

À bala Emprega-se o acento grave no *a* quando representa a pura preposição *a* que rege um substantivo feminino singular, formando uma locução que, por motivo de clareza, vem assinalada com acento diferencial: *à força, à míngua, à bala, à faca, à espada, à fome, à sede, à pressa, à noite, à tarde*, etc. Assim temos: *O policial foi recebido* à bala; *ferimentos* à bala; *homicídio* à bala; "Simplesmente, queria caçar meu texto, *à bala*." (Nelson Rodrigues, *Memórias: a menina sem estrela*). Não confundir com a anteposição do artigo *a* ao substantivo *bala*: "[...] impedir que ele continuasse a ser torturado na mesa de operação enquanto extraíam *a bala*, tudo isso..." (Ana Maria Machado, *Tropical sol da liberdade* in Ana Maria Machado: *obra reunida*). Ver *acento grave (em locuções)*.

A bordo Não ocorre a crase diante de palavra masculina, como é o caso de *bordo* (= cada um dos lados de uma embarcação; interior de embarcação ou aeronave). A locução *a bordo* significa 'dentro de embarcação ou aeronave': "Mas não embarcaria mais. Enjoara muito *a bordo*, como todos os outros passageiros, exceto um inglês..." (Machado de Assis, *Memórias póstumas de Brás Cubas*). A locução prepositiva *a bordo de* significa 'no interior de (referindo-se a embarcação ou aeronave)': "[...] perseguidos e atacados, morreram na beira do rio, *a bordo das* lanchas, ou nas vielas escusas." (*Idem, Histórias sem data*). Ver *crase*.

À cabeça, na cabeça No sentido de contiguidade, dá-se preferência à preposição *a*, especialmente em referência a partes do corpo (*à cabeça, ao colo, ao peito, ao pescoço*, etc.): "[...] saltou pela janela, com os arreios e a mala *à cabeça*, foi ao pastinho fechado [...]." (Lúcio de Mendonça, "O hóspede", *Os melhores contos brasileiros de todos os tempos*).

À caneta A preposição *a* introduz diversas circunstâncias, como meio, instrumento e modo: matar *à fome*, fechar *à chave*, desenhar *à mão*, assaltar *à mão armada*, escrever *à caneta*, etc. Ver *acento grave (em locuções)*.

A caráter Não ocorre a crase diante de palavra masculina, como é o caso de *caráter*. A locução *a caráter* significa: 1. Conforme a época, o lugar, a moda, etc.; com traje característico: "Lembro-me de que, num dado momento, passou por mim uma família hindu, vestida *a caráter*, os homens de turbante, as mulheres envoltas em saris." (Vinicius de Moraes, "Por que amo a Inglaterra", *Senhor, abril de 1959*, in *Vinicius de Moraes: obra reunida*). 2. Com formalidade, de maneira formal: "Os mendigos *a caráter*, vestidos exagerados das mulheres etc. O Mendigo-Poeta de terno e gravata." (*Idem, Pobre Menina Rica* in *Vinicius de Moraes: obra reunida*). Ver *crase*.

A cavalo Não ocorre a crase diante de palavra masculina, como é o caso de *cavalo*: "Viera de ônibus, de carro, de motocicleta ou de trem?, perguntei, propositalmente omitindo as opções mais antigas e menos confortáveis, mas não de todo impossíveis, como *a cavalo*, numa carroça ou mesmo a pé." (Gustavo Bernardo, *A filha do escritor*); "Uma vez corremos atrás de uma garrota, das seis da manhã até as seis da tarde, sem parar nem um momento, eu *a cavalo*, ele a pé. (Ariano Suassuna, *Auto da Compadecida*).

A locução *a cavalo* também significa 'em posição superior, à semelhança de quem está montado; sobre': *bife com ovo* a cavalo; *bife* a cavalo; *baião de dois* a cavalo; "O mundo está descobrindo aquilo que o bife *a cavalo* tentou provar durante décadas: um ovo por cima melhora qualquer prato." (Míriam Castro, *O Estado de S.Paulo*). Ver *crase*.

A cerca de, acerca de, cerca de, há cerca de A locução *a cerca de* é usada para indicar distância: *Fiquei a cerca de cinco metros do palco*.

Acerca de significa 'a respeito de': *Falamos* acerca de *futebol*.

A locução *cerca de* quer dizer 'aproximadamente': *O orador discursou* cerca de *duas horas*; "'Quantos livros você tem aqui nesta sala?' § '*Cerca de* cinco mil.'" (Rubem Fonseca, *Feliz ano novo*); "[...] e da economia do tempo de Hamurabi (ou seja, *cerca de* 1820 a.C.) [...]." (Ana Maria Machado, *Texturas: sobre leituras e escritos* in *Ana Maria Machado: obra reunida*).

Há cerca de significa 'existe aproximadamente': Há cerca de *mil alunos lá fora*. Ou, no sentido de tempo decorrido, 'faz aproximadamente': "*Há cerca de* um ano que, com conhecimento e aprovação dos pais, Jurema namorava Clementino." (Nelson Rodrigues, "O netinho", *A vida como ela é...*).

À chave A preposição *a* introduz diversas circunstâncias, como meio, instrumento e modo: matar *à fome*, fechar *à chave*, desenhar *à mão*, assaltar *à mão armada*, etc. A locução *à chave* significa 'por meio de chave': "Mas já o marido, de pijama, entrava e fechava a porta, *à chave*." (Nelson Rodrigues, "O amor aos filhos", *A vida como ela é...*). Não confundir com a anteposição do artigo *a* ao substantivo *chave*: "Virei *a chave*, comecei a abrir a porta." (Caio Fernando Abreu, *Onde andará Dulce Veiga?*).

Vale acrescentar que a locução *a sete chaves* significa 'de maneira bem segura; bem trancado ou guardado': "Havia, porém, perigos, segredos que os pretos guardavam *a sete chaves* e na língua deles [...]." (João Ubaldo Ribeiro, *O albatroz azul*). Ver *acento grave (em locuções)*.

A cima, acima, acima de *A cima* é usado em oposição a *de baixo*: *Costurou a roupa de baixo* a cima. Já *acima* pode significar: 1. Em lugar precedente ou na parte superior: *Veja o exemplo citado* acima. / *A criança pulou para alcançar a gaveta* acima. 2. Em movimento ascendente, em direção a lugar mais alto: *Subiram morro* acima. 3. Expressão de estímulo; avante (interjeição): Acima, *companheiros! Ainda podemos vencer o jogo!* A expressão *acima de* quer dizer 'em categoria, posição, situação, etc. superior a; com idade superior a': *Sua inteligência está* acima da *média.* / *Quem está* acima de *ti na empresa?* / *Muito* acima dos *bens materiais, a paz de espírito.* / *A entrada era permitida para pessoas* acima de *21 anos*.

A cores Ver *em cores, a cores*.

A crédito Não ocorre a crase diante de palavra masculina, como é o caso de *crédito*: "Tinha seguramente sócios e financiadores na Bahia, que lhe mandavam, pagas à vista ou *a crédito*, as merces com que adquiria escravos." (Alberto da Costa e Silva, *Francisco Félix de Souza, mercador de escravos*).

À custa de, às custas de As duas formas de locução prepositiva estão corretas e significam: 1. Com o sacrifício de, com perda de: *Traba-*

a

lhava nas minas de carvão à(s) custa(s) da *saúde*; "À *custa de* si mesma, da própria alma, tornou-se 'séria', tornou-se 'distinta', passou a ser de 'família'." (Nelson Rodrigues, *Não se pode amar e ser feliz ao mesmo tempo*). 2. Por conta de; às expensas de: "Um homem de mais de trinta anos vivendo *às custas do* pai [...]." (Rubem Fonseca, *Feliz ano novo*); "O velho escreveu suspendendo a mesada. Diz que eu sou um marmanjão e que devo viver *às* minhas próprias *custas*." (Nelson Rodrigues, "O malandro", *A vida como ela é*...). 3. Por meio de; com o emprego de; graças a: "Só *à custa de* muito trato, de muito amor, de uma assistência de todos os minutos, ela pôde, aos pouquinhos, ir reagindo." (*Idem*, "O pó", *A vida como ela é*...). O substantivo que entra para formar locuções prepositivas como estas em geral está no singular, mas o plural também é possível: *Viver* à custa do *pai* (ou *às custas do* pai), *O negócio está* em via de *solução* (ou *em vias de* solução).

O substantivo *custas*, fora da locução, significa 'gasto referente a processo judicial': *O cliente não concordava com as* custas *do processo.* No caso do substantivo *expensa*, é raro seu emprego no singular, dando-se preferência ao plural: *Estudava* a expensas do *padrinho* (ou *às expensas do* padrinho).

A despeito de Locução prepositiva que significa 'apesar de, não obstante': "Viu os salgadinhos, os doces e, *a despeito de* uma tentação violenta, manteve-se irredutível." (Nelson Rodrigues, "O pastelzinho", *A vida como ela é*...).

Fora da locução, o substantivo masculino *despeito* significa 'ressentimento decorrente de ofensa leve ou desconsideração; desgosto motivado por preferência dada a outra pessoa; sentimento de raiva ou inveja': "Há vários anos que existia, naquela casa, uma mágoa secreta, um *despeito* corrosivo: todo mundo tinha namorado, noivo ou marido. Menos Marília." (*Idem*, "O emprego", *A vida como ela é*...).

À distância, a distância Emprega-se o acento grave no *a* quando representa a pura preposição *a* que rege um substantivo feminino singular, formando uma locução adverbial que, por motivo de clareza, vem assinalada com acento grave diferencial, como em: *à força, à míngua, à bala, à faca, à espada, à fome, à sede, à pressa, à noite, à tarde, à vela*, etc. A locução *à distância* ('Ao longe ou de longe, de um lugar distante') deverá, a rigor, seguir esta norma: Ficou *à distância./* Ensino *à distância*; "[...] um silêncio que nunca é completo, pois há sempre uma motocicleta ou um carro correndo *à distância* [...]." (Rubem Fonseca, *A grande arte*); "Demorou a perceber que Gato Preto acenava e gritava para ele *à distância*, como se vindo de casa outra vez." (João Ubaldo

Ribeiro, *O albatroz azul*); "Tanto, que nem seria preciso abaixar-lhe a maxila teimosa, para espiar os cantos dos dentes. Era decrépito mesmo *à distância*: no algodão bruto do pelo [...]." (João Guimarães Rosa, *Sagarana*). Todavia, uma tradição tem-se orientado no sentido de só usar acento grave quando a noção de distância estiver expressa: "[...] formigam lá embaixo, por entre casas, quelhas e penedos, *à distância* dum primeiro andar." (José Cardoso Pires, *O Delfim*); "Via o chefe, *a distância*, e de passagem." (Nelson Rodrigues, "Gagá", *A vida como ela é*...). A prática dos bons escritores nem sempre obedece a esta última tradição. Valeria uniformizar o emprego do acento grave [e não crase!] como acento diferencial, semelhante ao que já ocorre com as demais locuções citadas. Obs.: Não confundir com a anteposição do artigo *a* ao substantivo distância: *Não percebeu a distância entre o trem e a plataforma*. Ver *acento grave (em locuções)*.

A domicílio, em domicílio Casas comerciais e propagandas de restaurantes e pizzarias passaram a evitar a tradicional fórmula idiomática *entrega a domicílio*, desbancada pela considerada mais lógica e correta *entrega em domicílio*, quando não, mais recentemente, pelo desnecessário estrangeirismo inglês *delivery*. É fácil atentar para a razão do conserto. O verbo *entregar* pede a preposição *a* junto à pessoa a quem se entrega: *Entregou o jornal ao vizinho*. E a preposição *em* quando a entrega se faz no local: *Entregou o jornal na casa do vizinho*. Ocorre que também se podem juntar as duas noções: *Entregou o jornal ao vizinho em sua residência*. Ora, como avulta sempre a entrega da mercadoria a alguém, o falante reduz (metonímia) numa só operação mental essas duas noções (*ao vizinho* e *na sua residência*) àquela que considera a mais importante desse jogo expressivo. Dessa economia de linguagem resulta a vitoriosa *entrega a domicílio*. E é *a domicílio* a expressão mais antiga no idioma e que se registra nos escritores: "Até que, um dia, chegou de Portugal o marido da minha cozinheira, este realmente um mestre lisboeta do pente e da tesoura. E com a vantagem de vir executar o serviço *a domicílio*." (Fernando Sabino, *A inglesa deslumbrada*); "Chegou, ficou um par de dias na casa da prima de Barbirato, valsou com ela na sala de visitas, pisou luar em sua companhia, encaixou dois poréns no ouvido da menina e voltou, no trem das 7, para seu negócio de representante *a domicílio* no Laboratório Almeida Guedes." (José Cândido de Carvalho, *Porque Lulu Bergantim não atravessou o Rubicom*); "Sanatório, não. Bastam os Campos de Jordão, mais perto, que fornecem frio *a domicílio* em qualquer tempo do ano..." (Álvaro Moreira, *As amargas, não...*); "Deve-se buscar também nessa produção em massa de histórias – iniciada com os folhetins de entrega *a domicílio*, mais tarde com os folhetins de jornal – a causa de algumas importantes transformações na técnica narrativa [...]." (Ferreira Gullar, *Vanguarda e subdesenvolvimento*).

A ela, a ele Não ocorre a crase diante de pronome pessoal (*a mim, a ti, a ele, a ela, a nós, a vós, a eles, a elas*) e pronomes ou expressões de tratamento como *você, V. Ex.ª* (*Vossa Excelência*), *V.S.ª* (*Vossa Senhoria*), *V.M.* (*Vossa Majestade*), etc. que dispensam artigo: *Não disseram* a ela e a você *toda a verdade./ Requeiro* a V. Ex.ª *com razão*; "Outra garotinha igual *a ela* não existia no mundo inteiro." (Rubem Fonseca, *Ela e outras mulheres*). Mas: *Requeiro* à *senhora./ Cedeu o lugar* à *senhorita*. Em certos empregos, algumas formas de tratamento admitem a presença do artigo e, portanto, da crase: *Falei* à/a *dona Margarida./ Cedeu o lugar* à/a *senhorita Maria*.

À faca Emprega-se o acento grave no *a* quando representa a pura preposição *a* que rege um substantivo feminino singular, formando uma locução que, por motivo de clareza, vem assinalada com acento diferencial: *à força, à míngua, à bala, à faca, à espada, à fome, à sede, à pressa, à noite, à tarde*, etc. Assim temos: *cortar gravetos* à faca; *limpar o peixe* à faca. Não confundir com a anteposição do artigo *a* ao substantivo *faca*: "Sacou *a faca* da bainha num gesto de prestidigitador, puxando para baixo, fazendo-a apontar, num segundo, para meu estômago." (Rubem Fonseca, *A grande arte*). Ver *acento grave (em locuções)*.

À facada, a facadas Emprega-se o acento grave no *a* quando representa a pura preposição *a* que rege um substantivo feminino singular, formando uma locução que, por motivo de clareza, vem assinalada com acento grave diferencial, como em: *à força, à míngua, à bala, à faca, à espada, à fome, à sede, à pressa, à noite, à tarde, à vela*, etc. Assim temos: *matar* à facada; *ferir* à facada; *ataque* à facada. Quando a preposição *a* precede substantivo feminino ou masculino no plural, não se usa acento diferencial: "Mata-se *a tiros, a facadas, a pauladas* nesta cidade abandonada." (Rubem Fonseca, *A coleira do cão*). Não confundir com a anteposição do artigo *a* ao substantivo *facada*: "Reorganizada a sociedade pelo método dele, nem por isso ficavam eliminadas a guerra, a insurreição, o simples murro, *a facada* anônima, a miséria, a fome [...]." (Machado de Assis, *Memórias póstumas de Brás Cubas*). Ver *acento grave (em locuções)*.

A facão Não ocorre a crase diante de palavra masculina, como é o caso de *facão*: "Ia aos poucos aprendendo as regras básicas de orientação [...] – uma marca *a facão* no tronco de uma árvore, um galho quebrado apontando numa direção [...]." (Ana Maria Machado, *Tropical sol da liberdade* in *Ana Maria Machado: obra reunida*). Ver *crase*.

À fantasia Em locuções, a preposição se junta ao substantivo para exprimir semelhança, conformidade: *à maneira de, a modo de, à moda de*. Assim temos: *festa à fantasia*. Obs.: Quando está subentendida a expressão *à moda de* ou *à maneira de*, ocorre a crase mesmo diante de substantivo próprio masculino: *sapatos* à Luís XV; *vestidos* à Dior. Ver *crase*.

A fim de, afim A locução prepositiva *a fim de* significa 'com o propósito de, com o objetivo de, com a finalidade de': "Quando ainda rapaz, ao quebrar seu terceiro despertador de cabeceira, ele se lembrou de afastá-los de si, colocando-os em posições estratégicas, *a fim de* não poderem ser alcançados por seu ódio insano de meio adormecido." (Carlos Nascimento Silva, *A menina de cá*); "Chegou ao Largo da Glória e parou debaixo do oitizeiro, *a fim de* ponderar com quem primeiro falaria." (João Ubaldo Ribeiro, *O albatroz azul*).

Vale mencionar a locução *estar a fim*, usada coloquialmente para indicar uma predisposição: "Você não é tarja preta para servir de consolo, você é alucinógeno quando *está a fim* e depressivo quando está no seu juízo de juiz." (Sonia Rodrigues, *Estrangeira*); "Consigo entender você se afastar porque quero muito mais do que *está a fim* de me dar." (*Idem, ibidem*).

O adjetivo *afim* indica semelhança, parentesco, afinidade: "Os Miramomis, tribo *afim* dos Guaianás, de que são descendentes os atuais habitantes de S. Miguel, próximo de S. Paulo, eram também bons oleiros." (Teodoro Fernandes Sampaio, Carlos Teschauer, *Os naturalistas viajantes dos séculos XVIII e XIX e a etnografia indígena*); "[...] os jornais que noticiavam os milagres do Taumaturgo de Urucânia diziam que o forte dele era a cura de cegueiras e complicações *afins*." (Carlos Heitor Cony, *Quase memória*).

A flux (/ss/) Não ocorre a crase diante de palavra masculina, como é o caso de *flux*. A locução *a flux* significa 'em grande quantidade; em profusão': "Quando o estio volver àquelas árvores,/ E à sombra delas for a gente *a flux*, [...]." (Machado de Assis, "Estâncias a Ema", *Poesia completa*). Alguns dicionários mandam pronunciar o *x* final como /cs/, por influência de *fluxo*.

À folha, a folhas Ver *concordância com numerais*.

A fora Ver *fora, a fora, em fora, afora*.

À força, à força de A locução adverbial *à força* significa 'com insistência ou de modo bruto, violento'. Emprega-se o acento grave no *a* quando representa a pura preposição *a* que rege um substantivo feminino singular, formando uma locução que, por motivo de clareza, vem assinalada com acento diferencial: *à força, à míngua, à bala, à faca, à espada, à fome, à sede, à pressa, à noite, à tarde*, etc.: "[...] segundo a maledicência de suas amigas, só faltava agarrar, *à força*, os homens solteiros do seu conhecimento." (Nelson Rodrigues, "O emprego", *A vida como ela é...*).

A locução prepositiva *à força de* significa: 1. À custa de ou por meio de; a poder de: "A eleição fez-se e não deu pouco trabalho ao candidato fluminense, que *à força de* muita luta e muito empenho pôde ter a honra de ser incluído na lista dos vencedores." (Machado de Assis, *Histórias da meia-noite*); "A publicidade é uma dona loureira e senhoril, que tu deves requestar *à força de* pequenos mimos, confeitos, almofadinhas, cousas miúdas [...]." (*Idem, Papéis avulsos*). 2. Pela insistência, pela repetição: "*À força de* pensar naquilo, chegou a entrever a realidade; perguntou a si mesmo se a declaração da moça não seria antes um estratagema." (*Idem, Iaiá Garcia*); "Meu pai, que *à força de* persuadir os outros da nossa nobreza, acabara persuadindo-se a si próprio, nutria contra ele um ódio puramente mental." (*Idem, Memórias póstumas de Brás Cubas*).

Não confundir com a anteposição do artigo *a* ao substantivo *força*: "Sem argumento, apelou para *a força* – recurso comum a qualquer autoridade [...]." (Carlos Heitor Cony, *A volta por cima*).

A frete Não ocorre a crase diante de palavra masculina, como é o caso de *frete*, que significa 'locação de navio ou outro meio para o transporte de mercadoria; a taxa paga por esse serviço ou a carga transportada': *Perguntaram qual era o valor* do frete. A locução *a frete* significa 'mediante locação'. Ver *crase*.

A gás Não ocorre a crase diante de palavra masculina, como é o caso de *gás*: "– Por exemplo, só no ano de 1854, vejam quanta coisa acontece. As ruas passam a ser iluminadas *a gás*, o que era considerado feérico." (Ana Maria Machado, *A audácia dessa mulher* in *Ana Maria Machado: obra reunida*). Ver *crase*.

À gasolina Na locução *à gasolina*, se usará o acento grave diferencial e não indicativo de crase: *carro* à gasolina; *motor* à gasolina. Ver *acento grave (em locuções)*.

A gente, agente Desde sempre o substantivo *gente* se aplicou no português a um conjunto de seres humanos. Camões, por exemplo, serviu-se dele para referir-se às pessoas que vivem de cobiçar o ouro. O poeta falava da região africana de Sofala, muito rica em ouro, metal por que cobiça o gênero humano: "Nace por este incógnito hemisfério/ o metal por que tanto *a gente* sua" (*Os Lusíadas*, X, 93). Daí *gente* precedido de artigo definido – *a gente* – passar a funcionar como locução pronominal com o valor de *eu* ou *nós* foi um passo muito rápido. Vivo na linguagem coloquial e familiar entre os brasileiros, trata-se de fenômeno comum a várias línguas; veja-se, por exemplo, o francês *on*, o alemão *man*, o inglês *people*, todos originalmente substantivos passados a função pronominal. Na linguagem cuidada e polida, devem-se usar os pronomes pessoais *eu* ou *nós*, conforme o caso, ou o indeterminado *-se*: Eu *vivo bem*, Nós *vivemos bem*, *Vive-se bem*. Assim, referido a pessoas, *a gente* pode ter o adjetivo a concordar no feminino, referido indistintamente a homem ou a mulher (concordância gramatical) ou no masculino (concordância por silepse), quando, neste último caso, está aplicado só a pessoas do sexo masculino: "Não há possibilidade de libertação, por mais que *a gente* se empenhe. Procura-se falar em literatura, em viagens, no emprego, numa remota briga, em mulheres, em qualquer coisa fora da tenaz dos acontecimentos. Não há meio! Insensivelmente *a gente* é *envolvido*." (Orígenes Lessa, *Ilha Grande*); "[...] não vai melhorar nada, daqui pra pior, o senhor escuta o que eu estou dizendo. E ainda por cima *a gente* nem pode sair na rua *sossegado* que está sujeito a ser *assaltado* na primeira esquina [...]." (Fernando Sabino, *A falta que ela me faz*); "[Dolores falando] Ora, Seu Carlos! São uns professores coiós, qualquer coisa já pensam que *a gente* está *doida* por eles" (Mário de Andrade, *Belazarte*).

O substantivo *agente* é masculino quando se refere a elemento do sexo masculino e feminino quando se refere a algo ou alguém do sexo feminino: "Eu indiciei o velho por lesão corporal seguida de morte, e deixei claro que as circunstâncias evidenciavam que *o agente* não quisera produzir aquele resultado fatal." (Rubem Fonseca, *Feliz ano novo*); "Um dos amigos do pai faria o papel de Goro, *o agente* matrimonial que arranja o casamento da gueixa [...]" (Carlos Heitor Cony, *Quase memória*); "'Aleijões, estropiados, incapacitados em geral não funcionam bem numa história de amor', disse *minha agente* literária, 'o último que deu certo foi o Corcunda de Notre-Dame.'" (Rubem Fonseca, *Bufo & Spallanzani*).

A gosto Não ocorre a crase diante de palavra masculina, como é o caso de *gosto*. A locução adverbial *a gosto* significa: 1. De acordo com o gosto, a preferência: "E depois, comer a delícia de um queijo fresquinho, temperado *a gosto*!" (Ana Maria Machado, *Tropical sol da liberdade* in

Ana Maria Machado: obra reunida). 2. À vontade; sem cerimônia: "Depois o toque cessa. Deixo/ O poeta *a gosto,* para que ande/ Por ali tudo, esmiuçando." (Vinicius de Moraes, "Exumação de Mário de Andrade", *Dispersos* in *Vinicius de Moraes: obra reunida).* Ver *crase.*

A, há, à Na escrita há de se ter o cuidado de não confundir a preposição *a* e a forma verbal *há* nas indicações de tempo. Usa-se *a* para o tempo futuro: *Daqui* a *três dias serão os exames./ Daqui* a *pouco sairei./ A resposta estava* a *anos de ser encontrada.* Usa-se *há* para o tempo passado: Há *três dias começaram os exames./ Ainda* há *pouco estava em casa.* Obs.: 1) Também se há de levar em conta o caso de a preposição pertencer à regência do verbo, como no caso de *remontar* em construções do tipo: *Era uma guerra feroz que remonta* a *cinco séculos* (e não *há cinco séculos).* 2) Usa-se ainda a preposição *a* nas indicações da distância de lugar: *Estamos* a *cinco quilômetros do sítio.* 3) Pode-se suprimir ou não as palavras *atrás* ou *passado(s)* que aparecem com o verbo *haver,* uma vez que este já indica tempo decorrido: *Há três dias atrás, Há três dias passados* ou *Há três dias.*

Emprega-se o acento grave no *a* para indicar que soa como vogal aberta nos seguintes dois casos: 1) Quando representa a contração ou fusão da preposição *a* com o artigo *a* ou o início de *aquele(s), aquela(s), aquilo,* fenômeno que em gramática se chama crase: *Fui* à *cidade./ Entregou o livro* à *professora./ Não se dirigiu* àquele *homem.* No primeiro exemplo, o verbo *ir* pede a preposição *a;* o substantivo *cidade* pede o artigo feminino *a: Fui a a* cidade → Fui *à* cidade. Obs.: Se o substantivo estiver usado em sentido indeterminado, não estará precedido de artigo definido e, portanto, não ocorrerá *à,* mas sim simples *a,* que será mera preposição, como no exemplo: *O imóvel foi vendido* a construtora (= a uma construtora) *e será demolido para dar lugar* a prédio (= a um prédio). Ver *crase.* 2) Quando representa a *pura preposição a* que rege um substantivo feminino singular, formando uma locução que, por motivo de clareza, vem assinalada com acento grave diferencial: *à* força, *à* míngua, *à* bala, *à* faca, *à* espada, *à* fome, *à* sede, *à* pressa, *à* noite, *à* tarde, barco *à* vela, etc. Ver *acento grave (em locuções).*

À janela, na janela Usa-se a preposição *a* para indicar lugar, distância, aproximação, contiguidade, exposição a um agente físico: ficar, estar *à janela, ao volante, à mesa, ao portão, ao sol;* falar, estar *ao telefone, ao celular, ao microfone,* etc. Desta forma, a locução *à janela* significa: 'Em frente à janela ou próximo a ela': *Estava* à janela *olhando o céu./ No avião, gostava de se sentar* à janela.

A preposição *em* indica posição em contato com algo, dentro ou em cima. Portanto, a locução *na janela* significa 'sobre a janela, em cima da janela': "Um aparelho de ar-condicionado colocado *na janela* refrigerava a sala. (Rubem Fonseca, *A grande arte*); "Nunca verás moringa *na janela* [...]." (Vinicius de Moraes, "Meu Deus, não seja já!", *Para uma menina com uma flor* in *Vinicius de Moraes: obra reunida*); "Às vezes, anos depois, como agora, ali no seu retiro na beira da praia, debruçada *na janela*, olhando as pedras que apareciam com a maré baixa [...]." (Ana Maria Machado, *Tropical sol da liberdade* in *Ana Maria Machado: obra reunida*). Da mesma forma, têm significados diferentes *à mesa* e *na mesa*, *ao piano* e *no piano*, etc. Entre brasileiros, coloquialmente, é comum dar-se preferência à preposição *em*, usada em ambas as acepções.

A jato Não ocorre a crase diante de palavra masculina, como é o caso de *jato*. A locução *a jato* significa 'com muita pressa ou rapidez': *Fez o trabalho* a jato./ *A indenização saiu a jato*: em um mês. O *avião a jato* é aquele que se desloca por propulsão a jato, por meio de reatores a jato: "*Avião a jato*, estrada asfaltada desde o aeroporto até Manguezal, toda uma tecnologia diminuindo as distâncias." (Ana Maria Machado, *O mar nunca transborda* in *Ana Maria Machado: obra reunida*). A expressão *lava a jato* designa uma 'instalação com equipamentos específicos que fazem uso de pressão de água a jato para a lavagem de carros': *Abriu um lava a jato*. Esta forma (com a preposição *a*) é preferível a *lava-jato*, comumente encontrada: "Ganham para dizer que você não tem o menor talento para abrir uma franquia de *lava-jato* ou de carrinho de cachorro-quente." (Claudia Giudice, *A vida sem crachá*).

A lápis Não ocorre a crase diante de palavra masculina, como é o caso de *lápis*: "[...] Norma escreveu, *a lápis*, na parede: 'Os homens não gostam de mulher fiel.'" (Nelson Rodrigues, "Túmulo sem nome", *A vida como ela é...*). Ver *crase*.

A maior parte de, a maioria de Se o sujeito é constituído pelas expressões do tipo *a maior parte de*, *a maioria de*, *grande parte de*, *parte de*, *boa parte de* e um nome no plural, o verbo vai para o singular ou plural: A maior parte dos *companheiros* recusou (*ou* recusaram) *sair*; "Com razão ou sem ela, a opinião crê que *a maior parte dos doudos* ali metidos *estão* em seu perfeito juízo [...]." (Machado de Assis, *Papéis avulsos*); "Como *a maior parte dos homens* não *sabe* finanças, disse-me ele, ainda que os sabedores me atacassem, o público ficava em dúvida [...]" (*Idem*, *A Semana*); "Mas eu ainda acho que *a maior parte das pessoas luta* mal, ou não *luta* absolutamente pelos seus direitos." (Carlos Nascimento

Silva, *A menina de cá*); "A maioria das pessoas que *viajam* nem *sabem* ver, nem *sabem* contar." (Machado de Assis, *Contos fluminenses*); "A maioria dos pais já *havia escolhido* os nomes dos recém-nascidos." (Rubem Fonseca, *Agosto*).

À mão A preposição *a* introduz diversas circunstâncias, como meio, instrumento e modo: matar *à* fome, fechar *à* chave, desenhar *à* mão, assaltar *à* mão armada, etc. A locução *à mão* significa: 1. Com a mão; manualmente: *escrever* à mão. 2. Ao alcance; perto: "Entro na primeira loja que tinha *à mão*; era um cubículo [...]." (Machado de Assis, *Memórias póstumas de Brás Cubas*); "– Mas se eu não tiver *à mão* um amigo apto e disposto a ir comigo?" (*Idem*, *Papéis avulsos*). Não confundir com a anteposição do artigo *a* ao substantivo *mão*: "Só percebi o golpe quando *a mão* do ruivo com a faca recuou." (Rubem Fonseca, *A grande arte*). Ver *acento grave (em locuções)*.

À mão armada Ver *à mão*.

À medida que, na medida em que (E não: à medida em que.) A locução conjuntiva proporcional *à medida que* significa 'à proporção que, ao mesmo tempo que; conforme': "E *à medida que* lhe cortava as barbas, ia-as gabando. – Que lindos fios!" (Machado de Assis, *Quincas Borba*); "O período seco é, porém, muito nítido e aumenta *à medida que* se galgam os paralelos e se caminha para o interior." (Alberto da Costa e Silva, *A enxada e a lança*).

A locução conjuntiva causal *na medida em que* significa 'dado que, tendo em vista que; visto que; uma vez que; porque': Na medida em que *ninguém contestou, preferiu ficar calado*; "Algumas cenas mostravam o progressivo isolamento do casal Vera/Ricardo, *na medida em que* se obstinavam em manter sua independência, não entrar em partido nenhum. (Ana Maria Machado, *Tropical sol da liberdade* in *Ana Maria Machado: obra reunida*); "[...] atualmente existe uma tendência crescente ao predomínio da cultura de massa que ameaça as outras, *na medida em que* tende a transformar tudo em espetáculo destinado ao consumo." (*Idem*, *Texturas: sobre leituras e escritos* in *Ana Maria Machado: obra reunida*).

À mesa, na mesa Usa-se a preposição *a* para indicar lugar, distância, aproximação, contiguidade, exposição a um agente físico: ficar, estar *à janela, ao volante, à mesa, ao portão, ao sol*; falar, estar *ao telefone, ao celular, ao microfone*, etc. Desta forma, a locução *à mesa* significa: 1. Em frente à mesa ou em torno dela: "[...] esse cara do lado de fora que todo mundo vê, comparece ao trabalho, senta-se *à mesa*, comanda funcionários, dirige empresa, fecha negócios [...]." (Ana Maria Machado, *Aos quatro ventos* in *Ana Maria Machado: obra reuni-*

da). 2. Durante a refeição: *É preciso ter modos* à mesa; "Lembro-me, por exemplo, da primeira gafe que cometi *à mesa* de jantar, no grande *hall* de Magdalen College." (Vinicius de Moraes, "Por que amo a Inglaterra", *Senhor, abril de 1959*, in *Vinicius de Moraes: obra reunida*).

A preposição *em* indica posição em contato com algo, dentro ou em cima. Portanto, a locução *na mesa* significa 'sobre a mesa, em cima da mesa': *O jantar estava* na mesa; "[...] suas mãos mortas se reencarnam, e ele tamborila *na mesa* uma alegria rápida e extraordinária." (*Idem*, "Encontros", *Prosa dispersa* in *Vinicius de Moraes: obra reunida*); "A sala toda escura, só a luminária jogando um foco de luz, os papéis *na mesa* [...]." (Ana Maria Machado, *Canteiros de Saturno* in *Ana Maria Machado: obra reunida*). Da mesma forma, têm significados diferentes *à janela* e *na janela*, *ao piano* e *no piano*, etc. Entre brasileiros, coloquialmente, é comum dar-se preferência à preposição *em*, usada em ambas as acepções.

A meu bel-prazer, ao meu bel-prazer Ambas as formas estão corretas. Ver *a meu ver, ao meu ver*.

A meu lado, ao meu lado Ambas as formas estão corretas. Ver *a meu ver, ao meu ver*.

A meu modo, ao meu modo Ambas as formas estão corretas. Ver *a meu ver, ao meu ver*.

A meu pedido, ao meu pedido Ambas as formas estão corretas. Ver *a meu ver, ao meu ver*.

A meu ver, ao meu ver Ambas as formas estão corretas. Tem-se abusivamente condenado o emprego do artigo junto a possessivo em expressões do tipo *ao meu ver, ao meu pedido, ao meu modo, ao meu lado, ao meu bel-prazer*, etc.: "As estrelas lhe falavam numa espécie de gíria e já cumpriam, para com ele, deveres de sociabilidade indignos, *ao meu ver*, de uma estrela." (Barbosa Lima Sobrinho, *Árvore do bem e do mal*); "Gilberto Freyre transcreve naquele seu livro estas palavras do ilustre francês: '*Ao meu ver* nas atuais circunstâncias, a prosperidade do país [...].'." (Marcos Vinícios Vilaça, *Em torno da sociologia do caminhão*); "*A meu ver*, o remédio é tornar públicas as sessões, anunciá-las, convidar o povo a assistir a elas." (Machado de Assis, *A Semana*).

À míngua, à míngua de Emprega-se o acento grave no *a* quando representa a pura preposição *a* que rege um substantivo feminino singular, formando uma locução que, por motivo de clareza, vem assinalada com acento diferencial: *à força, à míngua, à bala, à faca, à espada, à fome, à sede, à pressa, à noite, à tarde*, etc. A locução *à míngua* significa 'em extrema penúria; na miséria': "Lá não se mata ninguém, ninguém morre à toa, enquanto que aqui é certo morrer, se viver *à míngua*." (Machado de Assis, *Relíquias de casa velha*); "[...] foi morrer *à míngua* o meu pobre rei e senhor, dizem que na Alemanha, ou não sei onde." (*Idem, Esaú e Jacó*). Ocorre também a locução prepositiva *à míngua de*, que significa 'por falta de; à falta de': "Quanto à causa disso, vimos que Sofia, *à míngua de* uma, atribuiu-lhe sucessivamente três." (*Idem, Quincas Borba*).

A nado Não ocorre a crase diante de palavra masculina, como é o caso de *nado*: "Ruas, becos e praças são de água, e não se vai de um sítio a outro senão de canoa ou *a nado*." (Alberto da Costa e Silva, *A enxada e a lança*). Ver *crase*.

A não ser, a não serem Faz-se a concordância normal com o sujeito do verbo: "Mais pobre do que Vossa Senhoria é Severino do Aracaju, que não tem ninguém por ele, *a não ser* seu velho e pobre papo-amarelo." (Ariano Suassuna, *Auto da Compadecida*); "Nenhuma mulher o interessava, *a não ser* aquela." (Nelson Rodrigues, "Servidão", *A vida como ela é...*); "Nesta Lisboa onde viveu e morreu, *a não serem* os raros apreciadores do seu talento, poucos o conheciam..." (José Joaquim Nunes); "O que se passou depois, quando, livre de olhos estranhos, pôde entregar-se a si mesma, isso ninguém soube, *a não serem* as paredes mudas do quarto [...]." (Machado de Assis, *A mão e a luva*). Também se pode considerar *a não ser* uma locução invariável com o mesmo sentido de 'salvo, exceto': "[...] ninguém recordava em voz alta essa história, *a não ser* amigos de nascença como Nestor Gato Preto, assim mesmo uma vez na vida e outra na morte." (João Ubaldo Ribeiro, *O albatroz azul*).

A olhos vistos É tradicional na língua o emprego da expressão *a olhos vistos* (= claramente, visivelmente): "... mas *a olhos vistos* cresceram nele todas as virtudes" (Fr. Luis de Sousa, *Vida do arcebispo*, II); "...padecia calada, e definhava *a olhos vistos*" (Machado de Assis, *Papéis avulsos*). Modernamente, talvez pelos exemplos de Castilho e Camilo, também se tem usado fazer a concordância de *visto* com a coisa que se vê: "As minhas *forças* medravam *a olhos vistas* de dia para dia" (Castilho apud Carneiro Ribeiro, *Serões gramaticais*); "*O barão* desmedrara *a olhos visto*" (Camilo Castelo Branco, *O que fazem mulheres*).

À página, a páginas Ver *concordância com numerais*.

À paisana Nesta locução, a preposição se junta a substantivo feminino para exprimir semelhança, conformidade: *à maneira de, a modo de, à moda de*. A locução *à paisana* significa 'em traje civil, que não é militar, nem eclesiástico ou religioso': "Há um padre passeando *à paisana*/ Porque hoje é sábado" (Vinicius de Moraes, "O dia da Criação", *Poemas, sonetos e baladas* in *Vinicius de Moraes: obra reunida*).

A par (de), ao par (de) A locução *a par (de)* significa: 1. Ao lado; junto a; lado a lado; paralelamente: *A enfermeira caminhava* a par *do doente pela manhã* (ou *Caminhavam* a par *pela manhã*); "Dizem que há lá muita cousa esplêndida; não admira, são mais velhos que nós; mas lá chegaremos; e há cousas em que estamos *a par* deles, e até acima." (Machado de Assis, *Quincas Borba*). 2. Além de: *A par* de muita inteligência, via-se nele muita bondade; "Mas que me deixem dizer: *a par* de ser um grande poeta brasileiro, com um modo pessoalíssimo para a Poesia, Murilo Mendes é um puro e um coração bom [...]." (Vinicius de Moraes, "Encontros", *Correio da Manhã, 1940, Prosa dispersa* in *Vinicius de Moraes: obra reunida*). 3. Ciente, informado, inteirado: "Francisco Félix tornou-se mestre nesse deslocamento de embarques, não só por contar com um eficiente sistema de inteligência ao longo do litoral, o que lhe permitia estar *a par* dos movimentos dos britânicos [...]." (Alberto da Costa e Silva, *Francisco Félix de Souza, mercador de escravos*); "[...] apresentou-me a um empresário de parque de diversões que, posto *a par* das minhas habilidades, propôs levar-me consigo." (Murilo Rubião, "O ex-mágico da Taberna Minhota", *Os melhores contos brasileiros de todos os tempos*).

A locução *ao par (de)* refere-se à equivalência entre valores financeiros e operações cambiais: *O real já esteve* ao par *do dólar*; "[...] eurobônus foi emitido *ao par*, o que significa que o rendimento é igual ao cupom, 6% ao ano." (*Valor Econômico*, 11/7/2001); "Os papéis serão vendidos *ao par*, sem ágio nem deságio sobre o valor [...]."(*Idem*, 31/7/2001). Apesar de encontrarmos exemplos isolados de *ao par* como sinônimo de *a par*, é uso a evitar.

A par e passo, *pari passu* A locução adverbial *a par e passo* significa 'no mesmo passo ou ritmo; ao mesmo tempo; simultaneamente; a par'. "Caminhando *a par e passo* com o Sebrae, com quem faz parcerias, a Endeavor Brasil também é uma organização sem fins lucrativos voltada a identificar e viabilizar a continuidade sustentada dos negócios [...]." (Claudia Giudice, *A vida sem crachá*). A locução latina *pari passu* tem o mesmo significado.

À parte, aparte A locução *à parte* significa 'em separado; separadamente, isoladamente': "[...] Lúcio, ao ver Tom, que estava numa mesa *à parte*, sugeriu-me uma tentativa com o jovem maestro. (Vinicius de Moraes, "Certidão de nascimento", *Diário Carioca,* 29 de janeiro de 1965, *Prosa dispersa* in *Vinicius de Moraes: obra reunida*); "Você sabe que, modéstia *à parte*, eu era o melhor da turma." (Rubem Braga, "Eu e

Bebu, na hora neutra da madrugada", *Os melhores contos brasileiros de todos os tempos*); "Há corações hotéis, onde todo mundo entra, [...] pagando *à parte* seu cômodo [...]." (Raul Pompeia, "Tílburi de praça", *Os melhores contos brasileiros de todos os tempos*).

O substantivo masculino *aparte* significa: 1. Interrupção feita a qualquer pessoa durante uma conversa, uma defesa ou acusação, para se fazer algum comentário: "Perco a fome, não vou ao cinema, só de achar que não és louca por mim. (E no entanto direi *num aparte* que até gostas bastante de mim...) (Vinicius de Moraes, "Chorinho para a amiga", julho de 1944, *Para uma menina com uma flor* in *Vinicius de Moraes: obra reunida*). 2. Autorização para interromper a fala de alguém: *Durante o discurso do palestrante, o aluno pediu um aparte.*

À paulada, a pauladas Emprega-se o acento grave no *a* quando representa a pura preposição *a* que rege um substantivo feminino singular, formando uma locução que, por motivo de clareza, vem assinalada com acento grave diferencial, como em: *à força, à míngua, à bala, à faca, à espada, à fome, à sede, à pressa, à noite, à tarde, à vela*, etc. Quando a preposição *a* precede substantivo feminino ou masculino no plural, não se usa acento diferencial: "Mata-se a tiros, a facadas, *a pauladas*

nesta cidade abandonada." (Rubem Fonseca, *A coleira do cão*); "Eu estava vendo a hora em que iam caçá-lo, no meio da rua, *a pauladas*, como uma ratazana prenha. (Nelson Rodrigues, *Memórias: a menina sem estrela*). Ver *acento grave (em locuções)*.

A pé Não ocorre a crase diante de palavra masculina, como é o caso de *pé*: "Viera de ônibus, de carro, de motocicleta ou de trem?, perguntei, propositalmente omitindo as opções mais antigas e menos confortáveis, mas não de todo impossíveis, como a cavalo, numa carroça ou mesmo *a pé*." (Gustavo Bernardo, *A filha do escritor*); "Uma vez corremos atrás de uma garrota, das seis da manhã até as seis da tarde, sem parar nem um momento, eu a cavalo, ele *a pé*. (Ariano Suassuna, *Auto da Compadecida*). Ver *crase*.

A ponto de, ao ponto de A locução prepositiva *a ponto de* significa: 1. Prestes a; na iminência de; e não se usa, neste sentido, *ao ponto de*: O rio estava a ponto de *transbordar*; "Fui atrás, devagar, e cheguei a tempo de ver Santiago forçando o filho a tomar uma xícara de café, *a ponto de* empurrá-lo pela goela abaixo da criança. Como o pequeno não quisesse, o pai insistia." (Ana Maria Machado, *A audácia dessa mulher* in *Ana Maria Machado: obra reunida*). 2. Chegando mesmo a: "Quem sabe se ele, conservador *a ponto de* condenar o retrato da Marquesa de

Santos nas paredes do Museu do Ipiranga, por ofensivo aos melindres das famílias, não se teria chocado com algumas das irreverências defendidas por minha avó em sua coluna do jornal?" (*Idem, Balaio: livros e leituras* in *Ana Maria Machado: obra reunida*). O substantivo *ponto* combinado com artigo ocorre em frases do tipo: "Como a fantasia era campo vasto, nunca mais o moço lograva trazê-la *ao ponto de* partida." (Machado de Assis, *Helena*); "O rei dos xaropes desceu *ao ponto de* ser o lacaio dos xaropes, e lacaio mal pago [...]." (*Idem, Bons Dias!*, 6 de fevereiro de 1889).

A *posteriori* Locução latina que significa 'depois de observar os fatos; com base na experiência; de trás para diante; do efeito à causa': "Raciocinando, *a posteriori*, fiquei intrigado pelo fato de Cila não ter sido morta da mesma maneira que as outras." (Rubem Fonseca, *A grande arte*); "E teria sido possivelmente elaborada *a posteriori*, para mascarar a sucessão no mando de duas estirpes distintas [...]." (Alberto da Costa e Silva, *A enxada e a lança*). Ver *a priori*.

A pouco, há pouco Atente-se no emprego correto da preposição *a* em sentido temporal e do verbo *haver* (*há*). *Há*, verbo, refere-se a tempo decorrido e *a*, preposição, a tempo futuro: "Você está indo para casa daqui *a pouco*. Mais tarde eu passo lá para ver se está tudo bem." (Rubem Fonseca, *Ela e outras mulheres*). "*Há pouco*, passei na praça Mauá." (Nelson Rodrigues, *Memórias: a menina sem estrela*); "*Há poucos anos*, fomos eu, o Otto Lara Resende e o Hélio Pellegrino ao Mosteiro de São Bento." (*Idem, Memórias: a menina sem estrela*). Ver *a, há, à*.

A prazo Não ocorre a crase diante de palavra masculina, como é o caso de *prazo*: "Não compro nada *a prazo*, que é para não ter prestação dependurada." (Ana Maria Machado, *Tropical sol da liberdade* in *Ana Maria Machado: obra reunida*).

À pressa, às pressas Emprega-se o acento grave no *a* quando representa a pura preposição *a* que rege um substantivo feminino singular, formando uma locução que, por motivo de clareza, vem assinalada com acento diferencial: *à força, à míngua, à bala, à faca, à espada, à fome, à sede, à pressa, à noite, à tarde*, etc. A locução *à pressa*, ou *às pressas*, significa 'com muita agilidade, rapidamente e às vezes sem cuidado; afobadamente': "E a Tomázia, ajeitando-se os cabelos *à pressa*, reprovou [...]." (João Guimarães Rosa, *No Urubuquaquá, no Pinhém*); "A tinturaria tingira de preto, *às pressas*, dois ternos." (Nelson Rodrigues, "A missa de sangue", *A vida como ela é...*); "Angelita teve que sair dali *às pressas*, escorraçada." (*Idem*, "Beijo no telefone", *A vida* *como ela é...*). Não confundir com a anteposição do artigo *a* ao substantivo *pressa*: "Até *a pressa* do capitão tinha sido providencial, porque, se se hospedasse com eles, mesmo que por apenas um dia, perceberia a situação [...]." (João Ubaldo Ribeiro, *O albatroz azul*); "E não sabia se o espantava mais a lentidão dele ou *a pressa* dela." (Caio Fernando Abreu, *Os dragões não conhecem o paraíso*); "Sabia que *a pressa* dos outros nunca era a minha." (Rubem Fonseca, *Bufo & Spallanzani*).

À primeira vista Em locuções, a preposição *a* se junta ao artigo que precede substantivo feminino, núcleo da expressão: "E há simpatia *à primeira vista*, Heloísa gosta das garotas e combinam cinema para qualquer tarde dessas." (Carlos Heitor Cony, *Da arte de falar mal*).

A princípio, em princípio, por princípio A locução *a princípio* significa 'no início; inicialmente': "*A princípio* tinha sido uma cegueira, uma nuvem ante meus olhos, como aos daquele que labuta na trevas." (Álvares de Azevedo, "Bertram", *Os melhores contos brasileiros de todos os tempos*); "Ela *a princípio* não quis, mostrou-se zangada; mas eu insisti, supliquei, jurei que seria a última vez, a última!" (Aluísio Azevedo, "O madeireiro", *Os melhores contos brasileiros de todos os tempos*); "*A princípio*, Guilherme controlou a linguagem. Mas era, por índole e educação, um desbocado." (Nelson Rodrigues, "A humilhada", *A vida como ela é...*).

Já a locução *em princípio* significa 'de maneira geral, sem entrar em particularidades': "Impossível? Inatingível? Inalcançável? Mais uma vez fico indeciso entre as palavras. *Em princípio*, podia ser qualquer uma dessas, têm um número bom de sílabas, isso dá um ritmo interessante à frase [...]. Mas na realidade o sentido delas não é bem o que estou buscando [...]." (Ana Maria Machado, *Aos quatro ventos* in *Ana Maria Machado: obra reunida*); "Desconfie-se, *em princípio*, de mulheres com muita sarda ou *tache de rousseur*. Há exceções, é claro [...]." (Vinicius de Moraes, "Química orgânica", *Para viver um grande amor* in *Vinicius de Moraes: obra reunida*).

A locução *por princípio* quer dizer 'por convicção': "Na verdade, Isadora não mentira, só não tinha dito o nome da amiga. E Bárbara [...] não gostava de dar satisfações do que fazia, detestava quando ele ficava interrogando. Podia ter escondido a outra só *por princípio*, para marcar que não gostava de ser espionada." (Ana Maria Machado, *Canteiros de Saturno* in *Ana Maria Machado: obra reunida*).

A priori Locução latina que significa 'antes de conhecer o fato ou assunto de que se trata, ou num momento anterior ao que se toma como referência; da causa ao efeito': "Certamente Sílvio havia de se ter baseado em um critério, em um princípio fundamental, *a priori* estabelecido, para apresentar tal classificação." (Laudelino Freire, *Os próceres da crítica*). Ver *a posteriori*.

A sangue-frio Não ocorre a crase diante de palavra masculina, como é o caso de *sangue-frio*, que significa 'autocontrole, tranquilidade; frieza diante de situação difícil, perigosa, etc.': *manter o* sangue-frio. A locução *a sangue-frio* quer dizer: 'Com serenidade; de forma impassível.': *O psicopata matava* a sangue-frio. Chama-se *sangue frio*, sem hífen, o sangue de animais (como peixes, répteis) cuja temperatura não é constante, e depende da temperatura do meio externo. Ver *crase*.

A sete chaves A locução *a sete chaves* significa 'de maneira bem segura; bem trancado ou guardado': "Havia, porém, perigos, segredos que os pretos guardavam *a sete chaves* e na língua deles [...]." (João Ubaldo Ribeiro, *O albatroz azul*); "Proclamaram com arrogância que a única aventura lícita para a criação literária era a da linguagem e, trancafiados *a sete chaves*, dedicaram-se a inventar formas, fazer experiências temporais, pulverizar a gramática." (Rubem Fonseca, *A grande arte*). Ver *à chave*.

A tempo, há tempo Na escrita há de se ter o cuidado de não confundir a preposição *a* e a forma verbal *há* nas indicações de tempo. Usa-se *a* para o tempo futuro: *Daqui* a *algum* tempo *viajarei*. Usa-se *há* para o tempo passado: *Há tempo que os ambientalistas alertam a sociedade.*

Obs.: Também se há de levar em conta o caso de a preposição pertencer à regência do verbo, como no caso de *remontar* em construções do tipo: *Isso* remonta a tempos *passados*. A locução *a tempo* significa 'no momento oportuno; antes de ser tarde demais, dentro do prazo previsto; em tempo': *Cheguei ao aeroporto* a tempo*, o avião não havia decolado*; "[...] dois ou mais indivíduos que adquirira para ajudá-lo a cumprir *a tempo* as encomendas." (Alberto da Costa e Silva, *A manilha e o libambo*). Ver *a, há, à*.

A tiracolo Não ocorre a crase diante de palavra masculina, como é o caso de *tiracolo*: "Em passo lerdo, com o urucungo e o cajado, um saco de couro *a tiracolo* [...]." (Coelho Neto, "Banzo", *Os melhores contos brasileiros de todos os tempos*).

A tiro, a tiros Não ocorre a crase diante de palavra masculina, como é o caso de *tiro*. Nem quando a preposição *a* precede substantivo feminino ou masculino no plural: "Mata-se *a tiros*, a facadas, a pauladas nesta cidade abandonada." (Rubem Fonseca, *A coleira do cão*). Ver *crase*.

À toa, a toa A locução adverbial *à toa* significa: 1. Sem ter o que fazer;

a esmo, ao acaso: "[...] um pajem que nos deixava gazear a escola, ir caçar ninhos de pássaros, [...] ou simplesmente arruar, *à toa*, como dous peraltas sem emprego." (Machado de Assis, *Memórias póstumas de Brás Cubas*). 2. Inutilmente; sem proveito: *Trabalhou* à toa *porque o temporal destruiu tudo*. 3. Sem motivo: "Desculpe. Nós, os velhos, choramos *à toa*." (Rubem Fonseca, *Agosto*); "Firmino não é chefe de milícia *à toa*. Se dependesse da patente, o sargento mal teria onde cair morto." (Luiz Eduardo Soares, Cláudio Ferraz, André Batista, Rodrigo Pimentel, *Elite da tropa 2*); "– Felino Negro, não precisa ficar assim – disse ele –, você está nervoso demais, nervoso *à toa*, nunca lhe vi assim." (João Ubaldo Ribeiro, *O albatroz azul*).

Como locução adjetiva, *à toa* significa: 1. Sem serventia; inútil: *Tentar mover o elefante é um esforço* à toa. 2. Sem dificuldade; fácil: *Bastou um conserto* à toa *e o sapato ficou como novo*. 3. Sem qualidade moral ou notável; de reputação duvidosa; ordinário, vil: *Ele era um sujeito* à toa. 4. Sem importância; insignificante: *um machucado* à toa; "Uma desinteligência insignificante, uma quizila *à toa* transformava um aliado em inimigo." (Alberto da Costa e Silva, *A manilha e o libambo*); "– Flerte não tem importância. É uma coisa *à toa*." (Nelson Rodrigues, "Veneno", *A vida como ela é...*).

O substantivo feminino *toa* designa um tipo de corda muito resistente usada no reboque de barco avariado. Observe que em nenhum dos empregos se usará hífen.

A uma hora, à uma hora, à zero hora Não ocorre a crase diante de palavra de sentido indefinido, como *uma*: Falou *a uma* (*a certa/ a qualquer/a cada/ a toda*) pessoa; "Mas não chegaria ninguém *a uma hora* daquelas [...]." (Rubem Fonseca, *A coleira do cão*).

Por motivo de clareza, há acento grave antes do numeral *uma* na locução adverbial *à uma hora*: *Irei vê-la* à uma hora; "Na primeira noite, aconteceu, apenas, o seguinte: *à uma hora* da manhã, despedido o último convidado, os recém-casados recolheram-se [...]." (Nelson Rodrigues, "O sacrilégio", *A vida como ela é...*).

Da mesma forma, na locução adverbial *à zero hora*, o *a* é acentuado: *Os relógios devem ser adiantados* à zero hora *de domingo*.

À unha, a unha Emprega-se o acento grave no *a* quando representa a pura preposição *a* que rege um substantivo feminino singular, formando uma locução que, por motivo de clareza, vem assinalada com acento grave diferencial, como em: *à força, à míngua, à bala, à faca, à espada, à fome, à sede, à pressa, à noite, à tarde, à vela*, etc. A locução *à unha* significa 'com as mãos, sem o uso de armas (para prender, agarrar, etc.)': *pegar o touro* à unha. Não confundir com a anteposição do artigo *a* ao substantivo *unha*: "A velha tirou um grampo do coque, e limpou *a unha* do polegar." (Lygia Fagundes Telles, "A caçada", *Os melhores contos brasileiros de todos os tempos*).

À vela, a vela Emprega-se o acento grave no *a* quando representa a pura preposição *a* que rege um substantivo feminino singular, formando uma locução que, por motivo de clareza, vem assinalada com acento grave diferencial, como em: *à força, à míngua, à bala, à faca, à espada, à fome, à sede, à pressa, à noite, à tarde, à vela*, etc.: *caiaque* à vela. Não confundir com a anteposição do artigo *a* ao substantivo *vela*: "Dirceu acende *a vela* que está na mão de Ernesto." (Dias Gomes, *O Bem-Amado*); "Depende de onde vou com o meu barco – um barco à deriva, *a vela* aberta para sugar o vento que ainda pode soprar." (Carlos Heitor Cony, *O harém das bananeiras*); A vela (= o iatismo) *não está entre os esportes mais populares do Brasil, mas já conquistou muitas medalhas olímpicas*. Ver *acento grave (em locuções)*.

Obs.: Alguns puristas condenam o uso da preposição *a* por entenderem ser imitação do francês *bateau à voile*, sugerindo que se corrija para *barco de vela*. A lição não vingou, o uso optou por *à vela*.

A velas Quando a preposição *a* precede substantivo feminino ou masculino no plural, não se usa acento diferencial: "A casa ficava no morro de Santa Teresa, a sala era pequena, alumiada *a velas*, cuja luz fundia-se misteriosamente com o luar que vinha de fora." (Machado de Assis, "O espelho: esboço de uma nova teoria da alma humana", *Os melhores contos brasileiros de todos os tempos*).

À vista, a vista, à vista de Emprega-se o acento grave no *a* quando representa a pura preposição *a* que rege um substantivo feminino singular, formando uma locução que, por motivo de clareza, vem assinalada com acento diferencial: "– Eu, quando quiser mulher, já sabe: pago ali na bucha! *À vista!* (Nelson Rodrigues, "Perfume de mulher", *A vida como ela é...*); "E guerras prolongadas ou sem vencedor *à vista* dificultavam ou impediam a descida de cativos para a costa." (Alberto da Costa e Silva, *A manilha e o libambo*); "Contra a voz do dever, [...] contra o cheiro de santidade e contra os pagamentos *à vista*. (Carlos Heitor Cony, *Da arte de falar mal*). Não confundir com a anteposição do artigo *a* ao substantivo *vista*: "[...] levantou o braço direito para proteger *a vista*. (*Idem, Vera Verão*).

A locução *à vista de* significa 'na presença de; diante de': "Franceses, ingleses, flamengos, alemães e portugueses traficavam uns *à vista dos* outros e competiam entre si." (Alberto da Costa e Silva, *A manilha e o libambo*).

A você, a vocês Não ocorre a crase diante de pronome pessoal (*a mim, a ti, a ele, a ela, a nós, a vós, a eles, a elas*) e pronomes ou expressões de tratamento como *você(s), V. Ex.ª* (*Vossa Excelência*), *V.S.ª* (*Vossa Senhoria*), *V.M.* (*Vossa Majestade*), etc. que dispensam artigo: Não disseram *a* ela e *a* você toda a verdade./ Requeiro *a* V. Ex.ª com razão. Mas: *Requeiro* à *senhora./ Cedeu o lugar* à *senhorita*. Em certos empregos, algumas formas de tratamento admitem a presença do artigo e, portanto, da crase: *Falei* à/a *dona Margarida./ Cedeu o lugar* à/a *senhorita Maria*.

À vontade Emprega-se o acento grave no *a* quando representa a pura preposição *a* que rege um substantivo feminino singular, formando uma locução que, por motivo de clareza, vem assinalada com acento diferencial: "O menino tinha duas vidas para trilhar *à vontade* [...]." (João Ubaldo Ribeiro, *O albatroz azul*). Não confundir com a anteposição do artigo *a* ao substantivo *vontade*: "[...] o grande rei tristemente convencido de que se cumpria *a vontade* de Deus." (Alberto da Costa e Silva, *A enxada e a lança*). Ver *acento grave (em locuções)*.

À zero hora Ver *a uma hora, à uma hora, à zero hora.*

Ab- Nas formações com prefixo, emprega-se o hífen quando o 1.º elemento termina por *b* (*ab-*, *ob-*, *sob-*, *sub-*) ou *d* (*ad-*) e o 2.º elemento começa por *r*: *ab-rupto, ad-renal, ad-referendar, ob-rogar, sob-roda, sub-reitor, sub-reptício, sub-rogar.* Obs.: *Adrenalina, adrenalite* e afins já são exceções consagradas pelo uso. A forma *ab-rupto* é preferível a *abrupto*, apesar de menos utilizada.

Ab initio Locução latina usada para indicar que algo acontece ou se manifesta desde o princípio. Pronúncia: *ab inítio*. Não se emprega o hífen nas locuções latinas usadas como tais, não substantivadas ou aportuguesadas: *ab initio, ab ovo, ad immortalitatem, ad hoc, data venia, de cujus, carpe diem, causa mortis, habeas corpus, in octavo, pari passu, ex libris.* Mas: o *ex-libris*, o *habeas-corpus*, o *in-oitavo*, etc.

Ab ovo Locução latina que significa 'desde o ovo; desde o princípio'. Não se emprega o hífen nas locuções latinas usadas como tais, não substantivadas ou aportuguesadas: *ab initio, ab ovo, ad immortalitatem, ad hoc, data venia, de cujus, carpe diem, causa mortis, habeas corpus, in octavo, pari passu, ex libris.* Mas: o *ex-libris*, o *habeas-corpus*, o *in-oitavo*, etc.

Abacate (cor) Quando usado como adjetivo, permanece invariável: *bolsa* abacate, *sapatos* abacate. Outros substantivos usados para designar cores também ficam invariáveis: *botas* café, *casacos* laranja, *mochilas* salmão, *paredes* gelo, *camisas* creme, *vestidos* abóbora, *sapatos* cinza, *tons* pastel, *uniformes* vinho, *laços* rosa, *caixas* violeta, etc. Ver flexão de adjetivos compostos designativos de cores.

Abaixo Ver *a baixo, abaixo*.

Abaixo-assinado, abaixo assinado O substantivo masculino *abaixo-assinado* (plural: abaixo-assinados) designa o 'documento assinado por várias pessoas, geralmente encaminhado a autoridade, contendo reivindicação, protesto, etc.': "– Fazer um *abaixo-assinado*, um manifesto, reunir milhares de assinaturas, encabeçadas por gente bem significativa..." (Ana Maria Machado, *Tropical sol da liberdade* in *Ana Maria Machado: obra reunida*).

A expressão *abaixo assinado* (sem hífen) significa: 'Que após, embaixo, a sua assinatura; que assinou um documento coletivo': *Os moradores abaixo assinados solicitam a presença de um efetivo da Polícia Militar na comunidade.*

Abdome, abdômen Ambas as formas estão corretas, mas *abdome* é considerada preferencial. O plural de *abdômen* é *abdomens* e, pouco usado no Brasil, *abdômenes*. Ver *plural de nomes gregos em* -n.

Abóbora (cor) Como substantivo masculino, o *abóbora* designa 'a cor do fruto da aboboreira' (o fruto é substantivo feminino: a abóbora). Quando usado como adjetivo, permanece invariável: *casaco* abóbora, *paredes* abóbora. Outros substantivos usados para designar cores também ficam invariáveis: *botas* creme, *casacos* laranja, *mochilas* salmão, *bolsas* vinho, *sapatos* cinza, *tons* pastel, *uniformes* abacate, etc.

Abolir O verbo *abolir* pertence tradicionalmente ao grupo dos chamados verbos defectivos, isto é, aqueles que, pelo significado ou pela ausência de eufonia (= boa sonoridade), não se conjugam em todas as suas formas, como os demais companheiros. Pela significação, como ocorre com os que se referem às vozes dos animais ou fenômenos meteorológicos, só completos em emprego metafórico (*Os presos* ladravam *de raiva./* Choveremos *trovoadas nos inimigos.*); pela falta de eufonia, como: *Com a crise, eu* falo (= vou à falência). Numa comparação entre gramáticas de épocas diferentes, notam-se mudanças de lições, numa prova evidente de que uma língua se modifica através do tempo. Nos compêndios mais antigos, a lição mais comum é que *abolir* só se conjugaria, no presente do indicativo, na 1.ª e 2.ª pessoas do plural: *abolimos* e *abolis*. Não possuindo a 1.ª pessoa do singular, não teria todo o presente do subjuntivo; portanto, nada de *abula, abulas*, etc. Não teria todo o imperativo negativo, e do afirmativo só teria *aboli* vós, tirado do presente do indicativo (*abolis*), sem o -*s* final. Já nas gramáticas mais modernas, a lição corrente é que *abolir*, no presente do indicativo, só *não* se conjuga na 1.ª pessoa do singular: *aboles, abole, abolimos, abolis, abo-*

lem. Faltando-lhe a 1.ª pessoa, não se conjuga todo o presente do subjuntivo e imperativo negativo. No imperativo afirmativo, só as formas de 2.ª pessoa do singular e do plural (*abole tu, aboli vós*). Portanto, não se usa *abulo* nem em Portugal nem no Brasil. Dicionários de verbos há que conjugam *abolir* em todas as suas flexões, proposta que põe à disposição dos usuários todas as formas para que, se sair um dia do rol dos defectivos, já as tenham à mão.

Um nosso grande conhecedor da língua e de seus recursos, Mário Barreto, já dizia, com propriedade: "A morfologia não tem leis especiais para excluir de sua formação total nenhum dos verbos que se têm por defectivos. Nenhuma lei de estrutura se opõe a que se forme *abole, colorem, pule, dele* [de *delir*], *demulo*. O empregá-los numa forma e deixar de empregá-los noutra é coisa que toca ao uso."

Aborígine A origem latina *aborigine* nos leva a escrever corretamente *aborígine* (com *i* na penúltima sílaba), preferencialmente: "Lançando pedras, os fueginos, os *aborígines* da Austrália, os samoanos, os sãs e os hadzas derrubavam frutos e ninhos do alto das árvores [...]." (Alberto da Costa e Silva, *A enxada e a lança*). A forma *aborígene* (com *e* na penúltima sílaba) também está divulgada. São seus sinônimos: *natural, autóctone, indígena, nativo*, e seus antônimos: *alienígena, ádvena, estrangeiro*.

Abraçar O verbo *abraçar* pede objeto direto: *Eu o abracei pelo seu aniversário*.

Abreviação A *abreviação* consiste no emprego de uma parte da palavra pelo todo. É comum não só no falar coloquial, mas ainda na linguagem cuidada, por brevidade de expressão: *extra* por *extraordinário* ou *extrafino*. A forma abreviada passa realmente a constituir uma nova palavra e, nos dicionários, tem tratamento à parte, quando sofre variação de sentido ou adquire matiz especial em relação àquela donde procede. *Extraordinário* e *extra* são *sinônimos* porque designam a mesma coisa, embora a sinonímia não seja absoluta. Pode-se incluir como caso especial da abreviação o processo de se criarem palavras, com vitalidade no léxico, mediante a leitura (isoladas ou não) das letras que compõem siglas, como, por exemplo: ONU (Organização das Nações Unidas)/ PUC (Pontifícia Universidade Católica)/ UERJ (Universidade do Estado do Rio de Janeiro)/ USP (Universidade de São Paulo)/ PT (Partido dos Trabalhadores). Destas abreviações se derivam, mediante sufixos: *puquiano, uergiano, uspiano, petista*, etc.

Ab-rupto, abrupto Nas formações com prefixo, emprega-se o hífen quando o 1.º elemento termina por *b* (*ab-, ob-, sob-, sub-*) ou *d* (*ad-*) e o 2.º elemento começa por *r*: *ab-rupto, ad-renal*, *ad-referendar*, *ob-rogar*, *sob-roda*, *sub-reitor*, *sub-reptício*, *sub-rogar*. Obs.: *Adrenalina*, *adrenalite* e afins já são exceções consagradas pelo uso. *Ab-rupto* é preferível a *abrupto*, mas ambos são possíveis, e o último até mais corrente, facilitando a pronúncia com o grupo consonantal /a-brup-to/.

Academia (pronúncia) As vogais *e* e *o* apresentam oscilação fonética (e não ortográfica) nas sílabas pretônicas: /menina/ ou /minina/; /costura/ ou /custura/; /teoria/ ou /tiuria/; /academia/ ou /acadimia/. A essa oscilação chamamos "desbordamento".

Aceitado, aceito, aceite Existe grande número de verbos que admitem dois (e uns poucos até três) particípios: um *regular*, terminado em *-ado* (1.ª conjugação) ou *-ido* (2.ª e 3.ª conjugações), e outro *irregular*, proveniente do latim ou de nome que passou a ter aplicação como verbo, terminado em *-to*, *-so* ou criado por analogia com modelo preexistente. Assim o verbo *aceitar* admite três particípios, o regular *aceitado*, que pode ocorrer com a voz ativa ou passiva, e os irregulares *aceito* e *aceite*, que ocorrem com a voz passiva. Obs.: 1) Em geral emprega-se a forma regular, que fica invariável com os auxiliares *ter* e *haver*, na voz ativa, e a forma irregular, que se flexiona em gênero e número, com os auxiliares *ser*, *estar* e *ficar*, na voz passiva: *Nós* temos aceitado *os documentos./ Os documentos* têm sido aceitos *por nós*. 2) Há uns poucos particípios irregulares terminados em *-e*, em geral de introdução recente no idioma: *entregue* (o mais antigo), *aceite*, *assente*, *empregue* (em Portugal), *livre*. Ver *particípio*.

Acender, ascender O verbo *acender* significa: 1. Atear fogo a algo, fazer ficar em brasa, em chama, ou pegar fogo: "Benedita vinha com o fogo e, encostando a brasa espetada em um velho garfo de ferro ou tição ao ábaco, *acendia*-o." (José Veríssimo, "O crime do tapuio", *Os melhores contos brasileiros de todos os tempos*). 2. Pôr em funcionamento (iluminação, equipamento, etc.) ou começar a funcionar: "Dois marinheiros curvaram-se; outro *acendeu* uma lanterna de furta-fogo [...]." (João do Rio, "O fim de Arsênio Godard", *Os melhores contos brasileiros de todos os tempos*). 3. Provocar sentimentos, desencadear comportamentos; fazer surgir uma dada emoção: "O que ela notava é que nenhum deles lhe deixava saudades nem lhe *acendia* desejos." (Machado de Assis, *Relíquias de casa velha*). Particípios: *acendido* e *aceso*.

Já o verbo *ascender* quer dizer: 'Passar para um nível mais alto; elevar-se em posto, dignidade, etc.: "Mercúrio, que *ascendeu* ao poder em 697, é tido também como um grande impulsionador do cristianismo na Núbia [...]." (Alberto da Costa e Silva, *A enxada e a lança*). Particípio: *ascendido*.

Acendido, aceso Existe grande número de verbos que admitem dois (e uns poucos até três) particípios: um *regular*, terminado em *-ado* (1.ª conjugação) ou *-ido* (2.ª e 3.ª conjugações), e outro *irregular*, proveniente do latim ou de nome que passou a ter aplicação como verbo, terminado em *-to*, *-so* ou criado por analogia com modelo preexistente. O verbo *acender* admite dois particípios, o regular *acendido*, que pode ocorrer com a voz ativa ou passiva, e o irregular *aceso*, que ocorre com a voz passiva. Obs.: Em geral emprega-se a forma regular, que fica invariável com os auxiliares *ter* e *haver*, na voz ativa, e a forma irregular, que se flexiona em gênero e número, com os auxiliares *ser*, *estar* e *ficar*, na voz passiva: *Nós temos acendido as velas./ As velas têm sido acesas por nós.* Ver *particípio*.

Acento, assento Denomina-se *acentuação* o modo de proferir um som ou grupo de sons com mais relevo do que outros. Este relevo é o que chamamos *acento* (com *c*), assim como o sinal gráfico (acento agudo: ´; acento circunflexo: ^; acento grave: `) com que se indica como deve ser pronunciada uma vogal.

O *assento* (com dois *ss*) designa o 'objeto ou lugar sobre o qual se senta': "Novamente afundou no *assento*, com medo de que a mãe olhasse para o lotação e a visse lá dentro." (Rubem Fonseca, *Agosto*).

Acento grave (em locuções) A unidade linguística *a* (artigo, pronome ou preposição) é, na pronúncia portuguesa, um vocábulo átono de timbre fechado, quando não se funde, por crase, com outro *a*. Quando ocorre a crase, é proferido com timbre aberto. Não havendo artigo antes de substantivo feminino singular em locuções adverbiais e adjetivas do tipo de (sair) *a noite* (= de noite), (barco) *a vela* (= com vela, de vela), (matar) *a fome* (= por fome), a preposição *a* deveria ser primitivamente enunciada com timbre fechado. Segundo estudo levado a cabo pelo nosso genial linguista Manuel Said Ali ("O acento em à", *Meios de expressão e alterações semânticas*, Francisco Alves, Rio de Janeiro, 1930), começou-se a usar acento agudo para marcar, na escrita, o timbre aberto, a partir do século XVI. Contraria a história deste fenômeno a explicação por crase, como se costuma fazer entre nossos gramáticos. A mudança para timbre aberto se deve a uma intenção de expressividade discursiva exigida pela clareza do bom entendimento do contexto. É expediente comum em línguas o recurso a fenômenos fonéticos de entonação para explicitar fatos gramaticais (morfologia e sintaxe) e lexicais. Nos textos dos séculos XVI a XVIII se usou o acento agudo para a indicação do timbre aberto da preposição, repetindo o sistema para a vogal aberta da sílaba tônica (*fará*, *dirá*, etc.). No século XIX, com as regras para o emprego dos acentos agudo, circunflexo e grave, passou-se a usar o grave em (sair) *à noite*, (barco) *à vela*, (matar) *à fome*. Excepcionalmente encontra-se hoje quem condene como imitação do francês o emprego da preposição *a*, por *de*, em expressões adjetivas do tipo de *barco à vela*. Não se deve tratar de galicismo porque já de longe vem esta sintaxe, conforme atesta Camões, no século XVI: "bateis aa vela entravão e sayão" (*Os Lusíadas*, V, 75). No poema grafava-se o *a* aberto de vários modos, entre eles com *aa* do exemplo. Como não se trata da crase, conforme já dissemos, há professores que defendem ser opcional o acento grave: *barco a vela* ou *barco à vela*; "Um pequeno barco *a vela* saiu do Piraquê e navegou na direção do Corte de Cantagalo." (Rubem Fonseca, *Buffo & Spallanzani*). Se nas locuções adverbiais e adjetivas do tipo com substantivo feminino singular temos a pura preposição com acento grave, a coerência manda que permaneça o sinal gráfico: *à força, à mão, à míngua, à toa, à pressa, à noite, à distância*, etc.

Acento tônico Em português, quanto à posição do acento tônico, os vocábulos de duas ou mais sílabas podem ser: a) *oxítonos*: o acento tônico recai na *última* sílaba: mate*rial*, princi*pal*, ca*fé*; b) *paroxítonos*: o acento recai na *penúltima* sílaba: *bar*ro, pode*ro*so, *Pe*dro; c) *proparoxítonos*: o acento tônico recai na *antepenúltima* sílaba: *só*lida, feli*cís*simo. Obs.: Em estu*dá*vamo-*lo* (sobresdrúxulo), o acento tônico aparece na pré-antepenúltima sílaba, porque os monossílabos átonos formam um todo com o vocábulo a que se ligam foneticamente. É por isso que *fá*-lo é paroxítono e ad*mi*ras-te, proparoxítono.

Acerca de Ver *a cerca de, acerca de, cerca de, há cerca de*.

Aceso Ver *acendido, aceso*.

Acessível, accessível Ambas as formas estão corretas na pronúncia e na grafia em cada caso.

Acima Ver *a cima, acima, acima de*.

Acima de Ver *a cima, acima, acima de*.

Acordeão, acordeom Ambas as formas estão corretas para designar o instrumento de palheta com fole, teclado e botões que produzem acordes.

Acordo (/ô/), acordos (/ô/) No plural, permanece com *o* fechado tônico: acordo (/ô/) – acordos (/ô/). Ver *plural com alteração de o fechado para o aberto*.

Açoriano (E não: açoreano.) Ver *-eano, -iano*.

Acriano (E não: acreano.) O Acordo nos chamou a atenção para alguns casos que fugiam a princípios há muito estabelecidos, como foi a determinação para o emprego de *i* no sufixo *-iano*, e não *-eano*, em casos como *camoniano, ciceroniano, machadiano, açoriano* e *acriano*. A forma *acriano* (com *i*) está sendo rejeitada pelos naturais do estado do Acre com base na tradição da grafia *acreano* (com *e*). Ora, esta última forma contraria as bases da morfologia histórica de nosso idioma. Também já foi tradição escrever *Brasil* com *z* (Brazil); todavia, prevaleceu a lição histórica da língua, por isso escrevemos com *s* (Brasil).

Ad- Nas formações com prefixo, emprega-se o hífen quando o 1.º elemento termina por *b* (*ab-*, *ob-*, *sob-*, *sub-*) ou *d* (*ad-*) e o 2.º elemento começa por *r*: *ab-rupto*, *ad-renal*, *ad-referendar*, *ob-rogar*, *sob-roda*, *sub-reitor*, *sub-reptício*, *sub-rogar*. Obs.: *Adrenalina*, *adrenalite* e afins já são exceções consagradas pelo uso. A forma *ab-rupto* é preferível a *abrupto*, apesar de menos utilizada.

Ad hoc Locução latina que significa 'para isso; para esse fim; designado para executar determinada tarefa': *uma comissão* ad hoc, *um advogado* ad hoc. Não se emprega o hífen nas locuções latinas usadas como tais, não substantivadas ou aportuguesadas: *ab initio, ab ovo, ad immortalitatem, ad hoc, data venia, de cujus, carpe diem, causa mortis, habeas corpus, in octavo, pari passu, ex libris*. Mas: o *ex-libris*, o *habeas-corpus*, o *in-oitavo*, etc.

Ad immortalitatem Locução latina que significa 'rumo à imortalidade'. Não se emprega o hífen nas locuções latinas usadas como tais, não substantivadas ou aportuguesadas: *ab initio, ab ovo, ad immortalitatem, ad hoc, data venia, de cujus, carpe diem, causa mortis, habeas corpus, in octavo, pari passu, ex libris*. Mas: o *ex-libris*, o *habeas-corpus*, o *in-oitavo*, etc.

Ad valorem Locução latina que significa 'conforme o valor'. Refere-se a ônus tributário sobre o valor da mercadoria e não sobre peso, quantidade ou volume. Não se emprega o hífen nas locuções latinas usadas como tais, não substantivadas ou aportuguesadas: *ab initio, ab ovo, ad immortalitatem, ad hoc, data venia, de cujus, carpe diem, causa mortis, habeas corpus, in octavo, pari passu, ex libris*. Mas: o *ex-libris*, o *habeas-corpus*, o *in-oitavo*, etc.

Adequar Os verbos do tipo de *aguar, apaniguar, apaziguar, apropinquar, averiguar, desaguar, enxaguar, obliquar, delinquir* e afins, por oferecerem dois paradigmas, ou têm as formas rizotônicas (aquelas cuja sílaba tônica está no radical) igualmente acentuadas no *u*, mas sem marca gráfica [a exemplo de *averiguo* (/ú/), *averiguas* (/ú/), *averigua* (/ú/), *averiguam* (/ú/); *averigue* (/ú/), *averigues* (/ú/), *averigue* (/ú/), *averiguem* (/ú/); *enxaguo* (/ú/), *enxaguas* (/ú/), *enxagua* (/ú/), *enxaguam* (/ú/); *enxague* (/ú/), *enxagues* (/ú/), *enxague* (/ú/), *enxaguem* (/ú/), etc.; *delinquo* (/ú/), *delinques* (/ú/), *delinque* (/ú/), *delinquem* (/ú/); mas *delinquimos, delinquis*] ou têm as formas rizotônicas acentuadas fônica e graficamente nas vogais *a* ou *i* radicais (a exemplo de *averíguo, averíguas, averígua, averiguam; averígue, averígues, averígue, averíguem; enxáguo, enxáguas, enxágua, enxáguam; enxágue, enxágues, enxágue, enxáguem; delínquo, delínques, delínque, delínquem; delínqua, delínquas, delínqua, delínquam*).

O verbo *adequar* segue o modelo de *obliquar*. Assim temos (com a tonicidade na vogal *e*, mais comum no Brasil): presente do indicativo: *adéquo, adéquas, adéqua, adequamos, adequais, adéquam*; presente do subjuntivo: *adéque, adéques, adéque, adequemos, adequeis, adéquem*; imperativo afirmativo: *adéqua, adéque, adequemos, adequai, adéquem*.

Em Portugal é mais corrente a conjugação com a tonicidade na vogal *u*: presente do indicativo: *adequo* (/ú/), *adequas* (/ú/), *adequa* (/ú/), *adequamos, adequais, adequam* (/ú/); presente do subjuntivo: *adeque* (/ú/), *adeques* (/ú/), *adeque* (/ú/), *adequemos, adequeis, adequem* (/ú/); imperativo afirmativo: *adequa* (/ú/), *adeque* (/ú/), *adequemos, adequai, adequem* (/ú/). Anteriormente considerado defectivo, o verbo *adequar* hoje se conjuga em todas as suas formas.

Aderir Na 3.ª conjugação, a vogal *e*, última do radical (ader), sofre alternâncias diversas quando nela recai o acento tônico: passa a *i* na 1.ª pessoa do singular do presente do indicativo (eu *adiro*) e em todo o presente do subjuntivo (eu *adira*, tu *adiras*, ele/ ela *adira*, nós *adiramos*, vós *adirais*, eles/ elas *adiram*) e *e* aberto na 2.ª e 3.ª pessoas do singular (tu *aderes*, ele/ ela *adere*) e 3.ª do plural do presente do indicativo (eles/ elas *aderem*) e 2.ª pessoa do singular do imperativo (tu *adere*) nos verbos: *aderir, advertir, aferir, assentir, auferir, compelir, competir, concernir, conferir, conseguir, consentir, convergir, deferir, desferir, desmentir, despir, desservir, diferir, digerir, discernir, dissentir, divergir, divertir, expelir, ferir, impelir, ingerir, mentir, preferir, pressentir, preterir, proferir, prosseguir, referir, refletir, repelir, repetir, seguir, servir, sugerir, transferir, vestir*.

Adjunto adnominal Chama-se adjunto o termo sintático não obrigatório, cuja missão é ampliar a informação ou o conhecimento do núcleo que integra o sujeito e o predicado com seus complementos. A expansão do núcleo substantivo chama-se *adjunto adnominal* e está fundamentalmente representado por um adjetivo, locução adjetiva ou unidade equivalente: Bons *ventos o tragam!/ Palavra* de rei *não volta atrás*. Esse adjetivo pode ser acompanhado de determinantes que, englobadamente com ele, se classificam como adjunto adnominal: Os bons *ventos o tragam!/* Todos os meus três *amigos chegaram hoje*. Ver *complemento nominal*.

Adjunto adverbial Chama-se adjunto o termo sintático não obrigatório, cuja missão é ampliar a informação ou o conhecimento do núcleo que integra o sujeito e o predicado com seus complementos. A expansão do núcleo pode dar-se mediante um *adjunto adverbial*, representado formalmente por um advérbio ou expressão equivalente. Semanticamente exprime uma circunstância e sintaticamente representa uma expansão do verbo, do adjetivo ou do advérbio: *Paula estudou* muito./ *O mar está* muito *azulado./ Bebel dançou* muito *bem*. Chamam-se *circunstâncias* em gramática as unidades linguísticas que, referindo-se à significação do verbo, assinalam o modo, o tempo, o lugar, a causa, etc.: *Jantamos* ontem (circunstância de tempo), no clube (circunstância de lugar), na companhia de vários amigos (circunstância de companhia) por motivo do aniversário de nosso tio (circunstância de causa). O adjunto adverbial pode ser expresso por advérbios (*ontem*) ou por locuções adverbiais (*no clube*, etc.). Os que exprimem intensidade podem, além do verbo, modificar adjetivos e advérbios: *Ela é* muito *inteligente./ O professor jantou* muito *cedo*.

Administrador-geral, administradora-geral Quando o segundo elemento do composto denota seriação ou hierarquia, usa-se hífen: *administrador-geral, administradora--geral, secretário-geral, secretária-geral, gerente-geral, coordenador-geral, coordenadora-geral, diretor-executivo, diretora-executiva, diretor-presidente, diretora-presidente, redator-chefe, redatora-chefe, editor-assistente, editora-assistente, cirurgião-assistente, cirurgiã-assistente.*

Adorar O verbo *adorar* pede objeto direto: Ela *o* adorava (e não: Ela *lhe* adorava); "Eu já conhecia o dueto de amor que finaliza o primeiro ato – minha mãe *o adorava*, era uma de suas árias prediletas." (Carlos Heitor Cony, *Quase memória*); "Vendo-o ressentido, incomunicável, ela, que *o adorava* como *a um jovem deus*, submeteu-se." (Nelson Rodrigues, "Paixão", *A vida como ela é...*). Repare que nesta última citação ocorre também o objeto direto preposicionado ("como *a um jovem deus*") que, entre outros casos, é usado para evitar confusão de sentido, especialmente quando ocorre: 1) *inversão* (o objeto direto vem antes do sujeito): *A Abel* matou Caim. 2) *comparação*: "Isto causou estranheza e cuidados ao amorável Sarmento, que prezava Calisto como *a filho*" (Camilo Castelo Branco, *A queda dum anjo*). Sem preposição alguém poderia interpretar *filho* como sujeito: *como filho preza*; todavia, o uso da preposição neste caso não é gramaticalmente obrigatório.

Adorno (/ô/), adornos (/ô/) No plural, permanece com *o* fechado tônico: adorno (/ô/) – adornos (/ô/).

Quanto ao verbo adornar, dizemos: eu adorno (/ó/), tu adornas (/ó/), ele/ ela/ você adorna (/ó/), eles/ elas/ vocês adornam (/ó/). Ver *plural com alteração de o fechado para o aberto*.

Adquirir Não se profere o *u* depois do *q* em: *adquirir, aniquilar, aqueduto, equilíbrio, equinócio, equipar, equiparar, equitação, equívoco, extorquir, inquérito, inquirir, sequioso, quérulo, quibebe*. É facultativo pronunciá-lo em: *antiquíssimo, equidade, liquidação, liquidar, líquido, liquidificador, retorquir*, entre outros. Profere-se o *u* depois do *q* em: *aquícola, consequência, delinquência, delinquir, equestre, equevo, equidistante, equino* (= cavalar), *frequência, loquela, obliquidade, quingentésimo, quinquênio, quiproquó, sequência, Tarquínio, tranquilo, ubiquidade*, entre outros.

Advir O verbo *advir*, outrora apontado como defectivo, é hoje conjugado integralmente. Desta forma, temos: *pres. ind.*: advenho, advéns, advém, advimos, advindes, advêm; *pret. imperf. ind.*: advinha, advinhas, advinha, advínhamos, advínheis, advinham; *pret. perf. ind.*: advim, advieste, adveio, adviemos, adviestes, advieram; *pret. mais-que-perf. ind.*: adviera, advieras, adviera, adviéramos, adviéreis, advieram; *fut. pres.*: advirei, advirás, advirá, adviremos, advireis, advirão; *fut. pret.*: adviria, advirias, adviria, adviríamos, adviríeis, adviriam; *pres. subj.*: advenha, advenhas, advenha, advenhamos, advenhais, advenham; *pret. imp. subj.*: adviesse, adviesses, adviesse, adviéssemos, adviésseis, adviessem; *fut. subj.*: advier, advieres, advier, adviermos, advierdes, advierem; *imp.*: advém, advenha, advenhamos, advinde, advenham; *ger.*: advindo; *part.*: advindo. Por este modelo se conjugam *avir-se, convir, desavir, intervir, provir, sobrevir*.

Aerossol Designa a embalagem que contém suspensão de partículas sólidas ou líquidas num gás, e que possui um dispositivo capaz de liberar essas partículas no ar. O plural é *aerossóis*. A forma *aerosol* (com um único *s*) não é recomendada.

Aferir, auferir O verbo *aferir* significa: 1. Cotejar pesos ou medidas com determinados padrões de referência. 2. Verificar a exatidão de instrumentos de peso, medida, etc.; fazer a aferição: aferir *a balança*; aferir *o taxímetro*. 3. Avaliar ou julgar, comparando: "Quanto aos sentimentos religiosos, a *aferi*-los pelas ações, ninguém os possuía mais puros." (Machado de Assis, *Helena*).

Auferir é o mesmo que 'ter como resultado; conseguir, obter': "E reis havia que somavam às taxas e aos impostos que *auferiam* os lucros de um comércio que era exclusivo deles ou se realizava parcialmente em seu nome e benefício." (Alberto da Costa e Silva, *A manilha e o libambo*).

Aficionado O substantivo masculino *aficionado* (e não: aficcionado) designa 'aquele que tem grande entusiasmo por algo; entusiasta': *Os aficionados por futebol não perdem um jogo*; *As aficionadas por moda assistiram a todos os desfiles*. Também é usado como adjetivo: *Ele é aficionado por arte*.

Afim Ver *a fim de, afim*.

Afora Ver *fora, a fora, em fora, afora*.

Aforismo O substantivo *aforismo* é masculino e significa: 'Frase que exprime de forma concisa um princípio moral, uma verdade generalizada, uma regra de comportamento; máxima, sentença.' Também é possível a forma: *o aforisma*.

Afro- As formas empregadas adjetivamente do tipo *afro-, anglo-, euro-, franco-, indo-, luso-, sino-* e assemelhadas continuarão a ser grafadas sem hífen em empregos em que só há uma etnia: *afrodescendente, anglofalante, anglomania, eurocêntrico, eurodeputado, lusofonia, sinologia,* etc. Porém escreve-se com hífen quando houver mais de uma etnia: *afro-brasileiro, afro-americano, anglo-saxão, euro-asiático,* etc.

Afro-brasileiro O adjetivo *afro-brasileiro* (= relativo, simultaneamente, à África e ao Brasil, ou que constitui uma mistura das duas culturas) deve ser escrito com hífen: "[...] os jovens das populações da periferia em nossas metrópoles andam preferindo muitas vezes se afastar do samba, do choro e outros gêneros musicais da tradição *afro-brasileira* para se dedicar ao *funk* e ao *hip-hop* [...]." (Ana Maria Machado, *Balaio: livros e leituras* in *Ana Maria Machado: obra reunida*). Como substantivo, *afro-brasileiro* também é grafado desta forma. Plural: *afro-brasileiros*. Ver *afro-*.

Afrodescendente Escreve-se junto, sem hífen. Ver *afro-*.

Agente Ver *a gente, agente*.

Agente da passiva Ver *voz passiva*.

Agradar O verbo *agradar* pede objeto direto quando significa 'fazer carinhos; acariciar': *O pai a agradava*. No sentido de 'ser agradável; contentar, encantar' exige objeto indireto com a preposição *a*: *A resposta não agradou ao juiz.*/ *A resposta não lhe agradou*: "Além disso, o que mais *agradou ao* velho Almada foi ver o ar de aceitação carinhosa com que recebia os indisfarçáveis olhares ternos de Marta." (Ana Maria Machado, *Palavra de honra* in *Ana Maria Machado: obra reunida*).

Agradecer O verbo *agradecer* constrói-se com objeto indireto de pessoa: "E lhe erguia tronos de pedra, para *agradecer-lhe* as vitórias militares." (Alberto da Costa e Silva, *A enxada e a lança*); "*Agradeço* muito a você, minha querida, que nos deu a oportunidade [...]" (Ana Maria Machado, *Tropical sol da liberdade* in *Ana Maria Machado: obra reunida*).

Agro- Ver *hífen nas formações com prefixo*.

Agroexportador Conforme o Acordo Ortográfico de 1990, nas formações com prefixos, se o 1.º elemento (*agro-*) terminar por vogal diferente daquela que inicia o 2.º elemento (*exportador*), escrever-se-á junto, sem hífen. Ver *hífen nas formações com prefixo*.

Agroindustrial Conforme o Acordo Ortográfico de 1990, nas formações com prefixos, se o 1.º elemento (*agro-*) terminar por vogal diferente daquela que inicia o 2.º elemento (*industrial*), escrever-se-á junto, sem hífen. Ver *hífen nas formações com prefixo*.

Aguar Os verbos do tipo de *aguar, apaniguar, apaziguar, apropinquar, averiguar, desaguar, enxaguar, obliquar, delinquir* e afins, por oferecerem dois paradigmas, ou têm as formas rizotônicas (aquelas cuja sílaba tônica está no radical) igualmente acentuadas no *u*, mas sem marca gráfica [presente do indicativo: *aguo* (/ú/), *aguas* (/ú/), *agua* (/ú/), *aguamos, aguais, aguam* (/ú/); presente do subjuntivo: *ague* (/ú/), *agues* (/ú/), *ague* (/ú/), *aguemos, agueis, aguem* (/ú/)]; ou têm as formas rizotônicas acentuadas fônica e graficamente nas vogais *a* ou *i* radicais [presente do indicativo: *águo, águas, água, aguamos, aguais, águam*; presente do subjuntivo: *águe, águes, águe, aguemos, agueis, águem*]. A conjugação com a tonicidade na vogal *u* é mais comum em Portugal, enquanto a tonicidade na vogal *a* é mais corrente no Brasil.

Agudo O adjetivo *agudo* tem como superlativos absolutos sintéticos *agudíssimo* e *acutíssimo*.

Ajudar O verbo *ajudar* pede objeto direto: "Sabendo que o Garcia era vizinho e estudante de medicina pediu-lhe que ficasse para *ajudar o médico*." (Machado de Assis, *Várias histórias*); "Cansado, eu dormia logo, embalado pela certeza de que, nos próximos dias e noites, ficaria ao lado dele *ajudando-o* nos balões" (Carlos Heitor Cony, *Quase memória*) ou objeto indireto: Ninguém *lhe* ajudou.

Alcaguete, alcagueta (/güe/) (E não: caguete, cagueta.) O substantivo de dois gêneros (o/a) *alcaguete* ou (o/a) *alcagueta* designa 'aquele que denuncia ou delata alguém ou algo; dedo-duro': "O menor sinal de que há algum relacionamento entre o policial e o porteiro pode condená-lo a figurar, no enredo imaginário e paranoico do criminoso, como *alcaguete* e, consequentemente, futura vítima de vingança." (Luiz Eduardo Soares, Cláudio Ferraz, André Batista, Rodrigo Pimentel, *Elite da tropa 2*); "[...] Lena descobriu que eles tinham saído espalhando para todo mundo que ela e Arnaldo eram muito esquisitos, deviam ser *alcaguetes* da polícia ou trabalhar para o SNI." (Ana Maria Machado, *Tropical sol da liberdade* in Ana Maria

Machado: obra reunida*). O verbo *alcaguetar* (e não: *caguetar*) significa 'delatar, denunciar'.

Álcool, alcoólatra, alcoólico A palavra *álcool* é proparoxítona, assim como seu plural: *álcoois*. Aquele que tem como vício a ingestão de bebidas alcoólicas denomina-se *alcoólatra* (substantivo de dois gêneros: *o* alcoólatra/ *a* alcoólatra) ou *alcoólico* (*o* alcoólico/ *a* alcoólica). A bebida que contém álcool em sua composição denomina-se *alcoólica*.

Álcool em gel Temos em "álcool em gel" duas realidades que se combinam, o álcool (substantivo) apresentado em forma de gel (substantivo). Esta é a forma mais recomendada na língua, assim como dizemos "sabão (substantivo) em pó (substantivo)", "sabão (substantivo) em barra (substantivo)". Porém usamos "sabão líquido", "álcool líquido", porque temos substantivo (sabão, álcool) + adjetivo (líquido). Daí não corresponder ao melhor uso a expressão "álcool gel", apesar do emprego um tanto difundido. As duas formas são recentes na língua, e não é impossível que, com a continuação do uso da expressão "álcool gel", a forma original "álcool em gel" seja assim simplificada.

Aldeão Muitos substantivos em *-ão* apresentam dois e até três plurais. É o caso de *aldeão*, plural: *aldeãos*, *aldeões* ou *aldeães*. O feminino é *aldeã*, plural: *aldeãs*.

Alea jacta est (ou Jacta est alea) Locução latina que significa 'o dado está lançado; a sorte está lançada' e é empregada para enfatizar o caráter irrevogável de uma decisão. Júlio César teria pronunciado esta frase ao transpor com suas tropas o rio Rubicão (em 49 a.C.), contrariando ordens do Senado.

Além- Emprega-se o hífen nos compostos sem elemento de ligação quando o 1.º elemento está representado pelas formas *além*, *aquém*, *recém*, *bem* e *sem*: *além--Atlântico*, *além-fronteiras*, *além--mar*, *além-mundo*, *aquém-Pireneus*, *recém-casado*, *recém-nascido*, *bem-estar*, *bem-humorado*, *bem-dito*, *bem-dizer*, *bem-vestido*, *bem-vindo*, *sem-cerimônia*, *sem-vergonha*, *sem-terra*, etc.

Alerta, em alerta Advérbio, originário da locução italiana *all'erta*, que é o grito com que a sentinela rende alguém ou mantém viva sua atenção: "*Alerta*, rapazes, que estamos com elas" (José de Alencar, *Ermitão da Glória, Alfarrábios*). Empregado como adjetivo, pode guardar a natureza da palavra invariável, ou sofrer a flexão própria dos adjetivos. O primeiro emprego parece ser o mais antigo na língua: "Ali, dia e noite, havia sempre duas espias *alerta*" (Bernardo Guimarães, *Lendas e romances*); "Luzinha trêmula, coada através dos garranchos, lhe feriu as pupilas *alertas*" (Gustavo Barroso, *Alma sertaneja*). Tratado como substantivo, com flexão masculina (mais comum) e feminina: "O oficial de Dragões derreado das *alertas* seguidas anunciou entrando com a voz nervosa [...]" (Alberto Rangel, *Quando o Brasil amanhecia*). Ocorre ainda na locução *em alerta*: "Caxias aferrou-se ao terreno conquistado e passou a noite *em alerta*." (Gustavo Barroso, *História Militar do Brasil*). Desta rica família nasceu também o verbo *alertar*.

Alertar O verbo *alertar* significa 'chamar a atenção para um perigo, uma dificuldade iminente; pôr(-se) em estado de alerta' e admite diversas construções, aplicando-se a pessoa ou coisa: "Esperei na porta. Não queria que o som da campainha *alertasse* Fugu." (Fugu, *Duas bocas: histórias de comida e sexo*); "[...] Mário Faustino, já em 1956 *alertava* a crítica brasileira *para* o aparecimento de uma autora que, à época, contava apenas 17 anos." (Ivan Junqueira, *À sombra de Orfeu*); "Seu sexto sentido a *alertou para* evitar o nome de Lorens [...]." (Paulo Coelho, *Brida*); "[...] *alertei*-os *sobre* a inexistência da instituição do asilo turístico [...]." (Afonso Arinos Filho, *Tempestade no altiplano*); *O meteorologista alertou a população* da *tempestade*; Alertou-se *quando ouviu a sirene da polícia*; "Como, no mencionado artigo, *alertei* que, com a conversão dos dados da memória em instrumento de decisão, ficava também superada [..]" (Miguel Reale, *Variações*); "Amigos meus ligados ao partido do governo me pediam, nos recados, muito cuidado para que eu não fosse usado pelo oportunismo eleitoreiro da direita. *Alertavam* que, no partido da governadora, havia quem defendesse a tese de que eu estaria agindo sob orientação do principal partido de oposição [...]. (Luiz Eduardo Soares, Cláudio Ferraz, André Batista, Rodrigo Pimentel, *Elite da tropa 2*).

Alfa- Ver *hífen nas formações com prefixo*.

Alface O substantivo *alface* é feminino: "A horta produzia de tudo, *muita alface*, couve, rabanetes, cenoura, cebola, abóbora." (Carlos Heitor Cony, *Quase memória*).

Algo + de + adjetivo Ver *nada, algo, pouco + de + adjetivo*.

Alguns de nós... (concordância) Ver *Quais de nós?, Quais dentre vós?*.

Alisar, alizar O verbo *alisar* (com s) significa: 1. Tirar as rugosidades, os vincos, as asperezas ou irregularidades de algo: "Depois *alisou* com a mão a própria saia [...]." (Nelson Rodrigues, "O emprego", *A vida como ela é...*). 2. Passar a mão suavemente, acariciando: "Tertuliano olhou o neto adormecido e lhe *alisou* a penugem da cabeça." (João Ubaldo Ribeiro, *O albatroz azul*).

O substantivo masculino *alizar* (com *z*) designa: 1. Revestimento de madeira que cobre as ombreiras de portas e janelas. 2. Peça fixada na altura do encosto de cadeiras e que evita que elas toquem na parede. 3. Rodapé. 4. Lambri.

Almoço (/ô/), almoços (/ô/) No plural, permanece com *o* fechado tônico: almoço (/ô/) – almoços (/ô/). Quanto ao verbo almoçar, dizemos: eu almoço (/ó/), tu almoças (/ó/), ele/ ela/ você almoça (/ó/), eles/ elas/ vocês almoçam (/ó/). Ver *plural com alteração de* o *fechado para* o *aberto*.

Alta, alta hospitalar A *alta*, substantivo (ou *alta hospitalar*), é a anotação médica que declara o fim de um tratamento ou que permite que um doente deixe o hospital ou a clínica de saúde: *A* alta *do paciente já foi dada*.

Alta-costura Escreve-se com hífen o substantivo feminino *alta-costura* e designa: 1. Atividade de criação e confecção de modelos de vestuário originais, exclusivos. 2. O conjunto dos mais conceituados costureiros. O plural é *altas-costuras*.

Alta-roda Escreve-se com hífen o substantivo feminino *alta-roda* que designa 'a *alta sociedade* (sem hífen), a elite, a camada de maior poder ou prestígio num grupo'. O plural é *altas-rodas*.

Alto-comando Escreve-se com hífen o substantivo masculino *alto-comando*, que significa: 1. Conjunto dos comandantes supremos de uma força militar e seu quartel-general. 2. A chefia de uma organização. O plural é *altos-comandos*.

Alto-falante Escreve-se com hífen o substantivo masculino *alto-falante*, que significa: 1. Aparelho que transforma um sinal de audiofrequência em onda acústica. 2. Megafone. O plural é *alto-falantes*.

Aluga-se..., Alugam-se... Ver *-se*.

Alvo Seguindo-se a um substantivo ao qual se liga por hífen, tem valor de adjetivo com o sentido de 'que se busca atingir, alcançar, etc.': *cliente-alvo, público-alvo, mercados-alvo*, etc. Obs.: Nos compostos de dois substantivos, em que o segundo exprime a ideia de *fim, semelhança* ou limita a significação do primeiro, admite-se a flexão apenas do primeiro elemento ou dos dois elementos: *clientes-alvo* (ou *clientes-alvos*), *aços-liga* (ou *aços-ligas*), *bombas-relógio* (ou *bombas-relógios*), *canetas-tinteiro* (ou *canetas-tinteiros*), *cidades-satélite* (ou *cidades-satélites*), *decretos-lei* (ou *decretos-leis*), etc.

Alvoroço (/ô/), alvoroços (/ô/) No plural, permanece com *o* fechado tônico: alvoroço (/ô/) – alvoroços (/ô/). Ver *plural com alteração de* o *fechado para* o *aberto*.

Amarelo-claro, amarelo-escuro Ver *flexão de adjetivos compostos designativos de cores* e *flexão de* *substantivos compostos designativos de cores*.

Amarelo-ouro Ver *flexão de adjetivos compostos designativos de cores* e *flexão de substantivos compostos designativos de cores*.

Anão Muitos substantivos em *-ão* apresentam dois e até três plurais. É o caso de *anão*, plural: *anões* ou *anãos*.

Ancião Muitos substantivos em *-ão* apresentam dois e até três plurais. É o caso de *ancião*, plural: *anciãos*, *anciões* ou *anciães*.

Anexo, incluso, apenso Como adjetivos, concordam com o termo a que se referem. Assim sendo, diz-se: *Segue* anexa *a cópia da carta anterior* (e não *anexo*)./ *Remetemos-lhe* anexos (inclusos) *os pareceres*./ *Seguem* inclusas (apensas) *as declarações*./ *Correm* anexos (inclusos, apensos) *aos processos vários documentos*. Obs.: Usa-se invariável *em anexo*, *em apenso*: *Vai* em anexo (em apenso) *a declaração*./ *Vão* em anexo (em apenso) *as declarações*.

Anfitrião O plural de *anfitrião* é *anfitriões*; o feminino, *anfitriã* ou *anfitrioa*: "Um local isolado o suficiente, meio escondido num vale, mas também prático o bastante, graças ao desvelo dos *anfitriões* [...]." (Luis Fernando Verissimo e Zuenir Ventura, *Conversa sobre o tempo com Arthur Dapieve*); "Enquanto estávamos trancados, conversando, nossa *anfitriã* passeava pela Região Serrana com Mary e Lúcia, e nosso *anfitrião* se dedicava a elaborar o menu do café da manhã [...]." (*Idem, ibidem*).

Anglo- Emprega-se em adjetivos compostos como elemento de composição referente a *inglês*: *anglo-africano, anglo-americano, anglo-árabe, anglo-asiático, anglo-brasileiro, anglo-bretão, anglo-francês, anglo-germânico*, etc. Assim temos: *escola anglo-americana, rivalidade anglo-germânica*. Porém é grafado sem hífen em empregos em que só há uma etnia: *anglocatólico, anglofalante, anglófilo, anglofonia, anglofônico, anglófono*, etc.

Anoitecer São impessoais e conjugam-se apenas na 3.ª pessoa do singular os verbos (ou expressões) que denotam fenômenos atmosféricos ou cósmicos: *chover, trovejar, relampejar, nevar, anoitecer, fazer* (*frio, calor*, etc.), *estar* (*frio, quente*, etc.), entre outros: *Faz frio*./ *Chove muito*./ "No dia seguinte cheguei às sete em ponto, *chovia* potes e eu tinha que viajar a noite inteira." (Lygia Fagundes Telles, "O moço do saxofone", *Os melhores contos brasileiros de todos os tempos*). Fora do seu sentido normal, muitos verbos impessoais podem ser usados pessoalmente, ou seja, constroem-se com sujeito. Nestes casos, a concordância se faz obrigatória: *Choveram* bênçãos dos céus./ "No dia seguinte *amanheci* de cama" (Érico Veríssimo, *Solo de Clarineta*)./ "Baiano velho *trovejou*:

§ – Não tem luz!" (Antonio de Alcântara Machado, "Apólogo brasileiro sem véu de alegoria", *Os melhores contos brasileiros de todos os tempos*).

Ânsia, ansioso, ansiosamente, ansiedade, ansiar, ansiolítico As palavras *ânsia, ansioso, ansiosamente, ansiedade, ansiar, ansiolítico* se escrevem com *s* (e não com *c*).

Ansiar Os verbos terminados em *-iar* são conjugados regularmente, à exceção de *mediar* (e *intermediar*), *ansiar, remediar, incendiar* e *odiar*. O verbo *ansiar* troca o *i* por *ei* nas formas rizotônicas (aquelas cuja sílaba tônica está no radical): *pres. ind.*: ans*ei*o, ans*ei*as, ans*ei*a, ansiamos, ansiais, ans*ei*am; *pres. subj.*: ans*ei*e, ans*ei*es, ans*ei*e, ansiemos, ansieis, ans*ei*em; *imp. afirm.*: ans*ei*a, ans*ei*e, ansiemos, ansiai, ans*ei*em. Ver *verbos terminados em -ear e -iar*.

Ante- Ver *hífen nas formações com prefixo*.

Ântero- Ver *hífen nas formações com prefixo*.

Antessala Conforme o Acordo Ortográfico de 1990, nas formações com prefixos, quando o 1.º elemento termina por vogal (*ante-*) e o 2.º elemento começa por *r* ou *s* (*sala*), não se usa hífen, e estas consoantes devem duplicar-se, prática já adotada também em palavras deste tipo pertencentes aos domínios científico e técnico: *antessala, antirreligioso, antissocial, autorregulamentação, biorritmo, biossatélite, contrarregra, contrassenha, cosseno, eletrossiderurgia, extrarregular, infrassom, macrorregião, microssistema, minissaia, multissegmentado, neorromano, protossatélite, pseudossigla, semirrígido, sobressaia, suprarrenal, ultrassonografia*. Ver *hífen nas formações com prefixo*.

Anti- Ver *hífen nas formações com prefixo*.

Antiaéreo Conforme o Acordo Ortográfico de 1990, nas formações com prefixos, se o 1.º elemento (*anti-*) terminar por vogal diferente daquela que inicia o 2.º elemento (*aéreo*), escrever-se-á junto, sem hífen. Ver *hífen nas formações com prefixo*.

Antiaids É possível grafar aids (em letras minúsculas, como substantivo feminino) ou usar a sigla AIDS. No caso de se juntar um prefixo (anti-) ao nome comum (aids), escreve-se junto, sem hífen: *antiaids, coquetel antiaids*. Ver *antissida*.

Antialérgico Conforme o Acordo Ortográfico de 1990, nas formações com prefixos, se o 1.º elemento (*anti-*) terminar por vogal diferente daquela que inicia o 2.º elemento (*alérgico*), escrever-se-á junto, sem hífen. Ver *hífen nas formações com prefixo*.

Anticovid-19, anti-COVID-19 Ver *COVID-19, covid-19*.

Anti-Estados Unidos Para garantir a integridade do nome próprio usado como tal, recomenda-se a grafia com hífen em casos como *anti-Estados Unidos, anti-Stalin, anti-Iraque,* usos frequentes na imprensa, mas não lembrados no texto do Acordo. As formas derivadas seguem a regra dos prefixos, como em: *antistalinismo/antiestalinismo, desestalinização*. Ver *hífen nas formações com prefixo*.

Antiético Conforme o Acordo Ortográfico de 1990, nas formações com prefixos, se o 1.º elemento (*anti-*) terminar por vogal diferente daquela que inicia o 2.º elemento (*ético*), escrever-se-á junto, sem hífen. Ver *hífen nas formações com prefixo*.

Anti-herói Conforme o Acordo Ortográfico de 1990, nas formações com prefixos, se o 1.º elemento (*anti-*) terminar por *vogal* e o 2.º elemento se iniciar por *h* (*herói*), haverá o emprego de hífen: *anti-herói, anti-hemorrágico, anti-higiênico*. Ver *hífen nas formações com prefixo*.

Anti-inflamatório Conforme o Acordo Ortográfico de 1990, nas formações com prefixos, emprega-se o hífen quando o 1.º elemento (*anti-*) termina por vogal igual à que inicia o 2.º elemento (*inflamatório*): *anti-inflamatório, anti-infeccioso, anti-imperialista*. Ver *hífen nas formações com prefixo*.

Antirreligioso Conforme o Acordo Ortográfico de 1990, nas formações com prefixos, quando o 1.º elemento termina por vogal (*anti-*) e o 2.º elemento começa por *r* (*religioso*) ou *s*, não se usa hífen, e estas consoantes devem duplicar-se, prática já adotada também em palavras deste tipo pertencentes aos domínios científico e técnico: *antessala, antirreligioso, antissocial, autorregulamentação, biorritmo, biossatélite, contrarregra, contrassenha, cosseno, eletrossiderurgia, extrarregular, infrassom, macrorregião, microssistema, minissaia, multissegmentado, neorromano, protossatélite, pseudossigla, semirrígido, sobressaia, suprarrenal, ultrassonografia*. Obs.: Para garantir a integridade do nome próprio usado como tal, recomenda-se a grafia com hífen em casos como *anti-Stalin, anti-Iraque, anti-Estados Unidos*, usos frequentes na imprensa, mas não lembrados no texto do Acordo. As formas derivadas seguem a regra dos prefixos, como em: *antistalinismo/antiestalinismo, desestalinização*. Ver *hífen nas formações com prefixo*.

Anti-spam Nas formações com prefixo, emprega-se o hífen quando ao prefixo se segue nome próprio começado por maiúscula (*anti-Estados Unidos, anti-Stalin*, etc.) ou vocábulo não aportuguesado: *anti-spam, anti-show*. Ver *hífen nas formações com prefixo*.

Antisséptico Conforme o Acordo Ortográfico de 1990, nas formações com prefixos, quando o 1.º elemento termina por vogal (*anti-*) e o 2.º elemento começa por *r* ou *s* (*séptico* = que causa infecção), não se usa hífen, e estas consoantes devem duplicar-se, prática já adotada também em palavras deste tipo pertencentes aos domínios científico e técnico: *antessa-*

la, *antirreligioso, antissocial, autorregulamentação, biorritmo, biossatélite, contrarregra, contrassenha, cosseno, eletrossiderurgia, extrarregular, infrassom, macrorregião, microssistema, minissaia, multissegmentado, neorromano, protossatélite, pseudossigla, semirrígido, sobressaia, suprarrenal, ultrassonografia.* Obs.: Para garantir a integridade do nome próprio usado como tal, recomenda-se a grafia com hífen em casos como *anti-Stalin, anti-Iraque, anti-Estados Unidos,* usos frequentes na imprensa, mas não lembrados no texto do Acordo. As formas derivadas seguem a regra dos prefixos, como em: *antistalinismo/antiestalinismo, desestalinização.* Ver *hífen nas formações com prefixo.*

Antissida Em Portugal, há preferência pelo uso da forma sida (síndrome da imunodeficiência adquirida) em lugar de aids (*acquired immunodeficience syndrome*), de uso corrente no Brasil. No caso de se juntar um prefixo (anti-) ao nome comum (sida), escreve-se junto, sem hífen: *antissida, medicamentos antissida.* Ver *antiaids.*

Antissocial Conforme o Acordo Ortográfico de 1990, nas formações com prefixos, quando o 1.º elemento termina por vogal (*anti-*) e o 2.º elemento começa por *r* ou *s* (*social*), não se usa hífen, e estas consoantes devem duplicar-se, prática já adotada também em palavras deste tipo pertencentes aos domínios científico e técnico: *antessala, antirreligioso, antissocial, autorregulamentação, biorritmo, biossatélite, contrarregra, contrassenha, cosseno, eletrossiderurgia, extrarregular, infrassom, macrorregião, microssistema, minissaia, multissegmentado, neorromano, protossatélite, pseudossigla, semirrígido, sobressaia, suprarrenal, ultrassonografia.* Obs.: Para garantir a integridade do nome próprio usado como tal, recomenda-se a grafia com hífen em casos como *anti-Stalin, anti-Iraque, anti-Estados Unidos,* usos frequentes na imprensa, mas não lembrados no texto do Acordo. As formas derivadas seguem a regra dos prefixos, como em: *antistalinismo/antiestalinismo, desestalinização.* Ver *hífen nas formações com prefixo.*

Ao aguardo, no aguardo Ambas as formas estão corretas. Podemos dizer: Fico *ao aguardo* da resposta./ Fico *no aguardo* da resposta. O substantivo aguardo significa 'espera', 'atitude ou ação de aguardar, de ficar à espera de (alguma coisa ou alguém)'.

Ao celular, no celular Usa-se a preposição *a* para indicar lugar, distância, aproximação, contiguidade, exposição a um agente físico: ficar, estar *à janela, ao volante, à mesa, ao portão, ao sol;* falar, estar *ao telefone, ao celular, ao microfone,* etc. Desta forma, a locução *ao celular* significa 'próximo ao celular, fazendo uso do aparelho': *A causa do acidente foi estar* ao celular *enquanto dirigia.*

A preposição *em* indica posição em contato com algo, dentro ou em cima. Portanto, a locução *no celular* significa 'sobre o celular, em cima ou dentro do celular': *O gato sentara* no celular./ *Colocou a bateria* no celular. Da mesma forma, têm significados diferentes *à janela* e *na janela*, *ao piano* e *no piano*, etc. Entre brasileiros, coloquialmente, é comum dar-se preferência à preposição *em*, usada em ambas as acepções.

Ao colo, no colo No sentido de contiguidade, dá-se preferência à preposição *a*, especialmente em referência a partes do corpo (*à cabeça, ao colo, ao peito, ao pescoço*, etc.): "O tapuio corria no entanto pela mata adentro com a pequena *ao colo*." (José Veríssimo, "O crime do tapuio", *Os melhores contos brasileiros de todos os tempos*).

Ao encontro de, de encontro a A locução *ao encontro de* indica aproximação: *Concordo com você, as minhas ideias vão* ao encontro das *suas*; "Era mais uma tentação a se somar à de ir *ao encontro de* Fabrício na Califórnia." (Ana Maria Machado, *A audácia dessa mulher* in *Ana Maria Machado: obra reunida*). Já a locução *de encontro a* indica: 1. Em oposição a; contra: *Não penso dessa forma, as minhas ideias vão* de encontro às *suas*. 2. Em trajetória de colisão com algo ou alguém: "Num rompante súbito, Nina avançou para a mesa, pegou uma tigela com comida e a jogou *de encontro à* parede." (Ana Maria Machado, *Palavra de honra* in *Ana Maria Machado: obra reunida*); "'Arromba! Arromba!', gritavam as pessoas amontoadas *de encontro ao* portão do jornal." (Rubem Fonseca, *Agosto*).

Ao invés de Ver *em vez de, ao invés de*.

Ao mesmo tempo que Esta é a expressão recomendada (e não: ao mesmo tempo *em* que): "As atividades mercantis mudam de mãos, *ao mesmo tempo que* se expandem com vigor." (Alberto da Costa e Silva, *A enxada e a lança*); "[…] uma briga de cores que o irritava *ao mesmo tempo que* o amolecia na saudade das emoções de menino pelas primeiras ilustrações que via […]" (Domício da Gama, "Conto de verdade", *Os melhores contos brasileiros de todos os tempos*).

Ao meu bel-prazer, a meu bel-prazer Ambas as formas estão corretas. Ver *a meu ver, ao meu ver*.

Ao meu lado, a meu lado Ambas as formas estão corretas. Ver *a meu ver, ao meu ver*.

Ao meu modo, a meu modo Ambas as formas estão corretas. Ver *a meu ver, ao meu ver*.

Ao meu pedido, a meu pedido Ambas as formas estão corretas. Ver *a meu ver, ao meu ver*.

Ao meu ver Ver *a meu ver, ao meu ver*.

Ao nível de, em nível de A locução *ao nível de* significa 'à altura de; no mesmo plano de': "As crianças pequenas, com a boca escondida pela mesa e os olhos *ao nível desta*, acompanhavam a distribuição com muda intensidade." (Clarice Lispector, "Feliz aniversário", *Os melhores contos brasileiros de todos os tempos*).

A locução *em nível de* (ou *no nível de*) indica 'uma esfera de ação ou pensamento' e pode ser substituída pelas expressões *em termos de, no que diz respeito a, em relação a*: *O problema foi resolvido* em nível de *governo estadual*; "Assim ficava até fácil resolver a história – a morte é mesmo um corte de muito efeito cinematográfico, com um rendimento dramático seguro. *No nível do* enredo, chegava até a ser cansativo, de tanto que ele se repetia [...]." (Ana Maria Machado, *Alice e Ulisses* in *Ana Maria Machado: obra reunida*); "Uma coisa além de sua simples compreensão, de qualquer explicação racional. Algo para se lidar *no nível da* intuição apenas, da aceitação sem perguntas. (*Idem, Canteiros de Saturno* in *Ana Maria Machado: obra reunida*).

Ao par (de) Ver *a par (de), ao par (de)*.

Ao passo que A locução *ao passo que* pode ser empregada com ideia proporcional, significando 'à medida que': "Gilberto levanta os olhos para o camarote da mãe e lhe faz um sinal breve com a mão, *ao passo que* seu sorriso se alarga, ganhando um brilho particular." (Érico Verissimo, "As mãos de meu filho", *Os melhores contos brasileiros de todos os tempos*) e também para indicar que um fato não se deu ou não tem as características de outro já enunciado (= mas, entretanto): "[...] o pai ficou totalmente consternado e morto, *ao passo que* a filha sentiu a alma respirar livremente [...]." (Machado de Assis, *Iaiá Garcia*).

Ao peito, no peito No sentido de contiguidade, dá-se preferência à preposição *a*, especialmente em referência a partes do corpo (*à cabeça, ao colo, ao peito, ao pescoço*, etc.): *Usava sempre o medalhão* ao peito.

Ao pescoço, no pescoço No sentido de contiguidade, dá-se preferência à preposição *a*, especialmente em referência a partes do corpo (*à cabeça, ao colo, ao peito, ao pescoço*, etc.): "Dar uma de moderno, sair por aí, de calça vermelha ou azul-turquesa, camisa de florzinha e corrente com medalhão *ao pescoço* [...]." (Vinicius de Moraes, "Ser moderno", *Jornal do Brasil*, 6-7 de julho de 1969, *Prosa dispersa* in *Vinicius de Moraes: obra reunida*); "Beijou a medalha que a irmã lhe dera e que trazia *ao pescoço* numa tirinha de couro." (Ana Maria Machado, *Palavra de honra* in *Ana Maria Machado: obra reunida*); "Nenhum adorno; o próprio penteado consta de mui pouco [...]. *Ao pescoço*, um lenço escuro; nas orelhas, nada. (Machado de Assis, "Uns braços", *Os melhores contos brasileiros de todos os tempos*).

Ao piano, no piano Usa-se a preposição *a* para indicar lugar, distância, aproximação, contiguidade, exposição a um agente físico: ficar, estar *à janela, ao volante, à mesa, ao portão, ao sol*; falar, estar *ao telefone, ao celular, ao microfone*, etc. Desta forma, a locução *ao piano* significa 'junto ao piano': "Mostravam a casa toda, depois um senhor se sentava *ao piano* e tocava lindamente." (Ana Maria Machado, *Balaio: livros e leituras* in *Ana Maria Machado: obra reunida*). A preposição *em* indica posição em contato com algo, dentro ou em cima. Portanto, a locução *no piano* quer dizer 'sobre o piano, em cima do piano'. Da mesma forma, têm significados diferentes *à janela* e *na janela*, *à mesa* e *na mesa*, etc. Entre brasileiros, coloquialmente, é comum dar-se preferência à preposição *em*, usada em ambas as acepções.

Ao ponto de Ver *a ponto de, ao ponto de*.

Ao portão, no portão Ver *à janela, na janela*.

Ao telefone, no telefone Usa-se a preposição *a* para indicar lugar, distância, aproximação, contiguidade, exposição a um agente físico: ficar, estar *à janela, ao volante, à mesa, ao portão, ao sol*; falar, estar *ao telefone, ao celular, ao microfone*, etc. Desta forma, a locução *ao telefone* significa 'próximo ao telefone, fazendo uso do aparelho': "[...] distraída, como quem rabisca enquanto fala *ao telefone*." (Ana Maria Machado, *Canteiros de Saturno* in *Ana Maria Machado: obra reunida*). A preposição *em* indica posição em contato com algo, dentro ou em cima. Portanto, a locução *no telefone* quer dizer 'sobre o telefone, em cima ou dentro do telefone': "Aí você passaria a mão *no telefone*, discaria um número [...]." (Vinicius de Moraes, "A alegre década de 20", *Para viver um grande amor* in *Vinicius de Moraes: obra reunida*). Da mesma forma, têm significados diferentes *à janela* e *na janela*, *ao piano* e *no piano*, etc. Entre brasileiros, coloquialmente, é comum dar-se preferência à preposição *em*, usada em ambas as acepções.

Aonde Ver *onde, donde, aonde*.

Apaniguar Os verbos do tipo de *aguar, apaniguar, apaziguar, apropinquar, averiguar, desaguar, enxaguar, obliquar, delinquir* e afins, por oferecerem dois paradigmas, ou têm as formas rizotônicas (aquelas cuja sílaba tônica está no radical) igualmente acentuadas no *u*, mas sem marca gráfica [presente do indicativo: *apaniguo* (/ú/), *apaniguas* (/ú/), *apanigua* (/ú/), *apaniguamos, apaniguais, apaniguam* (/ú/); presente do subjuntivo: *apanigue* (/ú/), *apanigues* (/ú/), *apanigue* (/ú/), *apaniguemos, apanigueis, apaniguem* (/ú/)] ou têm as formas rizotônicas acentuadas fônica e graficamente nas vogais *a* ou *i* radicais [presente do indicativo: *apaníguo, apaníguas, apanígua, apaniguamos, apaniguais, apaníguam*; presente do subjuntivo: *apanígue, apanígues, apanígue, apaniguemos, apanigueis,* *apaníguem*]. A conjugação com a tonicidade na vogal *u* é mais comum em Portugal, enquanto a tonicidade na vogal *i* é mais corrente no Brasil.

Aparte Ver *à parte, aparte*.

Apaziguar Os verbos do tipo de *aguar, apaniguar, apaziguar, apropinquar, averiguar, desaguar, enxaguar, obliquar, delinquir* e afins, por oferecerem dois paradigmas, ou têm as formas rizotônicas (aquelas cuja sílaba tônica está no radical) igualmente acentuadas no *u*, mas sem marca gráfica [presente do indicativo: *apaziguo* (/ú/), *apaziguas* (/ú/), *apazigua* (/ú/), *apaziguamos, apaziguais, apaziguam* (/ú/); presente do subjuntivo: *apazigue* (/ú/), *apazigues* (/ú/), *apazigue* (/ú/), *apaziguemos, apazigueis, apaziguem* (/ú/)]; ou têm as formas rizotônicas acentuadas fônica e graficamente nas vogais *a* ou *i* radicais [presente do indicativo: *apazíguo, apazíguas, apazígua, apaziguamos, apaziguais, apazíguam*; presente do subjuntivo: *apazígue, apazígues, apazígue, apaziguemos, apazigueis, apazíguem*]. A conjugação com a tonicidade na vogal *u* é mais comum em Portugal, enquanto a tonicidade na vogal *i* é mais corrente no Brasil.

Apenso Ver *anexo, incluso, apenso*.

Aportuguesamento de antropônimos No Brasil sempre foi costume referir-se a monarcas, papas e algumas figuras históricas usando a forma aportuguesada (Rei Luís XIV da França, Henrique VIII da Inglaterra, Maria Antonieta, Papa João Paulo II, Joana D'Arc, Guilherme Tell, Carlos Magno, entre outros). Os reis ingleses homônimos de Charles (ou Carlos) eram conhecidos no Brasil como Carlos I e Carlos II. Às vezes, é possível manter o nome na forma original quando ele se afasta muito da forma vernácula: William em vez de Guilherme. Para citar uma figura contemporânea, chamamos o rei da Suécia de Carlos Gustavo e não da forma original Karl Gustav. Em Portugal, a forma vernácula (aportuguesada) corre vitoriosa, ou seja, rei Carlos III. Contudo, no Brasil, há uma tendência relativamente recente da imprensa em optar, em alguns casos, pela grafia original estrangeira. Preferimos seguir pela tradição, isto é, Carlos III, como fazem os portugueses. Conforme o Formulário Ortográfico de 1943, base XI, Nomes próprios: "39. Os nomes próprios personativos, locativos e de qualquer natureza, sendo portugueses ou aportuguesados, serão sujeitos às mesmas regras estabelecidas para os nomes comuns."

Aposto (/ô/) É o termo de natureza substantiva que se usa para explicar ou explicitar outro termo de natureza substantiva: Titio, *irmão do papai*, chega hoje de Porto Alegre. O aposto pode estar ligado diretamente ao seu termo fundamental, e neste caso restringe o conteúdo semântico genérico do fundamental, valendo como um modificador, mas sendo substantivo, e não adjetivo. Este aposto explicativo pode apresentar valores secundários que merecem descrição especial, como: a) Aposto enumerativo: a explicação consiste em desdobrar o fundamental representado por um dos pronomes (ou locuções) *tudo, nada, ninguém, cada um, um e outro*, etc., ou por substantivos: *Tudo* – alegrias, tristezas, preocupações – *ficava estampado logo no seu rosto*. Às vezes este tipo de aposto precede o fundamental: A matemática, a história, a língua portuguesa, *nada tinha segredos para ele*. Em todos estes exemplos, o fundamental (*tudo, nada*) funciona como sujeito das orações e, por isso, se estabelece a concordância entre ele e o verbo. b) Aposto distributivo: *Machado de Assis e Gonçalves Dias são os meus escritores preferidos*, aquele na prosa e este na poesia. c) Aposto circunstancial: expressa comparação, tempo, causa, etc., precedido ou não de palavra que marca esta relação, já que este aposto acrescenta um dado a mais acerca do fundamental: "As estrelas, *grandes olhos curiosos*, espreitavam através da folhagem." (Eça de Queirós). Obs.: Muitas vezes, em construção do tipo *O rio Amazonas*, a língua permite a alternância do aposto com o adjunto adnominal introduzido pela preposição *de*. Assim, a norma permite a construção com aposto em:

O rio *Amazonas*, mas com adjunto adnominal em: Ilha *de Marajó*.

Aposto (/ô/), apostos (/ó/) Muitas palavras com *o* fechado tônico, quando passam ao plural, mudam esta vogal para o aberto: o aposto (/ô/) – os apostos (/ó/). *Ver plural com alteração de o fechado para o aberto.*

Apóstrofo São os seguintes os casos de emprego do apóstrofo: 1) Para marcar graficamente uma contração ou aglutinação vocabular, quando um elemento ou fração respectiva pertence propriamente a um conjunto vocabular distinto: *d'Os Lusíadas, d'Os Sertões; n'Os Lusíadas, n'Os Sertões; pel'Os Lusíadas, pel'Os Sertões*. Nada obsta, contudo, a que estas escritas sejam substituídas por empregos de preposições íntegras, se o exigir razão especial de clareza, expressividade ou ênfase: *de Os Lusíadas, em Os Lusíadas, por Os Lusíadas*, etc. Obs.: As cisões indicadas são análogas às dissoluções gráficas que se fazem, embora sem emprego do apóstrofo, em combinações da preposição *a* com palavras pertencentes a conjuntos vocabulares imediatos: a *A Relíquia*, a *Os Lusíadas* (exemplos: Importância atribuída a *A Relíquia*; Recorro a *Os Lusíadas*). Em tais casos, como é óbvio, entende-se que a dissolução gráfica nunca impede na leitura a combinação fonética: *a A = à, a Os = aos*, etc.

2) Pode cindir-se por meio do apóstrofo uma contração ou aglutinação vocabular, quando um elemento ou

fração respectiva é forma pronominal e se lhe quer dar realce com o uso da maiúscula: *d'Ele, n'Ele, d'Aquele, n'Aquele, d'O, n'O, pel'O, m'O, t'O, lh'O*, casos em que a segunda parte, forma masculina, é aplicável a Deus, a Jesus, etc.; *d'Ela, n'Ela, d'Aquela, n'Aquela, d'A, n'A, pel'A, m'A, t'A, lh'A*, casos em que a segunda parte, forma feminina, é aplicável à mãe de Jesus, à Providência, etc. Exemplos frásicos: *Confiamos n'O que nos salvou*; *Esse milagre revelou-m'O*; *Está n'Ela a nossa esperança*; *Pugnemos pel'A que é nossa padroeira*. À semelhança das cisões indicadas, pode dissolver-se graficamente, posto que sem uso do apóstrofo, uma combinação da preposição *a* com uma forma pronominal realçada pela maiúscula: *a O, a Aquele, a Aquela* (entendendo-se que a dissolução gráfica nunca impede na leitura a combinação fonética: *a O = ao, a Aquela = àquela*, etc.). Exemplos frásicos: *A O que tudo pode, A Aquela que nos protege*.

3) Nas ligações das formas *santo* e *santa* a nomes do hagiológio, quando importa representar a elisão das vogais finais *o* e *a*: *Sant'Ana, Sant'Iago*, etc. É, pois, correto escrever: *Calçada de Sant'Ana, Rua de Sant'Ana*; *culto de Sant'Iago, Ordem de Sant'Iago*. Mas, se as ligações deste gênero, como é o caso destas mesmas palavras *Sant'Ana* e *Sant'Iago*, se tornam perfeitas unidades mórficas, aglutinam-se os dois elementos: *Fulano de Santana, ilhéu de Santana, Santana de Parnaíba*; *Fulano de Santiago, ilha de Santiago, Santiago do Cacém*. Em paralelo com a grafia *Sant'Ana* e congêneres, emprega-se também o apóstrofo nas ligações de duas formas antroponímicas, quando é necessário indicar que na primeira se elide um *o* final: *Nun'Álvares, Pedr'Eanes*. Note-se que nos casos referidos as escritas com apóstrofo, indicativas de elisão, não impedem, de modo algum, as escritas sem apóstrofo: *Santa Ana, Nuno Álvares, Pedro Eanes*, etc.

4) Para assinalar, no interior de certas formações, a elisão do *e* da preposição *de*, em combinação com substantivos: *borda-d'água, cobra-d'água, copo-d'água* (= certo tipo de planta; espécie de lanche), *estrela-d'alva, galinha-d'água, mãe-d'água, pau-d'água* (= certa árvore; bêbado), *pau-d'alho, pau-d'arco, pau-d'óleo*.

5) Para indicar a supressão de uma letra ou letras no verso, por exigência da metrificação: *c'roa, esp'rança, of'recer, 'star*, etc.

6) Também para reproduzir certas pronúncias populares: *'tá, 'teve*, etc.

Apóstrofo, apóstrofe Não se pode confundir *apóstrofo* (= sinal diacrítico em forma de vírgula alceada, podendo também ser reto) com *apóstrofe*, que significa: 1. Interrupção repentina do discurso do orador ou escritor, feita por ele mesmo para dirigir-se a alguém ou algo. 2. Frase violenta ou irônica com que se interrompe alguém. Ver *apóstrofo*.

Apropinquar Os verbos do tipo de *aguar, apaniguar, apaziguar, apropinquar, averiguar, desaguar, enxaguar, obliquar, delinquir* e afins, por oferecerem dois paradigmas, ou têm as formas rizotônicas (aquelas cuja sílaba tônica está no radical) igualmente acentuadas no *u*, mas sem marca gráfica [presente do indicativo: *apropinquo* (/ú/), *apropinquas* (/ú/), *apropinqua* (/ú/), *apropinquamos, apropinquais, apropinquam* (/ú/); presente do subjuntivo: *apropinque* (/ú/), *apropinques* (/ú/), *apropinque* (/ú/), *apropinquemos, apropinqueis, apropinquem* (/ú/)]; ou têm as formas rizotônicas acentuadas fônica e graficamente nas vogais *a* ou *i* radicais [presente do indicativo: *apropínquo, apropínquas, apropínqua, apropinquamos, apropinquais, apropínquam*; presente do subjuntivo: *apropínque, apropínques, apropínque, apropinquemos, apropinqueis, apropínquem*]. A conjugação com a tonicidade na vogal *u* é mais comum em Portugal, enquanto a tonicidade na vogal *i* é mais corrente no Brasil.

Apud Palavra latina que significa 'de acordo com; conforme se lê em' e é usada geralmente em bibliografia para indicar a origem de uma citação indireta. Por exemplo: Castilho *apud* Carneiro Ribeiro, *Serões gramaticais*. Pronúncia: *ápud*.

Aquele ano, aquele mês, aquele dia Ver *no sábado, no domingo, etc.*

Aquém- Emprega-se o hífen nos compostos sem elemento de ligação quando o 1.º elemento está representado pelas formas *além, aquém, recém, bem* e *sem*: *além-Atlântico, além-fronteiras, além-mar, além-mundo, aquém-Pireneus, recém-casado, recém-nascido, bem-estar, bem-humorado, bem-dito, bem-dizer, bem-vestido, bem-vindo, sem-cerimônia, sem-vergonha, sem-terra*, etc.

Ar-condicionado, ar condicionado O substantivo *ar-condicionado* designa o 'aparelho usado para controlar a temperatura de um ambiente fechado; condicionador de ar': "O sol começava a esquentar. Jorge fez um gesto em direção ao botão do *ar-condicionado* [...]." (Carlos Heitor Cony, *Vera Verão*). A locução *ar condicionado* refere-se ao 'ar frio ou aquecido por meio desse aparelho'.

Arguir Os verbos *arguir* e *redarguir* não levam acento agudo na vogal tônica *u* nas formas rizotônicas (aquelas cuja sílaba tônica está no radical). Assim temos: presente do indicativo: *arguo* /ú/, *arguis* /ú/, *argui* /ú/, *arguímos, arguís, arguem* /ú/; presente do subjuntivo: *argua* /ú/, *arguas* /ú/, *argua* /ú/, *arguamos, arguais, arguam* /ú/: pretérito perfeito: *arguí, arguíste, arguiu* /ü/, *arguímos, arguístes, arguíram*; pretérito imperfeito: *arguía, arguías, arguía, arguíamos, arguíeis, arguíam*;

pretérito mais-que-perfeito: *arguíra, arguíras, arguíra, arguíramos, arguíreis, arguíram*; futuro do presente: *arguirei* /ü/, *arguirás* /ü/, *arguirá* /ü/, *arguiremos* /ü/, *arguireis* /ü/, *arguirão* /ü/; futuro do pretérito: *arguiria* /ü/, *arguirias* /ü/, *arguiria* /ü/, *arguiríamos* /ü/, *arguiríeis* /ü/, *arguiriam* /ü/; pretérito imperfeito do subjuntivo: *arguísse, arguísses, arguísse, arguíssemos, arguísseis, arguíssem*; futuro do subjuntivo: *arguir* /ü/, *arguires* /ü/, *arguir* /ü/, *arguirmos* /ü/, *arguirdes* /ü/, *arguírem*; imperativo afirmativo: *argui* /ú/, *argua* /ú/, *arguamos, arguí, arguam* /ú/; infinitivo flexionado: *arguir* /ü/, *arguíres* /ü/, *arguir* /ü/, *arguirmos* /ü/, *arguirdes* /ü/, *arguírem*; gerúndio: *arguindo* /ü/; particípio: *arguído*.

Arqui- Ver *hífen nas formações com prefixo*.

Ar-refrigerado O substantivo *ar--refrigerado* (com hífen) designa o aparelho destinado a baixar a temperatura de um ambiente fechado; ar-condicionado, condicionador de ar: "Quando vivia na casa dos pais dela queria todo o conforto, agora parece uma carmelita descalça. Nem *ar-refrigerado* tem." (Rubem Fonseca, *A grande arte*).

Arremedar, remedar Ambas as formas estão corretas e registradas no Vocabulário Ortográfico da ABL (Volp). Não confundir *arremedar* ou *remedar* (= imitar ou copiar algo ou alguém, geralmente de forma caricatural, zombeteira) com *remendar* (= pôr remendos em algo; consertar).

Arrochar, arroxar O verbo *arrochar* significa: 1. Comprimir com força; apertar, atar. 2. Agir de forma severa; oprimir, sobrecarregar.

Já o verbo *arroxar* (ou *arroxear*) quer dizer 'ficar roxo ou tornar roxo': "Me levanto, e da janela vejo a bainha da noite se *arroxeando*." (Ana Maria Machado, *Aos quatro ventos* in *Ana Maria Machado: obra reunida*).

Arroto (/ô/), arrotos (/ô/) No plural, permanece com *o* fechado tônico: arroto (/ô/) – arrotos (/ô/). Quanto ao verbo arrotar, dizemos: eu arroto (/ó/), tu arrotas (/ó/), ele/ ela/ você arrota (/ó/), eles/ elas/ vocês arrotam (/ó/). Ver *plural com alteração de* o *fechado para* o *aberto*.

Artigo definido De largo uso no idioma, o artigo assume sentidos especialíssimos, graças aos contornos verbais e extraverbais: a) Junto dos nomes próprios denota nossa familiaridade (neste mesmo caso pode o artigo ser também omitido): O *Antônio comunicou-se com* o *João*. Obs.: O uso mais frequente, na linguagem culta, tendo em vista o valor já de si individualizante, dispensa o artigo junto a nomes próprios de pessoas, com exceção dos que se acham no plural. É tradição ainda só antepor artigo a apelidos: *o* Camões, *o* Tasso, *o* Vieira. Modernamente tem-se estendido a presença do artigo antes dos nomes de escritores, artistas e personagens célebres, principalmente quando usado em sentido figurado: *o* Dante, *o* Torquato, *o* Rafael (= o quadro de Rafael). Dizemos, indiferentemente, *Cristo* ou *o Cristo* (ou ainda *o Cristo Jesus*).

b) Costuma aparecer ao lado de certos nomes próprios geográficos, principalmente os que denotam países, oceanos, rios, montanhas, ilhas: *a* Suécia, *o* Atlântico, *o* Amazonas, *os* Andes, *a* Groenlândia. Entre nós, dispensam artigo os nomes dos seguintes estados: *Alagoas*, *Goiás*, *Mato Grosso*, *Minas Gerais*, *Santa Catarina*, *São Paulo*, *Pernambuco* e *Sergipe*. Nota: Não se acompanham de artigo as denominações geográficas formadas com nomes próprios ou adjetivos: *São Paulo*, *Belo Horizonte*. Quanto às cidades, geralmente prescindem de artigo. Há, contudo, exceções devidas à influência de seu primitivo valor de substantivo comum: *a* Bahia, *o* Rio de Janeiro, *o* Porto, etc. Continuando a prática de outros idiomas que, por sua vez, se inspiram no árabe *el-Kahira* (a Vitoriosa), dizemos com artigo *o Cairo*. *Recife* sempre se disse acompanhado de artigo: *o Recife*. Modernamente, pode dispensá-lo. *Aracaju*, capital de Sergipe, conhece a mesma liberdade.

c) Entra em numerosas alcunhas e cognomes: Isabel, *a Redentora*; D. Manuel, *o Venturoso*; mas: *Frederico Barba-roxa*.

d) Aparece em certos títulos: *o* professor João Ribeiro, *o* historiador Tito Lívio, *o* doutor Sousa. Obs.: É omitido antes dos ordinais pospostos aos títulos: *Pedro I, Henrique VIII, João VI*.

e) É omitido nos títulos de *Vossa Alteza*, *Vossa Majestade*, *Vossa Senhoria* e outras denominações, além das formas abreviadas *dom*, *frei*, *são* e as de origem estrangeira, como *Lord*, *Madame*, *Sir* e o latinismo *sóror* ou *soror* (oxítono): *Vossa Alteza passeia.*/ *Frei Joaquim do Amor Divino Caneca nasceu em Pernambuco.*/ *Soror* (ou *Sor*) *Mariana Alcoforado foi célebre escritora portuguesa.*

f) Dizem-se com artigo os nomes de trabalhos literários e artísticos (se o artigo pertence ao título, há de ser escrito obrigatoriamente com maiúscula): *a* Eneida, *a* Jerusalém Libertada, *Os* Lusíadas, *A* Tempestade. Mesmo quando precedido de preposição fora do título, deve-se modernamente (a tradição não procedia assim) preservar a integridade do artigo incluído na denominação: *No caso de* Os Lusíadas.../ *Passando os olhos por* As cidades e as serras.../ *Estampou-se ontem em* O Globo *a notícia...* Às vezes, aparentemente, se juntam dois artigos porque o primeiro tem subentendida a espécie da publicação: *O* [livro] *A camisa do marido foi escrito por Nélida Piñon.* A má interpretação deste fato causou o emprego errôneo e pleonástico do artigo em construções do tipo: *A notícia saiu* pelo *O Globo* (em vez de *A notícia saiu* por *O Globo* ou *A notícia saiu* em *O Globo*).

g) É omitido antes da palavra *casa*, designando residência ou família, nas expressões do tipo: *fui a casa, estou em casa, venho de casa, passei por casa, todos de casa*. Obs.: Seguido de nome do possuidor ou de um adjetivo ou expressão adjetiva, pode o vocábulo *casa* acompanhar-se de artigo: *Da* (ou *de*) *casa de meus pais*.

h) Omite-se ainda o artigo junto ao vocábulo *terra*, em oposição a *bordo* (que também dispensa artigo): *Iam de bordo a terra*.

i) Costuma-se omitir, não obrigatoriamente, o artigo com a palavra *palácio*, quando desacompanhada de modificador: "Perguntou o mestre-escola afoitamente à sentinela do paço se o representante nacional, morgado da Agra, estava *em palácio*" (Camilo Castelo Branco, *A queda dum anjo*).

j) Aparece junto ao termo denotador da unidade quando se expressa o valor das coisas (aqui o artigo assume o valor de *cada*): *dez reais o quilo*.

k) Aparece nas designações de tempo com os nomes das estações do ano: *Na primavera há flores em abundância*; "Em uma tarde *do estio*, à hora incerta e saudosa..." (Alexandre Herculano, *Fragmentos literários*). Obs.: 1.ª) Se o nome de estação vier precedido de *de*, significando *próprio de*, o artigo é dispensado:

Numa manhã *de primavera*. 2.ª) Se a expressão temporal contiver nome de mês, dispensa ainda o artigo: *Meu irmão faz anos* em março.

l) Nas indicações de tempo com a expressão *uma hora*, significando *uma* a *primeira hora*, o emprego do artigo é facultativo: *Era perto* da *uma hora* ou *Era perto* de *uma hora*. A primeira construção parece ser mais dos portugueses; a segunda dos brasileiros. Por ser mais antiga na língua, fixou-se o emprego do *a* acentuado em expressões como *à uma hora*, etc.

m) É, na maioria dos casos, de emprego facultativo junto a possessivos em referência a nome expresso: *Meu livro* ou o *meu livro*. Obs.: 1.ª) Sem o respaldo dos melhores escritores, tem-se abusivamente condenado o emprego do artigo junto a possessivo em expressões do tipo *ao meu ver, ao meu pedido, ao meu modo, ao meu lado, ao meu bel-prazer*, etc. 2.ª) É obrigatório o artigo, quando o possessivo é usado sem substantivo, em sentido próprio ou translato: *Bonita casa era* a minha./ *Fazer das suas*. "Vês, peralta? É assim que um moço deve zelar o nome *dos seus*? Pensas que eu e meus avós ganhamos o dinheiro em casa de jogo ou a vadiar pelas ruas?" (Machado de Assis, *Memórias póstumas de Brás Cubas*). Mas sem artigo dizemos várias expressões, como *de meu, de seu natural*, linguagens com que traduzimos "os bens próprios de alguém" – a primeira – e "qualidades naturais" – a última: *Nunca tive* de meu, *outro bem maior*. "Bernardes era como estas formosas *de seu natural* que se não cansam com alindamentos, a quem tudo fica bem" (Antônio Feliciano de Castilho). Dispensa ainda artigo o possessivo que entra em expressões com o valor de *alguns*: Os Lusíadas têm *suas* dificuldades de interpretação. Finalmente, na expressão de um ato usual, que se pratica com frequência, o possessivo vem normalmente sem artigo: *Às oito toma* seu *café*.

n) Não se repete o artigo em frases como: *O homem mais virtuoso do lugar*. Estaria errado: *O* homem *o* mais virtuoso do lugar ou *Um* homem *o* mais virtuoso.

o) Junto às designações de partes do corpo e nomes de parentesco, o artigo denota a posse: *Traz* a cabeça *embranquiçada pelas preocupações.*/ *Tem* o rosto *sereno, mas as mãos trêmulas*.

p) Pode vir a palavra *todo*, no singular, seguida ou não de artigo, com os significados de *inteiro*, *total* e *cada*, *qualquer*. A presença ou ausência do artigo depende de que o substantivo exija ou repudie a antecipação de *o*, *a*, *os*, *as*. Na língua moderna, *todo o* corre mais no sentido de totalidade, inteireza, ênfase (aqui principalmente com os termos que denotam sentimento: *de todo o coração*, *com todo o gosto*, *com todo o amor*, *com todo o carinho*, etc.): Toda a *família estava no recinto* (= a família toda, inteira). Entretanto, como traço do seu valor semântico indiferenciado ('qualquer' ou 'inteiro'), ainda pode aparecer nos autores modernos *todo o* ao lado de *todo* sem artigo, para expressar a ideia de 'qualquer': *Engana-se quem diz que* todo homem *é bom na essência*. Não costuma dispensar artigo, entre bons escritores, o adjetivo substantivado modificado por *todo*, ainda sendo este último empregado com o sentido de *qualquer*: Todo o *próximo tem direito natural*. Às vezes, aparecem na escrita incertezas no emprego de *todo o/todo*, *toda a/toda*, em virtude do fenômeno de fonética sintática que funde o *-o*, *-a* finais com *o*, *a* artigo. Com as designações geográficas, o emprego de *todo o* e *todo* depende de o nome exigir ou não a presença do artigo: Todo o *Brasil.*/ Todo *Portugal*. Usam-se, modernamente, com o artigo numerosas expressões em que entra a palavra *todo*: *todo o gênero*, *todo o mundo*, *a toda a parte*, *em toda a parte*, *por toda a parte*, *a toda a brida*, *a todo o galope*, *a toda a pressa*, *em todo o caso*, *a toda a hora*, *a todo o instante*, *a todo o momento*, *a todo o transe*, *a todo o custo*, etc. No plural, *todos* não dispensa artigo (salvo se vier acompanhado de palavra que exclua este determinante): Todas as *famílias têm bons e maus componentes.*/ Todas as *famílias estavam*

Artigo indefinido

no recinto./ Todas estas *pessoas são nossas conhecidas.* Se exprimimos a totalidade numérica por numeral precedido do elemento reforçativo *todos*, aparecerá artigo se o substantivo vier expresso: *Todos os dois romances são dignos de leitura./ Todas as seis respostas estavam certas.* Se omitirmos o substantivo, não haverá lugar para o artigo: *Fizeram-me seis perguntas. Respondi, acertadamente, a todas seis.*

q) Aparece o artigo nas enumerações onde há *contraste* ou *ênfase*: *Ficou entre a vida e a morte.*

r) Dispensa-se o artigo nos vocativos, na maioria das exclamações e nas datas que apomos aos escritos: *Rio,* 10 de maio *de 1956.*

s) Costuma-se dispensar o artigo depois de *cheirar a, saber a* (= ter o gosto de) e expressões sinônimas: *Isto cheira a jasmim./ Isto sabe a vinho.*

Artigo indefinido O artigo indefinido pode assumir matizes variadíssimos de sentido: registraremos as seguintes considerações: a) Usa-se o indefinido para aclarar melhor as características de um substantivo enunciado anteriormente com artigo definido: *Estampava no rosto o sorriso,* um *sorriso de criança.*

b) Procedente de sua função classificadora, *um* pode adquirir significação enfática, chegando até a vir acompanhado de oração com *que* de valor consecutivo, como se no contexto houvesse *um tal*: *O instrumento é de* uma *precisão admirável./ Ele é* um *herói!* (compare com: *Ele é herói!*)*./ Falou de* uma *maneira, que pôs medo nos corações.*

c) Antes de numeral denota aproximação: *Esperou* uma *meia hora* (aproximadamente)*./ Terá* uns *vinte anos de idade.*

d) Antes de pronome de sentido indefinido (*certo, tal, outro*, etc.), dispensa-se o artigo indefinido, salvo quando o exigir a ênfase: *Depois de certa hora não o encontramos em casa* (e não *uma certa hora*). Esta dispensa pode ocorrer também em certas locuções adverbiais (*com* [uma] *voz surda*), e antes do substantivo que funciona como predicativo do verbo ser: *Você é* [um] *homem de bem.* Modernamente, cremos que mais por valorização estilística do indefinido que por simples e servil imitação do francês, *um* aparece em casos que se não podem explicar por ênfase. Nestas circunstâncias, tais casos são censurados pela gramática tradicional.

e) *Um* ocorre como correlativo de *outro* em sentido distributivo: *Um irmão ia ao teatro e o outro, ao cinema.* (E não: *O irmão ia ao teatro e o outro ao cinema.*) Obs.: Calando-se o substantivo também junto de *um*, ainda dispensamos a anteposição do artigo definido, ao contrário do que fazia o português antigo e do que fazem, por exemplo, o francês e o espanhol: *Um ia ao teatro e o outro ao cinema* (*o um...o outro*, no português antigo; *l'un ... l'autre*; *el uno ... el otro*).

f) Note-se a expressão *um como* (ao lado de *como um*), empregada no sentido de "uma coisa como", "um ser como", "uma espécie de", onde *um* concorda com o substantivo seguinte: *Fez um como discurso./ Proferiu uma como prática./ Fez como um discurso.*

Artigo partitivo A língua portuguesa de outros tempos empregava *do, dos, da, das*, junto a nomes concretos para indicar que os mesmos nomes eram apenas considerados nas suas partes ou numa quantidade ou valor indeterminado, indefinido: *Não digas desta água não beberei.* É o que a gramática denomina *artigo partitivo*. Modernamente, o partitivo não ocorre com a frequência de outrora e, pode-se dizer, quase se acha banido do uso geral, salvo pouquíssimas expressões em que ele se manteve, mormente nas ideias de *comer* e *beber*.

Às custas de Ver *à custa de, às custas de*.

Às pressas Ver *à pressa, às pressas*.

Às vezes Ver *as vezes, fazer as vezes de, às vezes*.

As vezes, fazer as vezes de, às vezes Usamos *as vezes* (sem acento grave) quando se trata de artigo + substantivo: "*As vezes* que lá estive, deliciando o meu olhar de amante sentimental das cousas de arte, era eu dos poucos mortais que passavam numa sincera admiração, naquelas silenciosas paragens." (Rodrigo Otávio Filho, *O fundo da gaveta*). Ainda sem acento grave, *as vezes* é parte da expressão *fazer as vezes de*, que significa: 1. Executar as funções que competem a outra pessoa; desempenhar o papel de: *O vendedor mais experiente da loja fez as vezes de gerente.* 2. Servir para a mesma finalidade que outra coisa; substituir: "Ou se agrupavam numa sala do convento que *fazia as vezes de* depósito ou arsenal, a distribuir os parcos recursos de que dispunham para o combate." (Ana Maria Machado, *O mar nunca transborda* in *Ana Maria Machado: obra reunida*).

A locução adverbial *às vezes* (com acento grave) significa 'em algumas ocasiões; algumas vezes': *Fazia,* às vezes, *as tarefas da irmã*; "*Às vezes* adivinhamos acontecimentos em que não tomamos parte [...]." (Machado de Assis, *Contos fluminenses*).

Ascendência, descendência Não são palavras sinônimas. O substantivo *ascendência* significa 'ação de subir; acesso a posição mais alta', 'influência exercida sobre outras pessoas ou grupos; prestígio' e 'conjunto dos antepassados; origem, linhagem': "Lobo gozava de uma grande *ascendência* sobre o ânimo do diretor." (Lima Barreto, *Recordações do escrivão Isaías Caminha*); "Um europeu que se jacta de sua *ascendência* nobre não espera que se fique a rememorar as várias gerações de antepassados predadores e violentos [...]." (Alberto da Costa e Silva, *Francisco Félix de Souza*, mercador de escravos); "Tinha o tipo flamengo, lembrando talvez, o que não é exagerada conjectura, a *ascendência* de holandeses que tão largos anos por aqueles territórios do Norte trataram com o indígena." (Euclides da Cunha, *Os sertões*); "Os olhos eram os mesmos olhos verdes, sensuais e fortes duma cor profunda, duma transparência tão grande, que pareciam deixar entrever toda uma história de *ascendência* europeia vinda por um mar calmo, claro sob o sol [...]." (Gustavo Barroso, *Praias e várzeas*).

Já o substantivo *descendência* significa 'condição de ser proveniente de determinado antepassado ou ramo familiar comum' e 'conjunto de pessoas originadas de antepassado comum': "No caso brasileiro – considerando as nossas regiões coloniais do Sul – é larga a *descendência* mestiça de alemães com gente de etnias não nórdicas ou não 'aparentadas' à alemã, como italianos, espanhóis, portugueses, poloneses, russos [...]." (Marcos Almir Madeira, *Obra e exemplo de Oliveira Vianna*); "Luta de famílias – é uma variante apenas de tantas outras, que ali surgem, intermináveis, comprometendo as próprias *descendências* que esposam as desavenças dos avós, criando uma quase predisposição fisiológica e tornando hereditários os rancores e as vinganças." (Euclides da Cunha, *Os sertões*).

Ascender Ver *acender, ascender*.

Ascensão, ascensorista São palavras cuja grafia pode oferecer dificuldade. O substantivo feminino *ascensão* designa o 'ato de subir, de elevar-se, não apenas fisicamente mas também em nível social, político, econômico, etc.': "Venho de uma família de origem humilde, mas que valorizava muito os livros, a leitura e a educação, até mesmo como ferramenta de *ascensão* social." (Ana Maria Machado, *Texturas: sobre leituras e escritos* in *Ana Maria Machado: obra reunida*). O elevador também é chamado de *ascensor*, e *ascensorista* é a pessoa que tem como profissão conduzir o elevador, geralmente em hotéis e prédios comerciais: "[...] ou do *ascensorista* do edifício onde tenho escritório que, sem que ninguém soubesse, morava dentro do elevador [...]." (Rubem Fonseca, *A coleira do cão*).

Aspas De modo geral, usamos como aspas o sinal [" "]; mas pode haver, para empregos diferentes as aspas simples [' ']. Nos trabalhos científicos sobre línguas, as aspas simples referem-se a significados ou sentidos: *amare*, lat. '*amar*' port. Às vezes, usa-se nesta aplicação o sublinhado (cada vez menos frequente no texto impresso) ou o itálico. As aspas também são empregadas para dar a certa expressão sentido particular (na linguagem falada é em geral proferida com entoação especial), para ressaltar uma expressão dentro do contexto ou para apontar uma palavra como estrangeirismo ou gíria, também no texto manuscrito: "Você já reparou Miloca, na 'ganja' da Sinhazinha? Disse uma sirigaita de 'beleza' na testa" (Monteiro Lobato, *Cidades mortas*). Quando uma pausa coincide com o final da expressão ou sentença que se acha entre aspas, coloca-se o competente sinal de pontuação depois delas, se encerram apenas uma parte da proposição; quando, porém, as aspas abrangem todo o período, sentença, frase ou expressão, a respectiva notação fica abrangida por elas: "Aí temos a lei", dizia o Florentino. "Mas quem as há de segurar? Ninguém." (Rui Barbosa); "Mísera, tivesse eu aquela enorme, aquela Claridade imortal, que toda a luz resume!" "Por que não nasci eu um simples vaga-lume?" (Machado de Assis).

Aspirar O verbo *aspirar* pede objeto direto, quando significa 'atrair o ar aos pulmões; inspirar': Aspiramos *o perfume das flores*. No sentido de 'ambicionar, desejar, querer', pede objeto indireto. Neste caso não admite o seu objeto indireto representado por pronome átono: *Jamais* aspirou a ela (e não: *lhe aspirou*)./ *O cargo, todos* aspiravam a ele (e não: *O cargo, todos* lhe aspiravam)/ *Todos* aspiram a vós (e não: *vos aspiram*).

Assento Ver *acento, assento*.

Assistir O verbo *assistir* pede complemento preposicionado iniciado pela preposição *a* quando significa 'estar presente a; presenciar': Ontem assistimos ao jogo. Neste sentido não admite seu complemento representado por pronome átono: *Não pude assistir a ele* (e não: *lhe pude assistir*). Obs.: A pouco e pouco os escritores modernos vão adotando o emprego, já vitorioso na língua coloquial, do verbo *assistir* como transitivo direto no sentido de 'presenciar': "Maldade de gostar do som de ossos quebrando, carne queimando, gostar de ver gente de joelhos, gente se retorcendo de humilhação, prazer de *assistir*, de longe ou de perto, *gente* doente de tristeza." (Sônia Rodrigues, *Estrangeira*). No sentido de 'prestar socorro ou assistência; ajudar, servir, acompanhar', pede *indiferentemente* objeto direto ou complemento preposicionado: *O médico* assistiu o doente (objeto direto)./ *O médico* assistiu ao doente (objeto indireto). Desta maneira, o objeto pode ser substituído por pronome átono, como *o, a, os, as*, (se direto) e *lhe, lhes* (se preposicionado): *O médico o assistiu./ O médico lhe assistiu*. Este último emprego ocorre com mais frequência. No sentido de 'morar, residir' – emprego que é clássico e popular – constrói-se com a preposição *em*: "Entre os que assistiam *em* Madri..." (Augusto Rebelo da Silva). No sentido de 'ser da competência ou atribuição de alguém' (*assistir o direito*), pede complemento preposicionado de pessoa: Não *lhe assiste* o direito de reclamar. Ver *foi assistido* (voz passiva).

Asterisco O asterisco (*) é colocado depois e em cima de uma palavra do trecho para se fazer uma citação ou comentário qualquer sobre o termo ou o que é tratado no trecho (neste caso o asterisco se põe no fim do período). Nas obras sobre linguagem, o asterisco, colocado antes e no alto da palavra, apresenta-a como forma reconstituída ou hipotética, isto é, de provável existência, mas até então não documentada: *sol(e)s. Deve-se ao linguista alemão Augusto Schleicher (1821-1868) esta aplicação do sinal. Emprega-se ainda um ou mais asteriscos depois de uma inicial para indicar uma pessoa cujo nome não se quer ou não se pode declinar: o Dr.*, B**, L***. Costuma-se ouvir a forma condenável *asterístico*. *Asterisco* quer dizer estrelinha, nome devido à sua forma.

Atarraxar Escreve-se com *x* (e não com *ch*). Ver *tarraxa, atarraxar*.

Até, até à, até ao Como preposição, *até* indica o limite, o término em relação ao espaço e ao tempo: "Olhe, uma vez, no Recife – fiz o meu curso no Recife *até o* terceiro ano, depois fui para São Paulo – uma vez, no Recife, eu não tinha recebido a mesada *até o* dia 5 do mês". (Ribeiro, Couto, *O crime do estudante Batista*); "Nadei de pé *até o* hotel, olhando muitas vezes para os lados e para trás, procurando o homenzinho." (Luis Fernando Verissimo, *O opositor*); "Foi *até a* gaveta onde guardava o caderno de anotações." (João Ubaldo Ribeiro, *O albatroz azul*); "Uma vez corremos atrás de uma garrota, das seis da manhã *até as* seis da tarde [...]." (Ariano Suassuna, *Auto da Compadecida*). Também *até* é empregado para indicar a ideia de inclusão, valendo por "inclusive", "também", "mesmo", "ainda", permitindo que os dois *atés* em português abarcassem os valores de limite e de inclusão do latim *tenus* e *usque ad*: "Doutor, *até o* senhor, que é um homem instruído, [...] *até o* senhor perderia a paciência se sua esposa lhe dissesse o que a mulher do meu cliente disse a ele." (Rubem Fonseca, *Agosto*); "[...] e *até as* sobrinhas lhe agradavam mais do que os sobrinhos." (João Ubaldo Ribeiro, *O albatroz azul*). Assim, frases do tipo *A epidemia se alastrou até a Ásia* poderiam ter duas interpretações: o *até* seria preposição indicando limite, e aí a epidemia não teria chegado à Ásia. Ou o *até* poderia ser entendido como advérbio ou palavra de inclusão, valendo por 'inclusive': a epidemia atingiu também a Ásia. Com o reforço da preposição *a*, evita-se a ambiguidade: *A epidemia se alastrou até à Ásia* passou a significar que a epidemia não atingiu a Ásia. Há diversos exemplos na literatura de uso da preposição *a* depois de *até*, havendo ou não ambiguidade: "*Até à* vista, grande advogada." (Ariano Suassuna, *Auto da Compadecida*); "Tomou o bonzo a xícara com as duas mãos; ergueu-a *até ao* nível da boca, abaixou-a *até à* cintura; ergueu-a de novo *até à* boca [...]." (Luís Guimarães, *Samurais e mandarins*); "Subia-o *até às* cabeceiras, volvendo ao ocidente e... acima *até às* cercanias da Baía [...]." (Euclides da Cunha, *À margem da história*). Ou seja, o reforço da preposição *a* é opcional, salvo quando prevalece a necessidade da distinção. Obs.: Com valor prepositivo, na ideia de limite, se usam depois da preposição as formas tônicas *mim, ti*, etc.: *Chegou* até mim *e me contou todas as novidades*. Com valor adverbial ou de palavra inclusiva, usam-se os pronomes subjetivos *eu, tu*, etc.: Até eu *mereci as críticas injustas da plateia*.

Até eu, até mim Como preposição que indica limite, *até* pede pronome oblíquo: *As notícias chegaram* até mim. Como palavra de inclusão pede pronome reto: Até eu (= inclusive eu) *mereci as críticas dele*; "*Até eu*, que sou marmanjo sem graça, barbadão hediondo, *até eu* me perfumo." (Nelson Rodrigues, "O perfume", *A vida como ela é...*).

Até onde vai..., até aonde vai...
Ver *onde, aonde*.

Atender O verbo *atender* pede objeto direto ou complemento preposicionado: "[...] eram as duas pessoas, que o Duque de Bragança costumava consultar na capital sobre todos os assuntos graves, e *cujo voto atendia* e respeitava." (Augusto Rebelo da Silva); "[...] e ambos capitães, sem *atenderem às promessas* de Castela, partiram de Cádis." (*Idem*); "À direita desse salão, que aí serve de agência, e onde há um despachante que vive a *atender condutores e atender o público*, dando saída aos veículos, uma porta de açougue, bem no lugar onde existiu o famoso machado." (Luís Edmundo, *O Rio de Janeiro de meu tempo*.) Se o complemento é expresso por pronome átono, a tradição da língua dá preferência às formas *o, a, os, as* em vez de *lhe, lhes*: "Não querem que el-rei *o atenda*." (Alexandre Herculano); "O funcionário que *a atendeu*, sem querer criar dificuldades, fez-lhe ver que até então não estava previsto o transporte de macacos junto com os passageiros nos navios daquela frota." (Fernando Sabino, *A companheira de viagem*); "A Pítia estava *atendendo ao mensageiro* de um rei da Beócia interessado em conhecer o desfecho de uma guerra que vinha tramando. A Pítia *atendeu-o*." (Monteiro Lobato, *Os doze trabalhos de Hércules*).

Aterrissar, aterrizar, aterrar
As três formas estão corretas com o significado de 'descer à terra; pousar, referindo-se a uma aeronave': "Como "Douglas Corrigan, o aviador que partiu do Brooklyn para Los Angeles, sem escalas, e *aterrissou* em Dublin,

na Irlanda..." (Luis Fernando Verissimo e Zuenir Ventura, *Conversa sobre o tempo com Arthur Dapieve*).

Ateu O feminino de *ateu* é *ateia* (sem acento gráfico).

Atingir A tradição literária sempre empregou o verbo *atingir* como transitivo direto: *A seta* atingiu *o alvo./ O atleta* atingiu *seu objetivo./ Suas críticas não me* atingem. Só mais modernamente passa a admitir a preposição *a* na acepção de 'chegar a um ponto de concordância ou entendimento': *Não* atingiu o/ao *sentido da piada*. Não se constrói com a preposição *a* em linguagens do tipo: *A quantia* atingiu *cinco mil reais* (e não: *a cinco mil reais)./ O progresso* atingiu *um ponto surpreendente*. (e não: *a um ponto surpreendente*).

Através de A locução *através de* significa 'por dentro de, por entre; de um lado a outro; no decorrer de': "[...] deviam usar uma faca-agulha, que funciona como um funil *através do* qual o sangue flui sem coagular [...]." (Rubem Fonseca, *A grande arte*); "*Através dos* vidros da porta, com a luz acesa nos fundos, conseguia ver a copa verde das plantas no jardim [...]." (Caio Fernando Abreu, *Morangos mofados*); "Amava-o desde menina; e, *através dos* anos, não achara graça em mais ninguém." (Nelson Rodrigues, "Um caso perdido", *A vida como ela é...*); "*Através dos* séculos, mesmo depois que o cristianismo se difundiu pelo mundo, essa situação se manteve." (Rubem Fonseca, *A grande arte*). Ver *por meio de*.

Áudio- Ver *hífen nas formações com prefixo*.

Audiodescrição (E não: áudio-descrição) Num composto, o elemento *audio-* só admite hífen se a palavra seguinte começar pelas letras *h* ou *o*. Como neste caso o segundo elemento começa pela letra *d*, escreve-se junto: *audiodescrição*.

Auferir Ver *aferir, auferir*.

Auto- Ver *hífen nas formações com prefixo*.

Autoajuda Conforme o Acordo Ortográfico de 1990, nas formações com prefixos, se o 1.º elemento (*auto-*) terminar por vogal diferente daquela que inicia o 2.º elemento (*ajuda*), escrever-se-á junto, sem hífen. Ver *hífen nas formações com prefixo*.

Autoaprendizagem Conforme o Acordo Ortográfico de 1990, nas formações com prefixos, se o 1.º elemento (*auto-*) terminar por vogal diferente daquela que inicia o 2.º elemento (*aprendizagem*), escrever-se-á junto, sem hífen. Ver *hífen nas formações com prefixo*.

Auto-hipnose Conforme o Acordo Ortográfico de 1990, nas formações com prefixos, se o 1.º elemento (*auto-*) terminar por *vogal* e o 2.º elemento se iniciar por *h* (*hipnose*), haverá o emprego de hífen. Ver *hífen nas formações com prefixo*.

Autópsia, autopsia (/sí/) Ambas as formas estão corretas e registradas no Vocabulário Ortográfico da ABL (Volp). A forma *autópsia* é mais corrente.

Autorregulamentação Conforme o Acordo Ortográfico de 1990, nas formações com prefixos, quando o 1.º elemento termina por vogal (*auto-*) e o 2.º elemento começa por *r* (*regulamentação*) ou *s*, não se usa hífen, e estas consoantes devem duplicar-se, prática já adotada também em palavras deste tipo pertencentes aos domínios científico e técnico: *antessala, antirreligioso, antissocial, autorregulamentação, biorritmo, biossatélite, contrarregra, contrassenha, cosseno, eletrossiderurgia, extrarregular, infrassom, macrorregião, microssistema, minissaia, multissegmentado, neorromano, protossatélite, pseudossigla, semirrígido, sobressaia, suprarrenal, ultrassonografia*. Ver *hífen nas formações com prefixo*.

Aval O substantivo masculino *aval* apresenta duas formas de plural: *avais* e *avales*.

Averiguar Os verbos do tipo de *aguar, apaniguar, apaziguar, apropinquar, averiguar, desaguar, enxaguar, obliquar, delinquir* e afins, por oferecerem dois paradigmas, ou têm as formas rizotônicas (aquelas cuja sílaba tônica está no radical) igualmente acentuadas no *u*, mas sem marca gráfica [presente do indicativo: *averiguo* (/ú/), *averiguas* (/ú/), *averigua* (/ú/), *averiguamos, averiguais, averiguam* (/ú/); presente do subjuntivo: *averigue* (/ú/), *averigues* (/ú/), *averigue* (/ú/), *averiguemos, averigueis, averiguem* (/ú/)] ou têm as formas rizotônicas acentuadas fônica e graficamente nas vogais *a* ou *i* radicais [presente do indicativo: *averíguo, averíguas, averígua, averiguamos, averiguais, averíguam*; presente do subjuntivo: *averígue, averígues, averígue, averiguemos, averigueis, averíguem*]. A conjugação com a tonicidade na vogal *u* é mais comum em Portugal, enquanto a tonicidade na vogal *i* é mais corrente no Brasil.

Avir-se Ver *haver-se, avir-se*.

Avô, avó, avós, avôs O feminino de *avô* é *avó*, com plural *avós*: *Minhas tias e minhas avós trabalham fora*. A forma *os avôs* para referir-se ao *avô* e à *avó* é pouco usada. É mais comum a forma *os avós*: *Conheci meus avós maternos*. O plural de *avô* é *avôs*: *Meus avôs são homens de bem*. O mesmo ocorre com *bisavô, bisavó, bisavós, bisavôs*; *trisavô, trisavó, trisavós, trisavôs* e *tetravô* (ou *tataravô*), *tetravó* (ou *tataravó*), *tetravós* (ou *tataravós*), *tetravôs* (ou *tataravôs*).

Azáfama O substantivo *azáfama* é feminino e significa 'trabalho diligente e apressado; rebuliço resultante da pressa com que se faz alguma coisa; muita atividade e confusão; agitação': "E nas noites em que não havia fartura de peixe para salgar, com *toda sua azáfama* e fadiga, costumavam reunir-se em uma das casas, à luz da lamparina [...]." (Ana Maria Machado, *O mar nunca transborda* in *Ana Maria Machado: obra reunida*).

Azul-celeste, azul-marinho

Ver *flexão de adjetivos compostos designativos de cores* e *flexão de substantivos compostos designativos de cores*.

Azul-claro, azul-escuro, azul-acinzentado, azul-esverdeado

Ver *flexão de adjetivos compostos designativos de cores* e *flexão de substantivos compostos designativos de cores*.

Azul-ferrete, azul-petróleo, azul-turquesa, azul-violeta

Ver *flexão de adjetivos compostos designativos de cores* e *flexão de substantivos compostos designativos de cores*.

Bb

Bacanal O substantivo *bacanal* é feminino, podendo ser usado no plural com o significado de 'festa religiosa, celebrada entre os romanos, em honra a Baco, deus do vinho'. Passou a designar também 'festa em que há desregramento moral; orgia': "Vieram umas moças, dançaram a noite toda, caíram na piscina – uma *bacanal* bem-comportada, de gente rica, para comemorar os 15 anos de um sujeito que tinha tudo na vida." (Carlos Heitor Cony, *O irmão que tu me deste*).

Balir Ver *verbos unipessoais*.

Balzaquiano, balzaquiana (E não: balza*que*ano, balza*que*ana) Ver *-eano, -iano*.

Banheiro, toalete Ambas as formas (*o banheiro, o toalete*) estão corretas para designar o 'cômodo com pia, espelho e instalações sanitárias': "Olhou em redor; e sua vista parou no *toalete*. Via lá um frasquinho de líquido negro." (Nelson Rodrigues, *Meu destino é pecar*). Como substantivo feminino, *a toalete* significa: 1. Ação de lavar-se, de fazer a higiene pessoal ou arrumar-se para determinada ocasião: *Fez a toalete e saiu para jantar.* 2. Traje, geralmente feminino: *Usava uma toalete requintada.*

Banir Verbo considerado defectivo, não possui as formas em que ao *n* do radical se segue *a* ou *o*, portanto a 1.ª pessoa do singular do presente do indicativo (*banes, bane, banimos, banis, banem*), todo o presente do subjuntivo, imperativo afirmativo (com exceção da 2.ª pessoa do singular e do plural: *bane tu, bani vós*) e o imperativo negativo.

Banto Ver *etnônimo*.

Barato, caro Como adjetivo, concordam em gênero e número com o substantivo a que se referem: "– Frangos bons e *baratos*!" (João Alphonsus, "Galinha cega", *Os melhores contos brasileiros de todos os tempos*); "Ou a preocupação em deixar em evidência, bem na entrada da loja, artigos *caros* que não eram essenciais [...]." (Ana Maria Machado, *Palavra de honra* in *Ana Maria Machado: obra reunida*).

Como advérbio, são invariáveis: "Além de únicas, são peças valiosas, que nos custaram muito *barato*." (Claudia Giudice, *A vida sem crachá*); "Um e outro não entregaram Bamba a um Silva, mas, sim, a um Afonso. D. Garcia pagou *caro* por isso: os Silvas comandaram uma grande rebelião [...]." (Alberto da Costa e Silva, *A manilha e o libambo*).

Barzinhos, barezinhos Se o diminutivo tem sufixo começado por -z, faz-se o plural dos dois elementos, elimina-se o -s final do 1.º elemento e procede-se à união dos dois: *barzinho* → *bare(s)* + *zinhos* → *barezinhos*. Esta é a norma-padrão. O que não quer dizer que na língua falada e na escrita informal moderna não possam aparecer plurais divulgados como *barzinhos*. Ver *plural de diminutivos*.

Bastante Como adjetivo, quer dizer 'que basta, que é suficiente' (concorda com o substantivo a que se refere): *Dois travesseiros são* bastantes, *não preciso mais do que isso*; "Se ele tivesse alternativas, se pudesse escolher outro tipo de vida, tentaria ser feliz com Vera, em outras bases, a vida simples e retirada, os dois só, e *bastantes*." (Carlos Heitor Cony, *Vera Verão*).

Usado como pronome indefinido (concorda com o substantivo a que se refere), significa 'em quantidade indefinida, mas elevada; muito': *A gramática traz* bastantes *exemplos de uso*; "Nós trouxemos *bastante* cachaça." (Herberto Salles, "A emboscada", *Os melhores contos brasileiros de todos os tempos*).

Como advérbio, *bastante* (= em quantidade, grau ou intensidade elevada) é invariável: "Era uma véspera de Natal, *bastante* quente, de um céu muito claro." (Marques Rebelo, "Stela me abriu a porta", *Os melhores contos brasileiros de todos os tempos*); "Devia ser *bastante* moço ainda, talvez tivesse a idade exata de ser seu filho." (Lúcio Cardoso, "Acontecimento da noite", *Os melhores contos brasileiros de todos os tempos*).

Também é usado como substantivo, precedido do artigo *o* (o bastante = o suficiente): "O saldo minguava, mas ainda tinha *o bastante* para as aulas de inglês, um mês no máximo." (Sonia Rodrigues, *Fronteiras*).

Bastar + de A noção expressa pelo verbo como elemento nuclear da oração pode ser referida a um sujeito (*Pedro estuda botânica.*) ou não referida a qualquer sujeito (*Chove./ Está calor.*). Quando se trata de predicação não referida, o verbo se diz *impessoal*. A expressão *bastar, chegar + de* (nas ideias de suficiência) é impessoal: *Basta de histórias./ Chega de promessas*. A principal característica dos verbos e expressões impessoais é que (salvo em alguns casos o verbo *ser*) aparecem, na língua exemplar, sempre na 3.ª pessoa do singular, devendo-se evitar construções do tipo: *Basta*m *de histórias*.

Bater (aplicado a horas) Ver *dar, bater, soar*.

Bater a porta, bater na porta, bater à porta (de) Quando alguém fecha uma porta, geralmente com ímpeto, força ou violência, dizemos que a pessoa *bateu a porta*: *Ao sair, bata a porta.*/ *Evite* bater a porta *do táxi*; "Saí do consultório *batendo a porta*." (Rubem Fonseca, *Amálgama*); "Para mim o romance já acabou, eu disse, e fiz uma face escarninha e saí *batendo a porta* com estrondo." (*Idem, Feliz ano novo*).

Se *batemos na porta*, estamos dando pancadas nela: "– Abre essa porta, Thomas, e vem limpar a sujeira que você fez no chão. – Ela *bateu forte na porta*, gritando. – Abre que eu estou mandando." (Sonia Rodrigues, *Fronteiras*).

A expressão *bater à porta* significa 'dar batidas leves na porta para fazer barulho (com os nós dos dedos ou com uma aldraba, por exemplo) ou bater palmas diante da porta para que abram ou atendam'. *Bater à porta (de alguém)* quer dizer, por metonímia, 'solicitar ajuda a uma pessoa ou procurá-la para pedir algo': "A empregada estava de folga, o remédio era atender o mau caráter que *me batia à porta* àquela hora da manhã." (Carlos Heitor Cony, *Da arte de falar mal*); "Por isso, em sua casa sempre restara alguma broa durante o período de privação maior. § – O miúdo que *batesse à sua porta* nunca voltava de mãos a abanar." (Ana Maria Machado, *Palavra de honra* in *Ana Maria Machado: obra reunida*).

Beber desta (água) Ver *artigo partitivo*.

Bege Como substantivo masculino, designa a 'cor amarelo-acastanhada da lã natural': *O bege é uma cor clássica*. Como adjetivo, é invariável: *luvas* bege; *sapatos de cor* bege.

Belarus Ver *Bielorrússia, República de Belarus, Belarus*.

Bem- Emprega-se o hífen nos compostos sem elemento de ligação quando o 1.º elemento está representado pelas formas *além, aquém, recém, bem* e *sem*: *além-Atlântico, além-fronteiras, além-mar, além-mundo, aquém-Pireneus, recém-casado, recém-nascido, bem-estar, bem-humorado, bem-dito, bem-dizer, bem-vestido, bem-vindo, sem-cerimônia, sem-vergonha, sem-terra*, etc. Obs.: Em muitos compostos o advérbio *bem* aparece aglutinado ao segundo elemento, quer este tenha ou não vida à parte, quando o significado dos termos é alterado: *bendito* (= abençoado), *benfazejo, benfeito* [subst.] (= benefício) [cf. *bem-feito* (adj.) = feito com capricho, harmonioso, e *bem feito*! (interj.)], *benfeitor, benquerença* e afins: *benfazer, benfeitoria, benquerer, benquisto, benquistar*.

Relacionamos a seguir uma série de compostos hifenados formados com o elemento de composição *bem*. Esta lista não esgota todas as ocorrências, mas abrange as de uso corrente. Ver *mal-*.

Bem-acabado Escreve-se com hífen este adjetivo que significa: 'Feito com esmero; bem-feito.' Plural: bem-acabados. Antônimo: mal-acabado.

Bem-aceito Escreve-se com hífen este adjetivo que significa: 'Que tem ou teve boa acolhida.' Plural: bem-aceitos.

Bem-acondicionado Escreve-se com hífen este adjetivo que significa: 'Armazenado, guardado ou disposto de maneira conveniente, em local adequado.' Plural: bem-acondicionados. Antônimo: mal-acondicionado.

Bem-adaptado Escreve-se com hífen este adjetivo que significa: 'Que se adaptou perfeitamente.' Plural: bem-adaptados. Antônimo: mal-adaptado.

Bem-afamado Escreve-se com hífen este adjetivo que significa: 'De reputação reconhecidamente boa; que tem bom conceito, boa fama.' Plural: bem-afamados. Antônimo: mal-afamado.

Bem-afortunado Escreve-se com hífen este adjetivo que significa: 'Que tem boa sorte, felicidade; feliz, próspero.' Plural: bem-afortunados. Antônimo: mal-afortunado.

Bem-agradecido Escreve-se com hífen este adjetivo que significa: 'Que demonstra gratidão; que é grato.' Plural: bem-agradecidos. Antônimo: mal-agradecido.

Bem-ajambrado Escreve-se com hífen este adjetivo que significa: 'Que está bem vestido; bem-apresentado.' Plural: bem-ajambrados. Antônimo: mal-ajambrado.

Bem-amado Escreve-se com hífen este adjetivo que significa: 'Que é querido ou predileto.' Também pode ser usado como substantivo: 'Aquele a quem se quer muito; o querido.' Plural: bem-amados. Antônimo: mal-amado.

Bem-apanhado Escreve-se com hífen este adjetivo que significa: 'Que é bonito; que tem boa aparência.' Plural: bem-apanhados. Antônimo: mal-apanhado.

Bem-apessoado Escreve-se com hífen este adjetivo que significa: 'Que tem boa aparência; bem-parecido.' Plural: bem-apessoados. Antônimo: mal-apessoado.

Bem-apresentado Escreve-se com hífen este adjetivo que significa: 'Que tem boa apresentação, bom aspecto, ou que está vestido de forma elegante.' Plural: bem-apresentados. Antônimo: mal-apresentado.

Bem-arranjado Escreve-se com hífen este adjetivo que significa: 'Que está composto de maneira harmoniosa; bem-arrumado.' Plural: bem-arranjados. Antônimo: mal-arranjado.

Bem-arrumado Escreve-se com hífen este adjetivo que significa: 1. Arrumado com bom gosto, ordem. 2.

Bem-vestido, bem-arranjado. Plural: bem-arrumados. Antônimo: mal-arrumado.

Bem-aventurado Escreve-se com hífen e significa: *adj. sm.* 1. Que é muito feliz; aquele que é muito feliz. 2. Beatificado, beato. *sm.* 3. Santo. Plural: bem-aventurados. Antônimo: mal-aventurado.

Bem-aventurança Escreve-se com hífen este substantivo que significa: 1. A felicidade perfeita. 2. Felicidade que os santos gozam no céu. Plural: bem-aventuranças.

Bem-avindo Escreve-se com hífen este adjetivo que significa: 'Que tem amizade ou boas relações com (outro); conciliado.' Plural: bem-avindos. Antônimo: mal-avindo.

Bem-avisado Escreve-se com hífen este adjetivo que significa: 'Que age com reflexão, prudência; cauteloso, sensato.' Plural: bem-avisados. Antônimo: mal-avisado.

Bem-bom Escreve-se com hífen este substantivo que significa: 'Vida ou momento folgado, tranquilo.' Plural: bem-bons.

Bem-casado Escreve-se com hífen este adjetivo que significa: 'Que fez um bom casamento.' Como substantivo, designa: 'Minibolo recheado geralmente com doce de leite e servido, num pequeno embrulho decorado, aos convidados no final de festas de casamento.' Plural: bem-casados.

Bem-comportado Escreve-se com hífen este adjetivo que significa: 'Que se comporta bem; que possui boas maneiras.' Plural: bem-comportados. Antônimo: malcomportado.

Bem-composto Escreve-se com hífen este adjetivo que significa: 'Que tem boa apresentação; que causa boa impressão; bem-apresentado, bem-posto, elegante.' Plural: bem-compostos /ó/. Feminino: bem-composta /ó/. Plural do feminino: bem-compostas /ó/.

Bem-conceituado Escreve-se com hífen este adjetivo que significa: 'Que tem bom conceito, boa reputação; bem-afamado.' Plural: bem-conceituados. Antônimo: malconceituado.

Bem-conformado Escreve-se com hífen este adjetivo que significa: 'De boa conformação; que é harmonioso, elegante; bem-feito.' Plural: bem-conformados. Antônimo: malconformado.

Bem-criado Escreve-se com hífen este adjetivo que significa: 'Que recebeu boa educação; bem-educado, cortês, polido.' Plural: bem-criados. Antônimo: malcriado.

Bem-disposto Escreve-se com hífen este adjetivo que significa: 'Que demonstra boa disposição de ânimo ou de saúde.' Plural: bem-dispostos /ó/. Antônimo: maldisposto.

Bem-ditoso Escreve-se com hífen este adjetivo que significa: 'Feliz, bem-afortunado, bem-aventurado.' Plural: bem-ditosos /ó/. Feminino:

bem-ditosa /ó/. Plural do feminino: bem-ditosas /ó/.

Bem-dizer Escreve-se com hífen este verbo que significa 'dizer bem de (algo ou alguém); abonar, enaltecer, gabar': *A mulher* bem-dizia *o marido diante das amigas.* A locução *a bem-dizer* significa 'por assim dizer': *Ela era,* a bem-dizer, *uma boa companhia.* Ver *bendizer.*

Bem-dormido Escreve-se com hífen este adjetivo que significa: 1. Em que houve um sono reparador: *noite* bem-dormida. 2. Diz-se de quem dormiu bem e ficou revigorado pelo sono. Plural: bem-dormidos. Antônimo: maldormido.

Bem-dotado Escreve-se com hífen este adjetivo que significa: 1. Dotado de inteligência, talento. 2. Provido de órgão genital grande. Plural: bem-dotados.

Bem-educado Escreve-se com hífen este adjetivo que significa: 'Que recebeu boa educação; bem-criado, cortês, polido.' Plural: bem-educados. Antônimo: mal-educados.

Bem-encarado Escreve-se com hífen este adjetivo que significa: 'Que tem boa aparência ou que demonstra boa índole; simpático.' Plural: bem-encarados. Antônimo: mal-encarado.

Bem-ensinado Escreve-se com hífen este adjetivo que significa: 'Que tem boas maneiras; bem-educado, cortês.' Plural: bem-ensinados. Antônimo: mal-ensinado.

Bem-estar Escreve-se com hífen este substantivo que significa: 'Estado de satisfação física e/ou moral.' Plural: bem-estares.

Bem-fadado Escreve-se com hífen este adjetivo que significa: 'Que é beneficiado pela sorte; feliz, venturoso.' Plural: bem-fadados. Antônimo: malfadado.

Bem-falante Escreve-se com hífen este adjetivo que significa: 'Que fala bem, de maneira clara, fluente e correta.' Plural: bem-falantes.

Bem-fazer O verbo *bem-fazer* significa: 'Fazer (algo) com capricho.' O substantivo masculino *bem-fazer* (plural: *bem-fazeres*) designa 'o ato de praticar o bem, de agir em benefício dos outros; caridade'.

Bem-feito, bem feito!, benfeito O adjetivo *bem-feito* (com hífen) quer dizer 'feito com capricho; harmonioso, bem-acabado, bem-proporcionado', enquanto a interjeição *bem feito!* é expressão irônica usada para demonstrar satisfação com algo desagradável que aconteceu a alguém. O substantivo masculino *benfeito* significa 'benfeitoria, benefício'.

Bem-humorado Escreve-se com hífen este adjetivo que significa: 'Que tem ou está de bom humor.' Plural: bem-humorados. Antônimo: mal-humorado.

Bem-intencionado Escreve-se com hífen este adjetivo que significa: 'Que tem boas intenções.' Plural: bem-intencionados. Antônimo: mal-intencionado.

Bem-lançado Escreve-se com hífen este adjetivo que significa: 'Que vem a propósito; oportuno.' Plural: bem-lançados.

Bem-mandado Escreve-se com hífen este adjetivo que significa: 'Que se mostra obediente, dócil; bem-ouvido.' Plural: bem-mandados. Antônimo: malmandado.

Bem-me-quer Emprega-se o hífen nos compostos que designam espécies botânicas (planta e fruto) e zoológicas, estejam ou não ligadas por preposição ou qualquer outro elemento: *abóbora-menina, andorinha-do-mar, andorinha-grande, bem-me-quer* (mas *malmequer*), *bem-te-vi, bênção-de-deus, cobra-capelo, couve-flor, dente-de-cão, erva-doce, erva-do-chá, ervilha-de-cheiro, feijão-verde, formiga-branca, joão-de-barro, lesma-de-conchinha.* O substantivo masculino *bem-me-quer* (com hífen) designa um tipo de erva (*Aspilia foliácea*), também chamada *malmequer* (junto, sem hífen). Plural: *bem-me-queres.*

Bem-merecido Escreve-se com hífen este adjetivo que significa: 'Que recebeu o que lhe coube, geralmente em referência a castigo, prejuízo, etc.' Plural: bem-merecidos.

Bem-nascido Escreve-se com hífen este adjetivo que significa 'de família rica ou ilustre': "A Belinha era uma garota elegante na maneira de se vestir, de se sentar, de falar, quem olhasse para ela diria, esta é uma menina *bem-nascida*, de boa família." (Rubem Fonseca, *Ela e outras mulheres*). Plural: bem-nascidos.

Bem-ordenado Escreve-se com hífen este adjetivo que significa: 'Que se ordenou adequadamente; que está disposto de maneira metódica.' Plural: bem-ordenados.

Bem-ouvido Escreve-se com hífen este adjetivo que significa: 'Que atende a ordens; que dá atenção a conselhos.' Plural: bem-ouvidos. Antônimo: mal-ouvido.

Bem-parado Escreve-se com hífen este adjetivo que significa: 1. Em situação favorável. 2. Que possivelmente terá bom êxito: *projeto* bem-parado. Plural: bem-parados. Antônimo: malparado.

Bem-parecido Escreve-se com hífen este adjetivo que significa: 'De boa aparência; bem-apessoado.' Plural: bem-parecidos.

Bem-passado Escreve-se com hífen este adjetivo que significa: 'Bem cozido ou frito: *filé* bem-passado.' Antônimo: malpassado.

Bem-posto, bemposta O adjetivo *bem-posto* significa 'elegante, garboso'. Plural: bem-postos /ó/. Feminino: bem-posta /ó/. Plural do feminino: bem-postas /ó/. O substantivo feminino *bemposta* designa uma variedade de maçã.

Bem-procedido Escreve-se com hífen este adjetivo que significa: 'Que procede de maneira adequada; bem--comportado.' Plural: bem-procedidos. Antônimo: malprocedido.

Bem-proporcionado Escreve-se com hífen este adjetivo que significa: 'Que possui proporções harmoniosas ou perfeitas; bem-conformado.' Plural: bem-proporcionados. Antônimo: malproporcionado.

Bem-sabido Escreve-se com hífen este adjetivo que significa: 'Que foi estudado adequadamente.' Plural: bem-sabidos.

Bem-soante, bem-sonante Escrevem-se com hífen estes adjetivos que significam: 'Que soa bem; de som claro, agradável, melodioso.' Plural: bem-soantes, bem-sonantes. Antônimo: malsoante, malsonante.

Bem-sucedido Escreve-se com hífen este adjetivo que significa: 'Que alcançou êxito.' Plural: bem-sucedidos. Antônimo: malsucedido.

Bem-vestido Escreve-se com hífen este adjetivo que significa: 'Vestido com elegância, bom gosto.' Plural: bem-vestidos. Antônimo: malvestido.

Bem-vindo, Benvindo O adjetivo *bem-vindo*, com hífen, significa: 1. Que é recebido com prazer, com agrado; que é acolhido com satisfação: *Os estrangeiros são* bem-vindos *no Brasil*. 2. Que chegou bem, a salvo. Plural: bem-vindos. Já *Benvindo* é antropônimo, ou seja, nome de pessoa.

Bem-visto Escreve-se com hífen este adjetivo que significa: 'Que tem boa reputação.' Plural: bem-vistos. Antônimo: malvisto.

Bendito O adjetivo *bendito* significa: 1. Que é louvado: Bendito *seja Deus!* 2. Que é abençoado ou a quem se abençoou: *filhos* benditos. 3. Que é bom, bondoso: *Pessoas* benditas, *caridosas, ajudam os orfanatos*. 4. Que é feliz, venturoso: Bendito *o dia em que te conheci*.

Bendizer 1. Louvar, glorificar: *Não se esqueça de* bendizer *o/ao Senhor.* 2. Considerar feliz, ditoso: Bendigo *a hora em que ela nasceu*. 3. Dar ou lançar bênção; abençoar, proteger: *O padre* bendizia *os fiéis*. Particípio: bendito. Ver *bem-dizer.*

Beneficente, beneficência O adjetivo de dois gêneros *beneficente* (= que traz benefício; que se destina a fazer caridade) é grafado desta forma (e não: *beneficiente*): *instituição beneficente*. O substantivo feminino *beneficência* (e não: *beneficiência*) designa 'a prática de fazer o bem; a dedicação a obras de caridade: *Hospital de* Beneficência *Portuguesa, Associação Francesa de* Beneficência.

Benfazejo (/ê/) O adjetivo *benfazejo* significa: 1. Que pratica o bem, que ajuda o próximo; bondoso, caridoso: "Às vezes adivinhamos acontecimentos em que não tomamos parte; não lhe parece que é um deus *benfazejo* que no-los segreda?" (Machado de Assis, *Contos fluminenses*). 2. Que traz benefícios, que faz bem; benéfico: *chuva* benfazeja.

Benfazer, benfeitor, benfeitoria
Ver *bem-*.

Benfeito Ver *bem-feito, bem feito!, benfeito*.

Benquerença O substantivo feminino *benquerença* significa: 1. Sentimento de afeição, de estima, de amizade. 2. Ato de querer bem a alguém; afeto.

Benzido, bento A forma *bento* é usual apenas como adjetivo: *pão bento, água benta*; "Com pouca dúvida, acenderam o círio *bento* junto da imagem do menino Jesus [...]." (Afonso Arinos, "Joaquim Mironga", *Os melhores contos brasileiros de todos os tempos*). O particípio regular *benzido* (verbo *benzer*) ocorre com a voz ativa (auxiliares *ter* ou *haver*: *O padre* havia benzido *a criança*.) ou passiva (auxiliares *ser, estar, ficar*: *A casa* foi benzida *pelo padre*.). Também se usa *benzido* como adjetivo.

Berinjela A grafia deste substantivo tem merecido dos etimologistas e dos escritores dois modos: *beringela* (com *g*) e *berinjela* (com *j*). A palavra é uma contribuição da influência árabe, de fonte persa. No Brasil a preferência é a grafia com *j*, talvez por influência espanhola, adotada por Corominas. Entre portugueses a preferência recai na grafia com *g*. O Volp, seguindo a tradição do Vocabulário de 1943, e a última lição de Nascentes no seu *Dicionário etimológico resumido*, registra com *j*, que era também a lição de Gonçalves Viana nos seus Vocabulários de 1909 e 1912, de Lisboa.

Beta- Ver *hífen nas formações com prefixo*.

Bi- Ver *hífen nas formações com prefixo*.

Bielorrússia, República de Belarus, Belarus Apesar de *Bielorrússia* ser a forma mais frequente, o "Anexo A5 – Lista dos Estados, territórios e moedas" do Código de Redação Interinstitucional da Comissão Europeia registra as formas *Bielorrússia* (nome comum) e *República da Bielorrússia* (nome oficial), recomendando ainda a forma *República de Belarus* para efeitos protocolares. Todavia, ainda que *República de Belarus* possa ser usada por razões diplomáticas, o gentílico é sempre: *bielorrusso*.

Bife a cavalo Ver *a cavalo*.

Bile, bílis Podemos dizer *a bile* (substantivo feminino) ou *a bílis* (substantivo de dois números). Ambas as formas estão corretas e registradas no Vocabulário Ortográfico da ABL (Volp): "Quebraram muros/ Beberam absinto/ Vomitaram *bile*/ No meu coração." (Vinicius de Moraes, "Sombra e luz", *Poemas, sonetos e baladas* in *Vinicius de Moraes: obra reunida*).

Bílis Ver *bile, bílis*.

Bimensal, bimestral O adjetivo de dois gêneros *bimensal* classifica o 'que se realiza ou circula duas vezes no mês; quinzenal': *revista* bimensal. Bimestral é o adjetivo que se refere ao 'que ocorre ou circula de dois em dois meses': *provas* bimestrais.

Bio- Ver *hífen nas formações com prefixo*.

Biópsia, biopsia (/sí/) Ambas as formas estão corretas e registradas no Vocabulário Ortográfico da ABL (Volp). A forma *biópsia* é a mais corrente.

Biotipo (/tí/), biótipo Ambas as formas estão corretas e registradas no Vocabulário Ortográfico da ABL (Volp).

Bisavô Ver *avô, avó, avós, avôs*.

Blá-blá-blá (plural: blá-blá-blás) Os compostos formados com elementos repetidos, com ou sem alternância vocálica ou consonântica, por serem compostos representados por formas substantivas sem elemento de ligação, terão hífen pela lição do texto oficial: *blá-blá-blá, lenga-lenga, reco-reco, tico-tico, zum-zum-zum, pingue-pongue, tique-taque, trouxe-mouxe, xique-xique* (= chocalho; diferentemente de *xiquexique* = planta), *zás-trás, zigue-zague*, etc. Os derivados, entretanto, não serão hifenados: *lengalengar, ronronar, ziguezaguear, zunzunar*, etc. Obs.: Não se separam por hífen as palavras com sílaba reduplicativa oriundas da linguagem infantil: *babá, titio, vovó, xixi,* etc.

Blêizer O substantivo masculino *blêizer* (plural: *blêizeres*) é a forma aportuguesada do estrangeirismo *blazer* (plural: *blazers*), este mais corrente: "E mais: também não adianta guardar um *blazer* ou uma camisa branca, pois os cortes mudam, os ombros mudam." (Danuza Leão, *É tudo tão simples*).

Boa parte de Ver *a maior parte de, a maioria de*.

Boa-noite, boa noite Ver *bom-dia, bom dia*.

Boa-tarde, boa tarde Ver *bom-dia, bom dia*.

Boa-vida, boa vida O substantivo e adjetivo de dois gêneros *boa-vida* (com hífen) designa aquele que não tem o hábito de trabalhar e busca viver bem sem se esforçar, ou que tem uma vida tranquila, sem precisar se preocupar com nada: "[...] ilustres desocupados como seu Bê P. Lima, maledicente e *boa-vida*, mas de berço [...]." (Autran Dourado, "Os mínimos carapinas do nada", *Os melhores contos brasileiros de todos os tempos*). [Pl.: *boas-vidas*.]

Não confundir com *boa vida* (= vida tranquila, sem esforço ou preocupações) [sem hífen]: "Angelina veria que não tinha razão ao acusar todos os brasileiros que emigravam de querer levar *boa vida*, assim que chegavam na Califórnia." (Sonia Rodrigues, *Fronteiras*).

Boda (/ô/), bodas (/ô/) No plural, permanece com o fechado tônico: boda (/ô/) – bodas (/ô/). Ver *plural com alteração de o fechado para o aberto*.

Boemia, boêmia Ambas as formas estão corretas e registradas no Vocabulário Ortográfico da ABL (Volp): "Eu era semi-interno, ficava o dia inteiro lá e ia dormir em casa. E caí em Friburgo na orgia. Mulheres e tal... *Boemia*." (Luis Fernando Verissimo e Zuenir Ventura, *Conversa sobre o tempo com Arthur Dapieve*); "Era uma mulher solar, pouco notívaga, pouco *boêmia*, sentia sono cedo, não conseguia varar madrugadas bebericando chope em mesa de bar [...]." (Ana Maria Machado, *Tropical sol da liberdade* in *Ana Maria Machado: obra reunida*).

Bolso (/ô/), bolsos (/ô/) No plural, permanece com *o* fechado tônico: bolso (/ô/) – bolsos (/ô/). Ver *plural com alteração de* o *fechado para* o *aberto*.

Bom humor, mau humor O substantivo masculino *humor* designa um 'estado de espírito ou ânimo; temperamento'. Assim, dizemos *bom humor* ou *mau humor* (ambos sem hífen): "A certeza desse amor agourento e quase fantástico, teve-a a gente do morro uma manhã em que Marina, acordando de *bom humor*, contou às vizinhas." (Xavier Marques, *A noiva do golfinho*). Porém, com hífen, *bem-humorado* e *mal-humorado*.

Bom senso A locução *bom senso* (= capacidade de discernir entre o verdadeiro e o falso, o certo e o errado, etc.; uso do raciocínio na avaliação de situações e na tomada de decisões) é grafada sem hífen: "O samba só saiu correto na gravação de Ângela Maria, pois a cantora teve o *bom senso* de mandar me perguntar, minutos antes de gravar, como era o certo." (Vinicius de Moraes, "Certidão de nascimento", *Prosa dispersa* in *Vinicius de Moraes: obra reunida*); "Mas é possível alguém de *bom senso* ter 12 calças pretas? (Danuza Leão, *É tudo tão simples*).

Bom-dia, bom dia A saudação matinal deve ser grafada sem hífen (frase nominal). Quando dizemos a uma pessoa, pela manhã, "Bom dia!" não queremos dizer-lhe que o dia está agradável, mas tão somente cumprimentá-la; esse é o sentido da frase. Pode até o tempo estar chuvoso ou ameaçador; porém, é assim que tradicionalmente a nossa comunidade saúda alguém pela manhã. O substantivo composto *bom-dia* (*Deu um* bom-dia *animado*.) designa a saudação a alguém até a primeira metade do dia. Machado de Assis, durante muitos anos, assinou uma coluna de diário carioca intitulada "Bons dias!", usando a frase nominal como saudação matinal dirigida a seus leitores; e Álvaro Moreyra usava dos substantivos compostos, todos hifenados, na seguinte passagem: "Dá bom-dia, dá boa-tarde e boa-noite", substantivos que funcionam como complemento direto do verbo *dar*.

Bordô Como substantivo masculino, designa a 'cor vermelho-escura ou vermelho-arroxeada do vinho produzido na região de Bordelais, nos arredores de Bordeaux (Bordéus, França)': *O bordô é uma das cores do inverno*. Como adjetivo, é invariável: *sapatos* bordô; *gravatas de cor* bordô.

Bororo (/rôro/) Ver *etnônimo*.

Boteco Grafa-se com *o*: *boteco* (e não: *bu*teco): "[...] pedir uma quentinha ou dar a ele o dinheiro para um prato feito no *boteco* da esquina." (Ana Maria Machado, *A audácia dessa mulher* in *Ana Maria Machado: obra reunida*).

Botocudo Ver *etnônimo*.

Braço direito O *braço direito* (sem hífen), além da parte do corpo, designa 'o principal auxiliar ou colaborador; assessor direto': "Ana Lúcia é minha amiga, minha ajudante, meu *braço direito*, outro dia eu explico." (Ana Maria Machado, *A audácia dessa mulher* in *Ana Maria Machado: obra reunida*).

Brocha, broxa Conforme a 6.ª edição do Vocabulário Ortográfico da ABL (Volp) e o *Dicionário da língua portuguesa* (DLP-ABL), ambos na versão *online*, o substantivo feminino *brocha* (do francês *broche*, do latim vulgar *brocca*) significa 'prego pequeno, semelhante a um alfinete, com a cabeça larga para facilitar o manuseio'.

Já *broxa* (do francês *brouche* [depois *brosse*], do latim vulgar **bruscia*), como substantivo feminino, significa 'pincel grande usado para caiar ou pintar grosseiramente'. Como adjetivo de dois gêneros, *broxa* quer dizer 'momentânea ou permanentemente incapaz de manter a ereção durante uma relação sexual' ou 'de ânimo acovardado, timorato, hesitante ao extremo'. Como substantivo masculino, 'homem incapaz de manter a ereção durante uma relação sexual'. A distinção de grafia vale também para os termos derivados.

Brócolis, brócolos Ambas as formas estão corretas e registradas no Vocabulário Ortográfico da ABL (Volp).

Broxa Ver *brocha, broxa*.

Bruneano Ver *-eano, -iano*.

Bucal, bocal O adjetivo de dois gêneros *bucal* refere-se a boca (higiene *bucal*): "Quando a pessoa já está sem respiração faz-se a respiração *bucal*: cola-se a boca na boca do outro e se respira. E a outra recomeça a respirar." (Clarice Lispector, *Água viva*).

Já *bocal* é um substantivo masculino que quer dizer 'abertura de recipiente', 'peça onde se enrosca a lâmpada', 'parte do castiçal onde se encaixa a vela', 'parte do telefone para onde se fala', 'embocadura de instrumentos de sopro', entre outros significados: "Estendeu sobre a pasta uma folha de papel e preparou-se para escrever uma carta. § Mas a pena estacou ao penetrar no *bocal* do tinteiro." (José de Alencar, *Se-*

nhora); "Para apagar a luz, subindo na cama, torcia a lâmpada no *bocal*." (Daton Trevisan, *Cemitério de elefantes*); "Cléu tapou com a mão o *bocal* do telefone e voltou-se para Dona Benta." (Monteiro Lobato, *Caçadas de Pedrinho*); "Saía às sete da noite com o saxofone debaixo do braço e só voltava de manhãzinha. Então limpava meticulosamente o *bocal* do instrumento (...)." (Lygia Fagundes Telles, *Antes do baile verde*).

Bujão, botijão O recipiente metálico usado para o armazenamento e transporte de produtos voláteis denomina-se *bujão* ou *botijão*: "O meu vizinho do lado/ Se matou de solidão/ Abriu o gás, o coitado/ O último gás do *bujão*" (Vinicius de Moraes e Toquinho, "Um homem chamado Alfredo", *Cancioneiro* in *Vinicius de Moraes: obra reunida*).

Bulir O verbo irregular *bulir* segue a conjugação do verbo *acudir*. O *u* do radical muda-se em *o* na 2.ª e 3.ª pessoas do singular e 3.ª pessoa do plural do presente do indicativo e na 2.ª pessoa do singular do imperativo: presente do indicativo: *bulo, boles, bole, bulimos, bulis, bolem*; imperativo afirmativo: *bole, bula, bulamos, buli, bulam*. Nos demais tempos é regular.

Burburinho Grafa-se com *u*: *burburinho* (e não: *borburinho*) e significa: 1. Ruído confuso e prolongado de muitas pessoas falando simultaneamente; rumor: "E era uma tal multidão de astros a tremeluzir que, juro, às vezes tinha a impressão de ouvir o *burburinho* infantil de suas vozes." (Vinicius de Moraes, "Menino de ilha", *Para viver um grande amor* in *Vinicius de Moraes: obra reunida*). 2. Murmulho produzido pela água que corre, pelo farfalhar das folhas das árvores, etc.: "Vinhas cheia de alegria, coroada de guirlandas/ Com sorrisos onde havia *burburinhos* de água clara [...]." (*Idem*, "Na esperança de teus olhos", *Dispersos* in *Vinicius de Moraes: obra reunida*). 3. Tumulto, confusão: "Eu tenho este sonho também, Marcelo. Não sei se para passar um ano, mas de sair desse *burburinho* da vida que a gente leva." (Frei Betto e Marcelo Gleiser com Waldemar Falcão, *Conversa sobre a fé e a ciência*).

Cabeleireiro A grafia correta é somente esta: cab*eleire*iro.

Caber Verbo irregular de 2.ª conjugação: *pres. ind.*: caibo, cabes, cabe, cabemos, cabeis, cabem; *pret. perf. ind.*: coube, coubeste, coube, coubemos, coubestes, couberam; *pret. imperf. ind.*: cabia, cabias, cabia, cabíamos, cabíeis, cabiam; *pret. mais-que-perf. ind.*: coubera, couberas, coubera, coubéramos, coubéreis, couberam; *fut. pres. ind*: caberei, caberás, caberá, caberemos, cabereis, caberão; *fut. pret. ind.*: caberia, caberias, caberia, caberíamos, caberíeis, caberiam; *pres. subj.*: caiba, caibas, caiba, caibamos, caibais, caibam; *pret. imp. subj.*: coubesse, coubesses, coubesse, coubéssemos, coubésseis, coubessem; *fut. subj.*: couber, couberes, couber, coubermos, couberdes, couberem; *imp. afirm.*: cabe, caiba, caibamos, cabei, caibam; *ger.*: cabendo; *part.*: cabido.

Cabina, cabine Ambas as formas estão corretas e registradas no Vocabulário Ortográfico da ABL (Volp): "Na *cabina*, o diretor de arte fizera um ar contrariado com o último *take.*" (Carlos Heitor Cony, *Vera Verão*); "Um estudante divertido e brincalhão que entrara em sua *cabine* de trem e acabara lhe deixando um livro já lido." (Ana Maria Machado, *A audácia dessa mulher* in *Ana Maria Machado: obra reunida*).

Cacarejar Ver *verbos unipessoais*.

Cacique, cacica O feminino de *cacique* é *cacica*, para designar a 'mulher que é chefe temporal de tribo indígena'. Se considerarmos *cacique* um substantivo de dois gêneros, poderemos aceitar também a forma *cacique* para os dois gêneros: o *cacique* Raoni, a *cacique* Jurema.

Cacófato (ou cacofonia) Trata-se do encontro de sílabas de duas ou mais palavras que forma um novo termo de sentido inconveniente ou ridículo em relação ao contexto: herói *da nação*, nosso *hino*, bo*ca dela*, etc. Deve-se evitar, tanto quanto possível, que uma palavra comece com sílaba igual (ou parecida) à última da palavra anterior, como em torre redonda, pouca cautela, nunca casavam, ignora-se se se trata disso. Cuidado maior há de se ter se a junção lembra palavra pouco delicada (exemplos como "nunca ganhou", "o jogador marca gol" são comuns na imprensa falada e escrita). A leitura do texto em voz alta, antes de sua divulgação, surpreenderá muitos casos de cacófatos.

É oportuna a lição de Said Ali: "Repara-se, hoje, com certo exagero, na cacofonia resultante da junção da sílaba terminal de um vocábulo com a palavra ou parte da palavra imediata. Não se liga, entretanto, maior importância à cacofonia quando esta se acha dentro de um mesmo vocábulo, sendo formada por algumas das suas sílabas componentes. O mal aqui é irremediável, pois que expressões não se dispensam, nem se substituem. Muitas vezes, parece a cacofonia menos ridícula do que a vontade de percebê-la... O estudante evite, sempre que puder, semelhantes combinações de palavras, assim como quaisquer outras de onde possam nascer uns longes de cacofonia, e não se preocupe com descobri-los nos outros."

Cada um, cada qual Quando a um sujeito composto se seguem, como apostos, expressões de valor distributivo como *cada um, cada qual*, o verbo, posposto a tais expressões, concorda com elas: "Pai e filho *cada um seguia por seu caminho*" (Epifânio Dias, *Sintaxe histórica portuguesa*). Se o verbo vem anteposto a essas expressões, dá-se normalmente a concordância no plural com o sujeito composto ou sujeito simples no plural: "[...] não era possível que os aventureiros *tivessem cada um* o seu cubículo" (José de Alencar, *O guarani*); Eles *saíram cada um* com sua bicicleta.

Cada um de, nem um de, nenhum de + plural Quando o sujeito é representado por *cada um de, nem um de, nenhum de + plural*, o verbo fica no singular: *Cada um dos concorrentes* deve *preencher* corretamente as fichas de inscrição (e não: *devem* preencher!); "Silêncio profundo, enquanto *cada um dos parentes ia assimilando* o fato." (Nelson Rodrigues, "Vinte e cinco anos de casados", *A vida como ela é...*).

Café (cor) Quando usado como adjetivo, permanece invariável: *luvas café, sapatos café*. Outros substantivos usados para designar cores também ficam invariáveis: *botas creme, casacos laranja, mochilas salmão, paredes abóbora, sapatos cinza, tons pastel, uniformes abacate*, etc.

Café com leite Escreve-se sempre sem hífen, em todas as acepções: *A política do café com leite esteve em vigor na República Velha./ Nas brincadeiras, era sempre considerado café com leite./ Não gosto da cor café com leite./ sapatos café com leite;* "Em Magé, parou num bar, tomou um copo de *café com leite*, um pão doce [...]." (Carlos Heitor Cony, *Rosa vegetal de sangue*).

Caiabi Ver *etnônimo*.

Cãibra A forma recomendada oficialmente é *cãibra*: "Vi-o ainda sacudindo o braço da *cãibra* que o tomara, sem qualquer sinal aparente de ferimento ou choque." (Vinicius de Moraes, "Cãibra", *Para uma menina com uma flor* in *Vinicius de Moraes: obra reunida*); "Cheguei suando e cansado, com os braços doloridos de *cãibra*, ansioso por passar o prato a outras mãos mas encontrei a casa fechada." (José J. Veiga, *Os cavalinhos de Platiplanto: contos*). A variante *câimbra* é uma forma errônea que se difundiu na língua, especialmente entre os brasileiros. Assim como *zãibo* (= estrábico; de pernas tortas) é a forma recomendada (e não: *zâimbo*).

Caingangue Ver *etnônimo*.

Caiuá Ver *etnônimo*.

Cal O substantivo *cal* é feminino: "Com as lágrimas do tempo/ E *a cal* do meu dia/ Eu fiz o cimento/ Da minha poesia." (Vinicius de Moraes, "Poética II", *Para viver um grande amor* in *Vinicius de Moraes: obra reunida*). Admitem-se dois plurais: *cais* e *cales*.

Câmara, câmera O substantivo *câmara* tem como variante a forma *câmera* com o significado de 'dispositivo ou aparelho de fotografar, filmar ou registrar imagens; técnico que opera esse aparelho; cinegrafista'. Nas demais acepções é recomendada a forma *câmara*: *música de* câmara; "Os dois jovens se retiram para a *câmara* nupcial." (Rubem Fonseca, *Feliz ano novo*); "Receitaram transfusão de sangue, mais *câmara* de oxigênio, etc." (Nelson Rodrigues, "A missa de sangue", *A vida como ela é...*); "[...] era o presidente da *Câmara* dos Vereadores e amigo pessoal de Vargas [...]. (Carlos Heitor Cony, *Quase memória*); "A pequena ergueu-se, em *câmara* lenta, estupefata [...]." (Nelson Rodrigues, "Túmulo sem nome", *A vida como ela é...*).

Caminhoneta, caminhonete, camioneta, camionete Todas estas formas estão corretas e registradas no Vocabulário Ortográfico da ABL (Volp).

Camoniano (E não: camo*neano*) Ver *-eano, -iano*.

Campus, campi A palavra latina singular *campus* designa a 'área que abrange os prédios e terrenos de uma universidade': "[...] a universidade de Berkeley tem no seu *campus* um estacionamento especial, reservado aos carros dos ganhadores de Prêmio Nobel." (Ana Maria Machado, *Contracorrente: conversas sobre leitura e política* in *Ana Maria Machado: obra reunida*); "Poderia dar um passeio ao *campus* Santa Bárbara da Universidade da Califórnia, observar os grupos de jovens aqui e ali [...]." (Sonia Rodrigues, *Fronteiras*). O plural de *campus* é *campi*: *os* campi *da Univer-*

sidade de São Paulo, os quatro campi da Universidade de Brasília, etc.

Cânone, cânon Ambas as formas estão corretas, mas *cânone* (= conjunto de regras ou princípios fundamentais, gerais; norma, padrão) é considerada preferencial: "[...] seja na linguagem inventiva e transgressora dos rígidos *cânones* gramaticais de sua época [...]." (Laura Sandroni, *De Lobato a Bojunga: as reinações renovadas*). O plural de *cânone* ou *cânon* é *cânones*. Ver *plural de nomes gregos em* -n.

Caolho (/ô/), caolhos (/ô/) No plural, permanece com *o* fechado tônico: caolho (/ô/) – caolhos (/ô/). Ver *plural com alteração de o fechado para o aberto*.

Cara a cara Não ocorre acento grave no *a* nas expressões formadas com a repetição de mesmo termo (ainda que seja nome feminino), por se tratar de pura preposição: cara *a* cara, face *a* face, frente *a* frente, gota *a* gota, porta *a* porta, etc. A expressão *cara a cara* significa: 1. Diante de, frente a: "Eu que tinha quase a certeza de não encontrar ali pessoa alguma conhecida, de repente, ao dobrar uma esquina, dou *cara a cara* com um antigo condiscípulo meu." (Casimiro de Abreu, *Camila: memórias duma viagem*). 2. Diante um do outro; frente a frente: "Percebi que dona Elza espichava a narrativa sobre o que não interessava e adiava o confronto *cara a cara* com o que preferia esquecer." (Luiz Eduardo Soares, Cláudio Ferraz, André Batista, Rodrigo Pimentel, *Elite da tropa 2*).

Caro, barato Ver *barato, caro*.

Carnaval Os nomes de festas pagãs ou populares escrevem-se com inicial minúscula: *carnaval, entrudo, saturnais*, etc.: "Alegrei-me com isto, posto já não pertencesse à terra. Os meus patrícios iam ter um bom *carnaval* – velha festa, que está a fazer quarenta anos, se já os não fez. Nasceu um pouco por decreto, para dar cabo do *entrudo*, costume velho, datado da Colônia e vindo da metrópole." (Machado de Assis, *A semana: crônicas, 1892-1893*); "Mas se Artur de Azevedo estava sempre pronto a atacar o *carnaval*, outros havia como Bilac que se colocavam na primeira fila dos que colaboravam para que ele tivesse esplendor. Existirá melhor definição de um carnavalesco do que a de Olavo Bilac publicada numa crônica do *País* num domingo de *carnaval* – 10 de fevereiro de 1907 – e depois reproduzida em seu *Ironia e Piedade?*" (Eneida Moraes, *História do carnaval carioca*).

Carpe diem Locução latina que significa: 'Aproveita o dia (de hoje).'

Carta-circular Uma *circular* ou *carta-circular* (com hífen) é um 'documento ou carta de conteúdo informativo ou normativo, elaborado por uma entidade e reproduzido para remessa a um grande número de destinatários'. Plural: *cartas-circulares* e *cartas-circular*.

Cataclismo (E não: cataclisma) O substantivo *cataclismo* é masculino e significa: 1. Mudança geológica repentina e de grandes proporções; catástrofe: "[...]. Nos rumores/ Em mim estudarás *os* grandes *cataclismos*/ E a formação da Terra. Eu sou matéria/ Imortal. (Vinicius de Moraes, *Cordélia e o Peregrino* in *Vinicius de Moraes: obra reunida*). 2. Em sentido figurado, desastre, calamidade, tragédia: "– Eu não sei o que está acontecendo comigo, moça. Mas é alguma coisa assim como um terremoto, um *cataclismo*, uma hecatombe." (Ana Maria Machado, *Canteiros de Saturno* in *Ana Maria Machado: obra reunida*).

Cateter (/tér/) Palavra oxítona, ou seja, aquela cuja sílaba tônica é a última. Portanto a pronúncia deve ser cate*ter* (e não: ca*te*ter). Vale lembrar que não recebe acento gráfico palavra oxítona terminada em *-r* (se fosse paroxítona terminada em *-r* haveria acento gráfico, como *caráter, revólver, éter,* etc.).

Catorze, quatorze Ambas as formas estão corretas e registradas no Vocabulário Ortográfico da ABL (Volp). A forma *catorze* é mais usada. A grafia *quatorze* admite duas pronúncias: /qua/ ou /ca/.

Cear Os verbos em *-ear* trocam o *e* por *ei* nas formas rizotônicas (aquelas cuja sílaba tônica está no radical). Desta forma, temos: *pres. ind.*: ceio, ceias, ceia, ceamos, ceais, ceiam; *pret. imperf. ind.*: ceava, ceavas, ceava, ceávamos, ceáveis, ceavam; *pret. perf. ind.*: ceei, ceaste, ceou, ceamos, ceastes, cearam; *pret. mais-que-perf. ind.*: ceara, cearas, ceara, ceáramos, ceáreis, cearam; *fut. pres.*: cearei, cearás, ceará, cearemos, ceareis, cearão; *fut. pret.*: cearia, cearias, cearia, cearíamos, cearíeis, ceariam; *pres. subj.*: ceie, ceies, ceie, ceemos, ceeis, ceiem; *pret. imp. subj.*: ceasse, ceasses, ceasse, ceássemos, ceásseis, ceassem; *fut. subj.*: cear, ceares, cear, cearmos, ceardes, cearem; *imp. afirm.*: ceia, ceie, ceemos, ceai, ceiem; *ger.*: ceando; *part.*: ceado. Ver *verbos terminados em -ear e -iar*.

Censo, senso O *censo* ou *censo demográfico* designa a 'contagem geral da população de um país ou localidade, geralmente contendo dados socioeconômicos dos habitantes, para fins estatísticos; recenseamento'.

Chamamos de *senso* a 'capacidade de entender, de decidir, de apreciar ou de julgar as coisas; é o mesmo que entendimento, percepção': *bom senso, senso comum, senso crítico, senso de humor, senso estético, senso moral, senso prático*, etc.

Censor, sensor O *censor* é a 'pessoa que censura ou critica, reprova, sugere adaptações, etc.': "Hoje, tantos anos depois, os *censores* policiais sumiram, a ditadura militar se acabou e eu estou sendo carinhosamente recebida aqui." (Ana Maria Machado,

Texturas: sobre leituras e escritos in *Ana Maria Machado: obra reunida*).

Chamamos de *sensor* o 'dispositivo que detecta a variação de uma magnitude física, como a luz, o som, as ondas eletromagnéticas, etc.': "Quando ele colocou *sensores* mecânicos na colher e no Uri Geller, não aconteceu absolutamente nada, e o Uri Geller falou que os aparatos todos estavam atrapalhando." (Frei Betto e Marcelo Gleiser com Waldemar Falcão, *Conversa sobre a fé e a ciência*).

Cepa (/é/), cepa (/ê/) Com timbre aberto (/é/) refere-se às plantas do gênero *Cepa*. Como sinônimo de 'caule, tronco de videira ou a própria videira', pronuncia-se com timbre fechado (/ê/). Também com timbre fechado significa 'linhagem, estirpe ou tronco de família' ou 'conjunto de seres vivos da mesma espécie': pessoa de boa *cepa* (/ê/); uma nova *cepa* (/ê/) de coronavírus.

Cerca de Ver *a cerca de, acerca de, cerca de, há cerca de*.

Cerca de, perto de (e equivalentes) Se o sujeito constituído de numeral vem precedido de expressões que denotam cálculo aproximado (*cerca de, perto de*, etc.), o verbo concordará com o numeral: Já *votaram* cerca de *mil eleitores*./ *Em torno de dez dias se passaram* sem que houvesse distúrbios./ Perto de *dois terços* de sua vida *foram perdidos* no jogo./ *Apodreceu* cerca de *uma tonelada* de carne. Ver *ser* (concordância).

Cessão Ver *seção, secção, sessão, cessão*.

Chamamos-lhe (E não: *chamamo-lhe*.) Nenhuma alteração ocorre no verbo e no pronome posposto *me, te, nos, vos, lhe* ou *lhes* em casos como: *conhecemos-te, chamamos-lhe, requeremos-lhe*, etc. Evitem-se, portanto, *enviamo-lhe, informamo-lhe*...

Somente quando os pronomes oblíquos átonos *o, a, os, as* estiverem depois do verbo ou no meio, modificam-se de acordo com o final a que se acham pospostos: a) se o verbo terminar por vogal ou semivogal oral, os pronomes aparecem inalterados: ponho-*o*, ponho-*a*, ponho-*os*, ponho-*as*; b) se o verbo terminar por *r, s* ou *z*, desaparecem estas consoantes e os pronomes aparecem nas antigas formas *lo, la, los, las*: pôr + *lo* = pô-lo; pões + *lo* = põe-lo; diz + *lo* = di-lo; deixar + *lo* + *ia* = deixá-lo-ia. c) se o verbo terminar por som nasal (*m* ou sílaba com til), os pronomes assumem as formas *no, na, nos, nas*: põe + *o* = põe-no; viram + *a* = viram-na; tem + *o* = tem-no; têm + *o* = têm-no.

Chamar (regência) O verbo *chamar* no sentido de 'solicitar a presença de alguém' pede objeto direto: *Eu chamei José./ Eu o chamei*. No sentido de 'dar nome', 'apelidar' pede objeto direto ou complemento preposicionado e predicativo do objeto, com ou sem preposição: *Nós lhe chamávamos Manu./ Chamam a isso heroísmo./ *Chamavam*-lhe tolo./ *Chamavam*-lhe de tolo./ *Nós o chamamos* tolo./ *Nós o chamamos de tolo.* No sentido de 'invocar pedindo auxílio ou proteção', rege objeto direto com a preposição *por* como posvérbio: *Chamava* por todos os santos.

Chamariz, chamarisco Um dos significados do substantivo masculino *chamariz* é 'aquilo que é usado para motivar o interesse, chamar a atenção; atrativo.' Neste sentido, também é usada a forma *chamarisco*.

Champanha, champanhe Passam a substantivos comuns os nomes próprios de fabricantes e de lugares onde se fazem ou se fabricam certos produtos: o *estradivário* (= violino fabricado por Stradivarius), a *guilhotina* (de J. Inácio Guillotin), o *macadame* (do engenheiro Mac Adam), o *sanduíche* (do conde de Sandwich), o *havana* (charuto; em Portugal *havano*), a *cambraia* (da cidade francesa de Cambray) e o *champanha* (da região francesa Champagne). Notem-se os seguintes gêneros: *o* (vinho) *champanha* (e não *a champanha!*) ou *o* (vinho) *champanhe*, *o* (vinho) *madeira*, *o* (charuto) *havana*, *o* (café) *moca*, *o* (gato) *angorá*, *o* (cão) *terra-nova*.

Chapéu O plural de *chapéu* é *chapéus*; o aumentativo: *chapelão*, *chapeirão*; o diminutivo: *chapeuzinho*, *chapelinho*, *chapelete*, *chapeleta*.

Charlatão Muitos substantivos em *-ão* apresentam dois e até três plurais. É o caso de *charlatão*, plural: *charlatões* ou *charlatães*. O feminino é *charlatona*.

Chave Seguindo-se a um substantivo ao qual se liga por hífen, tem valor de adjetivo com o sentido de 'principal, fundamental, decisivo': *peça-chave, pessoas-chave, ponto-chave*, etc. Obs.: Nos compostos de dois substantivos, em que o segundo exprime a ideia de *fim, semelhança* ou limita a significação do primeiro, admite-se a flexão apenas do primeiro elemento ou dos dois elementos: *peças-chave* (ou *peças-chaves*), *aços-liga* (ou *aços-ligas*), *bombas-relógio* (ou *bombas-relógios*), *canetas-tinteiro* (ou *canetas-tinteiros*), *cidades-satélite* (ou *cidades-satélites*), *decretos-lei* (ou *decretos-leis*), etc.

Chave mestra A expressão *chave mestra* (sem hífen) designa o 'tipo de chave com que se abrem todas as fechaduras ou portas de um edifício, de uma empresa, etc.'. Faz-se a natural concordância: *A supervisora do hotel era responsável por distribuir e recolher as* chaves mestras.

Check-out*, *checkout Ambas as formas estão corretas e registradas no Vocabulário Ortográfico da ABL (Volp).

Check-up*, *checkup Ambas as formas estão corretas e registradas no Vocabulário Ortográfico da ABL (Volp).

Chefe Como substantivo de dois gêneros, dizemos: *o chefe* e *a chefe*.

Seguindo-se a um substantivo ao qual se liga por hífen, tem valor de adjetivo com o sentido de 'hierarquicamente superior a outro; dirigente, principal': *carros-chefe*, *cientista-chefe*, *general-chefe* (ou *general em chefe*), etc. Obs.: Nos compostos de dois substantivos, em que o segundo exprime a ideia de *fim*, *semelhança* ou limita a significação do primeiro, admite-se a flexão apenas do primeiro elemento ou dos dois elementos: *clientes-alvo* (ou *clientes-alvos*), *aços-liga* (ou *aços-ligas*), *bombas-relógio* (ou *bombas-relógios*), *canetas-tinteiro* (ou *canetas-tinteiros*), *cidades-satélite* (ou *cidades-satélites*), *decretos-lei* (ou *decretos-leis*), *engenheiras-chefe* (ou *engenheiras-chefes*), etc.

Chegado O particípio do verbo *chegar* é *chegado* (e não: *chego*!): "As pessoas que *haviam chegado* antes dela, um velho e uma menina, estavam de costas, imóveis como estátuas." (Carlos Heitor Cony, *Luciana saudade*); "[...] ela não falara do filho em momento nenhum, como se não *tivesse chegado* com ele." (Gustavo Bernardo, *A filha do escritor*). A forma *chego* é a 1.ª pessoa do singular do verbo *chegar*: "– Eu *chego* a ter inveja do senhor." (João Ubaldo Ribeiro, *O albatroz azul*).

Chegar a, chegar em Com os verbos *chegar, ir* (e equivalentes), a língua-padrão recomenda a preposição *a* (em vez de *em*) junto à expressão locativa: chegar à *casa*; "Chegou *ao* Largo da Glória e parou debaixo do oitizeiro, a fim de ponderar com quem primeiro falaria." (João Ubaldo Ribeiro, *O albatroz azul*); "O comissário *chegou ao* distrito às oito e trinta da manhã." (Rubem Fonseca, *Agosto*).

Contudo, o emprego da preposição *em*, neste caso, corre vitorioso na língua coloquial e já foi consagrado entre escritores modernos: "Nessa noite, quando *chegou em* casa, foi mais amoroso do que nunca." (Nelson Rodrigues, "Anemia perniciosa", *A vida como ela é...*); "O marido, a maioria dos dias, [...] *chegava em* casa sombrio, sem querer ouvir uma palavra." (Sonia Rodrigues, *Estrangeira*). Obs.: Quando dizemos "*cheguei na* hora exata", a preposição *em* está usada corretamente porque indica *tempo*, e *não lugar*.

Chegar + de Ver *bastar + de*.

Cheiinho Não serão acentuadas as vogais tônicas *i* e *u* das palavras paroxítonas, quando estas vogais estiverem precedidas de ditongo decrescente, como é o caso de *cheiinho* (de *cheio*), *feiinho* (de *feio*), *friinho* (de *frio*), *seriinho* (de *sério*), etc. O superlativo absoluto sintético *cheiíssimo* é acentuado por ser uma palavra proparoxítona. Obs.: Chamamos a atenção para as palavras terminadas em -*io* que, na forma sintética, apresentam dois *is*, por seguirem a regra geral da queda do -*o* final para receber o sufixo: cheio (*cheiinho*, *cheiíssimo*), feio (*feiinho, feiíssimo*), frio (*friinho, friíssimo*), necessário (*necessariíssimo*), precário (*precariíssimo*), sério (*seriinho, seriíssimo*), sumário (*sumariíssimo*), vário (*variíssimo*). Ainda que escritores usem formas com um só *i* (*cheíssimo, cheinho, feíssimo, seríssimo*, etc.), a língua-padrão insiste no atendimento à manutenção dos dois *is*.

Cheiíssimo O superlativo absoluto sintético de *cheio* é *cheiíssimo* (com dois *is* e acento gráfico). Ver *cheiinho*.

Chimpanzé, chipanzé Ambas as formas são aceitas e têm uso corrente na língua, sendo *chimpanzé* a preferencial: "O *chimpanzé* tirou algo da axila e pôs na boca. Levantou o queixo, tinha um pescoço pelado, cor-de-rosa com manchas cinzentas." (Ana Miranda, *Sem pecado*); "O que aconteceu com Hans, o cão Rolf, de Marnheim e a gata Daisy, e outros animais, reproduziu-se com Basso, um *chimpanzé* do Jardim Zoológico de Frankfurt, que se tornou centro de atração devido à sua capacidade intelectual [...]." (Antônio da Silva Melo, *Mistérios e realidades deste e do outro mundo*); "Nas florestas pluviais, os animais de porte são menos abundantes: o elefante, o hipopótamo, a pantera, o crocodilo, o porco selvagem, os grandes macacos, entre os quais o gorila e o *chimpanzé*." (Alberto da Costa e Silva, *A enxada e a lança*).

Chover São impessoais e conjugam-se apenas na 3.ª pessoa do singular os verbos (ou expressões) que denotam fenômenos atmosféricos ou cósmicos: *chover, trovejar, relampejar, nevar, anoitecer, fazer* (*frio, calor*, etc.), *estar* (*frio, quente*, etc.), entre outros: *Faz frio./ Chove muito./* "No dia seguinte cheguei às sete em ponto, *chovia* potes e eu tinha que viajar a noite inteira." (Lygia Fagundes Telles, "O moço do saxofone", *Os melhores contos brasileiros de todos os tempos*).

Fora do seu sentido normal, muitos verbos impessoais podem ser usados pessoalmente, ou seja, constroem-se com sujeito. Nestes casos, a concordância se faz obrigatória: *Choveram bênçãos dos céus./* "No dia seguinte *amanheci de cama*" (Érico Veríssimo, *Solo de Clarineta*)./ "Baiano velho *trovejou*: § – Não tem luz!" (Antonio de Alcântara Machado, "Apólogo brasileiro sem véu de alegoria", *Os melhores contos brasileiros de todos os tempos*).

Ciceroniano (E não: ciceroneano) Ver *-eano, -iano*.

Cingapura, Singapura Nos bons dicionários elaborados no Brasil, *Houaiss* optou por *Cingapura* (*cingapurense, cingapuriano*), e o *Aurélio* por *Singapura* (*singapurense, singapurano*). O Acordo de 1990 registra a escrita com *s*, por ser um texto que tomou por modelo o sistema de 1945; mas a verdade é que, neste particular, se antecipou à última palavra a ser dada, futuramente, pelo vocabulário ortográfico da terminologia geográfica e ciências afins. Enquanto a decisão não vier, são válidas as duas grafias. Foi a lição que tomou certeiramente, assim o julgamos, a 5.ª edição do Volp da ABL, registrando os gentílicos *cingapurense, cingapuriano*, ao lado de *singapurense*; e, depois dela, o Volp da Porto Editora, sob orientação científica de João Malaca Casteleiro, membro da equipe portuguesa do Acordo de 1990, registrando *cingapurense, cingapuriano*, ao lado de *singapurense*.

Cinza, cinzas Como substantivo masculino, o *cinza* designa 'a cor da cinza ('resíduo da combustão de certas substâncias'); a cor intermediária entre o branco e o preto': *O cinza transmite seriedade.* Quando usado como adjetivo, permanece invariável: *casaco* cinza, *ternos* cinza, *gravatas de cor* cinza.

O substantivo feminino plural *cinzas* designa: 1. Pó ou resíduo que provém da combustão de determinadas substâncias (madeira, folhas, etc.): "No continente, para se obterem o negro, o amarelo, o vermelho, o verde e o castanho pilavam-se e maceravam-se diferentes folhas e frutos, usando-se as *cinzas* de certos ramos de árvores ou determinados minerais em pó, para fixar os corantes." (Alberto da Costa e Silva, *A manilha e o libambo*). [Neste sentido também pode ser usado no singular: *a* cinza *do cigarro.*] 2. Os resíduos pulverizados da incineração de defuntos. 3. Vestígios do que foi destruído pelo fogo; ruínas. 4. Memória de quem já morreu. 5. Memória de coisas extintas: *as* cinzas *do passado*.

Cinza-claro, cinza-escuro Quando usado como adjetivo, *cinza* permanece invariável, assim como os compostos *cinza-claro* e *cinza-escuro*: *gravata* cinza-claro, *ternos* cinza-escuro, *nuvens* cinza-escuro.

Circum- Nas formações com prefixo, emprega-se o hífen quando o 1.º elemento termina por *m* ou *n* e o 2.º elemento começa por *vogal, h, m* ou *n: circum-escolar, circum-hospitalar, circum-murado, circum-navegação, pan-africano, pan-americano, pan-harmônico, pan-hispânico, pan-mágico, pan-negritude.* Ver *hífen nas formações com prefixo.*

Cirurgião Muitos substantivos em *-ão* apresentam dois e até três plurais. É o caso de *cirurgião*, plural: *cirurgiões* ou *cirurgiães*. O feminino é *cirurgiã*, plural: *cirurgiãs*.

Cirurgião-assistente, cirurgiã-assistente Quando o segundo elemento do composto denota seriação ou hierarquia, usa-se hífen: *administrador-geral, administradora-geral, secretário-geral, secretária-geral, gerente-geral, coordenador-geral, coordenadora-geral, diretor-executivo, diretora-executiva, diretor-presiden-*

te, diretora-presidente, redator-chefe, redatora-chefe, editor-assistente, editora-assistente, cirurgião-assistente, cirurgiã-assistente.

Cirurgião-dentista, cirurgiã-dentista Quando no composto houver duas atividades ou áreas diferentes, emprega-se o hífen. É o caso de *cirurgião-dentista, cirurgiã-dentista, editor-lexicógrafo, editora-lexicógrafa, engenheiro-agrônomo, engenheira-agrônoma, médico-legista, médica-legista.*

Co- Nas formações com os prefixos *co-, pro-, pre-* e *re-*, estes unem-se ao segundo elemento, mesmo quando iniciado por *o* ou *e* (o *h* inicial do 2.º elemento desaparece por justaposição do elemento anterior): *coabitar, coautor, coedição, coerdeiro, coobrigação, coocupante, coordenar, cooperação, cooperar, coemitente, coenzima, cofator, cogerente, cogestão, coirmão, comandante; proativo* (ou *pró-ativo*), *procônsul, propor, proembrião, proeminente; preeleito* (ou *pré-eleito*), *preembrião* (ou *pré-embrião*), *preeminência, preenchido, preesclerose* (ou *pré-esclerose*), *preestabelecer, preexistir; reedição, reedificar, reeducação, reelaborar, reeleição, reenovelar, reentrar, reescrita, refazer, remarcar.*

Coa, coas (flexões do verbo coar; como substantivo feminino, 'ação de coar; coação'; 'porção de líquido coado'; 'nata coalhada na superfície do leite quente') Após o Acordo Ortográfico de 1990, essas formas perderam o acento gráfico que era usado para diferenciá-las das contrações *coa* (com + a), *coas* (com + as), seus homógrafos átonos.

A nova regra determina: perdem o acento gráfico as palavras paroxítonas que, tendo respectivamente vogal tônica aberta ou fechada, são homógrafas, ou seja, têm a mesma grafia, de artigos, contrações, preposições e conjunções átonas. Assim, deixam de se distinguir pelo acento gráfico: *para* (á) [flexão de *parar*], e *para* [preposição]; *pela(s)* (é) [substantivo e flexão de *pelar*] e *pela(s)* [combinação de *per* e *la(s)*]; *pelo* (é) [flexão de *pelar*] e *pelo(s)* (ê) [substantivo e combinação de *per* e *lo(s)*]; *pera* (ê) [substantivo] e *pera* (é) [preposição antiga]; *polo(s)* (ó) [substantivo] e *polo(s)* [combinação antiga e popular de *por* e *lo(s)*]; etc.

Obs.: *Pôr* (verbo) continuará acentuado para se distinguir da preposição *por*; e *pôde* (pretérito perfeito do indicativo do verbo *poder*) continuará acentuado para se distinguir de *pode* (presente do indicativo do verbo *poder*).

Coabitar Os prefixos *co-* e *re-* escrevem-se sempre junto ao 2.º elemento, diante de qualquer letra: *coabitar, coerdeiro, coliderança, coprodução, coexecutado, correquerido, correquisito, corresponsável, reeducar, reidratar, reumanizar, reanálise*, etc. Não seguem a regra dos demais prefixos.

Cociente, quociente Ambas as formas estão corretas e registradas no Vocabulário Ortográfico da ABL (Volp). A forma *cociente* é mais usada. A grafia *quociente* admite duas pronúncias: /quo/ ou /co/.

Coerdeiro Os prefixos *co-* e *re-* escrevem-se sempre junto ao 2.º elemento, diante de qualquer letra: *coabitar, coerdeiro, coliderança, coprodução, coexecutado, correquerido, correquisito, corresponsável, reeducar, reidratar, reumanizar, reanálise*, etc. Não seguem a regra dos demais prefixos.

Cólera O substantivo *cólera* é feminino quando designa 'ira, ímpeto, furor'. Dizemos *o cólera* ou *a cólera* (substantivo de dois gêneros) para designar a doença infecciosa aguda, também denominada o/a *cólera-morbo* (substantivo de dois gêneros; plural: *cóleras-morbos*).

Colherzinha, colherinha O diminutivo de *colher* é *colherzinha* ou *colherinha*. Se o diminutivo tem sufixo começado por *-z*, faz-se o plural dos dois elementos, elimina-se o *-s* final do 1.º elemento e procede-se à união dos dois: *colherzinha → colhere(s) + zinhas → colherezinhas*. Esta é a norma-padrão. O que não quer dizer que na língua falada e na escrita informal moderna não possam aparecer plurais divulgados como *colherzinhas*. O plural de *colherinha* é *colherinhas*. Ver *-inho, -zinho*. Ver *plural de diminutivos*.

Coliderança Os prefixos *co-* e *re-* escrevem-se sempre junto ao 2.º elemento, diante de qualquer letra: *coabitar, coerdeiro, coliderança, coprodução, coexecutado, correquerido, correquisito, corresponsável, reeducar, reidratar, reumanizar, reanálise*, etc. Não seguem a regra dos demais prefixos.

Colorir Verbo defectivo que não se conjuga nas pessoas em que depois do radical aparece *a* ou *o*. Assim, não deve ser conjugado na 1.ª pessoa do singular do presente do indicativo (portanto, não se deve dizer: eu *coloro*. Prefira: eu *pinto*). Mas estão corretas as formas: *tu colores*, ele *colore*, nós *colorimos*, vós *coloris*, eles *colorem*. Também não se conjuga em todo o presente do subjuntivo, no imperativo afirmativo (com exceção da 2.ª pessoa do singular [*colore* tu] e do plural [*colori* vós]) e no imperativo negativo. Nos demais tempos e pessoas, conjuga-se regularmente.

Comandante-chefe, comandante em chefe As duas formas estão corretas. No caso de *comandante em chefe*, tem-se, sem maior exame, condenado o emprego da preposição *em* como galicismo. Vale ressaltar que a preposição *em* denota, neste caso, 'estado, qualidade ou matéria': *general em chefe, ferro em brasa, imagem em barro, gravura em aço*. Para a relação com o latim, ver *Il Agit en Soldat* (Veikko Väänänen, Helsinke, 1951).

Comer deste (pão) Ver *artigo partitivo*.

Comigo (E não: com mim.) Se a preposição é *com*, dizemos *comigo, contigo, consigo, conosco, convosco* (e não: *com mim, com ti, com si, com nós, com vós*): "– Se você puder casar *comigo*, muito bem. Se não puder, paciência." (Nelson Rodrigues, "Unidos na vida e na morte", *A vida como ela é...*).

Empregam-se, entretanto, *com nós* e *com vós*, ao lado de *conosco* e *convosco*, quando estes pronomes tônicos vêm seguidos ou precedidos de *mesmos, próprios, todos, outros, ambos*, numeral ou oração adjetiva, a fim de evidenciar o antecedente: "Ou *com nós dois* juntos, já que se tratava de uma decisão de família [...]." (Carlos Heitor Cony, *Quase memória*); *Com vós todos* ou *com todos vós./ Com vós ambos* ou *com ambos vós*.

Como se, como quem, como quando, como sendo Por brevidade de expressão, a língua faz uso de acúmulo de enlaces oracionais do tipo *como se, como quando, como sendo. Como se* dá origem a uma construção comparativa hipotética que ocorre em *Trabalhou* como se *os negócios dependessem só dele*, redução de uma provável construção plena do tipo: *Trabalhou* como trabalharia se *os negócios dependessem só dele*.

Tais reduções ocorrem com *como quem, como quando* e até com oração reduzida do tipo *como sendo*. Todas essas possibilidades estão documentadas em textos escritos, e ocorrem na língua falada, tão propícia a essas construções elípticas: "Quando Estêvão a saudou, *como quem* a conhecia de longo tempo, ela mal pôde retribuir-lhe o cumprimento [...]." (Machado de Assis, *A mão e a luva*); "A rede de tricô era áspera entre os dedos, não íntima *como quando* a tricotara." (Clarice Lispector, "Amor", *Os melhores contos brasileiros de todos os tempos*); "E correu riscos, *como quando* da conspiração para assassiná-lo dos três irmãos de Garcia I, em 1657." (Alberto da Costa e Silva, *A manilha e o libambo*); "O outro homem estava ouvindo. E identificou o ruído *como sendo* provocado pelos cascos de um animal que vinha subindo a serra." (Herberto Salles, "A emboscada", *Os melhores contos brasileiros de todos os tempos*).

Do ponto de vista de análise, a prática se divide entre levar em conta uma oração à parte (ou oração elíptica), ou não fazer a separação, considerando *como se* uma só oração, classificando *como se* uma comparativa hipotética.

Como seja Ver *ou seja, como seja*.

Competir Verbo de 3.ª conjugação. Passa a *i* na 1.ª pessoa do singular do presente do indicativo (eu *compito*, tu *competes*, ele *compete*, nós *competimos*, vós *competis*, eles *competem*) e em todo o presente do subjuntivo (eu *compita*, tu *compitas*, ele *compita*, nós *compitamos*, vós *compitais*, eles *compitam*). Também no imperativo afirmativo: *compete, compita, compitamos, competi, compitam.*

Complemento nominal Uma construção do tipo *O ladrão fugiu do presídio* pode passar a uma estrutura derivada do tipo de *A fuga do ladrão do presídio*; a construção *O vizinho comprou um quadro célebre* pode passar à estrutura derivada *A compra de um quadro célebre pelo vizinho*. Neste último exemplo, o verbo passa a ser representado pelo substantivo *compra*; o objeto direto (*um quadro célebre*) passa a complemento preposicionado; e o sujeito (*o vizinho*) passa a agente. Estas formas derivadas pela passagem de um verbo a nome (processo chamado *nominalização*) dão ensejo ao aparecimento de um complemento preposicionado desse mesmo substantivo, chamado *complemento nominal*. Nos exemplos citados, *do ladrão* e *de um quadro célebre* são complementos nominais de *fuga* e *compra*, respectivamente.

Ocorre complemento nominal também com adjetivos (e advérbios seus derivados): *O jogador mostrou-se responsável* pela situação./ *A situação mostrou-se desfavoravelmente* a todos. Nestes casos fica muito patente que os termos preposicionados funcionam como complemento nominal do adjetivo e do advérbio.

Mas, se se trata de substantivo, pode ocorrer dúvida se estamos diante de complemento nominal ou de adjunto adnominal. Como fazer a distinção? Formalmente, o complemento nominal se assemelha ao adjunto adnominal, quando em ambos temos a estrutura substantivo + preposição + substantivo: *a chegada do trem/ a casa do vizinho*. A diferença consiste em que o complemento nominal *do trem* em *a chegada do trem* resulta da nominalização de *o trem chegou*, o que não se dá com o adjunto adnominal *do vizinho* em *a casa do vizinho*.

Compor Verbos derivados de *pôr* (*compor, depor, dispor, expor, opor*, etc.) não têm acento gráfico na 1.ª e 3.ª pessoas do singular do infinitivo flexionado: *compor, compores, compor, compormos, compordes, comporem*. Nos demais tempos e pessoas, conjuga-se como *pôr*. Ver *pôr*.

Comprimento, cumprimento O *cumprimento* é a 'ação de cumprimentar, saudar': "Beijinhos de *cumprimento*, pedido à garçonete, conversa." (Ana Maria Machado, *Canteiros de Saturno* in *Ana Maria Machado: obra reunida*). É também a 'ação de cumprir, executar, realizar': *o cumprimento da promessa*.

Já *comprimento* indica 'altura, extensão': "[...] há vastas extensões de capim alto e duro, cuja lâmina pode atingir mais de dois metros de *comprimento*." (Alberto da Costa e Silva, *A enxada e a lança*).

Concordância com *dar* (e sinônimos) aplicado a horas Se aparece o sujeito *relógio*, com ele concorda o verbo da oração: *O relógio* deu *duas horas*. Não havendo o sujeito *relógio*, o verbo concorda com o sujeito representado pela expressão numérica: *Deu uma hora./ Deu uma hora e meia./ Deram três horas./ No relógio deram duas horas* (note-se que neste caso *relógio não é sujeito*).

Concordância com numerais

Quando se empregam os cardinais pelos ordinais, não ocorre a flexão: página *um*, figura *vinte e um*. Note-se que se pode dizer *à* página *dois*, *a* páginas *duas*, *a* páginas *vinte e uma*, *a* páginas *tantas*, *na* página *dois*, *na* página *vinte e um*, *na* página *vigésima primeira*. Em resumo: com *página*, no singular, o cardinal fica invariável; com *páginas*, no plural, o cardinal se flexiona em gênero. O ordinal se flexiona sempre: página *primeira*, páginas *vigésima primeira*.

Obs.: 1) Na linguagem jurídica diz-se: A folhas *vinte e uma./* A folhas *quarenta e duas*. [Note-se que com a preposição *a* usa-se o substantivo no plural (a *páginas* doze/ a *folhas* doze).]

2) *Milhar* e *milhão* são masculinos e, portanto, não admitem seus adjuntos postos no feminino a concordar com o núcleo substantivo feminino: *Os milhares* de pessoas (e não: *As milhares* de pessoas)./ *Os milhões* de crianças (e não: *As milhões* de crianças)./ *"Esses milhares* que estão lendo ainda são uma minoria."

(Ana Maria Machado, *Contracorrente: conversas sobre leitura e política* in *Ana Maria Machado: obra reunida*); "Mas ninguém pode decodificar *os milhares* de informações cifradas que recebe a cada segundo." (Rubem Fonseca, *Bufo & Spallanzani*). Se o sujeito da oração for *milhões*, o particípio ou adjetivo pode concordar no masculino, com *milhões*, ou no feminino, com o núcleo substantivo feminino: "*Milhões de milhões de criaturas* estavam ali *ajoelhadas*." (Machado de Assis, *A Semana*); "E mal chegado a casa já haveria recados de *milhões de amigas preocupadíssimas* com suas azáleas, seus rododendros, seus antúrios." (Vinicius de Moraes, "Médico de flores", *Para viver um grande amor* in *Vinicius de Moraes: obra reunida*).

3) Atenção especial merecem entendimento e leitura de certas expressões numéricas abreviadas de uso moderno na linguagem jornalística e técnica: *1,4 milhão* (com 1 o numeral coletivo fica no singular), *3,2 bilhões*, *8,5 bilhões*, etc. devem ser entendidos e lidos "um milhão e quatrocentos mil", "três bilhões e duzentos milhões", "oito bilhões e quinhentos milhões" ou "oito bilhões e meio". O mesmo vale para outros substantivos que acompanham a quantidade inferior a 2: "Mas é difícil ser competitivo. Para aprender suas funções de teleoperador, um francês precisa de *1,5 semana* de treinamento." (Ana Maria

Machado, *Balaio: livros e leituras* in *Ana Maria Machado: obra reunida*). Note-se que embora em *1,4 milhão* o substantivo esteja no singular, o verbo pode ir ao plural: *Apenas* 1,4 milhão de estudantes conseguiram *vagas no ensino superior*; *A veterinária calculou que* 1,5 quilo de frutas seriam suficientes *para o animal*.

Concordância com o verbo na reflexiva de sentido passivo

A língua-padrão pede que o verbo concorde com o termo que a gramática aponta como sujeito: *Alugam-se casas./ Vendem-se apartamentos./ Fazem-se chaves./* "Não *se perdem* cinco contos, como *se perde um lenço de tabaco. Cinco contos levam-se* com trinta mil sentidos, apalpam-se a miúdo, não se lhes tiram os olhos de cima, nem as mãos, nem o pensamento, e para *se perderem* assim totalmente, numa praia [...]" (Machado de Assis, *Memórias póstumas de Brás Cubas*); "No ensino público *vazou-se um olho*, ou antes *vazaram-se os dois* que olhavam para o passado: a Filosofia e a História." (Carlos de Laet). Obs.: Se o verbo estiver no infinitivo com sujeito explícito, o normal é usar o infinitivo flexionado como no exemplo citado de Machado de Assis: "[...] e para *se perderem* assim totalmente [...]". Todavia aqui e ali bons escritores deixam escapar exemplos com o infinitivo sem flexão: "Basta ver o que este bom povo é para *se avaliar* (= para *se avaliarem*) as excelências de quem assim o educou. (Camilo Castelo Branco). Ver -*se*.

Concordância com títulos no plural

Geralmente se usa o verbo no plural, principalmente com artigo no plural: "Por isso, as *Cartas Persas anunciam* o Espírito das Leis" (Mário Barreto, *Cartas persas de Montesquieu*, trad. de Mário Barreto). Com o verbo *ser* e predicativo no singular pode ocorrer o singular: "as *Cartas Persas é* um livro genial..." (*Idem, ibidem*). "Dos seus livros didáticos *é* o mais importante as *Lições de História do Brasil* professadas no antigo Colégio de Pedro II" (João Ribeiro, *Autores contemporâneos*).

Concordância com verbos impessoais

Nas orações sem sujeito, o verbo assume a forma de 3.ª pessoa do singular: *Há* vários nomes aqui./ *Trata-se* de casos absurdos. (E não: *Tratam-se* de casos absurdos.)/ *Deve haver* cinco premiados./ Irei já, *haja* os empecilhos que *houver*./ Não o vejo *há* três meses./ Já *passa* das dez horas. (E não: Já *passam* das dez horas.)/ Não o vejo *faz* três meses./ *Basta* de tantas travessuras! Ver *verbos impessoais*. Ver *ser* (*concordância*).

Concordância de adjetivos compostos referidos a nacionalidades

Nos adjetivos compostos de dois ou mais elementos referidos a nacionalidades, a concordância em gênero e número com o determinado só ocorrerá no último adjetivo do composto: acordo *luso-brasileiro*, amizade *luso-brasileira*, lideranças *luso-brasileiras*.

Concordância de palavra para sentido Quando o sujeito simples é constituído de nome ou pronome no singular que se aplica a uma coleção ou grupo, o verbo irá ao singular: O povo *trabalha* ou A gente *vai*. Se houver, entretanto, distância suficiente entre o sujeito e o verbo e se se quiser acentuar a ideia de plural do coletivo, já afastado do verbo, não repugnam à sensibilidade do escritor exemplos como os seguintes: "Começou então *o povo* a alborotar-se, e pegando do desgraçado cético o *arrastaram* até o meio do rossio e ali o *assassinaram*, e *queimaram*, com incrível presteza." (Alexandre Herculano); "Faça como eu: lamente as misérias dos homens, e viva com eles, sem participar-lhes dos defeitos; porque, meu nobre amigo, se *a gente* vai a rejeitar as relações das famílias, justa ou injustamente abocanhadas pela maledicência, a poucos passos não *temos* quem nos receba." (Camilo Castelo Branco).

Concordância do verbo com sujeito oracional Fica no singular o verbo que tem por sujeito uma oração, que, tomada materialmente, vale por um substantivo do número singular e do gênero masculino: *Parece* que tudo vai bem./ "Cá não se *usa* as noivas andarem a namo-riscar à surdina." (Camilo Castelo Branco)/ *É* bom que compreendas estas razões./ Ainda *falta* entregar a prova os alunos retardatários. (E não: *faltam*!)/ *Basta* ver os últimos resultados da pesquisa./ *Falta* apurar os votos de duas urnas./ Eis os fatos que me *compete* explicar a vocês./ Não são poucos os casos que me *falta* elucidar./ Esses crimes *cabe* à polícia averiguá-los.

Permanece no singular o verbo que tem como sujeito duas ou mais orações coordenadas entre si: "Que Sócrates nada escreveu e que Platão expôs as doutrinas de Sócrates *é sabido*." (João Ribeiro) / Fumar e utilizar celulares não *será permitido* até a parada total da aeronave. Deve-se evitar o plural como foi usado neste exemplo de jornal: "Tirar a roupa e pichar o traseiro não *parecem* atos libertários." (E sim: não *parece* atos libertários).

Concordância nas expressões de porcentagem Nas linguagens modernas em que entram expressões numéricas de porcentagem, a tendência é fazer concordar o verbo com o termo preposicionado que especifica a referência numérica: Trinta por cento *do Brasil assistiu* à transmissão dos jogos da Copa./ Trinta por cento *dos brasileiros assistiram* aos jogos da Copa. Se for *um* o numeral que entra na expressão de porcentagem, o verbo irá para o singular: *Um por cento* dos erros *foi devido* a distrações.

Se o termo preposicionado não estiver explícito na frase, a concordância se faz com o número existente: Cinquenta por cento *aprovaram* a mudança. (Diferentemente de: Cinquenta por cento do público *aprovou* a mudança).

Se a porcentagem for particularizada, o verbo concordará com ela: *Os tais 10%* do empréstimo *estarão* (e não: *estará*) embutidos no valor total./ *Esses 20%* da turma *deverão* (e não: *deverá*) submeter-se à nova prova.

Se o verbo vier antes da expressão de porcentagem, ou se o termo preposicionado estiver deslocado, a concordância se fará com o número existente: *Ficou excluído 1%* dos candidatos./ *Foram admitidos* este mês *10%* da lista./ Da turma, *10% faltaram* às aulas.

Concordância verbal com sujeito composto Se o sujeito for composto, o verbo irá, normalmente, para o plural, qualquer que seja a sua posição em relação ao verbo: "[...] os ódios civis, as ambições, a ousadia dos bandos e a corrupção dos costumes *haviam feito* incríveis progressos." (Alexandre Herculano); "Repelias, porque se me *ofereciam* vida e honras a troco de perpétua infâmia." (*Idem*).

Obs.: 1.ª) Pode dar-se a concordância com o núcleo mais próximo, *se o sujeito vem depois do verbo*: "O romeiro é livre como a ave do céu: respeitam-no o besteiro e o homem d'armas; *dá*-lhe abrigo o vilão sobre o seu colmo, o abade no seu mosteiro, o nobre no seu castelo." (*Idem*).

2.ª) Quando o núcleo é singular e seguido de dois ou mais adjuntos, pode ocorrer o verbo no plural, como se se tratasse na realidade de sujeito composto: "[...] ainda quando a *autoridade paterna e materna fossem delegadas* [...]." (Almeida Garrett). A concordância do verbo no singular é a mais corrente na língua-padrão moderna.

3.ª) Pode ocorrer o verbo no singular ainda nos casos seguintes: a) se a sucessão dos substantivos indicar gradação de um mesmo fato: "A censura, a autoridade, o poder público, inexorável, frio, grave, calculado, lá *estava*." (*Idem*). b) se se tratar de substantivos sinônimos ou assim considerados: "O ódio e a guerra que declaramos aos outros nos *gasta* e *consome* a nós mesmos." (Marquês de Maricá). c) se o segundo substantivo exprimir o resultado ou a consequência do primeiro: "A doença e a morte de Filipe II [...] *foi* como a imagem [...]" (Rebelo da Silva). d) se os substantivos formam juntos uma noção única: O fluxo e refluxo das ondas nos *encanta*.

Concordância verbal com sujeito simples Se o sujeito for simples e singular, o verbo irá para o singular, ainda que seja um coletivo: "A vida *tem* uma só entrada: a saída *é* por cem portas." (Marquês de Maricá)./

"Povo sem lealdade não *alcança* estabilidade." (*Idem*).

Se o sujeito for simples e plural, o verbo irá para o plural: "Os bons conselhos desprezados *são* com dor comemorados." (*Idem*)/ "A virtude aromatiza e purifica o ar, os vícios o *corrompem*." (*Idem*).

Condor (/dôr/) Palavra oxítona, ou seja, aquela cuja sílaba tônica é a última. Portanto a pronúncia deve ser con*dor* (e não: con*d*or).

Conosco, com nós Se a preposição é *com*, dizemos *comigo, contigo, consigo, conosco, convosco*: "– Ela vai *conosco*, para a casa de nossa mãe." (Ana Maria Machado, *O mar nunca transborda* in *Ana Maria Machado: obra reunida*). Empregam-se, entretanto, *com nós* e *com vós*, ao lado de *conosco* e *convosco*, quando estes pronomes tônicos vêm seguidos ou precedidos de *mesmos, próprios, todos, outros, ambos*, numeral ou oração adjetiva, a fim de evidenciar o antecedente: "Ou *com nós dois* juntos, já que se tratava de uma decisão de família [...]." (Carlos Heitor Cony, *Quase memória*); *Com vós todos* ou *com todos vós./ Com vós ambos* ou *com ambos vós.*

Conserta-se..., Consertam-se... Ver *-se*.

Consigo Ver *comigo*.

Consigo, com ele(a) O pronome *consigo* é usado para se referir ao sujeito da oração: "[...] segurou a mão da mulher, levando-a *consigo* sem olhar para trás, afastando-a do perigo de viver." (Clarice Lispector, "Amor", *Os melhores contos brasileiros de todos os tempos*); "A princípio, o rapaz quis polemizar *consigo* mesmo: 'Faz isso sem maldade!'" (Nelson Rodrigues, "Curiosa", *A vida como ela é...*); *A escritora falava* consigo *mesma* (e não: com ela mesma). Usamos *com ele(a)* quando este pronome não se refere ao sujeito da oração: *O filho andava triste. O pai estava preocupado* com ele (e não: consigo).

Cônsul O plural de *cônsul* é *cônsules* e o feminino é *consulesa*.

Conta-corrente Escreve-se com hífen o composto *conta-corrente* (plural: *contas-correntes*). Porém grafa-se sem hífen *conta conjunta*.

Contanto que, tanto que A locução condicional *contanto que* inicia oração que em geral exprime uma condição necessária para que se realize o que se declara na oração principal. Outras conjunções condicionais (e hipotéticas) são: *se, caso, sem que, uma vez que* (com o verbo no subjuntivo), *desde que* (com o verbo no subjuntivo), *dado que*, etc.: "Eles são capazes de ler 'saia' onde está escrito 'calça', *contanto que* achem uma boa entrelinha. Mas não há nenhuma aqui, garanto a vocês." (João Ubaldo Ribeiro, "Bom domingo", *A gente se acostuma a tudo*); "– O negócio é o seguinte: para mim, tanto faz que meu genro trabalhe ou deixe de trabalhar. *Contanto que* trate bem a minha filha. (Nelson Rodrigues, *A vida como ela é...*).

Já a locução *tanto que*: 1) indica o tempo posterior imediato, com o sentido de 'logo que, assim que': "Foi nesse momento que trouxeram ao médico uma carta, entregue pelo correio. Félix abriu-a distraidamente, mas *tanto que* lhe leu o conteúdo ficou muito pálido e encostou-se a uma cadeira." (Machado de Assis, *Ressurreição*); 2) introduz a menção de fato que demonstra o que foi anteriormente citado, com o sentido de 'tanto assim que, por sinal que, prova disso é que': "[...] no balanço daqueles dias temperados tão bem, quando o céu varreu. Dias tão claros. *Tanto que* as cigarras chiavam em grosas [...]." (João Guimarães Rosa, *Grande sertão: Veredas*).

É equivocado o uso de *contanto que* em lugar de *tanto que*: A ofensa foi intencional, *contanto que* continuou reafirmando o que dissera. (O correto seria: *tanto que* continuou reafirmando o que dissera.)

Conta-se..., Contam-se... Ver *-se*.

Conter Verbos derivados de *ter* levam acento agudo no *e* do radical na 2.ª e 3.ª pessoas do singular do presente do indicativo (*tu conténs, ele contém*) e na 2.ª pessoa do singular do imperativo afirmativo (*contém tu*). Nos demais tempos e pessoas, conjuga-se como *ter*. Ver *ter*.

Contigo Ver *comigo*.

Contorno (/ô/), contornos (/ô/) No plural, permanece com *o* fechado tônico: contorno (/ô/) – contornos (/ô/). Ver *plural com alteração de o fechado para o aberto*.

Contra- Ver *hífen nas formações com prefixo*.

Convalescença A grafia é somente esta: *convalescença* (e não: *convalescência*): "Em sua primeira *convalescença*, ele a apertava tanto ao peito – coitadinha! – com os olhos ainda rasos de lágrimas, da lembrança da defunta e de suas cunhadas..." (Adelino Magalhães, "Um prego! Mais outro prego!...", *Os melhores contos brasileiros de todos os tempos*).

Convidar O verbo *convidar* (= solicitar que compareça) pede objeto direto de pessoa: Não *os* convidaram para o passeio. (E não: Não *lhes* convidaram para o passeio.); "O barbeiro tornou logo a si, e, agitando o chapéu, *convidou* os amigos à demolição da Casa Verde [...]." (Machado de Assis, *Papéis avulsos*); "Como a multidão nos acotovelasse, *convidei* o sr. Brito a tomar um aperitivo na Americana." (Ribeiro Couto, "O bloco das mimosas borboletas", *Os melhores contos brasileiros de todos os tempos*).

Convosco, com vós Se a preposição é *com*, dizemos *comigo, contigo, consigo, conosco, convosco*: "Boa noite, senhores! se houver mais uma taça na vossa mesa, enchei-a até às bordas e beberei *convosco*." (Álvares de

Azevedo, "Bertram", *Os melhores contos brasileiros de todos os tempos*). Empregam-se, entretanto, *com nós* e *com vós*, ao lado de *conosco* e *convosco*, quando estes pronomes tônicos vêm seguidos ou precedidos de *mesmos, próprios, todos, outros, ambos*, numeral ou oração adjetiva, a fim de evidenciar o antecedente: "Ou *com nós dois* juntos, já que se tratava de uma decisão de família [...]." (Carlos Heitor Cony, *Quase memória*); *Com vós todos* ou *com todos vós*./ *Com vós ambos* ou *com ambos vós*.

Coo (flexão de *coar*) Após o Acordo Ortográfico de 1990, sem acento, seguindo a regra: perde o acento gráfico a vogal tônica fechada do hiato *oo* em palavras paroxítonas, seguidas ou não de -*s*, como: *enjoo(s)* (substantivo) e *enjoo* (flexão de *enjoar*), *povoo* (flexão de *povoar*), *voo(s)* (substantivo) e *voo* (flexão de *voar*), etc.

Coordenador-geral, coordenadora-geral Quando o segundo elemento do composto denota seriação ou hierarquia, usa-se hífen: *administrador-geral, administradora-geral, secretário-geral, secretária-geral, gerente-geral, coordenador-geral, coordenadora-geral, diretor-executivo, diretora-executiva, diretor-presidente, diretora-presidente, redator-chefe, redatora-chefe, editor-assistente, editora-assistente, cirurgião-assistente, cirurgiã-assistente*.

Coradouro Ver *quaradouro, coradouro*.

Cor-de-rosa Como substantivo masculino de dois números, o *cor-de-rosa* designa 'a cor vermelho-clara, semelhante à tonalidade da flor de algumas roseiras': *O cor-de-rosa agrada muitas meninas*. Também pode ser usado como adjetivo de dois gêneros e dois números: *casaco* cor-de-rosa, *fitas* cor-de-rosa, *paredes* cor-de-rosa.

Coreano Ver -*eano*, -*iano*.

Corneano Ver -*eano*, -*iano*.

Coro (/ô/), coros (/ó/) Um *coro* é o 'conjunto de pessoas que cantam juntas', entre outros significados relacionados. A pronúncia da forma plural é aberta: coros /ó/. Mas nenhuma das duas possui acento gráfico. Ver *plural com alteração de o fechado para o aberto*.

Corpo a corpo Não ocorre o acento grave no *a* nas expressões formadas com a repetição de mesmo termo (ainda que seja um nome feminino), por se tratar de pura preposição: cara *a* cara, corpo a corpo, face *a* face, frente *a* frente, gota *a* gota, etc. A expressão *corpo a corpo* significa: 1. Luta física ou confronto de ideias, opiniões, entre pessoas: "[...] Benzinho, com mais três oficiais, subira a bordo do principal vaso brasileiro, entrando em *corpo a corpo* com o almirante Carneiro Perpétuo e matando-o a golpes de sabre." (Nei Lopes, *Oiobomé: a epopeia de uma nação*). 2. Contato direto de um político ou candidato com o eleitor: *O candidato passou o dia* *fazendo* corpo a corpo *nas ruas*. 3. Em confronto direto de corpo contra corpo: *Os atletas de sumô lutam corpo a corpo.*

Correr risco de vida, correr risco de morte Ver *risco de vida, risco de morte.*

Corrimão Muitos substantivos em *-ão* apresentam dois e até três plurais. É o caso de *corrimão*, plural: *corrimãos* ou *corrimões.*

Cortesão Muitos substantivos em *-ão* apresentam dois e até três plurais. É o caso de *cortesão*, plural: *cortesãos* ou *cortesões*. O feminino é *cortesã*, plural: *cortesãs.*

Corvo (/ô/), corvos (/ó/) Muitas palavras com *o* fechado tônico, quando passam ao plural, mudam esta vogal para *o* aberto: corvo (/ô/) – corvos (/ó/). Ver *plural com alteração de* o *fechado para* o *aberto.*

Cota, quota Ambas as formas estão corretas e registradas no Vocabulário Ortográfico da ABL (Volp). A forma *cota* é mais usada. A grafia *quota* admite duas pronúncias: /quo/ ou /co/.

Cotidiano, quotidiano Ambas as formas estão corretas e registradas no Vocabulário Ortográfico da ABL (Volp). A forma *cotidiano* é mais usada: "A partir de então, a vida de Norival foi um *cotidiano* esbanjamento." (Nelson Rodrigues, "Caça-dotes", *A vida como ela é...*). A grafia *quotidiano* admite duas pronúncias: /quo/ ou /co/: "– Mas, também, com tantas coisas desagradáveis, maçantes mesmo, no *quotidiano*, como pode alguém manter a paz de espírito?" (Carlos Nascimento Silva, *A menina de cá*).

Cotizar, quotizar Ambas as formas estão corretas e registradas no Vocabulário Ortográfico da ABL (Volp). A forma *cotizar* é mais usada. A grafia *quotizar* admite duas pronúncias: /quo/ ou /co/.

COVID-19, covid-19 A covid-19 (em letras minúsculas, como substantivo feminino) é uma doença infecciosa causada pelo coronavírus SARS-CoV-2. Do acrônimo inglês COVID (*coronavirus disease*), o termo também faz referência ao ano em que a doença foi pela primeira vez identificada (2019). A OMS (Organização Mundial da Saúde) emprega maiúsculas (COVID-19), seguindo as diretrizes da Classificação Internacional de Doenças (CID-10). No entanto, como o termo covid-19 já se lexicalizou, ou seja, foi incorporado ao léxico, passando à linguagem corrente como denominação frequente da doença (como aids, sida, entre outros), recomenda-se a grafia com letras minúsculas. No caso de se juntar um prefixo ao nome comum, escreve-se junto, sem hífen: anticovid-19. Caso se esteja usando o acrônimo, o hífen deve ser empregado: anti-COVID-19.

Crase Ocorre a crase nos seguintes casos principais:

a) diante de palavra feminina, clara ou oculta, que não repele artigo: Fui *à* cidade./ Dirigia-se *à* Bahia e depois *a* Paris. Obs.: Para sabermos se um substantivo feminino não repele artigo, basta construí-lo em orações em que apareçam regidos das preposições *de*, *em*, *por*. Se tivermos puras preposições, o nome dispensa artigo; se tivermos necessidade de usar, respectivamente *da*, *na*, *pela*, o artigo será obrigatório: Fui *à* Gávea. (Venho *da* Gávea./ Moro *na* Gávea./ Passo *pela* Gávea.) Fui *a* Copacabana. (Venho *de* Copacabana./ Moro *em* Copacabana./ Passo *por* Copacabana.)

b) diante do artigo *a* (*as*) e do *a*- inicial dos demonstrativos *aquele*, *aquela*, *aquilo*: Referiu-se *à*/ *àquele*/ *àquela*/ *àquilo* que estava do seu lado.

c) diante de possessivo em referência a substantivo oculto: Dirigiu-se *àquela* casa e não *à* sua.

d) diante de locuções adverbiais constituídas de substantivo feminino plural: *às vezes, às claras, às ocultas, às escondidas, às três da manhã*.

Assim, *não ocorre a crase nos seguintes casos principais*:

a) diante de palavra masculina: Graças *a* Deus./ Foi *a* Ribeirão./ Pediu um bife *a* cavalo. Obs.: Quando está subentendida a expressão *à moda de* ou *à maneira de*, ocorre a crase mesmo diante de substantivo próprio masculino: *sapatos* à Luís XV; *vestidos* à Dior.

b) diante de palavra de sentido indefinido: Falou *a uma/ a certa/ a qualquer/a cada/ a toda* pessoa. Obs.: Há acento antes do numeral *uma*: Irei vê-la *à uma* hora.

c) diante dos pronomes relativos *que* (quando o *a* anterior for uma preposição), *quem*, *cuja*: Está aí a pessoa *a* que fizeste alusão./ O autor *a* cuja obra a crítica se referiu é muito pouco conhecido./ Ali vai a criança *a* quem disseste a notícia.

d) diante de verbo no infinitivo: Ficou *a* ver navios./ Livro *a* sair em breve.

e) diante de pronome pessoal e expressões de tratamento como V. Ex.ª, V.S.ª, V.M., etc. que dispensam artigo: Não disseram *a* ela e *a* você toda a verdade./ Requeiro *a* V. Ex.ª com razão. Mas: Requeiro *à* senhora./ Cedeu o lugar *à* senhorita. Em certos empregos, algumas formas de tratamento admitem a presença do artigo e, portanto, da crase: Falei *à/a* d. Margarida./ Cedeu o lugar *à/a* senhorita Maria.

f) nas expressões formadas com a repetição de mesmo termo (ainda que seja um nome feminino), por se tratar de pura preposição: cara *a* cara, face *a* face, frente *a* frente, gota *a* gota.

g) diante da palavra *casa* quando desacompanhada de adjunto, e da palavra *terra* quando oposta a *bordo*: Irei *a* casa logo mais (Entrei *em* casa./ Saí *de* casa)./ Foram os primeiros a chegar *a* terra firme.

h) nas expressões de duração, distância e em sequência do tipo de *de... a...*: As aulas serão *de* segunda *a* quinta./ Estes fatos ocorreram *de* 1925 *a* 1930./ O programa abrange *de* quinta *a* sétima série./ A aula terá *de* três *a* cinco horas de duração. Obs.: Se as expressões começam com preposição combinada com artigo, emprega-se *à* ou *às* no segundo termo: A aula será *das* 8 *às* 10 horas./ O treino será *das* 10 *à* 1 da tarde./ *Da* uma *às* duas haverá intervalo./ O programa abrange *da* quinta à sétima série.

i) Depois de preposição, exceto *até* (= limite): Só haverá consulta *após as* dez horas./ *Desde as* nove espero o médico./ O presidente discursou *perante a* Câmara. Obs.: Na escrita há de se ter o cuidado de não confundir a preposição *a* e a forma verbal *há* nas indicações de tempo. Usa-se *a* para o tempo que ainda vem: Daqui *a* três dias serão os exames./ Daqui *a* pouco sairei./ A resposta estava *a* anos de ser encontrada. Usa-se *há* para o tempo passado: *Há* três dias começaram os exames./ Ainda *há* pouco estava em casa.

A crase é facultativa nos seguintes casos principais:

a) antes de pronome possessivo com substantivo feminino claro e no singular: Dirigiu-se *à/a* minha casa, e não à sua. No português moderno dá-se preferência ao emprego do possessivo com artigo e, neste caso, ao *a* acentuado.

b) antes de nome próprio feminino: As alusões eram feitas *à/a* Ângela.

c) antes da palavra *casa* quando acompanhada de expressão que denota o dono ou morador, ou qualquer qualificação: Irei *à/a* casa de meus pais.

Obs.: É preciso não identificar *crase* e *craseado* com *acento* e *acentuado*. Em tempos passados, principalmente entre os românticos, a preposição pura *a* levava acento diferencial, ainda diante de masculino, sem que isso quisesse indicar *a* craseado. Daí os falsos erros que se apontam em escritores dessa época, principalmente em José de Alencar.

Crasear Não há razão para condenar-se o verbo *crasear* para significar "pôr o acento grave indicativo da crase". O que não se deve é chamar *crase* ao acento grave: "Alencar *craseava* a preposição simples *a*" (José Oiticica, *Revista Filológica*, n° 29).

Creem (sem acento circunflexo) Conforme o Acordo Ortográfico de 1990, perdem o acento gráfico as formas verbais paroxítonas que contêm um *e* tônico oral fechado em hiato com a terminação *-em* da 3.ª pessoa do plural do presente do indicativo ou do subjuntivo, conforme os casos: *creem* (indic.), *deem* (subj.), *descreem* (indic.), *desdeem* (subj.), *leem* (indic.), *preveem* (indic.), *redeem* (subj.), *releem* (indic.), *reveem* (indic.), *tresleem* (indic.), *veem* (indic.).

Creme (cor) Quando usado como adjetivo, permanece invariável: *bol-*

sa creme, sapatos creme. Outros substantivos usados para designar cores também ficam invariáveis: *botas* café, *casacos* laranja, *mochilas* salmão, *paredes* abóbora, *sapatos* cinza, *tons* pastel, *uniformes* abacate, *caixas* violeta, etc.

Crer Verbo irregular de 2.ª conjugação: *pres. ind.*: creio, crês, crê, cremos, credes, creem; *pret. perf. ind.*: cri, creste, creu, cremos, crestes, creram; *pret. imperf. ind.*: cria, crias, cria, críamos, críeis, criam; *pret. mais-que-perf. ind.*: crera, creras, crera, crêramos, crêreis, creram; *fut. pres. ind.*: crerei, crerás, crerá, creremos, crereis, crerão; *fut. pret. ind.*: creria, crerias, creria, creríamos, creríeis, creriam; *pres. subj.*: creia, creias, creia, creiamos, creiais, creiam; *pret. imp. subj.*: cresse, cresses, cresse, crêssemos, crêsseis, cressem; *fut. subj.*: crer, creres, crer, crermos, crerdes, crerem; *imp.*: crê, creia, creiamos, crede, creiam; *ger.*: crendo; *part.*: crido.

Cujo O pronome relativo *cujo* traduz a ideia de posse, com o valor de *dele*, *do qual*, e tem como flexões *cuja*, *cujos*, *cujas*: O livro *cujas* páginas... (= as páginas *do qual*, as páginas *dele*, as *suas* páginas). Sempre com função adjetiva, *cujo* reclama, em geral, antecedente e consequente expressos e exprime que o antecedente é possuidor do ser indicado pelo substantivo a que se refere: Ali vai o *homem cuja casa* comprei. O antecedente é *homem*; o consequente, *casa* (a casa do homem).

Conforme a função do núcleo do sintagma nominal, do qual este pronome serve de adjunto, *cujo* pode vir precedido de preposição: Os pais *a cujos filhos* damos aula... (*aos* filhos dos quais)/ Os pais *de cujos filhos* somos professores... (*dos* filhos dos quais)/ O clube *em cujas dependências* faço ginástica... (*nas* dependências do qual)/ A cidade *por cujas ruas*, na infância... (*pelas* ruas da qual)/ A prova *com cujas questões* me atrapalhei... (*com* as questões da qual).

É erro empregar artigo definido depois de *cujo*: O pai *cujos os* filhos estudam aqui. A construção apropriada é: O pai *cujos filhos* estudam aqui. No exemplo Este é o autor a cuja *obra te referiste*, não há acento indicativo da crase, por não vir *cujo* precedido de artigo; *a* é pura preposição. O verbo *referir* se acompanha da preposição *a*, daí a construção: *a cuja obra te referiste*.

Cumprimento Ver *comprimento*, *cumprimento*.

Curinga, coringa Ambas as formas estão corretas e registradas no Vocabulário Ortográfico da ABL (Volp).

Custar No sentido de *ser difícil, ser custoso*, tem por sujeito aquilo que é difícil: Custam-me *estas respostas*. Se o verbo vem seguido de um infinitivo, este pode ou não vir precedido da preposição *a*: Custou-me *resolver* estes problemas./ Custou-me *a resolver* estes problemas. Por uma valorização da pessoa a quem o fato é difícil, a linguagem coloquial dá essa pessoa como sujeito da oração, e constrói dessa maneira: *Custei resolver* (ou *a resolver*) estes problemas.

Dd

Da *Tarde*, de *A Tarde* Ver *de, em, por + o, a, os, as* pertencente a título de jornal, revista ou obra literária.

Dado, visto Quando usados adjetivamente, concordam em gênero e número com o substantivo determinado: *Dado* (*Visto*) o caso, desistiram da questão; *Dada* esta circunstância, não viajaremos; *Vistos* esses pareceres, o processo foi arquivado.

Daí a, dali a, daqui a A preposição *a*, entre outros empregos, indica distância (no tempo ou no espaço): "*Daí a* dois ou três dias, uma manhã, correu na cidade, um boato extravagante." (José Veríssimo, "O crime do tapuio", *Os melhores contos brasileiros de todos os tempos*); "[...] parecia concentrar-se na rota que ia de Sijilmessa a Audagoste e *dali a* Gana – no itinerário do ouro [...]." (Alberto da Costa e Silva, *A manilha e o libambo*); "Guarda esses trezentos contos até *daqui a* dez anos, e ao terminar o prazo, lê esta carta diante dos meus parentes." (Machado de Assis, *Contos fluminenses*); Encontre-me daqui a *dez minutos* (e não: *daqui dez minutos!*); O que você vai fazer daqui a *cinco anos*? (e não: *daqui cinco anos!*).

Daomeano Ver *-eano, -iano*.

Dar, bater, soar Trataremos aqui da concordância com *dar* (e sinônimos) aplicado a horas. Se aparece o sujeito *relógio*, com ele concorda o verbo da oração: O relógio deu (bateu, soou) *duas horas*. Não havendo o sujeito *relógio*, o verbo concorda com o sujeito representado pela expressão numérica: Deu (Bateu, Soou) *uma hora*./ Deu (Bateu, Soou) *uma hora e meia*./ Deram (Bateram, Soaram) *três horas*./ No relógio deram (bateram, soaram) *duas horas*.

Dar à luz um menino, dar à luz uma menina, dar à luz gêmeos A expressão *dar à luz* significa 'parir'. Em *dar à luz um menino/ uma menina/ gêmeos*, o objeto direto do verbo *dar* é *um menino/ uma menina/ gêmeos* (por isso dizemos *dar à luz Maria Eduarda*, e não: *dar a luz a Maria Eduarda*): "Alguns meses depois *deu à luz* duas crianças, uma mulher e um homem." (Barbosa Rodrigues, "Cunhã Etá Maloca", *Os melhores contos brasileiros de todos os tempos*); "Um ano mais tarde, ela *deu à luz* um belo menino." (Ana Maria Machado, *Texturas: sobre leituras e escritos* in *Ana Maria Machado: obra reunida*). Em sentido figurado, também podemos dizer: *O escritor* deu à luz *mais uma obra*. (= *O escritor* publicou *mais uma obra*).

Dar um pulo a, dar um pulo em
Significa 'ir a (determinado lugar) sem se demorar'. A forma recomendada é *dar um pulo a (algum lugar):* "A ausência contam que não seja longa, e será temperada por visitas à capital; em todo caso, a separação não é tamanha que eles não possam *dar um pulo à* fazenda." (Machado de Assis, *Memorial de Aires*).

Informalmente é possível usar *dar um pulo em (determinado lugar)*: "[...] não dá para imaginar que fosse fácil uma moça daquela época *dar um pulo* sozinha *no* correio ali na esquina..." (Ana Maria Machado, *A audácia dessa mulher* in *Ana Maria Machado: obra reunida*).

Dar-se ao trabalho de (Em vez de: dar-se *o* trabalho de) A construção preferencial é esta: *dar-se ao trabalho de, dar-se à tarefa de, dar-se ao luxo de, dar-se à extravagância de, dar-se ao incômodo de,* etc. Em geral, o pronome átono da forma verbal reflexiva portuguesa funciona como objeto direto: Dou-*me* (objeto direto) *ao trabalho* (objeto indireto); "Dele constavam dos anais fantásticas proezas nos seus carros sempre novos e lustrosos, *se dando ao luxo e à extravagância de* às vezes vestir a sua brilhosa e engalanada farda da Guarda Nacional [...]." (Autran Dourado, "Os mínimos carapinas do nada", *Os melhores contos brasileiros de todos os tempos*). Em francês e espanhol, esse pronome aparece como objeto indireto: *je me donne la peine de le faire*; *me doy el trabajo de hacerlo*.

Data venia Locução latina que significa: 'Concedida a vênia (= licença)', 'Com a devida licença'. É expressão de cortesia com que se começa uma argumentação para discordar do interlocutor.

De... a... Nas expressões de duração, distância e em sequência do tipo *de... a...*, não se usa acento grave no *a*: As aulas serão *de* segunda *a* quinta./ Estes fatos ocorreram *de* 1925 *a* 1930./ O programa abrange *de* quinta *a* sétima série./ A aula terá *de* três *a* cinco horas de duração./ Trabalha *de* segunda *a* sexta.

Obs.: 1.ª) Se as expressões começam com preposição combinada com artigo, emprega-se *à* ou *às* no segundo termo: A aula será *das* 8 *às* 10 horas./ O treino será *das* 10 *à* 1 da tarde./ *Da* uma *às* duas haverá intervalo./ O programa abrange *da* quinta *à* sétima série. 2.ª) Pela ausência de paralelismo, devemos evitar construções do tipo: A aula será *de* 8 *às* 10 horas. (Em lugar de: *das* 8 *às* 10 horas).

De alto a baixo, de cima a baixo (E não: de alto abaixo, de cima abaixo) A locução *de alto a baixo* (ou *de cima a baixo*) significa 'em toda a extensão; desde a extremidade superior até a inferior; completamente': "Mas antes disso, tio Tomé já tinha rasgado os dois *de alto a baixo*, porque tio Tomé não é de brincadeira não." (Vinicius de Moraes, *As feras* in *Vinicius de Moraes: obra reunida*).

De bom grado, de mau grado A locução *de bom grado* significa 'de boa vontade; com disposição favorável; sem objeção'.

Inversamente, a locução *de mau grado* quer dizer 'contra a vontade; com disposição desfavorável; com objeção'. Obs.: O substantivo masculino *grado* significa 'vontade, desejo'. Ver *malgrado*.

De cima Ver *a baixo, abaixo*.

De cor (/ó/) A locução *de cor* (sem acento gráfico) significa 'de memória': "Lourenço Bode Novo, empregado de confiança havia mais de vinte anos, já de muito sabia *de cor* a quem entregar carne [...]." (João Ubaldo Ribeiro, *Miséria e grandeza do amor de Benedita*).

De ele, de ela, dele, dela Ver *de o + sujeito, do + sujeito*.

De, em, por + o, a, os, as pertencente a título de jornal, revista ou obra literária Evite-se a repetição do artigo: por *O Globo*, pelo jornal *O Globo* (em vez de: pelo *O Globo*), em *A Ordem* (em vez de na *A Ordem*), em *Os sertões,* citação de *Os sertões*, etc. Também deve-se evitar escrever *dos Sertões, na Ordem*, porque altera o título da obra ou da publicação.

No caso de títulos estrangeiros, a melhor forma é usar a preposição *em* ou dar redação diferente à frase, para evitar a repetição do artigo ou alterar o título, assim: conforme *The New York Times*...; conforme o jornal *The New York Times*... (em vez de: conforme o *The New York Times* ou conforme o *New York Times*), diz a manchete do jornal francês *Le Monde* (em vez de: diz a manchete do *Le Monde*), segundo o britânico *The Guardian* (em vez de: segundo o *The Guardian*), a notícia foi destaque no alemão *Die Welt* (em vez de: foi destaque no *Die Welt*).

De encontro a Ver *ao encontro de, de encontro a*

De mais a mais (E não: demais a mais) A locução *de mais a mais* (= além disso; tanto mais que) é usada para enfatizar algo que foi dito anteriormente, introduzindo uma nova informação: "Perguntava-se: 'Quem é o Alexandre?' Não tinha onde cair morto. *De mais a mais*, um vadio nato e hereditário. (Nelson Rodrigues, "A jovem", *A vida como ela é...*).

De mal (E não: de mau) A locução adverbial *de mal* significa 'com as relações cortadas; brigado': "Podem me chamar/ E me pedir e me rogar/ E podem mesmo falar mal/ Ficar *de mal* que não faz mal [...]" (Vinicius de Moraes e Carlos Lyra, "Você e eu", in *Vinicius de Moraes: obra reunida*).

De mal a pior (E não: de mau a pior.) A locução adverbial *de mal a pior* significa 'cada vez pior': "– Merecido. [...] iria *de mal a pior* se ficasse solto." (Sonia Rodrigues, *Fronteiras*).

De o + sujeito, do + sujeito A antecipação do sujeito ao verbo, nas orações reduzidas de infinitivo preposicionado, ocasiona a aproximação da preposição ao artigo ou componente do sujeito, condição que possibilita a combinação da preposição com o sujeito ou um adjunto do sujeito: Já era tempo *de* saírem *os alunos* de férias pode passar facilmente a *Já era tempo* de os alunos *saírem de férias* e daí à combinação *Já era tempo* dos alunos *saírem de férias*. Alguns gramáticos e ortógrafos não aceitam a combinação apontada sob o pretexto de que o sujeito "não pode vir regido de preposição"; não se trata aqui, entretanto, de regência preposicional de sujeito, mas do contato de duas palavras que, por hábito e por eufonia, costumam ser incorporadas na pronúncia. Se tais combinações parecem contrariar a lógica da gramática, cumpre observar que não repugnam a tradição do idioma com o testemunho de seus melhores escritores, antigos e modernos.

O que a lição dos fatos nos permite ensinar é que ambas as construções são corretas, segundo nos atestam as seguintes passagens que não se podem dar como errôneas ou descuidos de revisão. Trata-se de um problema de estilística fônica, pelo qual a não combinação encarece o papel do sujeito do infinitivo. Do ponto de vista meramente gramatical são válidas ambas construções: "[...] só voltou depois *do infante estar* proclamado regedor" (Alexandre Herculano, *Fragmentos literários*); "[...] e a despeito *do dia estar* chuvoso [...]." (Rebelo da Silva, *História de Portugal*); "Eu chegava à fazenda nas noites das quartas e voltava à casa paroquial nas madrugadas do sábado, antes mesmo *de o sol nascer* [...]." (João Ubaldo Ribeiro, *Diário do farol*); "Não, não; cogitar disso somente na eventualidade, bastante provável, *de ela se desvanecer* diante de meu discurso inicial." (*Idem, ibidem*) [poderia ser: *dela se desvanecer*...].

De onde em onde, de onde a onde A locução *de onde em onde* (ou *de onde a onde*) significa 'ocasionalmente': "Conheciam-se desde crianças. Depois a vida os separou. *De onde em onde*, tinham encontros acidentais no meio da rua e rememoravam episódios [...]." (Nelson Rodrigues, "O dilema", *A vida como ela é...*).

De que Às vezes omite-se a preposição (*de, em*, etc.) que pertence a rigor ao relativo, em virtude de já ter o seu antecedente a mesma preposição: Você só gosta *das* coisas *que* não deve. (Por: das *coisas* de que *não deve gostar*.)/ Ele falou *do que* não podia falar. (Por: *falou* do [= daquilo] de que *não podia falar*.)/ Ele falou *da* história *que* não podia falar. (Por: *falou* da *história* de que *não podia falar*.).

Outro caso de omissão da preposição ocorre em construções do tipo: Tenho certeza (*de*) *que* ninguém faltará./ Não há interesse (*em*) *que* ele venha./ Havia necessidade (*de*) *que* a festa fosse adiada.

Podem ocorrer também casos de contaminação sintática do tipo: Minha esperança era (*de*) *que* chovesse./ A expectativa é (*de*) *que* o público lote o estádio./ A previsão é (*de*) *que* a temperatura caia. Isto é junção de duas construções: *A previsão é que...* + *A previsão de que...*, que passam a: *A previsão é de que...*

De repente (E não: *derrepente*!) A locução *de repente* é escrita apenas desta forma e significa: 1. Subitamente, repentinamente: "O sujeito leva mais de 30 anos sem trabalhar e, de repente, querem que ele trabalhe?" (João Ubaldo Ribeiro, "Se tivesse estudado...", *A gente se acostuma a tudo*). 2. No uso informal, é usada para indicar possibilidade: De repente, *posso até aceitar sua proposta*.

De resto Os puristas, sem maiores exames, têm tachado de galicismo a expressão *de resto* (= quanto ao mais). Além de usada por grandes escritores, tem raízes no latim *de reliquo*: "Lamentava apenas, mas sem revolta, que os remédios que agora o obrigavam a tomar impedissem que desfrutasse de um uisquezinho de vez em quando, ou mesmo um copo de vinho. *De resto*, não tinha queixas." (João Ubaldo Ribeiro, "Termina o ano, começa alguma coisa?", *A gente se acostuma a tudo*).

De segunda a sexta (sem acento grave) Ver *de... a...*

De todo o coração (E não: de todo coração) A locução adverbial *de todo o coração* significa 'com toda a boa vontade, com todo o prazer'; 'com toda a sinceridade': "Os cavalheiros que entraram com dinheiro adiantado para ter um apartamento devem estar com raiva do Sr. Bezerra; eu, entretanto, desejo *de todo o coração* ao Sr. Bezerra uma excelente saúde, muitas alegrias [...]." (Rubem Braga, *Ai de ti, Copacabana*); "Seu impulso era ser coerente; ao mesmo tempo não queria parecer aos olhos de Luís Alves que lhe aceitava o concurso para obter o que aliás desejava *de todo o coração* [...]." (Machado de Assis, *A mão e a luva*).

Debaixo, de baixo O advérbio *debaixo* significa: 1. Em situação inferior: *Espero que a marquise não caia quando houver alguém* debaixo. 2. Em decadência ou ruína; por baixo; privado de poder ou supremacia: *O presidente ficou* debaixo *depois da* *falência da empresa*. A locução *debaixo de* significa: 1. Em plano inferior a algo; sob: *Jaz debaixo da terra.*/ *Escondeu-se debaixo da cama*. 2. No tempo de: *Isso ocorreu debaixo do reinado de D. Maria I*. 3. Sob a influência de: *Decidiu debaixo de pressão*. 4. Em posição de subordinação ou dependência: *Estava debaixo de juramento.*

A locução *de baixo* indica: 1. A parte inferior: *Comprei a camisa de baixo.* 2. Oposição a *a cima*: *Olhou-me de baixo a cima.*

Decibel, decibéis As unidades de medida são definidas em contexto universal, mas a grafia e flexão em cada língua devem respeitar as normas da estrutura da língua que as registra. O *decibel* não é considerado uma unidade do Sistema Internacional (SI), mas foi aceito pelo Comitê Internacional de Pesos e Medidas (CIPM) para uso com o SI. É corrente na língua e tem registro em vocabulários oficiais e dicionários como substantivo masculino. De acordo com a regra de formação do plural de palavras terminadas em -el, fazemos seu plural com a queda do -l e acréscimo de -is. Portanto, *decibéis*.

Decodificar, descodificar Ambas as formas estão corretas e registradas no Vocabulário Ortográfico da ABL (Volp): *decodificar* (ou *descodificar*) *mensagens cifradas*; "Por trás de janelas de vidro, nem pensar, eis que os tais canhões podem ser ajustados para *decodificar* as vibrações produzidas pela fala nas vidraças." (João Ubaldo Ribeiro, "Restará o banheiro?", *O conselheiro come*); "Observava, na conversa diária com a mãe, que Amália se esforçava para *decodificar* com atenção o que dizia, como se ela fosse uma estrangeira falando errado e com sotaque carregado." (Ana Maria Machado, *Tropical sol da liberdade* in *Ana Maria Machado: obra reunida*).

Decreto-lei O *decreto-lei* consiste num 'decreto com força de lei proveniente do chefe do poder executivo'. Nos compostos de dois substantivos, em que o segundo exprime a ideia de *fim, semelhança* ou limita a significação do primeiro, admite-se a flexão apenas do primeiro elemento ou dos dois elementos: *cidades-fantasma* (ou *cidades-fantasmas*), *aços-liga* (ou *aços-ligas*), *bombas-relógio* (ou *bombas-relógios*), *canetas-tinteiro* (ou *canetas-tinteiros*), *cidades-satélite* (ou *cidades-satélites*), *decretos-lei* (ou *decretos-leis*), etc.

Deem (sem acento circunflexo) Conforme o Acordo Ortográfico de 1990, perdem o acento gráfico as formas verbais paroxítonas que contêm um *e* tônico oral fechado em hiato com a terminação -*em* da 3.ª pessoa do plural do presente do indicativo ou do subjuntivo, conforme os casos: *creem* (indic.), *deem* (subj.), *descreem* (indic.), *desdeem* (subj.), *leem* (indic.), *preveem* (indic.), *redeem* (subj.), *rele-*

em (indic.), *reveem* (indic.), *tresleem* (indic.), *veem* (indic.).

Defectivo Ver *verbos defectivos*.

Delinquir Os verbos do tipo de *aguar, apaniguar, apaziguar, apropinquar, averiguar, desaguar, enxaguar, obliquar, delinquir* e afins, por oferecerem dois paradigmas, ou têm as formas rizotônicas (aquelas cuja sílaba tônica está no radical) igualmente acentuadas no *u*, mas sem marca gráfica [presente do indicativo: *delinquo* (/ú/), *delinques* (/ú/), *delinque* (/ú/), *delinquimos, delinquis, delinquem* (/ú/); presente do subjuntivo: *delinqua* (/ú/), *delinquas* (/ú/), *delinqua* (/ú/), *delinquamos, delinquais, delinquam* (/ú/)]; ou têm as formas rizotônicas acentuadas fônica e graficamente nas vogais *a* ou *i* radicais [presente do indicativo: *delínquo, delínques, delínque, delinquimos, delinquis, delínquem*; presente do subjuntivo: *delínqua, delínquas, delínqua, delinquamos, delinquais, delínquam*].

A conjugação com a tonicidade na vogal *u* é mais comum em Portugal, enquanto a tonicidade na vogal *i* é mais corrente no Brasil. O verbo delinquir, tradicionalmente dado como defectivo, hoje se conjuga em todas as suas formas.

Demais, de mais O advérbio *demais* significa: 1. Além disso: *O incêndio alastrava no prédio;* demais (ou ademais), *havia perigo de explosão*. 2. Muitíssimo ou em demasia: "Depois liguei para a polícia dizendo que o meu marido tinha bebido *demais* e havia caído da varanda." (Rubem Fonseca, *Ela e outras mulheres*).

Como pronome indefinido plural, *demais* significa 'os outros, os restantes': "Aliás, se bem pensado, fazem o bem, o que os *demais* não percebem porque não sofrem o que elas sofrem [...]." (João Ubaldo Ribeiro, *Miséria e grandeza do amor de Benedita*).

A locução *de mais* significa: 1. Além do devido ou do ideal; a mais: *Uma tarefa de mais ou de menos não fará diferença*; *O caixa, por engano, havia dado troco de mais*. 2. Capaz de causar estranheza: *Não vejo nada de mais no que você falou*.

Demão O substantivo feminino *demão* significa: 1. Aplicação de uma camada de determinado produto ou preparado (tinta, verniz, etc.) sobre uma superfície: "[...] observara que os esteios da varanda estavam precisando de uma nova *demão*: § – O verniz está indo embora – dissera ele." (Ana Maria Machado, *Canteiros de Saturno* in *Ana Maria Machado: obra reunida*.) 2. Aperfeiçoamento final; remate: "Luvas de renda branca e chapéu de linho em forma de cuia, seriam a última *demão* deste magnífico tipo de ultramar." (Machado de Assis, *Contos fluminenses*). 3. Colaboração em determinado trabalho, atividade ou ação: "Estava Luís Alves deputado; ia enfim dar a sua *demão* no fabrico das leis."

Demolir

(Machado de Assis, *A mão e a luva*). Plural: demãos.

Demolir Verbo defectivo que não se conjuga nas formas em que depois do *l* do radical se segue *a* ou *o*. Assim, não se conjuga na 1.ª pessoa do singular do presente do indicativo, em todo o presente do subjuntivo, no imperativo afirmativo (com exceção da 2.ª pessoa do singular [*demole* tu] e do plural [*demoli* vós]) e no imperativo negativo. Nos demais tempos e pessoas, conjuga-se regularmente.

Dentre, entre *Dentre* é contração das preposições *de* e *entre*. Usa-se com verbos que indicam movimento, com o sentido de 'do meio de', regidos da preposição *de*: Dentre *as pedras jorrava água*; *O vulto surgiu* dentre *as trevas*.

Emprega-se também nas expressões *dentre nós, dentre vós, dentre vocês*, etc.: "Quais *dentre vós*... sois neste mundo sós e não tendes quem na morte regue com lágrima a terra que vos cobrir? (Alexandre Herculano); "[...] quantos *dentre vós* estudam conscienciosamente o passado?" (Sousa da Silveira); "Quem, *dentre eles*, trairia primeiro o anjo de sua própria mocidade?" (Vinicius de Moraes, "Os politécnicos", *Para viver um grande amor* in *Vinicius de Moraes: obra reunida*).

Não se deve usar *dentre* em lugar de *entre*: *Pelo menos* entre (e não: dentre) *os vizinhos havia um consenso*; "Estamos sempre *entre* os primeiros." (João Ubaldo Ribeiro, "Vamos a essa limonada", *A gente se acostuma a tudo*). [E não: *Estamos sempre* dentre *os primeiros*]. Não é incomum encontrarmos, em obras literárias, exemplos de *dentre* em vez de *entre*: "Pois *dentre* os instrumentos musicais criados pela mão do homem, só o violão é capaz de ouvir e de entender a lua. (Vinicius de Moraes, "Uma mulher chamada guitarra", *Para viver um grande amor* in *Vinicius de Moraes: obra reunida*).

Depor Verbos derivados de *pôr* (*compor, depor, dispor, expor, opor*, etc.) não têm acento gráfico na 1.ª e 3.ª pessoas do singular do infinitivo flexionado: *depor, depores, depor, depormos, depordes, deporem*. Nos demais tempos e pessoas, conjuga-se como *pôr*. Ver *pôr*.

Desagradar (regência) Ver *agradar*.

Desaguar Os verbos do tipo de *aguar, apaniguar, apaziguar, apropinquar, averiguar, desaguar, enxaguar, obliquar, delinquir* e afins, por oferecerem dois paradigmas, ou têm as formas rizotônicas (aquelas cuja sílaba tônica está no radical) igualmente acentuadas no *u*, mas sem marca gráfica [presente do indicativo: *desaguo* (/ú/), *desaguas* (/ú/), *desagua* (/ú/), *desaguamos, desaguais, desaguam* (/ú/); presente do subjuntivo: *desague* (/ú/), *desagues* (/ú/), *desague* (/ú/), *desaguemos, desagueis, desaguem* (/ú/)]; ou têm as formas rizotônicas acentuadas fônica e graficamente nas vogais *a* ou *i* radicais [presente do indicativo: *deságuo, deságuas, deságua, desaguamos, desaguais, deságuam*; presente do subjuntivo: *deságue, deságues, deságue, desaguemos, desagueis, deságuem*].

A conjugação com a tonicidade na vogal *u* é mais comum em Portugal, enquanto a tonicidade na vogal *a* é mais corrente no Brasil.

Desapercebido Ver *despercebido, desapercebido*.

Descarrilar, descarrilhar Ambas as formas estão corretas e registradas no Vocabulário Ortográfico da ABL (Volp): "[...] numa viagem para São Paulo, *descarrilhou* o trem em que íamos o depois romancista Otávio de Faria, o depois deputado e já falecido José Artur da Frota Moreira e eu." (Vinicius de Moraes, "Certidão de nascimento", *Prosa dispersa* in *Vinicius de Moraes: obra reunida*).

Descodificar Ver *decodificar, descodificar*.

Desconfiar + subjuntivo Ver *suspeitar, duvidar, desconfiar + subjuntivo*.

Descrição, discrição A *descrição* (verbo *descrever*) é a ação de retratar em detalhes': "A Cila, pela *descrição* que me fez, é uma pessoa dominadora e calculista." (Rubem Fonseca, *A grande arte*).

Já *discrição* é a 'qualidade de quem é discreto, reservado, de quem não gosta de chamar a atenção e/ou não faz comentários sobre a vida alheia': "Um primo, de segundo ou terceiro grau, a cortejava, há algum tempo, com *discrição*, de uma maneira quase imperceptível." (Nelson Rodrigues, "A humilhada", *A vida como ela é...*). O antônimo de *discrição* é *indiscrição*.

Desierarquizar, reierarquizar Devem ser grafados desta forma, sem hífen e sem o *h* inicial do segundo elemento: *desierarquizar* (= pôr fim a determinada hierarquia) e *reierarquizar* (= refazer ou reorganizar a ordem hierárquica).

Desimpedir Conjuga-se como o verbo *pedir*, mas não é derivado dele. Ver *pedir*.

Desobedecer (regência) Ver *obedecer*.

Despedir Conjuga-se como o verbo *pedir*, mas não é derivado dele. Ver *pedir*.

Despender (E não: dispender) O verbo *despender* significa 'fazer dispêndio, gasto, despesa; gastar': *despender dinheiro; despender energia*.

Porém escreve-se com *i*: *dis*pêndio, *dis*pendioso.

Despercebido, desapercebido O adjetivo *despercebido* significa 'que não se viu, que não foi percebido, notado, observado': "Aí como na rua, todas as atenções eram para Aurélia, que as senhoras rodeavam pressurosas, e os homens fascinados por sua graça. Seixas apenas recebia um pálido reflexo dessa consideração quanto exigia a estrita urbanidade. Houve casa, onde no afã de acolher a mulher, o deixaram atrás, *despercebido* como um criado." (José de Alencar, *Senhora*).

Já o adjetivo *desapercebido*, além de ter este mesmo significado, também quer dizer 'que não está preparado; desprevenido, desacautelado': "O planetário 14 de Julho passa completamente *desapercebido*. Há as salvas que a maioria da cidade não ouve: há o baile da colônia francesa, onde reina a mais cordial harmonia, mas entre... franceses; e é só." (Lima Barreto, *Lima Barreto – Toda crônica: 1919-1922*); "Aquele tufão de anteontem que veio do sul, apanhou-me *desapercebido* a uma esquina; senti-lhe o redemoinho longo, cheio de baixos-relevos e estive quase a ser atirado para os intermúndios... Escapei, graças à elasticidade da minha carcaça, acostumada a essas compressões imperativas." (João Ribeiro, *Cartas devolvidas*).

Desperdiçar, desperdício (E não: *dis*perdiçar, *dis*perdício) Gastar com exagero ou usar sem proveito é *desperdiçar* (com *e*): "Mas por que *desperdiço* meu tempo (e o seu) em remoer bobagens, em vez de ler ou trabalhar?" (João Ubaldo Ribeiro, "Sem olhos em casa", *O conselheiro come*). O *desperdício* (com *e*) é o esbanjamento, o gasto desmedido, o uso sem proveito: É preciso evitar o *desperdício* de água.

Destrinçar, destrinchar As duas formas estão corretas e registradas no Vocabulário Ortográfico da ABL (Volp). A forma *destrinchar* é de criação popular.

Destróier (com acento gráfico) Como paroxítono terminado em -*r*, *destróier* mantém o acento gráfico após o Acordo Ortográfico de 1990. (Assim como *blêizer, contêiner, Méier*, etc.). O plural *destróieres* é um proparoxítono (todos recebem acento gráfico).

Deter Verbos derivados de *ter* levam acento agudo no *e* do radical na 2.ª e 3.ª pessoas do singular do presente do indicativo (*tu deténs, ele detém*) e na 2.ª pessoa do singular do imperativo afirmativo (*detém tu*). Nos demais tempos e pessoas, conjuga-se como *ter*. Ver *ter*.

Dever O verbo *dever* fica na 3.ª pessoa do singular quando forma locução com os verbos impessoais *haver* e *fazer*: *Deve haver* protestos hoje. (E não: *Devem haver* protestos hoje.)/ *Devia fazer* dois anos que não se falavam. (E não: *Deviam fazer* dois anos que não se falavam.)

Seguido do verbo *existir*, que admite sujeito, concorda com este sujeito: *Devem existir* problemas a serem resolvidos./ Não *deveria existir* segredo algum entre nós; "Ou procurar *obras* que *devem existir*, resgatá-las, oferecer-lhes um canal para chegar ao público [...]." (Ana Maria Machado, *O mar nunca transborda* in *Ana Maria Machado: obra reunida*).

Na locução dever + infinitivo, costumava-se intercalar a preposição *de* para indicar probabilidade: Os candidatos *deviam de estar* nervosos. E, para indicar obrigação ou conveniência, não se usava a preposição: Os policiais *deveriam estar* mais bem treinados./ A prática de esportes *deve ser* incentivada na escola. Hoje em dia raramente se faz essa distinção e é mais comum não intercalar a preposição: "Como o que ele escreveu, conforme suas próprias instruções, *deve ser* esquecido, presumo que será por isso que fez publicar uma impressionante coleção de volumes [...]." (João Ubaldo Ribeiro, "De volta à real", *A gente se acostuma a tudo*): "O ser humano é um animal e *deve fazer* tudo para manter sua pureza de instintos." (Rubem Fonseca, *Feliz ano novo*).

Devido a, devido ao O adjunto adverbial de causa, além das preposições *por*, *com* e *de*, pode vir introduzido por locuções prepositivas, como *devido a*, *por causa de*, *em virtude de*, *em razão de*, *graças a*, etc.: Não saiu cedo *devido ao* mau tempo; Estava triste *devido a* muitos problemas; "Um casamento que tivera de ser apressado *devido à* gravidez extemporânea de Laurinda." (Rubem Fonseca, *A grande arte*); "*Devido ao* temporal do dia, todas estavam juntas, ligadas umas às outras, como uma fiada de peixes [...]." (Carlos Heitor Cony, *Vera Verão*).

Obs.: Não se usa neste emprego *devido* sem a preposição *a*: *Devido ao mau tempo* (e não: *Devido o mau tempo*).

Dia a dia Não ocorre acento grave no *a* nas expressões formadas com a repetição de mesmo termo (ainda que seja nome feminino), por se tratar de pura preposição: cara *a* cara, dia *a* dia, face *a* face, frente *a* frente, gota *a* gota, porta *a* porta, etc.

A locução *dia a dia* deve ser sempre grafada sem hífen e significa: 1. (locução adverbial) Com o passar dos dias: *A menina cresce* dia a dia. 2. (locução adverbial) Diariamente: *O treinador fazia anotações sobre o desempenho da atleta* dia a dia. 3. (locução substantiva) A rotina, o cotidiano: *Tenho um* dia a dia *agitado.*/ *O* dia a dia *é que nos preocupa.*

Diabetes, diabete As duas formas estão corretas e registradas no Vocabulário Ortográfico da ABL (Volp). Podemos dizer *o diabetes* ou *a diabetes* (substantivo de dois gêneros e dois números). Assim como dizemos *a diabete* ou *o diabete* (substantivo de dois gêneros).

Diretor-executivo, diretora-executiva Quando o segundo elemento do composto denota seriação ou hierarquia, usa-se hífen: *administrador-geral, administradora-geral, secretário-geral, secretária-geral, gerente-geral, coordenador-geral, coordenadora-geral, diretor-executivo, diretora-executiva, diretor-presiden-*

te, *diretora-presidente, redator-chefe, redatora-chefe, editor-assistente, editora-assistente, cirurgião-assistente, cirurgiã-assistente.*

Diretor-executivo-estratégico, diretora-executiva-estratégica Escreve-se com hífen e tem como plural: *diretores-executivos-estratégicos* e, na forma feminina, *diretoras-executivas-estratégicas.*

Diretor-presidente, diretora--presidente Quando o segundo elemento do composto denota seriação ou hierarquia, usa-se hífen: *administrador-geral, administradora-geral, secretário-geral, secretária-geral, gerente-geral, coordenador-geral, coordenadora-geral, diretor-executivo, diretora-executiva, diretor-presidente, diretora-presidente, redator-chefe, redatora-chefe, editor-assistente, editora-assistente, cirurgião-assistente, cirurgiã-assistente.*

Discernir O verbo *discernir*, outrora apontado como defectivo, é hoje conjugado integralmente. Assim, temos: *pres. ind.*: discirno, discernes, discerne, discernimos, discernis, discernem; *pret. imperf. ind.*: discernia, discernias, discernia, discerníamos, discerníeis, discerniam; *pret. perf. ind.*: discerni, discerniste, discerniu, discernimos, discernistes, discerniram; *pret. mais-que-perf. ind.*: discernira, discerniras, discernira, discerníramos, discerníreis, discerniram; *fut. pres.*: discernirei, discernirás, discernirá, discerniremos, discernireis, discernirão; *fut. pret.*: discerniria, discernirias, discerniria, discerniríamos, discerniríeis, discerniriam; *pres. subj.*: discirna, discirnas, discirna, discirnamos, discirnais, discirnam; *pret. imp. subj.*: discernisse, discernisses, discernisse, discerníssemos, discernísseis, discernissem; *fut. subj.*: discernir, discernires, discernir, discernirmos, discernirdes, discernirem; *imp. afirm.*: discerne, discirna, discirnamos, discerni, discirnam; *ger.*: discernindo; *part.*: discernido.

Discrição Ver *descrição, discrição.*

Disjuntor (E não: dijuntor) Chama--se *disjuntor* certo tipo de dispositivo destinado a desligar automaticamente um circuito elétrico sempre que houver sobrecarga.

Dispor Verbos derivados de *pôr* (*compor, depor, dispor, expor, opor*, etc.) não têm acento gráfico na 1.ª e 3.ª pessoas do singular do infinitivo flexionado: *dispor, dispores, dispor, dispormos, dispordes, disporem.* Nos demais tempos e pessoas, conjuga-se como *pôr.* Ver *pôr.*

Distinguir Não se deve proferir o *u* depois do *g* em: *distinguir, exangue, extinguir, langue, pingue* (= gordo, fértil, rendoso). Profere-se o *u* depois do *g* em: *aguentar, ambiguidade, arguição, arguir, bilíngue, consanguíneo, contiguidade, ensanguentado, exiguidade, lingueta, linguista, redarguir, sagui* ou *saguim, unguento,* *unguiforme*. É facultativo pronunciá-lo em: *antiguidade*; *sanguíneo*; *sanguinário*; *sanguinoso*.

Divisão silábica Se houver encontro de vogais, teremos ditongo (inseparável, como *sai*) e hiato (separável, como *saí*). No encontro de consoantes, deixa-se sempre a última para a sílaba seguinte: a*p-t*o, tra*n-sa-*tlân-ti-co, su*bs-t*an-ti-vo, fe*lds-p*a-to. É preciso levar em conta os dígrafos, que não se separam (*nh*, *lh*, *ch*, *sc*, etc.), com exceção de *rr* e *ss*.

Algumas grafias do sistema oficial favorecem novas pronúncias que alteram a divisão silábica tradicional, como em *sublinhar* e *abrupto*, que também já se ouvem como se neles tivéssemos os grupos consonantais *-bl-* e *-br-*: su-bli-nhar e a-brup-to. No caso desta última teremos duas grafias: *ab-rupto* e *abrupto*, e no caso de *sublinhar* duas divisões silábicas: sub-li-nhar e su-bli-nhar.

Dizer para Semelhantemente ao que ocorre com o verbo *pedir*, a linguagem coloquial despreocupada constrói o verbo *dizer* (*falar* e sinônimos) seguido da preposição *para* junto ao que normalmente seria o seu objeto direto: Disse para *que ele fosse embora*./ Disse para *ele ir embora*./ Disse-*lhe* para *sair*. São expressões condenadas que os gramáticos recomendam se evitem no falar correto. Assim, devemos construir: Disse que *ele fosse embora*./ Disse-*lhe* que *saísse*. Ver *pedir para*.

Dó O substantivo *dó* é masculino e significa 'compaixão, pena, ou pesar': *Sentia muito dó dos animais abandonados*. Com o sentido de 'nota musical e sua representação gráfica', também é masculino.

Do *Globo*, de *O Globo* Ver *de, em, por + o, a, os, as pertencente a título de jornal, revista ou obra literária*.

Do *New York Times*, do *The New York Times* Ver *de, em, por + o, a, os, as pertencente a título de jornal, revista ou obra literária*.

Do que É possível omitir a preposição *de* em comparações do tipo: O nadador era menos experiente (*do*) *que* os demais; "Ele era mais alto *do que* eu, forte e ameaçador." (Rubem Fonseca, *Feliz ano novo*); "– Ótimo. Você está em melhor situação *do que* eu." (Carlos Heitor Cony, *Quinze anos*); "[...] tem duzentos anos a menos *que* eu, em média." (Luiz Eduardo Soares, Cláudio Ferraz, André Batista, Rodrigo Pimentel, *Elite da tropa 2*).

Doença de Alzheimer Ver *mal de Alzheimer*.

Doença de Chagas Ver *mal de Chagas*.

Doença de Parkinson Ver *mal de Parkinson*.

Dolo (/ó/) Pronuncia-se sempre com timbre aberto (/ó/) e significa 'intenção consciente de cometer ou assumir risco de ato criminoso'. Daí um homicídio doloso (/ô/) indicar intencionalidade no planejamento ou execução de um assassinato: "Para que se possa admitir um *dolo*, deve pois existir, além da vontade dirigida àquela violação, a consciência da *injuridicidade*, da injustiça do ato, isto é, o ofensor deve ter sabido – primeiro – que o resultado que ele tinha em mira violava o direito de outrem; segundo, que a sua ação ou omissão havia de produzir esse resultado. Destarte, para que um efeito de tal natureza se apresente como produzido, não por *dolo*, mas por *culpa*, é mister que se dê a falta de conhecimento pressuposto em ambas as relações, ou em qualquer delas." (Tobias Barreto, *Menores e loucos em direito criminal*.)

Domicílio Ver *a domicílio, em domicílio*.

Donde Ver *onde, donde, aonde*.

Doze Pronuncia-se /doze/ e não /douze/.

Duvidar + subjuntivo Ver *suspeitar, duvidar, desconfiar + subjuntivo*.

E e

É meio-dia e meia (E não: É meio-dia e meio.) Com o valor de "metade", usado adjetivamente, *meio* concorda em gênero e número com o termo determinado, claro ou oculto: "Para aquilatar a importância do tropeiro, basta lembrar que o Brasil tem cerca de oito e *meio* milhões de quilômetros quadrados de superfície [...]" (Afonso Arinos, *História e paisagens*); Era *meio-dia e meia* (isto é: e *meia hora*); São *duas e meia*. Ver *meio*.

É muito, é pouco, é bom, é demais Quando o verbo *ser* aparece nas expressões *é muito, é pouco, é bom, é demais, é mais de, é tanto* e o sujeito é representado por termo no plural que denota preço, medida ou quantidade: "Sessenta mil homens muita gente *é* para casa tão pequena" (Rebelo da Silva, *Contos e lendas*)./ Dez reais *é pouco*./ Um *é* pouco, dois *é* bom, três *é* demais.

Nas orações ditas equativas em que com *ser* se exprime a definição ou a identidade, o verbo, posto entre dois substantivos de números diferentes, concorda em geral com aquele que estiver no plural. Às vezes, um dos termos é um pronome: "A pátria não *é* ninguém: *são* todos" (Rui Barbosa, *Discurso no Colégio Anchieta*). Mas: "Justiça *é* tudo, justiça *é* as virtudes todas" (Almeida Garrett, *Da educação* in *Obras completas*). Ver *ser* (concordância).

É necessário, é bom, é preciso Com as expressões do tipo *é necessário, é bom, é preciso*, significando 'é necessário ter', o adjetivo pode ficar invariável, qualquer que seja o gênero e o número do termo determinado, quando se deseja fazer uma referência de modo vago ou geral: *É necessário* paciência; "Sei lá, sei lá/ Só sei que *é preciso* paixão/ Sei lá, sei lá [...]." (Vinicius de Moraes e Toquinho, "Sei lá... A vida tem sempre razão", *Cancioneiro* in *Vinicius de Moraes: obra reunida*).

Caso o sujeito seja usado acompanhado de uma determinação (artigo, pronome), faz-se a concordância regular com ele: *É necessária muita paciência*; "O fato de *ter sido precisa a explicação* [...]." (Afonso Pena Jr., *A arte de furtar e o seu autor*); "*Eram precisos outros* três homens [...]." (Aníbal Machado, *Vida feliz*). A flexão de *necessária(s)* é mais frequente que a de *precisa*.

E nem Evite-se (embora não constitua erro) o emprego de *e nem* quando não houver necessidade de ênfase: Não tem livro *e nem* caderno. Mas já com ênfase: "Nunca vira uma boneca *e nem sequer* o nome desse brinquedo [...]." (Monteiro Lobato); "[...] mas o primo Nicolau está a dormir até tarde *e nem* à missa vai [...]." (Camilo Castelo Branco).

É preciso Ver *é necessário, é bom, é preciso*.

É preferível Assim como fazemos em relação ao verbo *preferir* (*prefiro água a café*), dizemos que *é preferível* uma coisa *a* outra (e não: *do que* outra): *É preferível dançar mal a ficar sentado sem dançar*.

É proibido, é permitido Expressões do tipo *é proibido, é permitido* ficam invariáveis quando o sujeito não está determinado: *É proibido filmagem durante a sessão*; *Não é permitido entrada de animais*.

Caso o sujeito seja usado acompanhado de uma determinação (artigo, pronome), faz-se a concordância regular com ele: *É proibida a filmagem durante a sessão*; *Não é permitida a entrada de animais*.

É que A moderna expressão *é que*, de valor reforçativo de qualquer termo oracional, aparece em geral com o verbo *ser* invariável em número: *Nós é que somos brasileiros.* (= Nós somos brasileiros.)./ *Esses livros é que não compraremos agora* (= Não compraremos esses livros agora.).

Afastado do *que* e junto do termo no plural, aparece às vezes o verbo *ser* no plural, concordância que a língua-padrão rejeita: *São de homens assim que depende o futuro da pátria.* (Melhor seria: *É de homens assim que depende o futuro da pátria.* Ou: *De homens assim é que depende o futuro da pátria.*)/ *Foram nesses livros que estavam as respostas.* (Melhor seria: *Foi nesses livros que estavam as respostas.* Ou: *Nesses livros foi que estavam as respostas.*)

É uma e meia O verbo *ser* concorda com o numeral, ficando no singular em frases como: *é uma e meia, era uma hora e quinze, é meio-dia e meia, é meio-dia e dez* (e não: *são uma e meia, eram uma hora e quinze*, etc.).

E vai para o plural em referência a quantidades iguais ou superiores a dois: *são vinte para a uma, são cinco para as duas, eram doze e trinta*, etc.; "– Não, não, ainda é cedo. Vi agora mesmo o relógio, *são* onze e meia." (Machado de Assis, "Missa do Galo", *Os melhores contos brasileiros de todos os tempos*).

-eano, -iano O Acordo Ortográfico de 1990 nos chamou a atenção para alguns casos que fugiam a princípios há muito estabelecidos, como foi a determinação para o emprego de *i* no sufixo *-iano*, e não *-eano*, em casos como *camoniano* (de Camões), *ciceroniano* (de Cícero), *machadiano* (de Machado), *açoriano* (dos Açores) e *acriano* (do Acre). Da mesma forma temos: *balzaquiano* (de Balzac), *freudiano* (de Freud), *rosiano* (de Rosa), *sartriano* (de Sartre), *uspiano* (da USP). A terminação *-eano* ocorre em derivados de substantivos terminados em -é, -ê, -ea, -ei, -eia, -éu, -eu: *mallarmeano* (de Mallarmé), *guaxupeano* (de Guaxupé), *daomeano* (de Daomé), *tieteano* (de Tietê), *corneano* (de córnea), *bruneano* (de Brunei), *coreano* (de Coreia), *pompeano* (de Pompeia), *traqueano* (de traqueia), *montevideano* (de Montevidéu), *galileano* (de Galileu), *lineano* (de Lineu).

Editor-assistente, editora-assistente Quando o segundo elemento do composto denota seriação ou hierarquia, usa-se hífen: *administrador-geral, administradora-geral, secretário-geral, secretária-geral, gerente-geral, coordenador-geral, coordenadora-geral, diretor-executivo, diretora-executiva, diretor-presidente, diretora-presidente, redator-chefe, redatora-chefe, editor-assistente, editora-assistente, cirurgião-assistente, cirurgiã-assistente.*

Editor-lexicógrafo, editora-lexicógrafa Quando no composto houver duas atividades ou áreas diferentes, emprega-se o hífen. É o caso de *cirurgião-dentista, cirurgiã-dentista, editor-lexicógrafo, editora-lexicógrafa, engenheiro-agrônomo, engenheira-agrônoma, médico-legista, médica-legista.*

Elefante O feminino de elefante é *elefanta*. As formas *elefoa* e *aliá*, apesar de certa tradição gramatical e lexicográfica, não gozam hoje de aceitação geral, devendo, assim, ser evitadas, pela pouca documentação.

Elegido, eleito Ver *particípio*.

Eletro- Ver *hífen nas formações com prefixo*.

Elogiar O verbo *elogiar* (= exaltar as qualidades de algo ou alguém) pede objeto direto de pessoa ou coisa: "Além do mais, gostava do tio de sua mulher, sempre *o* elogiava – e tinha motivos para isso." (Carlos Heitor Cony, *Quase memória*); *Não se cansava de elogiá*-lo (e não: de *elogiar*-lhe); *O chefe* a *elogiou* (e não: *O chefe* lhe *elogiou*).

Mas podemos dizer: O chefe *lhe* elogiou *a ideia* (o adjunto adnominal *lhe* = dele, dela, sua). É o mesmo que: O chefe elogiou *a ideia dele/dela* ou O chefe elogiou *sua ideia*.

Em A preposição *em* denota: a) lugar onde, situação, em sentido próprio ou figurado: "Formam-se mais tempestades *em* nós mesmos que *no* ar, *na* terra e *nos* mares." (Marquês de Maricá). Obs.: Com alguns verbos, para se exprimir esta circunstância, se emprega um pronome oblíquo átono em lugar da expressão introduzida por *em*: "Pulsa-*lhe* (= nele) aquele afeto verdadeiro" (Machado de Assis)./ Não *me* toque./ Bateu-*nos*./ Mexeu-*lhe*.

b) tempo, duração, prazo: "Os homens *em* todos os tempos, sobre o que não compreenderam, fabularam." (Marquês de Maricá). Obs.: 1.ª) Precedendo um gerúndio, a preposição *em* aparece nas circunstâncias de tempo, condição ou hipótese: "Ninguém, desde que entrou, *em* lhe *chegando* o turno, se conseguirá evadir à saída" (Rui Barbosa). 2.ª) Para denotar o espaço ou decurso de tempo usa-se a preposição *em* em concorrência a *dentro de* ou *daqui a*, emprego que alguns estudiosos, com exagero, veem como abuso ou imitação do francês: *Em* cinco minutos irei atendê-lo.

c) modo, meio: Foi *em* pessoa receber os convidados./ Pagava *em* cheque tudo o que comprava.

d) a nova natureza ou forma em que uma pessoa ou coisa se converte, disfarça, desfaz ou divide: "O homem de juízo converte a desgraça *em* ventura, o tolo muda a fortuna *em* miséria." (Marquês de Maricá)./ Dar *em* doido.

e) preço, avaliação: A casa foi avaliada *em* milhares de reais.

f) fim, destinação: Vir *em* auxílio./ Tomar *em* penhor./ Pedir *em* casamento.

g) estado, qualidade ou matéria: General *em* chefe./ Ferro *em* brasa./ Imagem *em* barro./ Gravura *em* aço. Obs.: Tem-se, sem maior exame, condenado este emprego da preposição *em* como galicismo. Tem-se também querido evitar a expressão *em questão*, por se ter inspirado em modo de falar francês; mas é linguagem hoje comuníssima e corrente nas principais línguas literárias modernas.

h) causa, motivo (geralmente antes do infinitivo): "Há povos que são felizes *em* não ter mais que um só tirano." (Marquês de Maricá).

i) lugar para onde se dirige um movimento, sucessão, em sentido próprio ou figurado: Saltar *em* terra./ Entrar *em* casa./ De grão *em* grão. Obs.: A língua-padrão não aceita este emprego com os verbos *vir*, *chegar*, preferindo a preposição *a*: Ir *à* cidade; chegar *ao* colégio.

j) forma, semelhança, significação de um gesto ou ação: "Resoluta estendeu os braços, juntando as mãos *em* talhadeira e arrojou-se d'alto, mergulhando..." (Coelho Neto).

Em anexo Ver *anexo, incluso, apenso*.

Em cores, a cores As duas formas estão corretas. As características deste tipo de relação são indicadas mediante o emprego das preposições *de*, *em* ou *a*, esta última por influência estrangeira, em especial quando a unidade designa um artefato, em que o determinante indica o agente motor, *barco à vela, motor à explosão, fogão a gás*, ou uma característica distintiva, *televisão a cores/ televisão em cores*; "Lembro como eu fiquei maravilhado de ver pela primeira vez histórias em quadrinhos *a cores.*" (Luis Fernando Verissimo e Zuenir Ventura, *Conversa sobre o tempo com Arthur Dapieve*); "No filme *em cores* aparecia um tronco de árvore com o vinho e a hóstia [...]." (*Idem, ibidem*); "[...] eram inicialmente álbuns ilustrados *a cores* por Voltolino." (Laura Sandroni, *De Lobato a Bojunga: as reinações renovadas*).

Em domicílio Ver *a domicílio, em domicílio*.

Em flagrante Ver *flagrante, fragrante*.

Em fora Ver *fora, a fora, em fora, afora*.

Em greve (E não: de greve) A locução é *em greve* (= estado de cessação voluntária e coletiva de trabalho ou atividade como forma de reivindicação ou protesto): *Uma equipe de médicos entrou* em greve./ *Os petroleiros estavam* em greve; "No Complexo Penitenciário Frei Caneca, visita em apoio aos presos políticos *em greve* de fome, na campanha pela anistia (1978)." (Ana Maria Machado, *Ana Maria Machado: obra reunida*).

Também é correta a locução *estado de greve* (= mobilização para uma futura paralisação; iminência de paralisação): *A categoria entrou em estado de greve*.

Em princípio Ver *a princípio, em princípio, por princípio*.

Em que pese a Na expressão *em que pese a* no sentido de 'ainda que (algo) seja pesaroso, custoso ou incômodo (para alguém)', usa-se o verbo no singular seguido de preposição: *Em que pese aos meus pais*, desta vez não poderei fazer o que me pedem. E também no sentido de 'apesar de; não obstante': *Em que pese aos seus erros*, vou perdoar-lhe. Contraria a tradição da língua usar a expressão sem *a* e concordando com o substantivo, quer em referência a pessoas ou coisas. Diga-se: Em que pese ao engarrafamento, *chegamos a tempo*. (E não: Em que pese o engarrafamento...); Em que pese aos seguranças *presentes, houve tumulto*. (E não: Em que pesem os seguranças...).

Diferente desta construção é o emprego difundido da locução conjuntiva concessiva *em que* (= ainda que), seguida do verbo *pesar* no seu sentido próprio. Neste caso não temos a locução *em que pese a*, e o verbo *pesar* concorda com seu sujeito (sempre coisa, e não pessoa): Em que pese o *novo argumento, mantive a decisão./* Em que pesem os *novos argumentos, mantive a decisão*. Por tudo isto, percebe-se que esta segunda construção não tem relação histórica com a primeira.

Em suspenso A locução *em suspenso* significa: 1. Não concluído, não finalizado: *As obras ficaram* em suspenso *até a diretoria autorizar a execução.* 2. Em estado de expectativa ansiosa, inquieta: "[...] o famoso Bandido da Luz Vermelha, de Los Angeles, cuja execução na câmara de gás, há uns quatro anos, deixou o mundo *em suspenso.*" (Vinicius de Moraes, *Para uma menina com uma flor* in *Vinicius de Moraes: obra reunida*).

Em tempo de, em tempo A expressão *em tempo de* significa 'em risco de; a ponto de': *Dirigia velozmente debaixo de chuva,* em tempo de *sofrer um acidente.*

Diferentemente da locução *em tempo*, 'antes de ser tarde demais': *Cheguei ao aeroporto* em tempo. *O avião não havia decolado.*

Em vez de, ao invés de A locução *em vez de* indica substituição (= em lugar de): "Ou, *em vez de* 'senhora', mulher de preto?" (Nelson Rodrigues, *Memórias: a menina sem estrela*).

Já a locução *ao invés de* indica oposição (= ao contrário de): *Ao invés de* subir, desceu; "Ela observou [...] Mark acender um cigarro, sentar na cadeira, como se preparando para conversar com um grande amigo, *ao invés de* uma refém." (Sonia Rodrigues, *Fronteiras*).

E-mail, email Ambas as formas estão corretas e registradas no Vocabulário Ortográfico da ABL (Volp).

Embaixadora, embaixatriz *Embaixadora* é a mulher que ocupa o cargo de embaixador, aquela que dirige uma embaixada. E também a mulher encarregada de uma missão. Já *embaixatriz* é esposa de embaixador.

Embaixo (E não: em baixo) Grafa-se *embaixo* (junto) em oposição a *em cima* (separado): "Lá em cima era sereno e acolhedor, mãe, berço. Aqui *embaixo* andava desajeitado [...]." (Carlos Heitor Cony, *Da arte de falar mal*); "Guardava tudo isso numa mala preta de couro *embaixo* da minha cama." (Frei Betto e Marcelo Gleiser com Waldemar Falcão, *Conversa sobre a fé e a ciência*). Ver *a baixo, abaixo.*

Emergir (conjugação) O verbo *emergir*, outrora apontado como defectivo, é hoje conjugado integralmente. Para conjugação, ver *submergir*.

Emergir, imergir O verbo *emergir* significa 'vir à tona; subir' (também usado em sentido figurado): *Parte do navio naufragado começou a* emergir./ "Medo de afundar, medo de não conseguir *emergir.*" (Sonia Rodrigues, *Fronteiras*); "Saí da água bêbada. Bêbada de mar. [...] *Emergi* e dei de cara com um conhecido [...]." (Claudia Giudice, *A vida sem crachá*). Este verbo apresenta duplo particípio: *emergido* e *emerso.*

Em oposição, o verbo *imergir* significa 'afundar, mergulhar, penetrar' (também usado em sentido figurado): *O mergulhador* imergiu *no mar à procura dos destroços do navio naufragado./* "Começou a ficar com vontade de *imergir* no passado daquele vilarejo [...]." (Ana Maria Machado, *O mar nunca transborda* in *Ana Maria Machado: obra reunida*). O verbo *imergir* apresenta duplo particípio: *imergido* e *imerso*.

Emigrante Ver *imigrante, emigrante, migrante*.

Eminente Ver *iminente, eminente*.

Empecilho (E não: impecilho) Denomina-se *empecilho* o que, ou quem, dificulta, impede ou atrapalha: *A forte neblina seria um empecilho para a decolagem do avião./* "Desta vez o cadáver não seria *empecilho*, seria ajuda [...]." (Mário de Andrade, *Contos novos*); "Não, padre Noronha renderia somente uma certa perda de tempo [...] mas dificilmente seria um *empecilho* definitivo, nunca seria." (João Ubaldo Ribeiro, *Miséria e grandeza do amor de Benedita*).

Emprego do artigo definido Ver *artigo definido*.

Emprego do artigo indefinido Ver *artigo indefinido*.

Encapuzado (E não: encapuçado) Grafa-se com *z* o adjetivo *encapuzado* (= coberto com capuz), assim como o verbo *encapuzar* (= cobrir[-se] com capuz): "[...] mas logo tocaram a campainha e quando olhei pelo olho mágico vi no corredor escuro uma figura toda *encapuzada*." (Rubem Fonseca, *Feliz ano novo*).

Ênclise Consiste na posposição do pronome átono (vocábulo átono) ao vocábulo tônico a que se liga: Deu-*me* a notícia. Ver *mesóclise* e *próclise*.

Enfarte Ver *infarto, enfarte*.

Enfear (E não: enfeiar) Os verbos em -*ear* trocam o *e* por *ei* nas formas rizotônicas (aquelas cuja sílaba tônica está no radical): *enfear* – pres. ind.: enfeio, enfeias, enfeia, enfeamos, enfeais, enfeiam; *pres. subj.*: enfeie, enfeies, enfeie, enfeemos, enfeeis, enfeiem; *imp. afirm.*: enfeia, enfeie, enfeemos, enfeai, enfeiem. Ver *verbos terminados em -ear e -iar*.

Engambelar, engabelar Ambas as formas estão corretas e registradas no Vocabulário Ortográfico da ABL (Volp).

Engenheiro-agrônomo, engenheira-agrônoma Quando no composto houver duas atividades ou áreas diferentes, emprega-se o hífen. É o caso de *cirurgião-dentista, cirurgiã-dentista, editor-lexicógrafo, editora-lexicógrafa, engenheiro-agrônomo, engenheira-agrônoma, médico-legista, médica-legista*.

Enjoo (flexão de *enjoar* e substantivo) Após o Acordo Ortográfico de 1990, sem acento, seguindo a regra: perde o acento gráfico a vogal tônica fechada do hiato *oo* em palavras paroxítonas, seguidas ou não de -*s*, como: *enjoo(s)* (substantivo) e *enjoo* (flexão de *enjoar*), *povoo* (flexão de *povoar*), *roo* (flexão de *roer*), *voo(s)* (substantivo) e *voo* (flexão de *voar*), etc.

Enquanto A conjunção *enquanto*: 1) Introduz uma frase circunstancial e indica: a) Duração e simultaneidade, equivalendo a 'no tempo em que': "[...] Lígia datilografava *enquanto* eu ficava andando e ditando as palavras." (Rubem Fonseca, *Feliz ano novo*). b) Duração até um limite não ultrapassável, equivalendo a 'durante todo o tempo em que': *Enquanto* a criança estivesse acordada, a mãe estaria a seu lado. c) Prioridade no tempo, até se atingir um objetivo: "Não haverá paz para ti nem para mim *enquanto* não levares adiante essa vingança." (João Ubaldo Ribeiro, *Diário do farol*). d) Contraposição: "Nos intervalos não me levantava da cadeira [...]. As senhoras ficavam quase todas nos camarotes, *enquanto* os homens iam fumar." (Machado de Assis, *Dom Casmurro*).

2) Antes de substantivo, equivale a 'na qualidade de, na condição de; como': "– Eu sei, mas não é nossa vontade que deve agora guiar nossa conduta. É o caráter imperioso de nossas convicções e processos, *enquanto* militantes radicais." (João Ubaldo Ribeiro, *Diário do farol*); *Enquanto* professor, tinha o dever de corrigi-la.

Enquanto que A locução *enquanto que* significa 'ao passo que; mas': "Caímos no canapé, e ficamos a olhar para o ar. [...] Mas eu creio que Capitu olhava para dentro de si mesma, *enquanto que* eu fitava deveras o chão [...]." (Machado de Assis, *Dom Casmurro*).

Ensinar (regência) Constrói-se com objeto indireto de pessoa e direto da coisa ensinada: *Ensinar o padre-nosso ao vigário.*/ *Quero ensinar-lhe esse caminho*. Acompanhando-se de infinitivo (precedido ou não da preposição), usa-se com objeto direto ou indireto: *Eu a ensinei a nadar* (ou *Eu lhe ensinei nadar*)./ *Ensinou o padre a rezar o padre-nosso* (ou *Ensinou ao padre rezar o padre-nosso*).

Entorse O substantivo *entorse* (= lesão dos ligamentos articulares, sem deslocamento dos ossos da articulação) é feminino (*a entorse*).

Entra e sai Conforme o Acordo Ortográfico de 1990, são grafadas sem hífen expressões com valor de substantivo (do tipo *um deus nos acuda, um salve-se quem puder, um faz de contas, um disse me disse*, etc.). Assim, a locução *entra e sai* (= movimentação constante de entrada e saída de pessoas ou coisas) é grafada sem hífen: *um* entra e sai *de mercadorias; O* entra e sai *de alunos atrapalhou a aula*; "Vivia nervoso, agitado, não parava, naquele *entra e sai* [...]." (Ana Maria Machado, *Alice e Ulisses* in *Ana Maria Machado: obra reunida*).

Entrar e sair de... Ver *regências diferentes*.

Entre[1] A preposição *entre* denota posição intermediária no espaço ou no tempo, em sentido próprio ou figurado: *entre* as cinco e seis horas; *entre* 10 e 12 anos; "*Entre* o queijo e o café, demonstrou-me Quincas Borba que o sistema era a destruição da dor." (Machado de Assis, *Quincas Borba*). Como as outras preposições, rege pronome oblíquo tônico, de modo que se diz *entre mim e ti, entre ti e eles, entre mim e ela, entre ela e ti, entre mim e você, entre ele e mim, entre você e mim, entre as pessoas e mim,* etc. "Por que vens, pois, pedir-me adorações quando *entre mim e ti* está a cruz ensanguentada do Calvário...?" (Alexandre Herculano, *Eurico*); "[...] nenhumas relações estreitas existiam *entre mim e ela*." (Machado de Assis, *Memórias póstumas de Brás Cubas*).

A língua exemplar tem evitado exemplos como *entre eu e tu, entre tu e eu, entre eu e eles, entre eles e eu* e semelhantes. Deste último caso, em que o pronome reto não vem junto da preposição *entre* ocorrem alguns exemplos literários: "Odeio toda a gente/ com tantas veras d'almas e tão profundamente,/ que me ufano de ouvir que *entre eles e eu* existe/ separação formal" (Antônio Feliciano de Castilho, *Misantropo* – trad. do teatro de Molière).

Já há concessões de alguns gramáticos quando o pronome *eu* ou *tu* vêm em segundo lugar: Entre *ele* e *eu*./ Entre o José e *eu*. A língua exemplar insiste na lição do rigor gramatical, recomendando, nestes casos, o uso dos pronomes oblíquos tônicos: Entre *mim* e *ti*./ Entre *ele* e *mim*. Um exemplo como *Entre José e mim* dificilmente sairia hoje da pena de um escritor moderno. Este desvio da norma encontra paralelo em outras línguas românicas, como o espanhol e o italiano (Meyer-Lübke, *Grammaire des Langues Romanes*).

Obs.: 1.ª) Antes de verbo infinitivo, o sujeito é um pronome reto: *Entre eu sofrer e tu ficares triste, prefiro sofrer.* 2.ª) Vale lembrar que devemos usar a conjunção *e* (*entre... e...*): entre *uma coisa* e *outra*: "*Entre* meia-noite *e* uma hora, Pestana pouco mais fez que estar à janela [...]." (Machado de Assis, "Um homem célebre", *Os melhores contos brasileiros de todos os tempos*).

Entre² Ver *dentre, entre*.

Entre mim e ti Ver *entre¹*.

Entre si, entre eles (entre elas)
Usamos *entre si* quando o pronome (*si*) se refere ao sujeito da oração: "Os índios, que certamente falavam a mesma língua do Oiapoque ao Chuí, só guerreavam *entre si* de brincadeirinha [...]" (João Ubaldo Ribeiro, "A solução é clara", *A gente se acostuma a tudo*); "Notou, igualmente, a vantagem dos confederados repartirem de antemão os postos *entre si* [...]" (Rebelo da Silva, *História de Portugal*); "Correu por todos um sinal de pouco contentamento, exceto pelos primos que trocaram *entre si* um olhar de inteligência e triunfo." (Manuel Antônio de Almeida, *Memórias de um sargento de milícias*).

Quando o pronome não se referir ao sujeito da oração, devemos usar *entre eles* (*entre elas*): "Os diálogos *entre eles* eram de uma desesperadora trivialidade [...]." (Nelson Rodrigues, "Paixão", *A vida como ela é...*); "E é devoção ocultada *entre eles* mesmos, que, como bons advogados, escamoteiam uns dos outros até suas medalhinhas." (João Ubaldo Ribeiro, *O albatroz azul*); "Expressava o sofrimento em inglês, esquecida que Imperatriz proibira *entre elas* qualquer insinuação saxônica, sobretudo nos momentos intensos." (Nélida Piñon, *Tebas do meu coração*).

Entrega a domicílio, entrega em domicílio Ver *a domicílio, em domicílio*.

Entregado, entregue Ver *particípio*. Ver *pegado, pego*.

Entressafra Conforme o Acordo Ortográfico de 1990, nas formações com prefixos, quando o 1.º elemento termina por vogal (*entre-*) e o 2.º elemento começa por *r* ou *s* (*safra*), não se usa hífen, e estas consoantes devem duplicar-se, prática já adotada também em palavras deste tipo pertencentes aos domínios científico e técnico: *antessala, antirreligioso, antissocial, autorregulamentação, biorritmo, biossatélite, contrarregra, contrassenha, cosseno, eletrossiderurgia, extrarregular, infrassom, macrorregião, microssistema, minissaia, multissegmentado, neorromano, protossatélite, pseudossigla, semirreta, semirrígido, sobressaia,* *suprarrenal, ultrassonografia*. Ver *hífen nas formações com prefixo*.

Entreter Verbos derivados de *ter* levam acento agudo no *e* do radical na 2.ª e 3.ª pessoas do singular do presente do indicativo (*tu entreténs, ele entretém*) e na 2.ª pessoa do singular do imperativo afirmativo (*entretém tu*). Nos demais tempos e pessoas, conjuga-se como *ter*. Ver *ter*.

Enviamos-lhe (E não: enviamo-lhe) Nenhuma alteração ocorre no verbo e no pronome posposto *me, te, nos, vos, lhe* ou *lhes* em casos como: *conhecemos-te, chamamos-lhe, enviamos-lhe, requeremos-lhe*, etc. Evitem-se, portanto, *enviamo-lhe, informamo-lhe*! Ver *chamamos-lhe* (e não: *chamamo-lhe*).

Envolvido, envolto Ver *particípio*.

Enxaguar Os verbos do tipo de *aguar, apaniguar, apaziguar, apropinquar, averiguar, desaguar, enxaguar, obliquar, delinquir* e afins, por oferecerem dois paradigmas, ou têm as formas rizotônicas (aquelas cuja sílaba tônica está no radical) igualmente acentuadas no *u*, mas sem marca gráfica [presente do indicativo: *enxaguo* (/ú/), *enxaguas* (/ú/), *enxagua* (/ú/), *enxaguamos, enxaguais, enxaguam* (/ú/); presente do subjuntivo: *enxague* (/ú/), *enxagues* (/ú/), *enxague* (/ú/), *enxaguemos, enxagueis, enxaguem* (/ú/)] ou têm as formas rizotônicas acentuadas fônica e graficamente nas vogais *a* ou *i* radicais [presente do indicativo: *enxáguo, enxáguas, enxágua, enxaguamos, enxaguais, enxáguam*; presente do subjuntivo: *enxágue, enxágues, enxágue, enxaguemos, enxagueis, enxáguem*].

A conjugação com a tonicidade na vogal *u* é mais comum em Portugal, enquanto a tonicidade na vogal *a* é mais corrente no Brasil.

Equestre (/qüe/) Profere-se o *u* depois do *q* em: *aquícola, consequência, delinquência, delinquir, equestre, equevo, equino* (= cavalar), *frequência, loquela, obliquidade, quingentésimo, quinquênio, quiproquó, sequência, Tarquínio, tranquilo, ubiquidade*, entre outros.

Equidade (/qüi/ ou /qui/) É facultativo pronunciar o *u* em: *antiquíssimo, equidade, liquidação, liquidar, líquido, liquidificador, retorquir*, entre outros.

Equivaler Conjuga-se como o verbo *valer*. Ver *valer*.

Era uma vez Na expressão que introduz narrações do tipo de *era uma princesa*, o verbo *ser* é impessoal, com o significado de *existir*, funcionando como predicativo o substantivo seguinte, com o qual concorda: *Era uma princesa* muito formosa que vivia num castelo de cristal./ "*Eram quatro irmãs tatibitates* e a mãe delas tinha muito desgosto com esse defeito" (Luís da Câmara Cascudo, *Contos tradicionais do Brasil*).

Com a expressão *era uma vez uma princesa*, continua o verbo *ser* como impessoal e o substantivo seguinte como predicativo (*uma princesa*); todavia, como diz Adriano da Gama Kury, a atração fortíssima do singular *uma vez* (adjunto adverbial de tempo) leva a que o verbo fique também no singular ainda quando o predicativo seja um plural: "Disse que *era uma vez dois* [...] *compadres*, um rico e outro pobre" (Luís da Câmara Cascudo, *Contos tradicionais do Brasil*); "*Era uma vez três moças* muito bonitas e trabalhadeiras" (*Idem, ibidem*).

A verdade é que muitos idiomas, em textos de níveis distensos, apresentam essas irregularidades que se afastam do uso normal e padrão, principalmente quando o verbo é anunciado antes do sujeito, com alguma distância, como se o falante ao começar a oração pelo verbo ainda não tivesse decidido como iria apresentar formalmente a expressão do sujeito.

Erigir A forma *erigido* (e não: *ereto*) é particípio do verbo *erigir*: "É possível que a verdade seja outra e que se tenham *erigido* em senhores como cameleiros." (Alberto da Costa e Silva, *A enxada e a lança*). O vocábulo *ereto* é adjetivo: "Ela não se mexe, firme, *ereta*." (Nelson Rodrigues, "Sórdido", *A vida como ela é...*).

Ermitão Muitos substantivos em -*ão* apresentam dois e até três plurais. É o caso de *ermitão*, plural: *ermitões, ermitãos* ou *ermitães*. O feminino pode ser *ermitã* ou *ermitoa*.

Esboço (/ô/), esboços (/ô/) No plural, permanece com *o* fechado tônico: esboço (/ô/) – esboços (/ô/). Ver *plural com alteração de o fechado para o aberto*.

Escrivão O plural de *escrivão* é *escrivães*. Tem como feminino *escrivã*; plural: *escrivãs*.

Espécime, espécimen Ambas as formas estão corretas, mas *espécime* é considerada preferencial. O plural de *espécimen* é *espécimens* e, pouco usado no Brasil, *especímenes*. Ver *plural de nomes gregos em* -n.

Espectador, expectador Chamamos *espectador* (com *s*) 'aquele que assiste a um espetáculo', 'aquele que é testemunha de um fato ou observa algo': "Ora, ninguém consegue, sendo *espectador* do jogo, ter a autoestima do jogador." (Frei Betto e Marcelo Gleiser com Waldemar Falcão, *Conversa sobre a fé e a ciência*); "Dona Benta não é apenas uma *espectadora* das aventuras de seus netos, mas também participante ativa em várias delas." (Laura Sandroni, *De Lobato a Bojunga*). O *expectador* (com *x*) designa 'aquele que fica na expectativa, que espera a ocorrência de algo'.

Esperar (regência) O verbo *esperar* pede objeto direto puro ou precedido da preposição *por*, como posvérbio (marcando interesse): Todos esperavam Antônio. Todos o esperavam. Todos *esperavam por* Antônio.

Esposa, mulher As duas formas são corretas para designar a 'companheira conjugal': "Mas, principalmente, orgulhosos de Benedita, que entre todos se mostrava a mais feliz e briosa, que mulher, que *esposa*, que bênção!" (João Ubaldo Ribeiro, *Miséria e grandeza do amor de Benedita*); "J.J. Santos, o banqueiro de Minas, no mesmo sábado, discutia com sua *esposa* se iam ou não ao casamento [...]." (Rubem Fonseca, *Feliz ano novo*); "Se o que se quer é a boa *esposa*/ A aquariana pousa." (Vinicius de Moraes, "Aquário", *Dispersos* in *Vinicius de Moraes: obra reunida*); "Mais tarde, no quarto, trancados, houve uma cena atrás entre marido e *mulher*." (Nelson Rodrigues, "O netinho", *A vida como ela é...*); "– Sou a *mulher* do Cardoso... Conhece meu marido?" (Carlos Heitor Cony, *Quase memória*). Vale ressaltar que a forma feminina de *marido* é *mulher* (e não *esposa*).

Esquecer O verbo *esquecer* pede objeto direto da pessoa ou coisa esquecida: *Eu* esqueci *os livros na escola*; *Não* esquecemos *os velhos amigos*; "Clemente oferecera dinheiro ao síndico para que ele *esquecesse* o que vira." (Rubem Fonseca, *Agosto*); "[...] por isso jamais *esqueceria* o balão e o pai." (Carlos Heitor Cony, *Quase memória*).

Esquecer-se, pronominal, pede objeto indireto encabeçado pela preposição de: Esqueci-me dos *livros*; "Cuidava dele, ainda, como uma espécie de menino que *se esquecera de* crescer." (Carlos Heitor Cony, *Quase memória*).

Estados Unidos (concordância) Ver *os Estados Unidos são...*

Estiver, tiver A forma *estiver* é flexão do verbo *estar*: *Ele* esteve *lá em casa* (e não: *Ele* teve *lá em casa*); "Mattos não se lembrava de ter visto o copeiro quando *estivera* no apartamento no dia do crime." (Rubem Fonseca, *Agosto*).

A forma *tiver* é flexão do verbo *ter*: "Teodoro estava mais duro que um rochedo: – Se ela *tiver* vontade, pode sair..." (Jorge Amado, "História do Carnaval", *Os melhores contos brasileiros de todos os tempos*).

Estorvo (/ô/), estorvos (/ô/) No plural, permanece com *o* fechado tônico: estorvo (/ô/) – estorvos (/ô/). Ver *plural com alteração de o fechado para o aberto*.

Estrear (E não: estreiar) Os verbos em -*ear* trocam o *e* por *ei* nas formas rizotônicas (aquelas cuja sílaba tônica está no radical): *estrear – pres. ind.*: estr*eio*, estr*eias*, estr*eia*, estreamos, estreais, estr*eiam*; *pres. subj.*: estr*eie*, estr*eies*, estr*eie*, estreemos, estr*eeis*, estr*eiem*; *imp. afirm.*: estr*eia*, estr*eie*, estreemos, estreai, estr*eiem*. Ver *verbos terminados em -ear e -iar*.

Estrelado Ver *ovo estrelado*.

Estuprar, estupro, estuprador (E não: estrupar, estrupo, estrupador) A grafia correta é apenas esta: *estuprar* (= violentar). Assim como os substantivos masculinos *estupro* e *estuprador*: "Ler os jornais. Sequestro, *estupro*, bala perdida [...]." (João Ubaldo Ribeiro, "Do diário de um homem de letras", *O conselheiro come*);

"O *estuprador* espancou-a com muita violência [...]." (Rubem Fonseca, *Ela e outras mulheres*).

Étnico-racial, etnorracial Ver *etnorracial, étnico-racial*.

Etnônimo Nome que se aplica à denominação dos povos, das tribos, das castas ou de agrupamentos outros em que prevalece o conceito de etnia. Estes nomes utilizados na língua comum admitem a forma plural, como todos os outros: *os brasileiros, os portugueses, os espanhóis, os botocudos, os tupis, os tamoios*, etc.

Por convenção internacional de etnólogos, está há anos acertado que, em trabalhos científicos, os etnônimos que não sejam da língua portuguesa, ou nos quais não haja elementos da língua portuguesa, não são alterados na forma plural, sendo a flexão indicada pelo artigo plural: *os tupi, os nambiquara, os caiuá, os tapirapé, os banto, os somali*, etc.

Etnorracial, étnico-racial Ambas as formas estão corretas e registradas no Vocabulário Ortográfico da ABL (Volp). O plural de *etnorracial* (adjetivo de dois gêneros) é *etnorraciais*: relações *etnorraciais*; o de *étnico-racial* (adjetivo de dois gêneros) é *étnico-raciais*: relações *étnico-raciais*, estudos *étnico-raciais*.

Eu lírico Por se tratar de locução, *eu lírico* deve ser grafado sem hífen: "Esse Eu é decerto ainda um produto da imaginação, um ente imaginário ou paraficcional em que se desdobra o *Eu lírico* propriamente dito ao ver-se a si mesmo enquanto ser que se recorda, no ato da rememoração." (Davi Arrigucci Jr., *A poesia de Manuel Bandeira – Humildade, paixão e morte*).

Euro- Emprega-se em adjetivos compostos como redução de *europeu*: *euro-africano, euro-americano, euro-árabe, euro-asiático, euro-siberiano,* etc. Assim temos: *resolução euro-árabe, países euro-asiáticos.* Porém é grafado sem hífen em empregos em que só há uma etnia: *eurocêntrico, eurocomunista, euromercado, eurodólar,* etc. Ver *hífen nas formações com prefixo.*

Ex- Ver *hífen nas formações com prefixo.*

Exceção Chamamos de *exceção* (com *xc...ç*) 'aquilo que se exclui de uma regra; qualquer desvio do padrão': "Segunda lição: não pode haver *exceção* alguma à convicção de que ninguém merece confiança." (João Ubaldo Ribeiro, *Diário do farol*); "[...] enfim, os indicadores são todos, sem *exceção*, perfeitos, sempre na média ótima [...]." (Gustavo Bernardo, *A filha do escritor*).

Excesso O *excesso* (com *xc...ss*) é 'aquilo que passa da medida, que excede o normal, o desejado; exagero': "Para quem precisa de assunto toda semana, é de esperar-se que *excesso* de assuntos seja uma bênção." (João Ubaldo Ribeiro, "Se tivesse estudado...", *A gente se acostuma a tudo*).

Exceto Pode ocorrer depois de algumas preposições acidentais (*exceto, salvo, tirante, inclusive,* etc. de sentido exceptivo ou inclusivo) outra preposição requerida pelo verbo, sendo que esta última preposição não é obrigatoriamente explicitada: Gosto de todos daqui, *exceto ela* (ou *dela*). Sem razão, alguns autores condenam, nestes casos, a explicitação da segunda preposição (*dela*, no exemplo acima): "Senhoreou-se de tudo, *exceto dos* dois sacos de prata" (Camilo Castelo Branco).

Existir, haver (concordância) Ver *haver, existir.*

Expectador Ver *espectador, expectador.*

Expedir Conjuga-se como o verbo *pedir*, mas não é derivado dele. Ver *pedir.*

Expor Verbos derivados de *pôr* (*compor, depor, dispor, expor, opor,* etc.) não têm acento gráfico na 1.ª e 3.ª pessoas do singular do infinitivo flexionado: *expor, expores, expor, expormos, expordes, exporem.* Nos demais tempos e pessoas, conjuga-se como *pôr*. Ver *pôr.*

Expressado, expresso Ver *particípio.*

Exprimido, expresso Ver *particípio.*

Expulsado, expulso Ver *particípio.*

Extinguido, extinto Ver *particípio.* Ver *pegado, pego.*

Extinguir Não se deve proferir o *u* depois do *g* em: *distinguir,* *exangue, extinguir, langue, pingue* (= gordo, fértil, rendoso). Profere-se o *u* depois do *g* em: *aguentar, ambiguidade, arguição, arguir, bilíngue, consanguíneo, contiguidade, ensanguentado, exiguidade, lingueta, linguista, redarguir, sagui* ou *saguim, unguento, unguiforme.* É facultativo pronunciá-lo em: *antiguidade; sanguíneo; sanguinário; sanguinoso.*

Extra- Ver *hífen nas formações com prefixo.*

Extraclasse O adjetivo de dois gêneros e dois números *extraclasse* (sem hífen) significa 'que ocorre ou se faz fora da sala de aula': *atividades extraclasse* (e não: *extraclasses*).

Ff

Face a face Não ocorre acento grave no *a* nas expressões formadas com a repetição de mesmo termo (ainda que seja um nome feminino), por se tratar de pura preposição: cara *a* cara, face *a* face, frente *a* frente, gota *a* gota, etc. A expressão *face a face* significa 'diante de alguém ou algo': "Postos *face a face*, os que se contradizem entre si não teriam coragem de negar a verdade." (João Ubaldo Ribeiro, *Diário do farol*).

Falar ao telefone Ver *ao telefone, no telefone*.

Falar para Ver *dizer para*.

Falir Verbo defectivo que se conjuga unicamente nas formas em que depois do radical vem *i*. Assim, no presente do indicativo, só ocorrem as formas: nós *falimos,* vós *falis* (portanto, não se deve dizer: eu *falo,* tu *fales,* ele *fale.* Prefira: eu *vou à falência,* eu *vou falir,* ele *vai à falência,* eles *vão falir*). Não se conjuga também em todo o presente do subjuntivo, no imperativo afirmativo (com exceção da 2.ª pessoa do plural [*fali* vós]) e no imperativo negativo. Nos demais tempos e pessoas, conjuga-se regularmente.

Faltar Fica no singular o verbo que tem por sujeito uma oração, que, tomada materialmente, vale por um substantivo do número singular e do gênero masculino: Ainda *falta* entregar a prova os alunos retardatários (e não *faltam*!); *Falta* apurar os votos de duas urnas; Não são poucos os casos que me *falta* elucidar; *Faltava* prenderem o mandante do crime.

Nas demais construções, o verbo *faltar* flexiona-se conforme o sujeito: *Faltavam* poucos minutos para a reunião; *Deviam faltar* dois meses para o bebê nascer; "– Mulheres é que não *faltam*, inclusive a minha!" (Nelson Rodrigues, "História de amor", *A vida como ela é...*); "Olho o relógio, *faltam* 15 minutos." (Caio Fernando Abreu, *Morangos mofados*); "Já andei pelas ruas, como um louco, procurando uma mulher, uma qualquer, e não conseguia; agora as tenho, mas *faltam*-me as forças."

(Rubem Fonseca, *A coleira do cão*); "No fundo, sempre me *faltava* alguma coisa." (Carlos Heitor Cony, *O irmão que tu me deste*); "Agora que a Justiça está [...] reformadíssima, tinindo em ponto de bala, *faltam* instalações para botar em cana multidões que vão ser presas. (João Ubaldo Ribeiro, "Circulação Zero", *A gente se acostuma a tudo*).

O verbo *faltar* constrói-se com objeto indireto regido da preposição *a*: "E nunca *faltava à* praia [...]." (Carlos Heitor Cony, *Vera Verão*); "[...] dormirás dias adentro, noites afora, *faltarás ao* trabalho [...]." (Caio Fernando Abreu, *Morangos mofados*). Obs.: Evitem-se construções errôneas do tipo: Fiquei tão indignado, que só *faltei* chamar a polícia (por: *Fiquei tão indignado, que só me faltou chamar a polícia*. O sujeito do verbo *faltar* é *chamar a polícia* e não *eu*); Só *faltavam* dizer que eu estava errado (por: Só faltava *dizerem que eu estava errado*).

Faltar ao respeito, faltar com o respeito Dizemos *faltar ao respeito* (a alguém) ou *faltar com o respeito* (a alguém): "Não tinha a menor intenção de *faltar ao respeito*." (Marques Rebelo, "Stela me abriu a porta", *Os melhores contos brasileiros de todos os tempos*); "– Sofia, disse-lhe o marido, sentando-se ao pé dela. Não quero entrar em minudências; digo só que não permito que alguém *te falte ao respeito*..." (Machado de Assis, *Quincas Borba*). Também são construções corretas: *faltar com o apoio a alguém, não lhes faltar com a ajuda*.

Famigerado O adjetivo *famigerado* significa 'famoso, notável, célebre' (e não: 'faminto, esfomeado'): "Uma obra divina, foi o que disse o *famigerado* artista Bê P. Lima, quando viu o tiquinho de nada que restou." (Autran Dourado, "Os mínimos carapinas do nada", *Os melhores contos brasileiros de todos os tempos*); "[...] regime presidencialista que dispõe até mesmo de um instrumento de feição ditatorial, por ele usado e abusado, a *famigerada* Medida Provisória, tão vilipendiada antes." (João Ubaldo Ribeiro, "Não é por aí", *A gente se acostuma a tudo*); "E promulgavam um novo ato institucional, o quinto, que depois ficaria conhecido e execrado apenas por uma sigla *famigerada*, o AI-5." (Ana Maria Machado, *Tropical sol da liberdade* in *Ana Maria Machado: obra reunida*).

Famigerado pode aplicar-se a algo ou alguém notável pelas suas características positivas ou negativas; todavia, no uso mais geral, a palavra se aplica às qualidades negativas.

Fantasma Seguindo-se a um substantivo ao qual se liga por hífen, tem valor de adjetivo com o sentido de 'não existente; fictício; ou que se considera povoado por fantasmas': *empresa-fantasma, cidade-fantasma, navios-fantasma*, etc. Obs.: Nos compostos de dois substantivos, em que o segundo exprime a ideia de *fim*, *semelhança* ou limita a significação do primeiro, admite-se a flexão apenas do primeiro elemento ou dos dois elementos: *cidades-fantasma* (ou *cidades-fantasmas*), *aços-liga* (ou *aços-ligas*), *bombas-relógio* (ou *bombas-relógios*), *canetas-tinteiro* (ou *canetas-tinteiros*), *cidades-satélite* (ou *cidades-satélites*), *decretos-lei* (ou *decretos-leis*), etc.

Favorecer O verbo *favorecer* pede objeto direto: "O luar, que *favorece* o surto de raposas e gambás nos galinheiros, era esplêndido." (João Alphonsus, "Galinha cega", *Os melhores contos brasileiros de todos os tempos*); "Esses *favoreceriam*, estando longe de permitir certezas, a tese de que o homem moderno surgiu na África [...]." (Alberto da Costa e Silva, *A enxada e a lança*); "Como seu irmão, mandou construir mesquitas, *favoreceu* as escolas corânicas, atraiu para as suas cidades homens santos e sábios muçulmanos [...]." (*Idem, ibidem*).

A forma pronominal *favorecer-se* (= aproveitar-se, valer-se) constrói-se com a preposição *de*: *O assaltante* favoreceu-se da *distração do segurança para entrar*; *O candidato* favorecia-se da *influência do pai para eleger-se*.

Fax (/cs/) O substantivo *fax* é masculino de dois números (o *fax*/ os *fax*). Porém também é aceito o plural *faxes*: "Primeiro, o expediente. Dois *fax* (*faxes*? Pensando bem, esqueçam que perguntei [...].)" (João Ubaldo Ribeiro, "Do diário de um homem de letras", *O conselheiro come*).

Faz quinze dias Os verbos *fazer* e *haver* nas indicações de tempo decorrido são impessoais, devendo ficar apenas na 3.ª pessoa do singular. Desconhecendo-se a natureza impessoal dos verbos *haver* e *fazer*, é comum aparecerem erradamente na 3.ª pessoa do plural, quando seguidos de substantivo no plural. Isto acontece porque o falante toma tais plurais como sujeito, quando, na realidade, não o são: *verbo impessoal não tem sujeito*. Assim, notemos: *Faz* quinze dias (e não: *fazem*); *Fazia* duas semanas (e não: *faziam*); *Houve* enganos lamentáveis (e não: *houveram*); *Haverá* prêmios (e não: *haverão*).

Também ficará no singular o verbo que, junto a *fazer* e *haver*, sirva de auxiliar: *Vai fazer* dez anos que ele viajou (e não: *vão fazer*); *Está fazendo* cinco meses que chegamos (e não: *estão fazendo*); *Deverá fazer* três meses (e não: *deverão fazer*); *Pode haver* enganos (e não: *podem haver*).

Obs.: Em *José faz hoje dez anos*, o verbo *fazer* não é impessoal. Seu sujeito é *José*. Assim deve ir ao plural em: *José e Maria* fazem *dez anos*. Outros sentidos de *fazer* também levam o verbo à flexão: "[...] ela usava sapatos de saltinho que a *faziam* quase dois palmos mais alta que ele."

(Caio Fernando Abreu, *Os dragões não conhecem o paraíso*); "[...] os choques elétricos que a maltratavam e a *faziam* piorar cada vez mais." (Carlos Heitor Cony, *Quase memória*); "*Mulher* não é uma dessas publicações coloridas para burguesas que *fazem* regime." (Rubem Fonseca, *Feliz ano novo*).

Fazem-se chaves Esta frase está na voz passiva, que é a forma especial em que se apresenta o verbo para indicar que o sujeito é o paciente da ação verbal. Assim: *Fazem chaves* (voz ativa) passa a *Fazem-se chaves* (voz passiva); *Fazem esta chave* (voz ativa) passa a *Faz-se esta chave* (voz passiva).

Na voz passiva pronominal, o pronome átono *se* junta-se a um verbo na forma ativa: Fazem-se *persianas*./ Alugam-se *carros*./ Viu-se *o erro da última parcela*; "E se conversa muito, *se fazem* discursos, *se lançam* promessas mirabolantes e nada de positivo acontece." (João Ubaldo Ribeiro, "Quem está preso? Quem governa?", *A gente se acostuma a tudo*).

O sujeito do verbo na voz passiva pronominal é geralmente um nome de coisa, um ser inanimado, incapaz de praticar a ação expressa pelo verbo. Normalmente aparece posposto ao verbo, mas pode se antepor a ele: "Este acontecimento *deu-se* à porta da minha casa, há cinco horas" (Camilo Castelo Branco, *O bem e o mal*). Na voz passiva pronominal o verbo só pode estar na 3.ª pessoa (singular ou plural) e, na língua moderna, não vem expresso o agente da passiva. O pronome átono *se* que se junta ao verbo para formar a voz passiva pronominal denomina-se *partícula apassivadora/ pronome apassivador*. Ver *-se*.

Fazer[1] (concordância) Ver *haver, fazer*.

Fazer[2] Verbo irregular de 2.ª conjugação. Assim, temos: *pres. ind.*: faço, fazes, faz, fazemos, fazeis, fazem; *pret. imperf. ind.*: fazia, fazias, fazia, fazíamos, fazíeis, faziam; *pret. perf. ind.*: fiz, fizeste, fez, fizemos, fizestes, fizeram; *pret. mais-que-perf. ind.*: fizera, fizeras, fizera, fizéramos, fizéreis, fizeram; *fut. pres.*: farei, farás, fará, faremos, fareis, farão; *fut. pret.*: faria, farias, faria, faríamos, faríeis, fariam; *pres. subj.*: faça, faças, faça, façamos, façais, façam; *pret. imp. subj.*: fizesse, fizesses, fizesse, fizéssemos, fizésseis, fizessem; *fut. subj.*: fizer, fizeres, fizer, fizermos, fizerdes, fizerem; *imp.*: faz (ou faze), faça, façamos, fazei, façam; *ger.*: fazendo; *part.*: feito.

Por este modelo se conjugam *contrafazer, desfazer, liquefazer, perfazer, refazer, rarefazer, satisfazer*.

Fazer as vezes de Ver *as vezes, fazer as vezes de, às vezes*.

Fazer jus a O substantivo masculino *jus* (com *s*) quer dizer 'direito derivado da lei natural ou escrita; poder moral ou legítimo de exigir alguma coisa': "Embora não tenha a superstição do respeito, quero que me respeitem no exercício de um *jus* adquirido pela vontade e confirmado pelo tempo." (Machado de Assis, *A Semana*, 27 de novembro de 1892); "E, como ainda tenho *jus* a um almoço, não preciso sair já!" (Aluísio Azevedo, "O madeireiro", *Os melhores contos brasileiros de todos os tempos*).

A locução *fazer jus a* significa 'ser merecedor de (algo): "Boa Conceição! Chamavam-lhe "a santa", e *fazia jus ao* título, tão facilmente suportava os esquecimentos do marido." (Machado de Assis, "Missa do Galo", *Páginas recolhidas*).

Fazer mal (com *l*) A locução *fazer mal* significa: 1. Agir de forma errada: *Ele* fez mal *em mentir*. 2. Prejudicar a saúde; causar mal-estar: "[...] comeu uma empada que *fez mal* e..." (Nelson Rodrigues, "A bacanal", *A vida como ela é...*). Usada para exprimir negação, *não fazer mal* significa 'não haver problema, inconveniência, prejuízo, etc.': "– Eu acho que *não faz mal* que nos vejam, explicou Rubião; mas, fechando as cortinas, ninguém nos vê. Se quer?" (Machado de Assis, *Quincas Borba*); "Estive quase a desmanchar tudo, na hora do 'recebo a vós'... '*Não faz mal*', pensei porém, "gosto dela..." (Raul Pompeia, "Tílburi de praça", *Os melhores contos brasileiros de todos os tempos*).

Já a locução *fazer mal a* significa 'Causar dano, prejuízo a': "Prefiro não andar com eles, me *fazem mal*. (Caio Fernando Abreu, *Os dragões não conhecem o paraíso*); "Depois riu. Aquele riso me *fez mal*." (Carlos Heitor Cony, *O irmão que tu me deste*); "– Você fala assim porque já nasceu um santo, todo mundo fala em como você nunca *fez mal* nem a uma barata, você nasceu para a santidade." (João Ubaldo Ribeiro, *Diário do farol*); "Errado por quê? Você está *fazendo mal* a alguém com isso? (Rubem Fonseca, *Feliz ano novo*).

Fazer que, fazer com que As duas formas estão corretas. Assim, por influência da construção *fazer com alguém* (= conseguir deste alguém) *que* passamos a empregar *fazer com que* ao lado de *fazer que* em orações objetivas diretas do tipo: "[...] fizeram (os cortesãos) *com que* se retirasse para Sintra [...]." (Alexandre Herculano, *Fragmentos literários*). Isto é: *fazer que* significa "diligenciar e conseguir que uma coisa aconteça".

Fazer-se de, fazer de Ambas as formas estão corretas com o significado de 'fingir, simular': Fazia-se de *inocente para enganar a todos*.

Feiinho Não serão acentuadas as vogais tônicas *i* e *u* das palavras paroxítonas, quando estas vogais estiverem precedidas de ditongo decrescente, como é o caso de *cheiinho* (de *cheio*), *feiinho* (de *feio*), *friinho* (de *frio*), *seriinho* (de *sério*), etc. O superlativo absoluto sintético *feiíssimo* é acentuado por ser uma palavra proparoxítona.

Obs.: Chamamos a atenção para as palavras terminadas em -*io* que, na forma sintética, apresentam dois *is*, por seguirem a regra geral da queda do -*o* final para receber o sufixo: cheio (*cheiinho, cheiíssimo*), feio (*feiinho, feiíssimo*), frio (*friinho, friíssimo*), necessário (*necessariíssimo*), precário (*precariíssimo*), sério (*seriinho, seriíssimo*), sumário (*sumariíssimo*), vário (*variíssimo*). Ainda que escritores usem formas com um só *i* (*cheíssimo, cheinho, feíssimo, seríssimo*, etc.), a língua-padrão insiste no atendimento à manutenção dos dois *is*.

Feiíssimo O superlativo absoluto sintético de *feio* é *feiíssimo* (com dois *is*). Ver *feiinho*.

Fel O substantivo masculino *fel* tem como plural *féis* (mais frequente) e *feles*.

Feldspato Quanto à separação silábica, no encontro de consoantes, deixa-se sempre a última consoante na sílaba seguinte: fe**lds**-pa-to.

Fênix (/cs/ ou /s/) O substantivo *fênix* é feminino de dois números (a *fênix/* as *fênix*): "– São então duas *fênix*." (Machado de Assis, *Contos fluminenses*).

Ferrolho (/ô/), ferrolhos (/ô/) No plural, permanece com *o* fechado tônico: ferrolho (/ô/) – ferrolhos (/ô/). Ver *plural com alteração de* o *fechado para* o *aberto*.

Ferro-velho Como composto, no sentido de 'objeto de metal usado e considerado inútil; sucata'; 'lugar onde se compram e vendem objetos de metal usados ou depósito em que esse material é guardado', grafa-se com hífen: "Augusto demorava dois minutos folgados a vasculhar o fundo, do qual trazia sempre qualquer coisa de belo ou de útil: caranguejo, *ferro-velho*, estrela-do-mar [...]." (Vinicius de Moraes, "A letra A: palavra por palavra (III); *Jornal do Brasil*.) O plural é *ferros-velhos*.

Ficar de mal (E não: ficar de mau) Ver *de mal*.

Filé-mignon (/nho/) O substantivo masculino *filé-mignon* tem como plural *filés-mignons*: "Como se eu tivesse escolhido no capricho aquela peça de *filé-mignon*, lavado, cortado [...]." (Ana Maria Machado, *A audácia dessa mulher* in *Ana Maria Machado: obra reunida*).

Fim, final Estes substantivos com o sentido de 'momento ou ponto em que algo se encerra; última parte; término' podem ser indiferentemente usados ao dizermos, por exemplo: bom *fim* de semana ou bom *final* de semana.

Fim de semana A locução *fim de semana* não é grafada com hífen (plural: *fins de semana*). Com o Acordo Ortográfico de 1990, não se emprega o hífen nas locuções, sejam elas substantivas, adjetivas, pronominais, adverbiais, prepositivas ou conjuncionais, salvo algumas exceções já consagradas pelo uso e acolhidas pelo Acordo (como é o caso de *água-de-colônia, arco-da-ve-*

lha, *cor-de-rosa, mais-que-perfeito, pé-de-meia, ao deus-dará, à queima-roupa*). Vale lembrar que, se na locução há algum elemento que já tenha hífen, será conservado este sinal: *à trouxe-mouxe, cara de mamão-macho, bem-te-vi de igreja.*

Sirvam, pois, de exemplo de emprego sem hífen as seguintes locuções: a) Locuções substantivas: *cão de guarda, fim de semana, fim de século, sala de jantar*; b) Locuções adjetivas: *cor de açafrão, cor de café com leite, cor de vinho*; c) Locuções pronominais: *cada um, ele próprio, nós mesmos, quem quer que seja*; d) Locuções adverbiais: *à parte* (diferentemente do substantivo *aparte*), *à vontade, de mais* (locução que se contrapõe a *de menos*; escreve-se junto *demais* quando é advérbio ou pronome), *depois de amanhã, em cima, por isso*; e) Locuções prepositivas: *abaixo de, acerca de, acima de, a fim de, a par de, à parte de, apesar de, debaixo de, enquanto a, por baixo de, por cima de, quanto a*; f) Locuções conjuncionais: *a fim de que, ao passo que, contanto que, logo que, visto que.*

Findado, findo Ver *particípio*.

Fino- Emprega-se em adjetivos compostos como redução de *finlandês*: *fino-russo, fino-soviético*, etc. Assim temos: *Congresso Mundial de Povos Fino-Húngaros, a empresa fino-alemã Nokia Siemens*. Porém é grafado sem hífen em empregos em que só há uma etnia: *finofalante, finofonia, finófono*, etc.

Flagrante, fragrante Como adjetivo de dois gêneros, *flagrante* significa 'que foi visto ou registrado no momento em que ocorreu, em que foi feito': *flagrante* delito; "[...] disse que o alemão acabara de ser surpreendido vertendo água em praça pública, em *flagrante* ultraje ao pudor [...]." (João Ubaldo Ribeiro, *Miséria e grandeza do amor de Benedita*).

Como substantivo masculino, significa "ato ou fato visto no momento em que ocorreu': "Não houve *flagrante*. Nem vamos pedir sua prisão preventiva." (Rubem Fonseca, *Agosto*).

A locução *em flagrante* quer dizer 'no momento em que se está praticando determinado ato': "Um bedel ouviu os gemidos do menino e pegou os safados *em flagrante*." (*Idem, ibidem*). *Fragrante* (adjetivo de dois gêneros) quer dizer 'aromático, perfumado': madeiras *fragrantes*. E *fragrância* é o mesmo que 'aroma, perfume'.

Flamboaiã, *flamboyant* Ambas as formas estão corretas e registradas no Vocabulário Ortográfico da ABL (Volp). O substantivo masculino *flamboaiã* (= certo tipo de árvore ornamental de grande porte) é aportuguesamento do francês *flamboyant* (= flamejante): "[...] caminharam pelo jardim, onde se sentaram num banco debaixo do *flamboyant*, a incendiar com suas flores a tarde de dezembro." (Ana Maria Machado, *O mar nunca transborda* in *Ana Maria Machado: obra reunida*).

Flâmula O substantivo feminino *flâmula*, que está presente na letra do *Hino Nacional*, significa 'bandeira': "E diga o verde-louro dessa *flâmula/* – Paz no futuro e glória no passado." (Joaquim Osório Duque Estrada, Francisco Manoel da Silva, *Hino Nacional Brasileiro*).

Flexão de adjetivos compostos designativos de cores Surgem as incertezas quando o nome de cor é constituído de dois adjetivos. Neste caso, a prática tem sido deixar o primeiro invariável na forma do masculino e fazer a concordância do segundo com o substantivo determinado: *bolsa amarelo-clara, calças verde-escuras, olhos verde-claros, onda azul-esverdeada*.

Exceções: 1) *Azul-marinho* e *azul-celeste*, como adjetivo, ficam invariáveis: *jaquetas azul-marinho, olhos azul-celeste*. 2) Variam ambos os elementos, entre outros exemplos, em: *menino surdo-mudo, meninos surdos-mudos; menina surda-muda, meninas surdas-mudas*. 3) Ambos os elementos ficam invariáveis nos adjetivos compostos que designam cores quando o segundo elemento é um substantivo: *olhos verde-água, lençóis azul-turquesa, ondas azul-ferrete, gravatas azul-petróleo, vestidos azul-violeta, boinas verde-garrafa, uniformes verde-oliva, paredes verde-abacate, bolsa amarelo-limão, carros vermelho-sangue*.

Podemos também usar nossas tradicionais maneiras de adjetivar, com o auxílio da preposição *de* ou das locuções *de cor, de cor de* ou, simplesmente, *cor de*: *olhos de verde-mar, ramagens de cor verde-garrafa, luvas de cor de pele, olhos cor de safira, olhos verdes da cor do mar*; "– Vê se aquela minha bolsinha *cor de vinho* está aí em cima da mesa, por favor, Leo..." (Ana Maria Machado, *Canteiros de Saturno* in *Ana Maria Machado: obra reunida*).

Mário Barreto, lembrando a possibilidade da elipse da preposição *de* ou da locução *cor de*, recomenda a invariabilidade do substantivo empregado adjetivamente, em *fitas creme, luvas café*, isto é, fitas de cor de creme, e rejeita *fitas cremes, luvas cafés*. O mesmo para *vinho, laranja, salmão, rosa, cinza*, entre outras. Ele ainda ensina que, sendo frequente o emprego do nome do objeto colorido para expressar a cor desse mesmo objeto (*o lilá pálido, um violeta escuro*), aplica-se aos nomes *lilá, violeta* o gênero masculino na acepção da cor: "Prefiro *o* rosa *ao* violeta", em vez de "Prefiro *a* rosa *à* violeta", oração que pode ser entendida de maneira ambígua.

Flexão de substantivos compostos designativos de cores Nos substantivos compostos que designam cores, ambos os elementos vão para o plural: os *verdes-claros*, os *amarelos-esverdeados*, os *azuis-escuros*. Quando o segundo elemento é um substantivo, admitem-se dois plurais: os *verdes-águas* ou os *ver-*

des-água, os *verdes-abacates* ou os *verdes-abacate*, os *azuis-turquesas* ou os *azuis-turquesa*.

Florão O substantivo masculino *florão*, que está presente na letra do *Hino Nacional*, significa, em sentido figurado, 'algo que tem muito valor; preciosidade': "Fulguras, ó Brasil, *florão* da América,/ Iluminado ao sol do Novo Mundo!" (Joaquim Osório Duque Estrada, Francisco Manoel da Silva, *Hino Nacional Brasileiro*).

Fluido (/ui/) Palavra dissílaba cuja pronúncia é /*flui*do/ e não /flu*í*do/. Como adjetivo, quer dizer 'que flui, que corre como líquido'.

Como substantivo masculino é 'substância capaz de fluir, correr, como os líquidos e os gases', 'líquido inflamável usado em isqueiros': *O fluido do isqueiro acabou*; "Como a aranha na teia. [...]. *Fluido* viscoso em fino fio, que precisa do contato com o ar para ficar sólido, forte e poder aguentar peso [...]." (Ana Maria Machado, *Aos quatro ventos* in *Ana Maria Machado: obra reunida*). Também chamamos de *fluido* a 'suposta energia que emana das pessoas, dos lugares, etc.': bons *fluidos*.

A palavra trissílaba *fluído* (flu--í-do) é particípio do verbo *fluir*: "Grande parte da história da África é o relato dessas migrações. Muitas se verificaram entre pontos distantes, embora possam ter *fluído* numerosas gerações entre a partida e a chegada [...]." (Alberto da Costa e Silva, *A enxada e a lança*).

Foi assistido (voz passiva) Em geral, só pode ser construído na voz passiva verbo que pede objeto direto, acompanhado ou não de outro complemento. Daí a língua-padrão lutar contra construções do tipo: *O espetáculo foi assistido por todos*, uma vez que o verbo *assistir*, nesta acepção, só se constrói com complemento relativo/ objeto indireto: *Todos assistiram ao espetáculo*.

À força do uso já se fazem concessões aos verbos: *apelar* (A sentença não foi *apelada*.); *aludir* (Todas as faltas foram *aludidas*.); *obedecer* (Os regulamentos não são *obedecidos*.); *pagar* (As pensionistas foram *pagas* ontem.); *perdoar* (Os pecadores devem ser *perdoados*.); *responder* (Os bilhetes seriam *respondidos* hoje.).

Folhinha, folhazinha O diminutivo de *folha* é *folhinha* ou *folhazinha*. Ver *-inho, -zinho*.

Fora, a fora, em fora, afora O advérbio *fora*, na indicação do lugar exterior, se construía sozinho nos primeiros tempos do seu uso, como se vê no título *Pela vida fora*, do filólogo brasileiro Silva Ramos, ou em toda obra de Machado de Assis: "Quincas Borba vai atrás dele pelo jardim *fora*, contorna a casa, ora andando, ora aos saltos" (apud Mário Barreto, *Últimos estudos*). Depois passou, no mesmo sentido e valor gramatical, a ter o reforço das preposições locativas *a*, *em*, *para*: *Pela vida a fora*, *Pela vida em fora*: "Alguns escritores brasileiros dizem pela porta *a fora*, pela casa *a dentro*" (*Idem, ibidem*). Trata-se de preposições que devem ser escritas separadamente do advérbio. Hoje, sem muita coerência, se usa a preposição *a* aglutinada aos advérbios *fora* e *dentro*: *afora*, *adentro*.

Fora como preposição acidental é empregado com o sentido de: 1. Com exceção de; exceto: *Todos foram premiados* fora *eu*. A preposição admite a forma reforçada *afora*: *Todos foram premiados* afora *eu*; "Mas vinham com os cincerros tapados, tafulhados com rama de algodão: *afora* o geme-geme das cangalhas, não faziam nenhum rumor." (João Guimarães Rosa, *Grande sertão: Veredas*); "Jovem combativo, algo esclarecido, *afora* uma certa dose de charlatanismo, é um indivíduo positivo, um pouco acima da mentalidade da cidade." (Dias Gomes, *O Bem-Amado*). 2. Além de: *Fala três idiomas,* fora *o português, sua língua materna* (ou ...afora *o português, sua língua materna*); "O que deu em nota foi outra coisa: foi a religião da Mutema, que daí pegou a ir à igreja todo santo dia, *afora* que de três em três agora se confessava." (João Guimarães Rosa, *Grande sertão: Veredas*). Melhor será, portanto, distinguir o advérbio (*a*) *fora* da preposição *afora*.

Fora da lei (sem hífen) A locução *fora da lei* (como substantivo de dois gêneros e dois números: 'aquele que cometeu crime ou delito; criminoso'; como adjetivo de dois gêneros e dois números: 'que é criminoso, delinquente') não é grafada com hífen: os *fora da lei*; indivíduos *fora da lei*. Com o Acordo Ortográfico de 1990, não se emprega o hífen nas locuções, sejam elas substantivas, adjetivas, pronominais, adverbiais, prepositivas ou conjuncionais, salvo algumas exceções já consagradas pelo uso e acolhidas pelo Acordo (como é o caso de *água-de-colônia*, *arco-da-velha*, *cor-de-rosa*, *mais-que-perfeito*, *pé-de-meia*, *ao deus-dará*, *à queima-roupa*). Vale lembrar que, se na locução há algum elemento que já tenha hífen, será conservado este sinal: *à trouxe-mouxe*, *cara de mamão-macho*, *bem-te-vi de igreja*.

Sirvam, pois, de exemplo de emprego sem hífen as seguintes locuções: a) Locuções substantivas: *cão de guarda*, *fim de semana*, *fim de século*, *sala de jantar*; b) Locuções adjetivas: *cor de açafrão*, *cor de café com leite*, *cor de vinho*; c) Locuções pronominais: *cada um*, *ele próprio*, *nós mesmos*, *quem quer que seja*; d) Locuções adverbiais: *à parte* (diferentemente do substantivo *aparte*), *à vontade*, *de mais* (locução que se contrapõe a *de menos*; escreve-se junto *demais* quando é advérbio ou pronome), *depois de amanhã*, *em cima*, *por isso*;

e) Locuções prepositivas: *abaixo de, acerca de, acima de, a fim de, a par de, à parte de, apesar de, debaixo de, enquanto a, por baixo de, por cima de, quanto a*; f) Locuções conjuncionais: *a fim de que, ao passo que, contanto que, logo que, visto que.*

Foram precisos Ver *é necessário, é bom, é preciso.*

Forma (/ô/), forma (/ó/) Pode ser ou não acentuada a palavra *fôrma* (substantivo), distinta de *forma* (substantivo; 3.ª pess. do sing. do pres. ind. ou 2.ª pess. do sing. do imper. do verbo *formar*). A grafia *fôrma* (com acento gráfico) deve ser usada apenas nos casos em que houver ambiguidade, como nos versos do poema "Os sapos", de Manuel Bandeira: "Reduzi sem danos/ A *fôrmas* a *forma.*"

Formas de tratamento Existem formas substantivas de tratamento indireto de 2.ª pessoa que levam o verbo para a 3.ª pessoa. São as chamadas *formas substantivas de tratamento* ou *formas pronominais de tratamento*: você, vocês (no tratamento familiar)/ o senhor, a senhora (no tratamento cerimonioso).

A estes pronomes de tratamento pertencem as formas de reverência que consistem em nos dirigirmos às pessoas pelos seus atributos, qualidades ou cargos que ocupam: *Vossa Alteza* (V. A., para príncipes, duques)/ *Vossa Eminência* (V. Em.ª, para cardeais)/ *Vossa Excelência* (V. Ex.ª, para altas patentes militares, ministros, Presidente da República, pessoas de alta categoria, bispos e arcebispos)/ *Vossa Magnificência* (para reitores de universidade)/ *Vossa Majestade* (V. M., para reis, imperadores)/ *Vossa Mercê* (V. M.cê, para as pessoas de tratamento cerimonioso)/ *Vossa Onipotência* (para Deus – não se usa abreviadamente)/ *Vossa Reverendíssima* (V. Rev.ma, para os sacerdotes)/ *Vossa Senhoria* (V. S.ª, para oficiais até coronel, funcionários graduados, pessoas de cerimônia).

Obs.: 1.ª) Emprega-se *Vossa Alteza* (e demais) quando 2.ª pessoa, isto é, em relação a quem falamos; emprega-se *Sua Alteza* (e demais) quando 3.ª pessoa, isto é, em relação a de quem falamos. 2.ª) Usa-se de *Dom*, abreviadamente *D.*, junto ao nome próprio: D. Afonso, D. Henrique, D. Eugênio; às vezes aparece em autores junto a nome de família, mas esta prática deve ser evitada por contrariar a tradição da língua. Usa-se ainda *D.* junto a outro título: D. Prior, D. Abade, etc. 3.ª) *Você*, hoje usado familiarmente, é a redução da forma de reverência *Vossa Mercê*. Caindo o pronome *vós* em desuso, só usado nas orações e estilo solene, emprega-se *vocês* como o plural de *tu*. 4.ª) O substantivo *gente*, precedido do artigo *a* e em referência a um grupo de pessoas em que se inclui a que fala, ou a esta sozinha, passa a pronome e se emprega fora da linguagem cerimoniosa.

Em ambos os casos o verbo fica na 3.ª pessoa do singular: "É verdade que *a gente*, às vezes, tem cá as suas birras" (Alexandre Herculano, *Lendas e narrativas*). Ainda continuam vivos em Portugal *vós, vosso*.

Forno (/ô/), fornos (/ó/) Muitas palavras com *o* fechado tônico, quando passam ao plural, mudam esta vogal para *o* aberto: forno (/ô/) – fornos (/ó/). Ver *plural com alteração de* o *fechado para* o *aberto*.

Foro (/ó/), foro (/ô/) Tem timbre aberto o *o* tônico de *foro* (/ó/) no sentido de 'praça pública'. Pronuncia-se com timbre fechado o *o* tônico de *foro* (/ô/) com o significado de 'pensão'; 'jurisdição, tribunal, juízo': *foro* privilegiado; Este assunto não é do meu *foro*; "Talvez perdi algumas causas no *foro* por descuido." (Machado de Assis, *Dom Casmurro*).

Fosso (/ô/), fossos (/ó/) Muitas palavras com *o* fechado tônico, quando passam ao plural, mudam esta vogal para *o* aberto: fosso (/ô/) – fossos (/ó/). Ver *plural com alteração de* o *fechado para* o *aberto*.

Fotinho, fotinha (diminutivos) Com o sufixo *-inho*, conserva-se *a* ou *o* final do vocábulo primitivo, sem a dependência de concordância com gênero masculino ou feminino da palavra primitiva: um poema – um *poeminha*; uma foto – uma *fotinho*; uma moto – uma *motinho*.

Já com *-zinho* se faz obrigatória a concordância com o gênero, isto é, teríamos *-zinho*, quando masculino, e *-zinha* quando feminino: um cometa – um *cometazinho*; uma tribo – uma *tribozinha*. Seguindo estes princípios, teremos: uma moto – uma *motozinha*/ uma *motinho*; uma foto – uma *fotozinha*/ uma *fotinho*. Em primeiro lugar, não conhecemos a teoria que justifica não serem variantes as formas *-inho* e *-zinho*, de tal maneira que, como unidades de natureza linguística diferentes, exijam produtos bem diferenciados. Infelizmente, estamos ainda muito longe de poder contar com levantamentos lexicais que nos orientem sobre a cronologia das nossas palavras.

Em espanhol, idioma em que existem muitos desses derivados com a variação de gênero, discute-se, por exemplo, se é melhor dizer *manita* ou *manito*, diminutivo de *mano* (= mão). O antigo e excepcional filólogo colombiano Rufino José Cuervo começou por considerar vulgarismo a forma masculina *manito*, para depois, conforme nos informa o linguista venezuelano Ángel Rosenblat, considerá-la desprezível vulgarismo, pela extensa divulgação territorial, mormente na América, da forma em *-o*. Acreditamos que a distinção rigorosa que a nova tese defende em favor de *motinho*, com final *-o*, sobre *motinha*, com final *-a*, despreza a regra geral de levar em conta o gênero da palavra primitiva, sem deixarmos de aceitar formas consagradas em *-a* aplicadas ou não a pessoas (como o poema – o *poeminha*, o poeta – o *poetinha*) e formas em *-o* também aplicadas ou não a pessoas (como a Socorrinho), e apaga a possibilidade que a língua portuguesa oferece aos usuários de optar por uma ou outra solução, quando for notória a liberdade de escolha.

Por tudo o que foi exposto, podemos concluir que se pode dizer das duas formas, a *motinha* e a *fotinha*, como a *motinho* e a *fotinho*, pelo processo anômalo de se ter substantivos femininos com final *-o*, e sendo eles reduções dos femininos *a motocicleta* e *a fotografia*. É o jogo clássico e imemorial das forças da analogia e da anomalia que controlam contrastantes a vida das línguas e da linguagem.

Foto-denúncia Deve ser grafada com hífen e apresenta duas possibilidades de plural: *fotos-denúncia* e *fotos-denúncias*.

Foto-legenda Deve ser grafada com hífen e apresenta duas possibilidades de plural: *fotos-legenda* e *fotos-legendas*.

Frade O substantivo masculino *frade* designa 'aquele que pertence a uma ordem religiosa, cujos membros seguem determinadas regras': "Eu aprendi com Marcelo Barros uma distinção que não conhecia entre as ordens e a Igreja. [...]. Você pode, por exemplo, ser monge ou *frade* sem ser padre." (Frei Betto e Marcelo Gleiser com Waldemar Falcão, *Conversa sobre a fé e a ciência*). O feminino de *frade* é *freira*: "[...] resolveu fazer um retiro espiritual com as *freiras* agostinianas." (*Idem, ibidem*).

Fragrância Ver *flagrante, fragrante*.

Fragrante Ver *flagrante, fragrante*.

Franco-atirador (com hífen) O substantivo masculino *franco-atirador* (= combatente que age por conta própria, não fazendo parte do exército legalmente constituído; aquele que luta por um ideal sem fazer parte de uma organização; membro de escola de tiro) tem como plural *franco-atiradores*. Neste composto, o elemento *franco* refere-se aos francos (do latim tardio *frâncu* pelo frâncico *frank*, 'certo povo germânico'). Dessa forma não se deve pluralizar *francos-atiradores*.

Freada (E não: freiada) A ação de *frear* (= reduzir a marchar; brecar) denomina-se *freada*. Ver *frear*.

Frear Os verbos em *-ear* trocam o *e* por *ei* nas formas rizotônicas (aquelas cuja sílaba tônica está no radical). Assim, temos: *pres. ind.*: freio, freias, freia, freamos, freais, freiam; *pres. subj.*: freie, freies, freie, freemos, freeis, freiem; *imp. afirm.*: freia, freie, freemos, freai, freiem. Ver *verbos terminados em* -ear *e* -iar.

Freire, frei O feminino de *freire* ou *frei* (= membro de antigas ordens religiosas ou militares) é *sóror* (ou soror /rôr/): "*Frei* Betto já era um bom amigo há mais de dez anos, devido à nossa amizade comum com

Leonardo Boff, Marcelo Barros e *frei* Carlos Josaphat [...]." (Frei Betto e Marcelo Gleiser com Waldemar Falcão, *Conversa sobre a fé e a ciência*). O plural *sorores* /rô/ é de *soror* /rôr/, oxítono, o que se estende a *sóror*.

Frente a frente Não ocorre acento grave no *a* nas expressões formadas com a repetição de mesmo termo (ainda que seja um nome feminino), por se tratar de pura preposição: cara *a* cara, face *a* face, frente *a* frente, gota *a* gota, etc. A expressão *frente a frente* significa: 1. Diante de, frente a. 2. Diante um do outro; cara a cara.

Freudiano (E não: freu*dea*no) Ver *-eano, -iano*.

Friinho Não serão acentuadas as vogais tônicas *i* e *u* das palavras paroxítonas, quando estas vogais estiverem precedidas de ditongo decrescente, como é o caso de *cheiinho* (de *cheio*), *feiinho* (de *feio*), *friinho* (de *frio*), *seriinho* (de *sério*), etc. O superlativo absoluto sintético *friíssimo* é acentuado por ser uma palavra proparoxítona.

Obs.: Chamamos a atenção para as palavras terminadas em *-io* que, na forma sintética, apresentam dois *is*, por seguirem a regra geral da queda do *-o* final para receber o sufixo: cheio (*cheiinho, cheiíssimo*), feio (*feiinho, feiíssimo*), frio (*friinho, friíssimo*), necessário (*necessariíssimo*), precário (*precariíssimo*), sério (*seriinho, seriíssimo*), sumário (*sumariíssimo*), vário (*variíssimo*). Ainda que escritores usem formas com um só *i* (*cheíssimo, cheinho, feíssimo, seríssimo*, etc.), a língua-padrão insiste no atendimento à manutenção dos dois *is*.

Friíssimo O superlativo absoluto sintético de *frio* é *friíssimo* (com dois *is*) e *frigidíssimo*. Ver *friinho*.

Fritado, frito Ver *particípio*.

Frustrar, frustração, frustrado, frustrante (E não: frustar, frustação, frustado, frustante) Devemos grafar *frustrar* (verbo), *frustração* (substantivo feminino), *frustrado* (adjetivo), *frustrante* (adjetivo de dois gêneros): "[...] o que me deu um certo sentimento de *frustração*, porque não queria que ele morresse de morte natural, queria matá-lo eu mesmo, embora ainda não me ocorresse de que forma." (João Ubaldo Ribeiro, *Diário do farol*); "Todos ficaram *frustrados* com o comportamento de Gregório." (Rubem Fonseca, *Agosto*); "E a economia que se faz, deixando de encarar programas *frustrantes*, comida cara [...]." (João Ubaldo Ribeiro, "Circulação Zero", *A gente se acostuma a tudo*).

Fucuxima, Fukushima A grafia aportuguesada da cidade japonesa é *Fucuxima*. A forma estrangeira *Fukushima* também é aceita. O mesmo ocorre em outros casos como *Hiroxima* (grafia aportuguesada) ou *Hiroshima* (forma estrangeira), *Tenessi* (grafia aportuguesada) ou *Tennessee* (forma estrangeira). Conforme está no Acordo Ortográfico de 1990: "Recomenda-se que os topônimos de línguas estrangeiras se substituam, tanto quanto possível, por formas vernáculas (...)", o que respeita o proposto desde 1947 por Rebelo Gonçalves em seu Tratado de Ortografia.

Fúlgido O adjetivo *fúlgido*, que está presente na letra do *Hino Nacional*, significa 'brilhante, cintilante, resplandecente': "E o sol da liberdade, em raios *fúlgidos,/* Brilhou no céu da Pátria nesse instante." (Joaquim Osório Duque Estrada, Francisco Manoel da Silva, *Hino Nacional Brasileiro*).

Fulgurar O verbo *fulgurar*, que está presente na letra do *Hino Nacional*, significa 'destacar-se entre os demais; brilhar, sobressair': "*Fulguras*, ó Brasil, florão da América,/ Iluminado ao sol do Novo Mundo!" (Joaquim Osório Duque Estrada, Francisco Manoel da Silva, *Hino Nacional Brasileiro*).

Furta-cor Como substantivo masculino, o *furta-cor* designa a 'cor cujo tom varia conforme a luz': Os *furta-cores* estão na moda.

Como adjetivo de dois gêneros e dois números, permanece invariável: *cristais* furta-cor, *paredes* furta-cor.

Gg

Galicismo Denomina-se *galicismo* 'qualquer palavra, expressão ou construção da língua francesa adotada por outra língua'. Por exemplo: é pura imitação do francês o chamado "condicional de rumor", galicismo que a nossa imprensa vai usando por ignorar as formas vernáculas que exprimem suposição (parece, consta, é provável, etc.): O jogador *teria sido* comprado (por: Consta que o jogador *foi comprado*)./ Os espiões *teriam* o vírus da varíola (por: Era provável que os espiões *tivessem* o vírus da varíola).

Também se considera como galicismo usar a preposição *contra* no sentido de "em troca de", bem como no sentido de "junto a", "ao lado de": Dar a mercadoria *contra* recibo (por *mediante recibo*)./ Encostar o móvel *contra* a parede (por *junto à parede*).

Galileano Ver *-eano, -iano*.

Gângster O substantivo masculino *gângster* tem como plural *gângsteres*.

Ganhado, ganho Ver *particípio*. Ver *pegado, pego*.

Garrett Sobrenome do escritor português Almeida Garrett, cuja pronúncia é /garrete/.

Garrida O adjetivo *garrido*, que está presente na letra do *Hino Nacional*, significa 'vistoso, exuberante, bonito': "Do que a terra mais *garrida*,/ Teus risonhos, lindos campos têm mais flores [...]." (Joaquim Osório Duque Estrada, Francisco Manoel da Silva, *Hino Nacional Brasileiro*).

Gás lacrimogêneo Ver *lacrimogêneo*.

Gastado, gasto Ver *particípio*. Ver *pegado, pego*.

Gel O substantivo masculino *gel* tem como plural *géis* (mais frequente) e *geles*.

Gelo (cor) Quando usado como adjetivo, permanece invariável: *bolsa* gelo, *sapatos* gelo. Outros substantivos usados para designar cores também ficam invariáveis: *botas* café, *casacos* laranja, *mochilas* salmão, *paredes* vinho, *camisas* creme, *vestidos* abóbora, *sapatos* cinza, *tons* pastel, *uniformes* abacate, *laços* rosa, *caixas* violeta, etc. Ver *flexão de adjetivos compostos designativos de cores*.

Gene (E não: gen) O substantivo masculino *gene* (= unidade fundamental da hereditariedade presente no cromossomo) vem do alemão *Gen*. Em português há apenas a forma *gene*, cujo plural é *genes*: "[...] cientistas da Universidade de Oxford anunciaram ao mundo que [...] descobriram o FOXP2, um *gene* associado a uma característica essencialmente humana, a linguagem oral [...]. Esse *gene* determina a produção de uma proteína capaz de ativar outros *genes* ligados à fala. (Ana Maria Machado, *Ilhas no tempo: algumas leituras* in *Ana Maria Machado: obra reunida*).

Gênero e sexo na gramática *Gênero* é um termo da terminologia gramatical que alude, no português, à categoria dos nomes repartidos em masculinos, que se caracterizam pela anteposição do artigo *o*, *os* (*o* homem, *os* quadros) e dos nomes femininos, que se caracterizam pela anteposição do artigo *a*, *as* (*a* mulher, *as* esculturas). Há ainda vestígios do gênero neutro em certos pronomes invariáveis (*o* = *isso*, *isto*, *aquilo*, *tudo*). A caracterização de masculino e feminino é fixada pelo uso, quase sempre sem motivação; assim, *sol* é masculino e *lua* é feminino em português, enquanto se dá exatamente o contrário em alemão. Por outro lado, muitos substantivos mudaram de gênero através dos tempos, como *mar* e *fim*. Aproximações semânticas entre palavras (sinônimos, antônimos), a influência da terminação, o contexto léxico em que a palavra funciona e a própria fantasia que moldura o universo do falante, tudo isso representa alguns dos fatores que determinam a mudança do gênero gramatical dos substantivos. Na variedade temporal da língua, do português antigo ao contemporâneo, muitos substantivos passaram a ter gêneros diferentes, alguns sem deixar vestígios, outros como *mar*, hoje masculino, onde o antigo gênero continua presente em *preamar* (*prea* = plena, cheia) e *baixa-mar*: "A maré continuava subindo, não tardaria a hora *da preamar*." (Josué Montelo, *Cais da sagração*); "Não acompanhávamos, nem – o que é mais importante – sentíamos e sofríamos a tragédia *da baixa-mar* das liberdades na Europa, com o fascismo, o nazismo e o bolchevismo [...]." (Alberto da Costa e Silva, *O pardal na janela*). Já foram femininos *fim*, *planeta*, *cometa*, *mapa*, *tigre*, *fantasma*, entre muitos outros; já foram usados como masculinos: *árvore*, *tribo*, *catástrofe*, *hipérbole*, *linguagem*, *linhagem*.

Até nos seres animados, como nas denominações de animais irracionais, o gênero não está ligado ao sexo, mas sim à espécie, como ocorre naqueles que a gramática chama *epicenos*: *a cobra*, *o jacaré*, *a tartaruga*, sem alusão ao sexo. Quando importa essa alusão, acrescentam-se à denominação da espécie os termos *macho e fêmea*, invariáveis em gênero: a cobra *macho*/ a cobra *fêmea*; o jacaré *macho*/ o jacaré *fêmea*. Ver *macho, fêmea*.

Gênero na linguagem jurídica

Na linguagem jurídica, as petições iniciais vinham com o masculino com valor generalizante, dada a circunstância de não se saber quem examinaria o processo, se juiz ou juíza: Meritíssimo Senhor Juiz; Excelentíssimo Senhor Desembargador. Recentemente houve a publicação da Resolução n.º 376, de 2 de março de 2021, assinada pelo ministro Luiz Fux, que dispõe sobre o emprego obrigatório da flexão de gênero para nomear profissão ou demais designações na comunicação social e institucional do Poder Judiciário Nacional:

"O Presidente do Conselho Nacional de Justiça (CNJ), no uso de suas atribuições legais e regimentais, [...] Considerando que na Lei n.º 12.605/2012, houve a determinação obrigatória de flexão de gênero para nomear profissão ou grau em diplomas nas instituições de ensino públicas e privadas; Considerando que é premente e conveniente a adoção de ações com vistas à reafirmação da igualdade de gênero, na linguagem adotada no âmbito profissional, em detrimento da utilização do masculino genérico nas situações de designação de gênero; [...] Resolve: Art. 1.º. Todos os ramos e unidades do Poder Judiciário deverão adotar a obrigatoriedade da designação de gênero para nomear profissão ou demais designações na comunicação social e institucional do Poder Judiciário Nacional; § 1.º A regra do *caput* engloba as carteiras de identidade funcionais, documentos oficiais, placas de identificação de setores, dentre outros. § 2.º A designação distintiva se aplica à identidade de gênero dos transgêneros, bem como à utilização de seus respectivos nomes sociais. Art. 2.º O Poder Judiciário nacional, em todas as suas unidades e ramos, deverá adotar a designação distintiva para todas e todos os integrantes, incluindo desembargadores e desembargadoras, juízes e juízas, servidores e servidoras, assessores e assessoras, terceirizados e terceirizadas, estagiários e estagiárias."

Gênero nas profissões femininas

A presença, cada vez mais justamente acentuada, da mulher nas atividades profissionais que até bem pouco tempo eram exclusivas ou quase exclusivas do homem tem exigido que as línguas – não só o português – adaptem o seu sistema gramatical a estas novas realidades. Já correm vitoriosos faz muito tempo femininos como *mestra, professora, médica, advogada, engenheira, psicóloga, filóloga, juíza*, entre tantos outros. As convenções sociais e hierárquicas criaram usos particulares que nem sempre são unanimemente adotados na língua comum. Todavia, já se aceita a distinção, por exemplo, entre *a cônsul* (= mulher que dirige um consulado) e *a consulesa* (= esposa do cônsul), *a embaixadora* (= mulher que dirige uma embaixada) e *embaixatriz* (= esposa do embaixador). Já para *senador* vigoram indiferentemente as formas de feminino *senadora* e *senatriz* para a mulher que exerce o cargo político ou para a esposa do senador, regra que também poucos gramáticos e lexicógrafos estendem a *consulesa* e *embaixatriz*.

Na hierarquia militar, a denominação para mulheres da profissão parece não haver uma regra generalizada. Correm com maior frequência os empregos: *a cabo* Ester, *a sargento* Andreia, *a primeiro-tenente* Denise, *a tenente-coronel* Ana, *a contra-almirante médica* Dalva, etc.

No futebol feminino já se vai dizendo, por exemplo, *a quarta-zagueira*. Note-se que algumas formas femininas podem não vingar por se revestirem de sentido pejorativo: *chefa*, *caba*, por exemplo.

O substantivo *presidente* é de dois gêneros; portanto, podemos dizer: *o presidente*, *a presidente*. O feminino *a presidenta* também é aceito, pois a língua permite as duas formas em referência a mulheres que assumem a presidência. O uso não só atende a princípios gramaticais. A estética e a eufonia são fatores permanentes nas escolhas dos usuários. O repertório lexical que regula ocorrências nos mostra, até o momento, a presença de *a presidente* com mais frequência do que *a presidenta*.

O feminino de *papa* é *papisa*, forma normalmente usada no sentido de 'profissional que se destaca e ganha notoriedade por sua competência'. Por exemplo: *Costanza Pascolato é conhecida como a papisa da moda*.

No sentido de 'líder supremo de religião ou igreja', também é possível o uso do feminino, caso uma mulher ocupe esta posição. O feminino de *cacique* é *cacica*, para designar a 'mulher que é chefe temporal de tribo indígena'. Se considerarmos *cacique* um substantivo de dois gêneros, poderemos aceitar também a forma *cacique* para os dois gêneros: o *cacique* Raoni, a *cacique* Jurema. Ver *gênero na linguagem jurídica*.

Genótipo (E não: geno*ti*po) O substantivo masculino *genótipo* (= composição genética de um indivíduo) é proparoxítono. Assim como *fenótipo* (= manifestação visível de um genótipo).

Gente Ver *a gente, agente*.

Gentílicos Os adjetivos pátrios ou gentílicos se referem à nacionalidade ou ao local de origem do substantivo: povo *brasileiro*, escritoras *mineiras*, música *francesa*. Note-se que os gentílicos (isto é, nomes que indicam o lugar em que alguém nasceu, habita ou de onde procede) compostos se escrevem com hífen: *belo-horizonti-*

no (= que é natural ou habitante de Belo Horizonte), *mato-grossense* (= que é natural ou habitante de Mato Grosso), *mato-grossense do sul* (= que é natural ou habitante de Mato Grosso do Sul), *juiz-forano* ou *juiz-forense* (= que é natural ou habitante de Juiz de Fora), etc.

Gerente-geral Quando o segundo elemento do composto denota seriação ou hierarquia, usa-se hífen: *administrador-geral, administradora-geral, secretário-geral, secretária-geral, gerente-geral, coordenador-geral, coordenadora-geral, diretor-executivo, diretora-executiva, diretor-presidente, diretora-presidente, redator-chefe, redatora-chefe, editor-assistente, editora-assistente, cirurgião-assistente, cirurgiã-assistente.*

Germe, gérmen Ambas as formas estão corretas, mas *germe* (plural: *germes*) é considerada preferencial. O plural de *gérmen* é *germens* e, pouco usado no Brasil, *gérmenes*. Ver *plural de nomes gregos em* -n.

Germinado, geminado O adjetivo *germinado* significa 'que se germinou, que começou a se desenvolver (sementes, bulbos, etc.)': *brotos germinados.*

Já o adjetivo *geminado* quer dizer 'que forma par com alguma coisa igual, simétrica ou parecida; que se dispõe em par; dobrado; duplicado': *No cinema havia poltronas geminadas para casal*; *letras* geminadas. Dizemos também que é *geminada* cada uma de duas casas ligadas, encostadas uma na outra com parede central de meação.

Gerundismo O gerundismo é o uso indevido e abusivo do gerúndio, que se instalou na oralidade da linguagem moderna, especialmente comercial. É inadequado o gerúndio no exemplo: *Vou estar transferindo sua ligação*, em lugar de: *Vou transferir sua ligação*. Já no exemplo *Às oito horas de amanhã ele estará entrando no avião*, o uso do gerúndio é perfeitamente cabível e não constitui erro.

No Brasil prefere-se a construção com gerúndio (*estar escrevendo*), enquanto em Portugal é mais comum o infinitivo (*estar a escrever*), não sendo, entretanto, a única forma: "Naquelas noites lá em casa, só podia *estar escrevendo* uma história que saísse dele mesmo e da qual houvesse participado." (Carlos Heitor Cony, *Quase memória*); "No fim de seis meses *estávamos falando* do amor e tive o meu primeiro contato físico com ela." (Rubem Fonseca, *A coleira do cão*).

Giga Como redução de *gigabyte*, é empregada como forma livre, de uso consagrado no português contemporâneo (plural: *gigas*).

Glamour (/mur/) O substantivo masculino *glamour* (= encanto, atração, sedução) é um estrangeirismo. "[...] o sexo não tem nem *glamour*, nem lógica, nem sanidade – apenas força." (Rubem Fonseca, *Feliz ano novo*); "Era um jeito de diminuir o *glamour* do cargo e colocar para mim e para os outros uma noção de real, de pé no chão." (Claudia Giudice, *A vida sem crachá*).

Os adjetivos referentes a *glamour* são *glamouroso* (/murô/) e *glamoroso*, todos registrados no Vocabulário Ortográfico da ABL (Volp).

Goitacá Ver *etnônimo*.

Gol Conforme o Vocabulário Ortográfico da ABL (Volp), o plural de *gol* é *gols*: "Que o Rei Pelé faça *gols* por toda parte; e Di Cavalcanti, arte; e o Congresso, leis honestas." (Vinicius de Moraes, "Toadinha de Ano Novo", *Para uma menina com uma flor* in *Vinicius de Moraes: obra reunida*). Em Portugal, usa-se normalmente *golo* (/ô/), com o plural *golos* (/ô/).

Gota a gota Não ocorre acento grave no *a* nas expressões formadas com a repetição de mesmo termo (ainda que seja um nome feminino), por se tratar de pura preposição: cara *a* cara, face *a* face, frente *a* frente, gota *a* gota, etc. A expressão *gota a gota* significa: 'Gradualmente; pouco a pouco: "Margarida e ele, unidos pelo amor e pela Igreja, beberiam ali, *gota a gota*, a taça inteira da celeste felicidade." (Machado de Assis, *Contos fluminenses*).

Grã, grão (formas reduzidas de *grande*) Emprega-se o hífen nos nomes geográficos compostos pelas formas *grã, grão*, ou por forma verbal ou, ainda, naqueles ligados por artigo: *Grã-Bretanha, Abre-Campo, Passa-Quatro, Quebra-Costas, Traga-Mouro, Baía de Todos-os-Santos, Entre-os-Rios, Montemor-o-Novo, Trás-os-Montes*.

Quanto ao plural, somente o último elemento varia nos compostos com as formas adjetivas *grão* ou *grã*: grão-ducado, *grão-ducados*; grão-lama, *grão-lamas*; grão-prior, *grão-priores*; grão-turco, *grão-turcos*; grão-vizir, *grão-vizires*; grã-cruz, *grã-cruzes*; grã-duque, *grã-duques*; grã-duquesa, *grã-duquesas*; grã-fino, *grã-finos*; grã-fina, *grã-finas*; grã-finismo, *grã-finismos*.

Grado Ver *de bom grado, de mau grado*.

Grã-fino Como substantivo masculino, *grã-fino* (feminino: *grã-fina*) significa 'aquele que tem uma vida de luxo': "Peguei meu carro e fui para o Itanhangá, onde os *grã-finos* jogam polo." (Rubem Fonseca, *Feliz ano novo*).

Também pode ser usado como adjetivo: "Eu arranjei uma bolsa de estudos para minha filha de dez anos, numa escola *grã-fina* da zona sul." (*Idem, ibidem*). Nos compostos com as formas adjetivas *grão* ou *grã*, faz-se o plural com a flexão do último elemento: grã-fino, *grã-finos*; grã-cruz, *grã-cruzes*; grão-prior, *grão-priores*, etc.

Grama Dizemos *o grama* (substantivo masculino) em referência à unidade de medida de massa: *duzentos gramas de queijo prato* (e não: *duzen-*

tas); *trezentos* gramas *de azeitona* (e não: *trezentas*), etc.

Como substantivo feminino, *a grama* é 'denominação comum a diversas ervas da família das gramíneas': "Na espessa *grama* saltam, de folha em folha, trilando, grilos boêmios [...].'' (Magalhães de Azeredo, "O Minuete", *Os melhores contos brasileiros de todos os tempos*); "Como o terreno em volta da casa já estava mais ou menos preparado, pronto para receber a *grama*, promoveu Cardoso a jardineiro." (Carlos Heitor Cony, *Quase memória*).

Grande número de Se o sujeito é constituído pelas expressões do tipo *grande número de, grande parte de, grande quantidade de, parte de, boa parte de, a maior parte de, a maioria de* e um nome no plural, o verbo vai para o singular ou plural: *Grande número de pessoas* assistiu (*ou* assistiram) *ao espetáculo*; "Servia também de colégio para *grande número de meninos e rapazes* da cidade próxima, que *serviam* de ponte entre os seminaristas e a vida lá fora. (João Ubaldo Ribeiro, *Diário do farol*); "[...] um poder que, em Querma, se mostrara cruamente no *grande número de escravos* que *seguiam* à força os soberanos na morte [...].'' (Alberto da Costa e Silva, *A enxada e a lança*). Ver *a maior parte de, a maioria de*.

Grande parte de (concordância) Ver *a maior parte de, a maioria de*.

Grande quantidade de (concordância) Ver *a maior parte de, a maioria de*.

Grão Ver *grã, grão*.

Gratuito (/tui/) Pronuncia-se /gratuito/ (ditongo *ui*), e não /gratuíto/ (hiato *u-i*).

Gravidez, gravidezes As palavras terminadas em -*z* fazem o plural com acréscimo de -*es*: gravidez, *gravidezes*; giz, *gizes*; avestruz, *avestruzes*; matriz, *matrizes*; luz, *luzes*; etc.

Grená Como substantivo masculino, o *grená* é a 'cor vermelho-escura do mineral granada'. Quando usado como adjetivo (de dois gêneros e dois números), permanece invariável: *casaco* grená, *caixas* grená. Outros substantivos usados para designar cores também ficam invariáveis: *botas* creme, *bolsas* café, *mochilas* salmão, *paredes* abóbora, *sapatos* cinza, *tons* pastel, *uniformes* abacate, etc.

Grou O feminino de *grou* (= certo tipo de ave da família dos gruídeos) é *grua*. O substantivo feminino *grua* também designa, entre outros significados, um 'tipo de guindaste usado para filmagens em área externa ou grandes estúdios, capaz de elevar a câmera e o operador'.

Grunhir Ver *verbos unipessoais*.

Guaianá Ver *etnônimo*.

Guarda-chuva O substantivo masculino *guarda-chuva* (guardar [verbo] + chuva [substantivo]) tem como plural *guarda-chuvas*.

Guarda-civil Nos compostos de dois *substantivos*, de um *substantivo* e um *adjetivo* ou de um adjetivo e um *substantivo*, ambos os elementos variam. Assim, temos: guarda (substantivo) + civil (adjetivo de dois gêneros). Dizemos o *guarda-civil*, a *guarda-civil*, os *guardas-civis*, as *guardas-civis*.

Há também a *guarda civil* (sem hífen) que designa a 'corporação policial que não pertence às forças militares'.

Guarda-costas Como é um substantivo masculino de dois números, dizemos o *guarda-costas* (guardar [verbo] + costas [substantivo]), a *guarda-costas*, os *guarda-costas*, as *guarda-costas*.

Guarda-florestal Nos compostos de dois *substantivos*, de um *substantivo* e um *adjetivo* ou de um adjetivo e um *substantivo*, ambos os elementos variam. Assim, temos: guarda (substantivo) + florestal (adjetivo de dois gêneros). Dizemos o *guarda-florestal*, a *guarda-florestal*, os *guardas-florestais*, as *guardas-florestais*.

Guarda-livros Chamamos de *guarda-livros* (guardar [verbo] + livros [substantivo]) o 'profissional encarregado de fazer o registro da contabilidade e das transações de uma empresa de negócios, da escrituração de livros, etc.'. Como é um substantivo de dois gêneros e dois números, dizemos *o guarda-livros*, a *guarda-livros*, *os guarda-livros*, as *guarda-livros*.

Guarda-marinha Chamamos de *guarda-marinha* o 'aluno da Escola Naval em estágio anterior à graduação de segundo-tenente'. Admite mais de uma forma de plural: *guardas-marinhas*, *guardas-marinha* e *guarda-marinhas*.

Guarda-mor Nos compostos de dois *substantivos*, de um *substantivo* e um *adjetivo* ou de um adjetivo e um *substantivo*, ambos os elementos variam. Assim, temos: guarda (substantivo) + mor (adjetivo de dois gêneros). Dizemos o *guarda-mor* (= chefe de polícia aduaneira), os *guardas-mores*.

Guarda-móveis Chamamos de *guarda-móveis* (guardar [verbo] + móveis [substantivo]) o 'local apropriado para guardar móveis por tempo determinado e mediante pagamento'. Como é um substantivo masculino de dois números, dizemos: o *guarda-móveis*, os *guarda-móveis*.

Guarda-noturno Nos compostos de dois *substantivos*, de um *substantivo* e um *adjetivo* ou de um adjetivo e um *substantivo*, ambos os elementos variam. Assim, temos: guarda (substantivo) + noturno (adjetivo). Dizemos o *guarda-noturno*, a *guarda-noturna*, os *guardas-noturnos*, as *guardas-noturnas*.

Guarda-pó O substantivo masculino *guarda-pó* (guardar [verbo] + pó [substantivo]) tem como plural *guarda-pós* e designa o 'casaco leve e comprido que se coloca sobre a roupa e é usado especialmente por médicos, cientistas e professores no exercício de suas funções'.

Guarda-roupa O substantivo masculino *guarda-roupa* (guardar [verbo] + roupa [substantivo]) tem como plural *guarda-roupas*.

Guarda-sol O substantivo masculino *guarda-sol* (guardar [verbo] + sol [substantivo]) tem como plural *guarda-sóis*.

Guarda-vidas Como substantivo de dois gêneros e dois números, dizemos: o *guarda-vidas* (guardar [verbo] + vidas [substantivo]), a *guarda-vidas*, os *guarda-vidas*, as *guarda-vidas*. É o mesmo que salva-vidas.

Guarda-volumes Chamamos de *guarda-volumes* (guardar [verbo] + volumes [substantivo]) o 'local apropriado para guardar, com segurança e por período determinado, diversos tipos de volumes, de objetos'. Como é um substantivo masculino de dois números, dizemos: o *guarda-volumes*, os *guarda-volumes*.

Guardião Muitos substantivos em *-ão* apresentam dois e até três plurais. É o caso de *guardião*, plural: *guardiões* ou *guardiães*. O feminino é *guardiã*; plural: *guardiãs*.

Guaxupeano Ver *-eano, -iano*.

Guia Entre os muitos significados para *guia*, veremos alguns. Como substantivo masculino (o *guia*), designa a 'publicação para uso turístico contendo instruções, referências a lugares, restaurantes, etc.': "O lugar não está em nenhum *guia* da Itália, não aconteceu nada importante por aqui, não tem uma obra de arte, nada." (Ana Maria Machado, *Tropical sol da liberdade* in *Ana Maria Machado: obra reunida*); "Foi por esse *guia* de viagem que nos chegou da Antiguidade a sequência dos empórios e portos africanos ao sul do cabo Guardafui [...]." (Alberto da Costa e Silva, *A enxada e a lança*).

Como substantivo de dois gêneros (a *guia* ou o *guia*), designa 'aquele que é encarregado de mostrar os principais pontos de um lugar (cidade, país) a visitantes; cicerone': "Hoje o *guia* turístico do castelo veio queixar-se [...]." (Vinicius de Moraes, "Orfeu negro", *Para viver um grande amor* in *Vinicius de Moraes: obra reunida*).

Também como substantivo de dois gêneros quer dizer 'pessoa que acompanha outra para indicar-lhe o caminho': "Foi novamente um *constable* que me tirou da dificuldade, encaminhando-me, como *um guia* de cego, até um táxi [...]." (Vinicius de Moraes, "Por que amo a Inglaterra", *Prosa dispersa* in *Vinicius de Moraes: obra reunida*).

Guiné-Bissau (com hífen) O adjetivo gentílico ou pátrio relativo a Guiné-Bissau é *guineense*.

Há Ver *a, há,* à

Há anos atrás, há anos passados Pode-se acrescentar (com intuito de ênfase) ou não as palavras *atrás* ou *passado(s)* junto do verbo haver em expressões que indicam tempo decorrido, do tipo: *há anos (atrás), há anos (passados), há meses (atrás), há dias (atrás)*, etc. Temos exemplos na literatura: "Chamava-se Alfredinho e *há três anos atrás*, depois de um flerte efêmero, tinham brigado, porque ele era um ciumento atroz." (Nelson Rodrigues, "O chantagista", A vida como ela é...); "*Há cinquenta anos atrás*, um elixir contra a sífilis poderia ser citado como o benfeitor número um da pátria." (Carlos Heitor Cony, "Notícia de Pau Vermelho", *Da arte de falar mal*); "E percebo que, de certo modo, tudo começou *há meses* quando, na mesma semana em que o Fernando me ligou [...]." (Ana Maria Machado, *Contracorrente: conversas sobre leitura e política* in *Ana Maria Machado: obra reunida*).

Há cerca de Ver *a cerca de, acerca de, cerca de, há cerca de*.

Há de Não se emprega o hífen nas ligações da preposição *de* às formas monossilábicas do presente do indicativo do verbo *haver*: *hei de, hás de, há de, hão de*, etc.: "[...] mas eu o vi, com estes olhos que a terra *há de* comer, cantando o *Falstaff* no Teatro Lírico [...]." (Rubem Fonseca, *Agosto*).

Há dias atrás, há dias passados Ver *há anos atrás, há anos passados*.

Há, havia Normalmente usamos *há* nas construções indicativas de tempo em que a oração principal tem seu verbo no presente do indicativo ou no pretérito perfeito. E empregamos *havia* quando a oração principal tem o verbo no pretérito imperfeito do indicativo ou pretérito mais-que-perfeito: "Faço essa distinção para tornar a dar ênfase ao que *repito há* anos, como um estribilho – todo cidadão tem direito à literatura [...]." (Ana Maria Machado, *Balaio: livros e leituras* in *Ana Maria Machado: obra reunida*); "Ele continuou a me insultar, andando desordenadamente pela sala, enquanto eu perguntava a mim mesmo o que já me *perguntava havia* meses [...]." (João Ubaldo Ribeiro, *Diário do farol*). Apesar do uso de *havia* neste último exemplo corresponder à norma-padrão, ele provoca estranheza no falante moderno. Na linguagem corrente falada e escrita, o mais comum é a fossilização dos dois tempos em favor de *há*, nos casos em que se deveria usar *havia*, como podemos comprovar em diversos exemplos literários. Ou seja, é compreensível e comum que se opte por usar dessa forma: "– Olhe que lá fora é isto mesmo que você vê aqui, continuou, voltando-se para d. Severina, senhora que *vivia* com ele maritalmente, *há* anos." (Machado de Assis, "Uns braços", *Os melhores contos brasileiros de todos os tempos*); "Rita pedira-me notícias do leiloeiro, por lhe dizerem que ele morava no Catete, e *adoecera* gravemente *há* dias." (Idem, *Memorial de Aires*); "Aquele marido possessivo, que *há* anos *tomava* conta da vida dela toda, não deixava nunca [...]." (Ana Maria Machado, *Aos quatro ventos* in *Ana Maria Machado: obra reunida*); "Pelo contrário se acentuou a insônia com a inesperada recordação daquele sonho que ela *tivera há* muito tempo, talvez *há* anos." (João Alphonsus, "Eis a noite!", *Os melhores contos brasileiros de todos os tempos*); "*Há* muitos anos *aprendera* que pessoas com poder não gostam de ser interrompidas." (Sonia Rodrigues, *Fronteiras*).

Há meses atrás, há meses passados Ver *há anos atrás, há anos passados*.

Há pouco, a pouco Ver *a pouco, há pouco*.

Há tempo Ver *a tempo, há tempo*.

Habeas corpus Expressão latina que significa 'que tenhas o teu corpo'. Refere-se à medida judicial que garante a liberdade de locomoção a quem se julga vítima ou ameaçado de coação ou cerceamento ilegal da liberdade.

Habitar Podemos dizer *habitar um lugar* ou *em um lugar*: "[...] e fez com que a população cercasse de uma silenciosa admiração a pessoa do grande químico, que viera *habitar* a cidade." (Lima Barreto, "A Nova Califórnia", *Os melhores contos brasileiros de todos os tempos*); "Neste remoto asilo da paz onde *habito*, só muito raro chegam notícias do bulício do mundo." (Raul Pompeia, "50$000 de gratificação", *Os melhores contos brasileiros de todos os tempos*).

Habitat O latinismo *habitat* (substantivo masculino de dois números: o *habitat*, os *habitat*) está registrado no Vocabulário Ortográfico da ABL (Volp): "Temos que começar a refletir sobre isso: como preservar esse *habitat* comum com essa consciência da nossa precariedade e fragilidade [...]." (Frei Betto e Marcelo Gleiser com Waldemar Falcão, *Conversa sobre a fé e a ciência*).

A forma aportuguesada *hábitat* também está divulgada: "O seu *hábitat* era a savana arborizada próxima aos rios e à margem dos lagos [...]." (Alberto da Costa e Silva, *A enxada e a lança*).

Haja vista Tem-se construído de modo vário com esta expressão: a) considerando *haja vista* equivalente a *veja* e, portanto, invariável. Parece ser esse o emprego mais difundido: "*Haja vista* os exemplos disso em Castilho" (Rui Barbosa, *Réplica*);

b) considerando o termo seguinte a *haja vista* como objeto indireto, regido das preposições *a* ou *de*. Ainda neste caso fica invariável a expressão: "*Haja vista às tangas*" (Camilo Castelo Branco, *O vinho do Porto*); "*Haja vista dos elos* que eles representam na cadeia da criação" (Camilo Castelo Branco apud Carneiro Ribeiro, *Serões gramaticais*);

c) considerando o termo seguinte à expressão como sujeito, com o qual necessariamente tem de concordar o verbo *haver*: "*Hajam vista* os seguintes exemplos" (Cândido de Figueiredo, *Combates sem sangue*, apud *Tradições clássicas*).

Evite-se *haja visto*, expressão errônea surgida sob a influência das causais *visto*, *visto que*, *visto como*.

Hambúrguer A forma aportuguesada *hambúrguer* (substantivo masculino) tem como plural *hambúrgueres*.

Haver Verbo irregular. Assim, temos: *pres. ind.*: hei, hás, há, havemos, haveis, hão; *pret. imperf. ind.*: havia, havias, havia, havíamos, havíeis, haviam; *pret. perf. ind.*: houve, houveste, houve, houvemos, houvestes, houveram; *pret. mais-que-perf. ind.*: houvera, houveras, houvera, houvéramos, houvéreis, houveram; *fut. pres.*: haverei, haverás, haverá, haveremos, havereis, haverão; *fut. pret.*: haveria, haverias, haveria, haveríamos, haveríeis, haveriam; *pres. subj.*: haja, hajas, haja, hajamos, hajais, hajam; *pret. imp. subj.*: houvesse, houvesses, houvesse, houvéssemos, houvésseis, houvessem; *fut. subj.*: houver, houveres, houver, houvermos, houverdes, houverem; *imp. afirm.*: há, haja, hajamos, havei, hajam; *ger.*: havendo; *part.*: havido.

Haver, existir Embora *haver* entre em construções de sentido igual às do verbo *existir*, em frases como *Há livros bons*, o verbo *haver* fica no singular, enquanto *existir* vai ao plural: *Existem livros bons*. A razão é porque o verbo *haver*, assim empregado, é impessoal. *Existir*, ao contrário, é pessoal, isto é, tem sujeito. Na oração dada, o sujeito de *existir* é *livros bons*.

A sinonímia de *haver* e *existir* tem levado muitos escritores ao emprego de *haver* no plural, prática de linguagem que nos cumpre evitar cuidadosamente.

Haver, fazer Desconhecendo-se a natureza impessoal dos verbos *haver* e *fazer*, é comum aparecerem erradamente na 3.ª pessoa do plural, quando seguidos de substantivo no plural. Isto acontece porque o falante toma tais plurais como sujeito, quando, na realidade, não o são: *verbo impessoal não tem sujeito*. Assim, notemos: *Houve* enganos lamentáveis (e não: *Houveram* enganos lamentáveis), *Haverá* prêmios (e não: *Haverão* prêmios), *Faz* quinze dias (e não: *Fazem* quinze dias), *Fazia* duas semanas (e não: *Faziam* duas semanas).

Também ficará no singular o verbo que, junto a *haver* e *fazer*, sirva de auxiliar: *Pode haver* enganos (e não: *podem haver*), *Deverá fazer* três meses (e não: *deverão fazer*).

Porém, na oração *José faz hoje dez anos*, o verbo *fazer* não é impessoal. Seu sujeito é *José*. Assim deve ir ao plural em: *José e Maria fazem dez anos*.

Haver, ter Constitui incorreção, na língua culta, o emprego do verbo *ter* em lugar de *haver* em orações como: *Tem livros na mesa* por *Há livros na mesa*. Este emprego corre vitorioso na conversação de todos os momentos, e já vai ganhando aceitação nos escritores modernos brasileiros que procuram aproximar a língua escrita da espontaneidade do falar coloquial: "A gente sabe que isso não basta, porque *tem* um montão de gente que também escreve e com quem a gente não se relaciona direito..." (Luis Fernando Verissimo e Zuenir Ventura, *Conversa sobre o tempo com Arthur Dapieve*); "Pois *tem* um samba feito por mim e por Baden que – não sei, vocês aguardem..." (Vinicius de Moraes, "Toadinha de Ano Novo", *Para uma menina com uma flor* in *Vinicius de Moraes: obra reunida*); "Acabou a festa, amor/ Ainda *tem* uma cerveja no congelador" (Vinicius de Moraes e Toquinho, "Tudo na mais santa paz", *Cancioneiro* in *Vinicius de Moraes: obra reunida*).

O emprego de *ter* impessoal parece ter-se originado de duas ordens de fatores: a) a mudança na formulação da oração *A biblioteca* tem *bons livros* ao lado de *Na biblioteca* há *bons livros*; b) a progressiva vitória do verbo *ter* sobre o verbo *haver* em uma série de enunciados em que ambos lutaram pela sobrevivência, como na auxiliaridade dos tempos compostos (*hei estudado/ tenho estudado*), em expressões como *há nome / tem nome* (= chama-se) e tantos outros.

Fora do seu sentido normal, muitos verbos impessoais podem ser usados pessoalmente, vale dizer, constroem-se com sujeito. Nestes casos, a concordância se faz obrigatória: *Choveram* bênçãos dos céus; "No dia seguinte *amanheci* de cama" (Érico Veríssimo, *Solo de Clarineta*).

Haver-se, avir-se Estes dois verbos têm empregos diferentes. *Haver-se* (com alguém) significa: 1) Proceder, portar-se: "Ele, porém, *houve-se* com a maior delicadeza e habilidade [...]." (Machado de Assis, *Memórias pós-*

tumas de Brás Cubas). 2) Prestar contas a; dar explicações a; entrar em disputa com alguém [aparece nas ameaças]: Ele tem de *se haver* comigo./ "Aquele que sobre ti lançar vistas de amor ou de cobiça, comigo *se haverá* [...]." (Martins Pena, *Teatro*, apud Sousa da Silveira, *Lições de Português*). 3) Entrar em acordo com; conciliar-se, harmonizar-se: Felizmente o filho *se houve* com os pais.

Já avir-se é sinônimo de *haver-se* no sentido de 'entrar em acordo com': "Lá *se avenham* os sorveteiros com Boileau [...]." (Filinto Elísio).

Obs.: 1.ª) Erra-se frequentes vezes empregando-se, nas ameaças, *avir-se* por *haver-se*: Ele tem de *se haver* comigo (e não: de *se avir*). 2.ª) *Desavir-se* é o contrário de *avir-se*: *Os amigos* se desavieram (e não: se *desouveram!*) *por muito pouco*. O verbo *avir-se* conjuga-se como o verbo *vir*. Ver *vir²*.

Hei de Não se emprega o hífen nas ligações da preposição *de* às formas monossilábicas do presente do indicativo do verbo *haver*: *hei de, hás de, hão de*, etc.

Hem, hein (interjeição) Podemos escrever *hem* ou *hein*, sendo, a rigor, a primeira grafia mais recomendável: "Molecota sem-vergonha, *hem, hem?* (João Ubaldo Ribeiro, *Miséria e grandeza do amor de Benedita*); "[...] cheguei perto dela e segurei no seu ombro que começava a ficar duro, além de frio, e disse, *hein? hein?* por que se meteu com um escritor?" (Rubem Fonseca, *Feliz ano novo*).

Heroico, herói Com o Acordo Ortográfico de 1990, perdem o acento gráfico as palavras paroxítonas (aquelas cuja sílaba tônica é a penúltima) com os ditongos abertos *ei* e *oi*, como *heroico* (paroxítona, sílaba tônica *roi*). Porém continuarão acentuados os ditongos abertos *ei* e *oi* de palavras oxítonas (aquelas cuja sílaba tônica é a última), isto é, *heroico* (paroxítona) perde o acento, mas *herói, constrói, corrói, mói* continuam acentuados; *ideia* (paroxítona) perde o acento, mas *anéis, papéis, fiéis* (oxítonas) continuam acentuados graficamente. Também permanece acentuado o ditongo aberto *eu* de palavras oxítonas, como: *céu, Ilhéus, troféu, véu*, etc. Obs.: Receberá acento gráfico a palavra que, mesmo incluída neste caso, se enquadrar em regra geral de acentuação, como ocorre com *blêizer, contêiner, destróier, Méier*, etc., porque são paroxítonas terminadas em *-r*.

Herpes Como substantivo masculino de dois números, dizemos *o herpes* (e não: a *herpes*), *os herpes*.

Hesitar O verbo *hesitar* (= ficar indeciso; vacilar) pede complemento indireto acompanhado da preposição *em, entre* ou *sobre*: "Evitava usar de violência, mas sempre que necessário não *hesitara em* matar o invasor de ponto ou qualquer outro indivíduo [...]." (Rubem Fonseca, *Agosto*); "[...] *hesitar em* cumprir o prometido, somente por pirraça mesquinha." (João Ubaldo Ribeiro, *Miséria e grandeza do amor de Benedita*); "Estava tão bonita, que ele *hesitou em* dizer-lhe as palavras duras que trazia de cor." (Machado de Assis, *Quincas Borba*); "Por isso mesmo *hesito*, então, *entre* jogar minha ficha em Bessie Smith ou Louis Armstrong [...]." (Caio Fernando Abreu, *Os dragões não conhecem o paraíso*); *O estudante* hesitava sobre *a carreira que deveria seguir.*

É possível omitir a preposição antes de complemento oracional: "Colocou o chapéu sobre o móvel e sentou-se, *hesitando* se acendia ou não um cigarro." (Rodrigo M.F. de Andrade, "Seu Magalhães suicidou-se", *Os melhores contos brasileiros de todos os tempos*); "*Hesitou* se contava ou não sobre o policial que pegava as meninas na delegacia." (Sonia Rodrigues, *Fronteiras*).

O verbo *hesitar* também pode ser usado intransitivamente: "O senhor se lembra de mim, pai Miguel? § O pai de santo *hesitou.*" (*Idem, ibidem*); "Vera *hesitou*, levantou-se, atirou a toalha [...]." (Carlos Heitor Cony, *Vera Verão*).

Hidroavião, hidravião Ambas as formas estão corretas e registradas no Vocabulário Ortográfico da ABL (Volp).

Hífen O plural de *hífen* é *hifens* e, pouco usado no Brasil, *hífenes*. Recorde-se que são acentuados os paroxítonos em *-n* e não os em *-ens*. Daí *hífen*, mas *hifens* (sem acento gráfico). Ver *plural de nomes gregos em* -n.

Hífen nas formações com prefixo 1) Emprega-se o hífen quando o 1.º elemento termina por vogal igual à que inicia o 2.º elemento: *anti-infeccioso, anti-inflamatório, contra-almirante, eletro-ótica, entre-eixo, infra-axilar, micro-onda, neo-ortodoxo, semi-interno, sobre-elevar, sobre-estadia, supra-auricular.*

Obs.: a) Incluem-se neste princípio geral todos os prefixos terminados por vogal: *agro* (= terra), *albi, alfa, ante, anti, ântero, arqui, áudio, auto, bi, beta, bio, contra, eletro, euro, extra, ínfero, infra, íntero, iso, macro, mega, multi, poli, póstero, pseudo, súpero, neuro, orto, sócio,* etc. Se o 1.º elemento terminar por vogal diferente daquela que inicia o 2.º elemento, escreve-se junto, sem hífen: *anteaurora, antiaéreo, aeroespacial, agroindustrial, autoajuda, autoaprendizagem, contraescritura, contraindicação, contraofensiva, extraescolar, extraoficial, extrauterino, infraestrutura, infraordem, intrauterino, neoafricano, neoimperialista, plurianual, protoariano, pseudoalucinação, pseudoepígrafe, retroalimentação, semiárido, sobreaquecer, socioeconômico, supraesofágico, supraocular, ultraelevado.*

b) O encontro de vogais diferentes tem facilitado a supressão da vogal final do 1.º elemento ou da vogal inicial do 2.º: *eletracústico,* ao lado de *eletroacústico, hidrelétrico*, ao lado de *hidroelétrico*. Recomendamos que se evitem essas supressões, a não ser nos casos já correntes ou dicionarizados.

c) O encontro de vogais iguais tem facilitado o aparecimento de formas reais ou potencialmente possíveis com a fusão dessas vogais, do tipo de *alfaglutinação*, ao lado de *alfa-a-glutinação*; *ovadoblongo*, ao lado de *ovado-oblongo*. Para atender à regra geral de hifenizar o encontro de vogais iguais, é preferível evitar estas fusões no uso corrente, a não ser nos casos em que elas se mostram naturais, e não forçadas, como ocorre em *telespectador* (e não *tele-espectador*), *radiouvinte* (e não *rádio-ouvinte*).

d) Nas formações com os prefixos *co-, pro-, pre-* e *re-*, estes unem-se ao segundo elemento, mesmo quando iniciado por *o* ou *e*: *coabitar, coautor, coedição, coerdeiro, coobrigação, coocupante, coordenar, cooperação, cooperar, coemitente, coenzima, cofator, cogerente, cogestão, coirmão, comandante; proativo* (ou *pró-ativo*), *procônsul, propor, proembrião, proeminente; preeleito* (ou *pré-eleito*), *preembrião* (ou *pré-embrião*), *preeminência, preenchido, preesclerose* (ou *pré-esclerose*), *preestabelecer, preexistir; reedição, reedificar, reeducação, reelaborar, reeleição, reenovelar, reentrar, reescrita, refazer, remarcar.*

2) Emprega-se o hífen quando o 1.º elemento termina por consoante igual à que inicia o 2.º elemento: *ad-digital, inter-racial, sub-base, super-revista*, etc. Obs.: Formas como *abbevilliano, addisoniano, addisonismo, addisonista* se prendem a nomes próprios estrangeiros: *Abbeville, Addison.*

3) Emprega-se o hífen quando o 1.º elemento termina acentuado graficamente, *pós-, pré-, pró-: pós--graduação, pós-tônico; pré-datado, pré-escolar, pré-história, pré-natal, pré-requisito; pró-africano, pró-europeu.* Obs.: Pode haver, em certos usos, alternância entre *pre* e *pré*, *pos* e *pós*; neste último caso, deve-se usar o hífen: *preesclerótico/ pré-esclerótico, preesclerose/ pré-esclerose, preeleito/pré-eleito, prerrequisito/ pré-requisito; postônico/ pós-tônico.*

4) Emprega-se o hífen quando o 1.º elemento termina por *m* ou *n* e o 2.º elemento começa por *vogal, h, m* ou *n*: *circum-escolar, circum-hospitalar, circum-murado, circum-navegação, pan-africano, pan-americano, pan--harmônico, pan-hispânico, pan-mágico, pan-negritude.*

5) Emprega-se o hífen quando o 1.º elemento é um dos prefixos *ex-* (anterioridade ou cessação), *sota-, soto-, vice-, vizo-: ex-almirante, ex-diretor, ex-presidente, sota-almirante, sota--capitão, soto-almirante, vice-presidente, vice-reitor, vizo-rei.*

6) Emprega-se o hífen quando o 1.º elemento termina por *vogal, r* ou *b* e o 2.º elemento se inicia por *h*: *adeno-hipófise, abdômino-histerotomia,*

anti-herói, anti-hemorrágico, arqui-hipérbole, auto-hipnose, beta-hemolítico, bi-hidroquinona, bio-histórico, contra-haste, di-hibridismo, entre-hostil, foto-heliografia, geo-história, giga-hertz, hétero-hemorragia, hiper-hidrose, infra-hepático, inter-hemisférico, poli-hídrico, semi-histórico, sobre-humano, sub-hepático, sub-humano, super-homem, tri-hídrico.

Obs.: a) Nos casos em que não houver perda do som da vogal final do 1.º elemento, e o elemento seguinte começar com *h*, serão usadas as duas formas gráficas: *carbo-hidrato* e *carboidrato*; *zoo-hematina* e *zooematina*. Já quando houver perda do som da vogal final do 1.º elemento, consideraremos que a grafia consagrada deve ser mantida: *cloridrato, cloridria, clorídrico, quinidrona, sulfidrila, xilarmônica, xilarmônico*. Devem ficar como estão as palavras que, fugindo a este princípio, já são de uso consagrado, como *reidratar, reumanizar, reabituar, reabitar, reabilitar* e *reaver*.

b) Não se emprega o hífen com prefixos *des* e *in* quando o 2.º elemento perde o *h* inicial: *desumano, inábil, inumano*, etc.

c) Embora não tratado no Acordo, pode-se incluir neste caso o prefixo *an* (p.ex.: *anistórico, anepático, anidrido*). Na sua forma reduzida *a*, quando seguido de *h*, a tradição manda hifenizar e conservar o *h* (p.ex.: *a-histórico, a-historicidade*).

d) Não se emprega o hífen com as palavras *não* e *quase* com função prefixal: *não agressão, não beligerante, não fumante; quase delito, quase equilíbrio, quase domicílio*, etc.

e) Não há razão plausível que defenda a grafia *biidroquinona* ao lado de *bi-iodeto*, por este não ter *h* inicial. Foi o mesmo princípio que nos fez optar por *poli-hídrico* (em vez de *poliídrico*) e *poli-hidrite* (em vez de *poliidrite*).

7) Emprega-se o hífen quando o 1.º elemento termina por *b* (*ab-, ob-, sob-, sub-*) ou *d* (*ad*) e o 2.º elemento começa por *r*: *ab-rupto, ad-renal, ad-referendar, ob-rogar, sob-roda, sub-reitor, sub-reptício, sub-rogar*. Obs.: *Adrenalina, adrenalite* e afins já são exceções consagradas pelo uso. *Ab-rupto* é preferível a *abrupto*, mas ambos possíveis, e o último até mais corrente, facilitando a pronúncia com o grupo consonantal /a-brup-to/.

8) Quando o 1.º elemento termina por vogal e o 2.º elemento começa por *r* ou *s*, não se usa hífen, e estas consoantes devem duplicar-se, prática já adotada também em palavras deste tipo pertencentes aos domínios científico e técnico: *antessala, antirreligioso, antissocial, autorregulamentação, biorritmo, biossatélite, contrarregra, contrassenha, cosseno, eletrossiderurgia, extrarregular, infrassom, macrorregião, microssistema, minissaia, multissegmentado, neorromano, protossatélite, pseudossigla, semirrígido, sobressaia, suprarrenal,*

ultrassonografia. Obs.: Para garantir a integridade do nome próprio usado como tal, recomenda-se a grafia com hífen em casos como *anti-Stalin, anti-Iraque, anti-Estados Unidos*, usos frequentes na imprensa, mas não lembrados no texto do Acordo. As formas derivadas seguem a regra dos prefixos, como em: *antistalinismo/ antiestalinismo, desestalinização*. Também emprega-se o hífen quando ao prefixo se segue vocábulo não aportuguesado: *anti-spam, anti-show*.

Hífen nas formações com sufixo Emprega-se hífen apenas nas palavras terminadas por sufixos de origem tupi-guarani que representam formas adjetivas, como *açu* (= grande)*, guaçu* (= grande)*, mirim* (= pequeno), quando o 1.º elemento termina por vogal acentuada graficamente ou quando a pronúncia exige a distinção gráfica dos dois elementos: *amoré-guaçu, anajá-mirim, andá-açu, capim-açu, Ceará-Mirim*.

Hífen nas locuções Não se emprega o hífen nas locuções, sejam elas substantivas, adjetivas, pronominais, adverbiais, prepositivas ou conjuncionais, salvo algumas exceções já consagradas pelo uso e acolhidas pelo Acordo (como é o caso de *água-de-colônia, arco-da-velha, cor-de-rosa, mais-que-perfeito, pé-de-meia, ao deus-dará, à queima-roupa*). Vale lembrar que, se na locução há algum elemento que já tenha hífen, será conservado este sinal: *à trouxe-mouxe, cara de mamão-macho, bem-te-vi de igreja*.

Sirvam, pois, de exemplo de emprego *sem hífen* as seguintes locuções: a) Locuções substantivas: *cão de guarda, fim de semana, fim de século, sala de jantar*; b) Locuções adjetivas: *cor de açafrão, cor de café com leite, cor de vinho*; c) Locuções pronominais: *cada um, ele próprio, nós mesmos, quem quer que seja*; d) Locuções adverbiais: *à parte* (diferentemente do substantivo *aparte*)*, à vontade, de mais* (locução que se contrapõe a *de menos*; escreve-se junto *demais* quando é advérbio ou pronome)*, depois de amanhã, em cima, por isso*; e) Locuções prepositivas: *abaixo de, acerca de, acima de, a fim de, a par de, à parte de, apesar de, debaixo de, enquanto a, por baixo de, por cima de, quanto a*; f) Locuções conjuncionais: *a fim de que, ao passo que, contanto que, logo que, visto que*.

Obs.: 1) Expressões com valor de substantivo, do tipo *deus nos acuda, salve-se quem puder, um faz de contas, um disse me disse, um maria vai com as outras, bumba meu boi, tomara que caia, aqui del rei*, devem ser grafadas sem hífen. Da mesma forma serão usadas sem hífen locuções como: *à toa* (adjetivo e advérbio)*, dia a dia* (substantivo e advérbio)*, arco e flecha, calcanhar de aquiles, comum de dois, general de divisão, tão somente, ponto e vírgula*.

2) Não se emprega o hífen nas locuções latinas usadas como tais, não

Hífen nas sequências de palavras

substantivadas ou aportuguesadas: *ab initio, ab ovo, ad immortalitatem, ad hoc, data venia, de cujus, carpe diem, causa mortis, habeas corpus, in octavo, pari passu, ex libris*. Mas, quando substantivadas: o *ex-libris,* o *habeas-corpus,* o *in-oitavo,* etc.

Hífen nas sequências de palavras Emprega-se o hífen para ligar duas ou mais palavras que ocasionalmente se combinam, formando não propriamente vocábulos, mas encadeamentos vocabulares, tipo: a divisa *Liberdade-Igualdade-Fraternidade,* a ponte *Rio-Niterói,* o percurso *Lisboa-Coimbra-Porto,* a ligação *Angola-Moçambique* e nas combinações históricas ou até mesmo ocasionais de topônimos, tipo: *Áustria-Hungria, Alsácia-Lorena, Angola-Brasil, Tóquio-Rio de Janeiro,* etc.

Hífen nos casos de ênclise e mesóclise Emprega-se o hífen na ênclise e na mesóclise: *amá-lo, dá-se, deixa-o, partir-lhe; amá-lo-ei, enviar-lhe-emos*.

Obs.: 1) Embora estejam consagradas pelo uso as formas verbais *quer* e *requer,* dos verbos *querer* e *requerer,* ao lado de *quere* e *requere,* estas últimas formas conservam-se, no entanto, nos casos de ênclise: *quere-o(s), requere-o(s)*. Nestes contextos, as formas (legítimas, aliás) *qué-lo* e *requé-lo* são pouco usadas. *Quere* e *requere* são formas correntes entre portugueses; a primeira, a partir de 1904, acolhida por Gonçalves Viana. 2) Usa-se também o hífen nas ligações

Hífen nos compostos

de formas pronominais enclíticas ao advérbio *eis* (*eis-me, ei-lo*) e ainda nas combinações de formas pronominais do tipo *no-lo* (nos + o), *no-las* (nos + as), quando em próclise ao verbo (Esperamos que *no-lo* comprem).

Hífen nos compostos 1) Emprega-se o hífen nos compostos sem elemento de ligação quando o 1.º termo, por extenso ou reduzido, está representado por forma substantiva, adjetiva, numeral ou verbal: *ano-luz, arco-íris, decreto-lei, és-sueste, joão--ninguém, médico-cirurgião, mesa-redonda, rainha-cláudia, tenente-coronel, tio-avô, zé-povinho, afro-asiático, afro-luso-brasileiro, azul-escuro, amor-perfeito, boa-fé, forma-piloto, guarda-noturno, luso-brasileiro, má--fé, mato-grossense, norte-americano, seu-vizinho* (dedo anelar), *social-democracia, sul-africano, primeiro-ministro, segunda-feira, conta-gotas, finca-pé, guarda-chuva, vaga-lume, porta-aviões, porta-retrato*.

Obs.: a) As formas empregadas adjetivamente do tipo *afro, anglo, euro, franco, indo, luso, sino* e assemelhadas continuarão a ser grafadas *sem hífen* em empregos em que só há uma etnia: *afrodescendente, anglofalante, anglomania, eurocêntrico, eurodeputado, lusofonia, sinologia,* etc. Porém escreve-se com hífen quando houver mais de uma etnia: *afro-brasileiro, anglo-saxão, euro-asiático,* etc.

b) Com o passar do tempo, alguns compostos perderam a noção de composição, e passaram a se escrever aglutinadamente, como é o caso de: *girassol, madressilva, pontapé,* etc. Já se escrevem aglutinados: *paraquedas, paraquedista* (e afins, *paraquedismo, paraquedístico*) e *mandachuva.*

c) Os outros compostos com a forma verbal *para* seguirão sendo separados por hífen conforme a tradição lexicográfica: *para-brisa(s), para-choque(s), para-lama(s),* etc.

d) Os outros compostos com a forma verbal *manda* seguirão sendo separados por hífen conforme a tradição lexicográfica: *manda-lua, manda-tudo.*

e) A tradição ortográfica também usa o hífen em outras combinações vocabulares: *abaixo-assinado, assim-assim, ave-maria, salve-rainha.*

f) Os compostos formados com elementos repetidos, com ou sem alternância vocálica ou consonântica, por serem compostos representados por formas substantivas sem elemento de ligação, ficarão: *blá-blá-blá, lenga-lenga, reco-reco, tico-tico, zum-zum-zum, pingue-pongue, tique-taque, trouxe-mouxe, xique-xique* (= chocalho; cf. *xiquexique* = planta), *zás-trás, zigue-zague,* etc. Os derivados, entretanto, não serão hifenados: *lengalengar, ronronar, zunzunar,* etc.

g) Não se separam por hífen as palavras com sílaba reduplicativa oriundas da linguagem infantil: *babá, titio, vovó, xixi,* etc.

h) Serão escritos *com hífen* os compostos entre cujos elementos há o emprego do apóstrofo: *cobra-d'água, mãe-d'água, mestre-d'armas, olho-d'água,* etc.

2) Emprega-se o hífen nos compostos sem elemento de ligação quando o 1.º elemento está representado pelas formas *além, aquém, recém, bem* e *sem*: *além-Atlântico, além-mar, aquém-Pireneus, recém-casado, recém-nascido, bem-estar, bem-humorado, bem-dito, bem-dizer, bem-vestido, bem-vindo, sem-cerimônia, sem-vergonha, sem-terra.*

Obs.: Em muitos compostos o advérbio *bem* aparece aglutinado ao segundo elemento, quer este tenha ou não vida à parte, quando o significado dos termos é alterado: *bendito* (= abençoado), *benfazejo, benfeito* [subst.] (= benefício); cf. *bem-feito* [adj.] = feito com capricho, harmonioso, e *bem feito!* [interj.], *benfeitor, benquerença* e afins: *benfazer, benfeitoria, benquerer, benquisto, benquistar.*

3) Emprega-se o hífen nos compostos sem elemento de ligação quando o 1.º elemento está representado pela forma *mal* e o 2.º elemento começa por *vogal, h* ou *l*: *mal-afortunado, mal-entendido, mal-estar, mal-humorado, mal-informado, mal-limpo.* Porém: *malcriado, malgrado, malvisto,* etc. Obs.: *Mal* com o significado de 'doença' grafa-se com hífen: *mal-caduco* (= epilepsia), *mal-francês* (=

sífilis), desde que não haja elemento de ligação. Se houver, não se usará hífen: *mal de Alzheimer*.

4) Emprega-se o hífen nos nomes geográficos compostos pelas formas *grã*, *grão*, ou por forma verbal ou, ainda, naqueles ligados por artigo: *Grã-Bretanha, Abre-Campo, Passa-Quatro, Quebra-Costas, Traga-Mouro, Baía de Todos-os-Santos, Entre-os-Rios, Montemor-o-Novo, Trás-os-Montes*.

Obs.: a) Os outros nomes geográficos compostos escrevem-se com os elementos separados, sem o hífen: *América do Sul, Belo Horizonte, Cabo Verde, Castelo Branco, Freixo de Espada à Cinta*, etc. Os topônimos *Guiné-Bissau* e *Timor-Leste* são, contudo, exceções consagradas.

b) Serão hifenizados os adjetivos gentílicos (ou seja, adjetivos que se referem ao lugar onde se nasce) derivados de nomes geográficos compostos que contenham ou não elementos de ligação: *belo-horizontino, matogrossense-do-sul, juiz-forano, cruzeirense-do-sul, alto-rio-docense*.

c) Escreve-se com hífen *indo-chinês*, quando se referir à Índia e à China, ou aos indianos e chineses, diferentemente de *indochinês* (sem hífen), que se refere à Indochina.

5) Emprega-se o hífen nos compostos que designam espécies botânicas (planta e fruto) e zoológicas, estejam ou não ligadas por preposição ou qualquer outro elemento: *abóbora-menina, andorinha-do-mar, andorinha-grande, bem-me-quer* (mas *malmequer*), *bem-te-vi, bênção-de-deus, cobra-capelo, couve-flor, dente-de-cão, erva-doce, erva-do-chá, ervilha-de-cheiro, feijão-verde, formiga-branca, joão-de-barro, lesma-de-conchinha*. Obs.: Os compostos que designam espécies botânicas e zoológicas grafados com hífen pela norma acima não serão hifenizados quando tiverem aplicação diferente dessas espécies. Por exemplo: *bola-de-neve* (com hífen) com o significado de 'arbusto europeu', e *bola de neve* (sem hífen) significando 'aquilo que toma vulto rapidamente'; *bico-de-papagaio* (com hífen) referindo-se à planta e *bico de papagaio* (sem hífen) com o significado de 'nariz adunco'; *não-me-toques* (com hífen) quando se refere a certas espécies de plantas, e *não me toques* (sem hífen) com o significado de 'melindres'.

Hispano- Emprega-se em adjetivos compostos como elemento de composição referente a *espanhol*: *hispano-americano, hispano-árabe, hispano-lusitano, hispano-marroquino*, etc. Assim temos: literatura *hispano-americana*, guerra *hispano-marroquina*. Porém é grafado sem hífen em empregos em que só há uma etnia: *hispanofalante, hispanofilia, hispanofonia, hispanofônico*, etc.

Hoje são, hoje é Como se dá com a relação sintática de qualquer verbo e o sujeito da oração, o normal é que sujeito e verbo *ser* concordem em número (*José* era *um aluno aplicado.*/ *Os dias de inverno* são *menores que os de verão.*).

Todavia, em alguns casos, o verbo *ser* se acomoda à flexão do predicativo, especialmente quando este se acha no plural (*Tudo* eram *alegrias.*/ *Quem* eram *os convidados?*/ *A provisão* eram *alguns quilos de arroz.*).

Quando o verbo *ser* é empregado impessoalmente, isto é, sem sujeito, nas designações de horas, datas, distâncias, imediatamente após o verbo, ele também se acomoda à flexão do predicativo: São *dez horas? Ainda não o* são./ *Hoje* são 15 de agosto. (Mas: *Hoje* é dia *15 de agosto.*)/ "Da estação à fazenda *são três léguas* a cavalo." (Said Ali).

Obs.: Se o predicativo plural é precedido de uma expressão que denota cálculo aproximado (*perto de*, *cerca de*, etc.), os escritores ora usam o plural, ora o singular: "*Era perto de duas horas* quando saiu da janela [...]." (Machado de Assis, *Quincas Borba*, apud Sousa da Silveira, *Lições de Português*); "*Eram perto de oito horas* [...]." (Machado de Assis, *Histórias sem data*, apud Sousa da Silveira, *Lições de Português*).

Hora Ver *ora, hora*.

Hora (símbolo: h) As unidades de grandeza têm um conjunto de símbolos de representação normatizada. O h (sempre minúsculo, sem "s" final e sem ponto abreviativo) representa a hora. Portanto, devemos grafar: às 20 h, às 20 h 30, às 5 h 20, etc. Os símbolos das unidades que representam a grandeza devem ser escritos, preferencialmente, com um espaço de intervalo: 5 h, 30 cm, 60 kg, 10 °C.

Hora extra A locução *hora extra* é grafada sem hífen (plural: *horas extras*): "[...] paga tudo: uma informação, uma ajuda em tradução, *hora extra*, entrevista na rádio, qualquer palestra de professor." (Ana Maria Machado, *Tropical sol da liberdade* in *Ana Maria Machado: obra reunida*).

Ianomâmi Ver *etnônimo*.

Ibero (/bé/) Como adjetivo: 1. Relativo à Península Ibérica. Como substantivo: 1. Indivíduo dos iberos, antigos habitantes da Ibéria, também chamados ibéricos. 2. Língua falada pelos iberos.

Ibidem O latinismo *ibidem* é usado em citações, para evitar repetições, com o sentido de 'no mesmo lugar; na mesma obra, capítulo ou página'. Abreviatura: *Ibid*. Ver *idem*.

Iceberg (/áiciberg/) O substantivo masculino *iceberg* (= grande massa de gelo flutuante, levada pelo mar) é um estrangeirismo (do inglês), registrado no Vocabulário Ortográfico da ABL (Volp). Plural: *icebergs*.

Ideia (sem acento gráfico) Com o Acordo Ortográfico de 1990, perdem o acento gráfico as palavras paroxítonas (aquelas cuja sílaba tônica é a penúltima) com os ditongos abertos *ei* e *oi*, uma vez que existe oscilação em muitos casos entre a pronúncia aberta e fechada: *assembleia, boleia, ideia*, tal como *aldeia, baleia, cadeia, cheia, meia; coreico, epopeico, onomatopeico, proteico; alcaloide, apoio* (do verbo *apoiar*), tal como *apoio* (substantivo), *azoia, boia, boina, comboio* (substantivo), tal como *comboio, comboias*, etc. (do verbo *comboiar*), *dezoito, estroina, heroico, introito, jiboia, moina, paranoico, zoina*.

Porém, continuarão acentuados os ditongos abertos *ei* e *oi* de palavras oxítonas (aquelas cuja sílaba tônica é a última), isto é, *heroico* (paroxítona) perde o acento, mas *herói, constrói, corrói, mói* continuam acentuados; *ideia* (paroxítona) perde o acento, mas *anéis, papéis, fiéis* (oxítonas) continuam acentuados graficamente.

Também permanece com acento gráfico o ditongo aberto *eu* de palavras oxítonas, como: *céu, Ilhéus, troféu, véu*, etc.

Obs.: Receberá acento gráfico a palavra que, mesmo incluída neste caso, se enquadrar em regra geral de acentuação, como ocorre com *blêizer, contêiner, destróier, Méier*, etc., porque são paroxítonas terminadas em *-r*.

Idem Latinismo que significa 'o mesmo; a mesma coisa; da mesma forma', sendo usado para evitar repetir o que se acabou de dizer: "[...] tem que gostar de Gal Costa (sem que isso tenha nada a ver com o fato de ela ser uma excelente cantora) e Caetano Veloso (*idem* para o grande compositor) [...]." (Vinicius de Moraes, "Ser moderno", *Prosa dispersa* in *Vinicius de Moraes: obra reunida*). Também é empregado em citações, com o sentido de 'o mesmo autor'. Abreviatura: *Id.* Ver *ibidem*.

Ídolo O substantivo masculino *ídolo* significa: 1. Pessoa por quem se tem extrema admiração: "O samba não gerou ainda um *ídolo* equivalente a Gardel." (Carlos Heitor Cony, *Da arte de falar mal*); *A nadadora brasileira é meu* ídolo (e não: *minha ídolo* ou *minha ídola*). 2. Estátua ou imagem venerada, ou entidade, tida como sagrada: "Se era um notável, esculpiam-lhe um *ídolo*." (Alberto da Costa e Silva, *A enxada e a lança*); "Ezana, um rei axumita, afirma, numa estela, ter invadido o reino de Casu (Cuxe?), destruído suas cidades e seus *ídolos* [...]." (*Idem*, *A manilha e o libambo*).

Ileso (/é/ ou /ê/) O adjetivo *ileso* significa 'sem ferimento ou lesão; livre de dano ou perigo; são e salvo; inatingido, incólume': "Apesar do desastre, que teve uma vítima fatal, Vinicius e os amigos retornam *ilesos* ao Rio de Janeiro." (Vinicius de Moraes, "Cronologia Vinicius de Moraes: vida e obra", in *Vinicius de Moraes: obra reunida*).

Iludir O verbo *iludir* constrói-se com objeto direto: "[...] só porque meia dúzia de marechais quase decrépitos, *iludindo* a juventude e a nação, quer impor um retrocesso de séculos ao país." (Carlos Heitor Cony, "A necessidade das pedras", *O ato e o fato*); "Para *iludir* a vigilância, Longino valeu-se do socorro dos blêmios, que o levaram, por rotas distantes do rio, até Soba." (Alberto da Costa e Silva, *A enxada e a lança*).

Imã, ímã O substantivo masculino *imã* (oxítono; plural: *imãs*) ou *imame* significa 'título de soberano muçulmano': "[...] conduzido, ao arrepio dos interesses do sultão do Adal, Muhamad ibn Azar al-Din, por um chefe militar, Mafuz, a quem se davam os títulos de *imame* e emir." (Alberto da Costa e Silva, *A manilha e o libambo*); "Em pouco tempo, esse *imame* xiita derrotou os Aglábidas, destruiu o sultanato de Tahert [...]." (*Idem*, *ibidem*).

Já *ímã* (paroxítono; plural: *ímãs*) é 'objeto imantado, magnetizado'.

Imbróglio (/lh/) O substantivo masculino *imbróglio* (do italiano *imbroglio*), registrado no Vocabulário Ortográfico da ABL (Volp), significa: 1. Situação confusa, difícil; confusão: "[...] o presidente até agora não deu ousadia aos súditos de explicar sua posição no *imbróglio*, nem parece estar disposto a dar." (João Ubaldo Ribeiro, "Não é por aí", *A gente se acostuma a tudo*). 2. Enredo confuso ou peça teatral com este tipo de enredo.

Imergir[1] O verbo *imergir*, outrora apontado como defectivo, é hoje conjugado integralmente. Para conjugação, ver *submergir*.

Imergir[2] Ver *emergir, imergir*.

Imigrante, emigrante, migrante O substantivo de dois gêneros *imigrante* designa 'aquele que se estabelece em país estrangeiro, diferente de sua terra natal': "A vinda a Manguezal lhe reacendera a vontade de contar um pouco da saga dos *imigrantes* italianos chegando ao Brasil [...]." (Ana Maria Machado, *O mar nunca transborda* in *Ana Maria Machado: obra reunida*).

Já o substantivo de dois gêneros *emigrante* designa 'aquele que sai de seu país para viver em outra pátria'. Assim como *imigrante* também é usado como adjetivo: *povos emigrantes*; "Uma vez, num convés de navio a caminho da América, [...] o menino *emigrante* compreendera sua pequenez e desejara o colo de Deus." (*Idem*, *Palavra de honra* in *Ana Maria Machado: obra reunida*).

O substantivo de dois gêneros *migrante* designa 'aquele que migra, que está sempre mudando de região, país, etc.'. Também é usado como adjetivo: "Pediu para falar com o *chef* e, bingo, o cara era soteropolitano expatriado. [...] o chef *migrante* retornou a Salvador para ser sócio do negócio." (Claudia Giudice, *A vida sem crachá*).

Iminente, eminente O adjetivo de dois gêneros *iminente* significa 'que está prestes a se concretizar, a acontecer': "[...] sem relação com a sensação de desastre *iminente* que fazia com que desaparecesse o céu limpo [...]" (Sonia Rodrigues, *Fronteiras*).

Já o adjetivo de dois gêneros *eminente* quer dizer 'alto, elevado' ou 'famoso, ilustre, insigne': "– Olha: se não fosse estar contente, sabes que ia ser? § – Quê? § – Bacteriologista *eminente*." (Lima Barreto, "O homem que sabia javanês", *Os melhores contos brasileiros de todos os tempos*).

Impávido colosso O adjetivo *impávido* significa 'corajoso, destemido' e o substantivo masculino *colosso*, 'o que é imenso, enorme, gigante', ambos presentes na letra do *Hino Nacional*: "Gigante pela própria natureza,/ És belo, és forte, *impávido colosso* [...]." (Joaquim Osório Duque Estrada, Francisco Manoel da Silva, *Hino Nacional Brasileiro*).

Impedir Quanto à regência, constrói-se com objeto direto de pessoa e é regida da preposição *de* a coisa impedida: *Impedi-o de sair cedo./ Impediu os alunos de entrar*. Inversamente, pode construir-se com objeto indireto de pessoa e direto da coisa impedida: *Impedi ao José* (Impedi-lhe) *sair cedo*. Por cruzamento das duas sintaxes, pode aparecer assim construído: *Impedi-lhe de sair cedo*. Conjuga-se como o verbo *pedir*, mas não é derivado dele. Ver *pedir*.

Implicar O verbo *implicar*, no sentido de 'produzir como consequência; acarretar, originar', pede objeto direto: "Aconselho o amigo ou a amiga a fazer hoje tudo o que ele proibiu, a não ser que *implique* morte imediata [...]." (João Ubaldo Ribeiro, "Ao diabo com isso tudo", *O conselheiro come*); "[...] a biblioteca do colégio recebeu de uma entidade filantrópica uma quantidade de livros novos bastante significativa, o que *implicava* trabalho de catalogação mais ou menos intenso." (*Idem*, *Diário do farol*); *Tal atitude não* implica *desprezo* (e não: *em* desprezo).

Também pede objeto direto no sentido de 'pressupor' ou 'requerer': "A transgressão [...] é o rompimento de um hábito que *implica*, evidentemente, a existência de uma norma a ser seguida." (Laura Sandroni, *De Lobato a Bojunga: as reinações renovadas*).

Na acepção de 'demonstrar hostilidade, agressividade, antipatia' pede objeto indireto introduzido pela preposição *com*: "Um dia, o Halley começou a *implicar com* o Newton: 'Você é um homem tão estudado, tão esclarecido, como é que acredita nessa bobagem de astrologia?'" (Frei Betto e Marcelo Gleiser com Waldemar Falcão, *Conversa sobre a fé e a ciência*); "Mas deve ter algum motivo inconsciente para eu *implicar* tanto *com* o Natal." (*Idem, ibidem*).

Imposto (/ô/), impostos (/ó/) Muitas palavras com *o* fechado tônico, quando passam ao plural, mudam esta vogal para *o* aberto: imposto (/ô/) – impostos (/ó/). Ver *plural com alteração de* o *fechado para* o *aberto*.

Imprimido, impresso Ver *particípio*. Ver *pegado, pego*.

Ímprobo O adjetivo e substantivo masculino *ímprobo* (= desonesto) é palavra proparoxítona (a sílaba tônica é *ím*); como adjetivo também significa 'árduo, cansativo, difícil': "Cansados pelo esforço na sua *ímproba* atenção, os juízes de fato viravam as costas ao escrivão e, a exemplo do magistrado presidente do júri, puseram-se também a falar baixinho uns com os outros, da safra do cacau, do preço do pirarucu, de política." (José Veríssimo, "O crime do tapuio", *Os melhores contos brasileiros de todos os tempos*).

In loco Latinismo que significa 'no lugar, no próprio lugar': "Como as experiências não chegavam a um resultado definido, ele passou a ameaçar uma ida ao Pantanal de Mato Grosso a fim de obter o suco das mandíbulas dos jacarés pessoalmente, *in loco* [...]." (Carlos Heitor Cony, *Quase memória*).

In memoriam Latinismo que significa 'em lembrança de; em memória de'.

Inaudito O adjetivo *inaudito* ('de que nunca se ouviu soar ou falar'; 'fora do comum') é paroxítono (a sílaba tônica é *di*): "Um dia, enfim, depois de violenta marulhada, achando-se ela no topo de uma escarpa, de frente para o oceano, alguém se aproximou e pôde ouvir-lhe a súplica *inaudita* que dirigia às ondas ainda ressentidas da tempestade." (Xavier Marques, "A noiva do golfinho", *Os melhores contos brasileiros de todos os tempos*); "[...] para violá-la, matá-la, e, coragem *inaudita*, enterrá-la!!!" (José Veríssimo, "O crime do tapuio", *Os melhores contos brasileiros de todos os tempos*).

Incendiar Os verbos terminados em -iar são conjugados regularmente, à exceção de *mediar* (e *intermediar*), *ansiar, remediar, incendiar* e *odiar*. O verbo *incendiar* troca o *i* por *ei* nas formas rizotônicas (aquelas cuja sílaba tônica está no radical): *pres. ind.*: incend*ei*o, incend*ei*as, incend*ei*a, incendiamos, incendiais, incend*ei*am; *pres. subj.*: incend*ei*e, incend*ei*es, incend*ei*e, incendiemos, incendieis, incend*ei*em; *imp. afirm.*: incend*ei*a, incend*ei*e, incendiemos, incendiai, incend*ei*em. Ver *verbos terminados em -ear e -iar*.

Incerto, inserto O adjetivo *incerto* significa 'duvidoso, vacilante', 'indeterminado', 'que não oferece certeza, garantia': "Às vezes parava, *incerto* sobre o rumo a tomar, desligado de tudo." (Vinicius de Moraes, "A letra A: 'palavra por palavra' (II)", *Prosa dispersa* in *Vinicius de Moraes: obra reunida*); "Sempre que se enchia da vida, dava uma meia-trava, pensava no medo, no futuro, no dinheiro *incerto*, na idade." (Carlos Heitor Cony, *Vera Verão*).

Já o adjetivo *inserto* quer dizer 'inserido, introduzido'.

Incipiente, insipiente O adjetivo de dois gêneros *incipiente* significa 'que está no começo; inicial': "O desejo amoroso punha-o no estado da embriaguez *incipiente*, quando, pela interferência de vibrações desencontradas, enturva-se a percepção geral das coisas [...]." (Domício da Gama, "Conto de verdade", *Os melhores contos brasileiros de todos os tempos*); "Barba por fazer, rosto marcado por algumas rugas, barriguinha *incipiente* embora nítida [...]." (Ana Maria Machado, *A audácia dessa mulher* in *Ana Maria Machado: obra reunida*).

Já o adjetivo de dois gêneros *insipiente* quer dizer 'insensato', 'tolo', 'ignorante'.

Incluso Ver *anexo, incluso, apenso*.

Incomodar O verbo *incomodar* pede objeto direto: *O sol forte a* incomodava (e não: *lhe incomodava*); "Afinal, como a espera se tivesse tornado longa demais, o chapéu principiou a *incomodá*-lo nas mãos." (Rodrigo

M.F. de Andrade, "Seu Magalhães suicidou-se", *Os melhores contos brasileiros de todos os tempos*); "Espero *incomodar* você, dizendo que sou movido a escrever este relato [...]." (João Ubaldo Ribeiro, *Diário do farol*).

Também é possível a regência *incomodar-se com* (algo ou alguém): "Cumprimentava Vera, mas não *se incomodava com* a presença dela ali." (Carlos Heitor Cony, *Vera Verão*).

Indignar-se É preciso tomar cuidado com a pronúncia deste verbo e de suas flexões: /indignar-se/ e não /indi*gui*nar-se/. Desta forma, temos: *pres. ind.*: *indigno-me* (/díg/), *indignas-te* (/díg/), *indigna-se* (/díg/), *indignamo-nos, indignais-vos, indignam-se* (/díg/).

Indo-chinês Relativo à Índia e à China, ou aos indianos e chineses, simultaneamente. Também se diz daquele que tem origem indiana e chinesa. Plural: *indo-chineses*; feminino: *indo-chinesa*.

Indochinês (sem hífen) O adjetivo e substantivo masculino *indochinês* (junto, sem hífen) significa: 'relativo à Indochina, da Indochina, ou o que é seu natural ou habitante'. Plural: *indochineses*; feminino: *indochinesa*.

Inebriante (E não: enebriante) Assim como *inebriar*, escreve-se *inebriante* com *i* inicial: "Creio que por então é que começou a desabotoar em mim a hipocondria, essa flor amarela, solitária e mórbida, de um cheiro *inebriante* e subtil." (Machado de Assis, *Memórias póstumas de Brás Cubas*).

Infantojuvenil O adjetivo de dois gêneros *infantojuvenil* (= pertencente ou relativo à infância e à juventude) escreve-se junto, sem hífen: livros *infantojuvenis*; "As pretensões didáticas e moralistas dos primeiros tempos da literatura *infantojuvenil* ainda sobrevivem [...]." (Laura Sandroni, *De Lobato a Bojunga: as reinações renovadas*.)

Infarto, enfarte (E não: *enfarto* ou *infarte*) Ambas as formas estão corretas para designar a 'necrose da região de um órgão, em geral o coração, por súbita privação da circulação sanguínea decorrente de obstrução de artéria': "O médico havia dito, com franqueza, que se eu não tomasse cuidado poderia a qualquer momento ter um *enfarte*." (Rubem Fonseca, *Feliz ano novo*); "Quando percebi que não havia tido um *enfarte*, felizmente [...]." (Gustavo Bernardo, *A filha do escritor*); "Mas hoje, depois de um pré-*infarto* ao tentar abotoar uma calça, podem ter certeza de que, segunda-feira, entro no regime férreo da esteira." (João Ubaldo Ribeiro, "Mantendo a forma", *O conselheiro come*); "Com a doença do pai, que teve um *infarto*, houve uma mudança de situação." (Nelson Rodrigues, "O netinho", *A vida como ela é...*).

Ínfero- Ver *hífen nas formações com prefixo*.

Infinitivo flexionado e não flexionado

É expressão de nomenclatura, nesta aplicação, melhor do que infinitivo pessoal e impessoal. O infinitivo é uma forma nominal do verbo, ao lado de gerúndio e particípio. O emprego da flexão ou não flexão do infinitivo depende, de forma geral, de dois tipos de construção do predicado:

1) *Infinitivo fora da locução verbal*: Fora da locução verbal, a escolha da forma infinitiva vai depender da presença ou ausência do sujeito. No primeiro caso, impõe-se a flexão do infinitivo: Estudamos para *nós vencermos* na vida (nunca: *para nós vencer na vida*). Se o sujeito estiver oculto, o infinitivo sem flexão revela que a nossa atenção se volta especialmente para a ação verbal (Estudamos para *vencer* na vida); o flexionamento serve para insistir na pessoa beneficiada pela ação verbal (Estudamos para *vencermos* na vida; "As crianças são acalentadas por *dormirem*, e os homens enganados para *sossegarem*" [Marquês de Maricá]). Ambas as sintaxes são corretas.

2) *Infinitivo pertencente a uma locução verbal real*: Não se flexiona normalmente o infinitivo que faz parte de uma locução verbal: "E o seu gesto era tão desgracioso, coitadinho, que todos, à exceção de Santa, *puseram*-se *a rir*" (Aluísio Azevedo *apud* Fausto Barreto, *Antologia nacional*); "Pois, se *ousais levar* a cabo vosso desenho, eu ordeno que o façais" (Alexandre Herculano *apud* Fausto Barreto, *Antologia nacional*); "Depois mostraram-lhe, um a um, os instrumentos das execuções, e explicaram-lhe por miúdo como *haviam de morrer* seu marido, seus filhos e o marido de sua filha" (Camilo Castelo Branco *apud* Fausto Barreto, *Antologia nacional*). Encontram-se exemplos que se afastam deste critério quando ocorrem os seguintes casos: a) o verbo principal se acha distante do auxiliar e se deseja avivar a pessoa a quem a ação se refere: "*Possas* tu, descendente maldito/ De uma tribo de nobres guerreiros,/ Implorando cruéis forasteiros,/ *Seres* presa de vis Aimorés" (Gonçalves Dias); "[...] dentro dos mesmos limites atuais *podem* as cristandades *nascerem* ou *anularem*-se, *crescerem* ou *diminuírem* em certos pontos desses vastos territórios" (Alexandre Herculano, *Fragmentos literários*). b) o verbo auxiliar, expresso anteriormente, cala-se depois: "*Queres ser* mau filho, *deixares* uma nódoa d'infância na tua linhagem" (*Idem, ibidem*).

2.1.) *Infinitivo dependente de auxiliares causativos e sensitivos*: Com os causativos *deixar, mandar, fazer* (e sinônimos), a norma é aparecer o infinitivo sem flexão, qualquer que seja o seu agente: "Sancho II deu-lhe depois por válida a carta e *mandou-lhes erguer* de novo os marcos onde eles os haviam posto" (*Idem, ibidem*); "*Fazei*-os *parar*" (*Idem, ibidem*); "*Deixai vir* a mim as criancinhas" (texto bíblico). Mas flexionado em [obs.: repare que a flexão se apresenta geralmente quando o infinitivo vem acompanhado de um pronome pessoal oblíquo átono]: "E *deixou fugirem*-lhe duas lágrimas pelas faces" (*Idem, ibidem*); "Não são poucas as doenças para as quais, por desídia, vamos *deixando perderem*-se os nomes velhos que têm em português" (Mário Barreto, *De gramática e de linguagem*). Com os sensitivos *ver, ouvir, olhar, sentir* (e sinônimos), o normal é empregar-se o infinitivo sem flexão, embora aqui o critério não seja tão rígido: "Olhou para o céu, viu estrelas... escutou, *ouviu ramalhar* as árvores" (Alexandre Herculano, *Fragmentos literários*); "[...] o terror fazia-lhes crer que já *sentiam ranger* e *estalar* as vigas dos simples [...]" (*Idem, ibidem*). Os seguintes exemplos atestam o emprego do infinitivo flexionado: "Em Alcoentre os ginetes e corredores do exército real vieram escaramuçar com os do infante, e ele próprio os *ouvia chamarem*-lhe traidor e hipócrita" (*Idem, ibidem*); "Creio que comi: *senti renovarem*-se-me as forças" (*Idem, ibidem*). Com tais verbos causativos e sensitivos a flexão do infinitivo se dá com mais frequência quando o agente está representado por substantivo, sem que isto se constitua fato que se aponte como regra geral, conforme demonstram os exemplos citados.

Obs.: 1.ª) Com os causativos e sensitivos pode aparecer ou não o pronome átono que pertence ao infinitivo: "*Deixei*-o *embrenhar* (por *embrenhar-se*) e transpus o rio após ele" (*Idem, ibidem*); "O faquir *deixou*-o *afastar* (por *afastar-se*)" (*Idem, ibidem*); "Encostando-se outra vez na sua dura jazida, Egas *sentiu alongar-se* a estropiada dos cavalheiros..." (*Idem, O bobo*); "E o eremita *viu*-a, ave pernalta e branca, *bambolear-se* em voo, ir chegando, *passar-se* para cima do leito, *aconchegar-se* ao pobre homem..." (João Ribeiro, *Floresta de exemplos*). Por isso não cabe razão a Mário Barreto quando condena, nestes casos, o aparecimento do pronome átono. 2.ª) Aqui também o infinitivo pode aparecer flexionado, por se calar o auxiliar: "[...] *viu alvejar* os turbantes, e, depois *surgirem* rostos tostados, e, depois, *reluzirem* armas [...]."(Alexandre Herculano, *Fragmentos literários*). Por tudo que vimos até agora, no problema da flexão ou não flexão do infinitivo correm paralelos fatores gramaticais e estilísticos, e só uma pessoa sem o conhecimento da língua flexionará o infinitivo indiscriminadamente, *quando não houver intenção de enfatizar o agente da ação expressa no infinitivo.*

Infligir (E não: in*fl*ingir) Ver *infringir, infligir.*

Informamos-lhe (E não: *informamo-lhe*) Nenhuma alteração ocorre no verbo e no pronome posposto *me, te, nos, vos, lhe* ou *lhes* em casos como: *conhecemos-te, chamamos-lhe, requeremos-lhe*, etc. Evitem-se, portanto, *enviamo-lhe, informamo-lhe*. Ver *chamamos-lhe* (e não: *chamamo-lhe*).

Informar (regência) O verbo *informar* pede tanto objeto direto da pessoa informada e preposicionado de coisa (com *de* ou *sobre*), quanto, inversamente, objeto indireto de pessoa e direto da coisa informada: *Informei o peticionário do andamento do processo./ Informei-o do (sobre o) andamento do processo./ Informei ao peticionário (informei-lhe) o andamento do processo.*

Infra- Ver *hífen nas formações com prefixo*.

Infravermelho O substantivo masculino *infravermelho* (= tipo de radiação eletromagnética) escreve-se junto, sem hífen. Também é usado como adjetivo: *lâmpadas* infravermelhas, *radiações* infravermelhas, *raios* infravermelhos. Ver *ultravioleta*.

Infringir, infligir O verbo *infringir* significa 'cometer uma infração; desrespeitar, violar, transgredir': "[...] ainda que com isso não só *infringisse* a regra costumeira [...]." (Alberto da Costa e Silva, *A manilha e o libambo*).

Já o verbo *infligir* quer dizer 'fazer incidir (castigo, pena, etc.) sobre (alguém)', 'causar (prejuízo)' ou 'submeter a (algo penoso)': "O fato é que fez frente aos forasteiros e lhes *infligiu* a primeira derrota." (*Idem, ibidem*); "Além disso, Haquedim passava a controlar as rotas comerciais para Zeila, podendo, portanto, *infligir* graves prejuízos aos abissínios." (*Idem, A enxada e a lança*).

Ingerir Verbo de 3.ª conjugação. Passa a *i* na 1.ª pessoa do singular do presente do indicativo (eu *ingiro*, tu *ingeres*, ele *ingere*, nós *ingerimos*, vós *ingeris*, eles *ingerem*) e em todo o presente do subjuntivo (eu *ingira*, tu *ingiras*, ele *ingira*, nós *ingiramos*, vós *ingirais*, eles *ingiram*). Também no imperativo afirmativo: *ingere, ingira, ingiramos, ingeri, ingiram*.

-inho, -zinho (-inha, -zinha) Em vários exemplos que o uso e a prática ensinarão usa-se indiferentemente *-inho* ou *-zinho*: *livrinho* ou *livrozinho; folhinha* ou *folhazinha; papelinho* ou *papelzinho; professorinha* ou *professorazinha; maninho* ou *manozinho*, etc. Entretanto, há casos em que não se dá esta liberdade de escolha, impondo-se uma ou outra forma.

Só haveremos de empregar *-zinho* com os nomes terminados em nasal, ditongo ou vogal tônica: *irmãzinha, albunzinho, mãozinha, pauzinho, euzinha, euzinho, urubuzinho, nozinho*. Também se incluem neste rol os terminados em *-r*, embora apareçam casos facultativos com *-inho*: *serzinho, caraterzinho, revolverzinho*; mas *colher* admite *colherzinha* e *colherinha*.

Já os terminados em -s ou -z só aceitam o sufixo -inho: *mês, mesinho*; *vez, vezinha*; *lápis, lapisinho*; *rapaz, rapazinho*.

Inserido, inserto Ver *particípio*.

Inserto Ver *incerto, inserto*.

Insipiente Ver *incipiente, insipiente*.

Íntegro O adjetivo *íntegro* tem como superlativo absoluto sintético *integérrimo*.

Intemerato, intimorato O adjetivo *intemerato* quer dizer 'íntegro, puro, não corrompido': *crianças intemeratas*.

Já o adjetivo *intimorato* significa 'que não sente temor; destemido': *Povo intimorato, que não foge à luta*; "Meu avô materno, o *intimorato* coronel (não do Exército ou da PM, mas do interior mesmo, da velha estirpe) Ubaldo Osório [...]." (João Ubaldo Ribeiro, "A clique de mouse", *A gente se acostuma a tudo*).

Inter- Ver *hífen nas formações com prefixo*.

Intercessão, interseção O substantivo feminino *intercessão* designa o 'ato de interceder, intervir; intervenção': *Foi necessária a* intercessão *dos policiais para apartar a briga*; "Petros escreveu, pouco antes de 980, ao rei George da Macúria, pedindo-lhe a *intercessão* junto ao novo patriarca de Alexandria, para que este enviasse um bispo à Etiópia." (Alberto da Costa e Silva, *A enxada e a lança*).

Já o substantivo feminino *interseção* (ou *intersecção*) significa 'encontro de duas linhas ou dois planos que se cortam; ponto de cruzamento': *a* interseção *entre duas ruas*; "O ponto de *interseção* das construções é uma espécie de torre [...]." (Gustavo Bernardo, *A filha do escritor*).

Ínterim O substantivo masculino *ínterim* (= intervalo de tempo entre dois acontecimentos) é palavra proparoxítona (a sílaba tônica é *in*). Normalmente ocorre na expressão *nesse ínterim*: "Mas, *nesse ínterim*, não poderia ter acontecido alguma coisa com ele..., tentei sugerir [...]." (Gustavo Bernardo, *A filha do escritor*).

Intermediar Os verbos terminados em *-iar* são conjugados regularmente, à exceção de *mediar* (e *intermediar*), *ansiar, remediar, incendiar* e *odiar*. O verbo *intermediar* troca o *i* por *ei* nas formas rizotônicas (aquelas cuja sílaba tônica está no radical): *pres. ind.*: intermed*ei*o, intermed*ei*as, intermed*ei*a, intermediamos, intermediais, intermed*ei*am; *pres. subj.*: intermed*ei*e, intermed*ei*es, intermed*ei*e, intermediemos, intermedieis, intermed*ei*em; *imp. afirm.*: intermed*ei*a, intermed*ei*e, intermediemos, intermediai, intermed*ei*em. Ver *verbos terminados em -ear e -iar*.

Íntero- Ver *hífen nas formações com prefixo*.

Interseção Ver *intercessão, interseção*.

Interviemos, intervieram (E não: inter*vi*mos, inter*vi*ram) O verbo *intervir* quer dizer 'interceder, interferir', entre outros significados. São comuns enganos na flexão dos verbos derivados de *vir*, sobretudo no pretérito perfeito do indicativo (*eu intervim, tu intervieste, ele interveio, nós interviemos, vós interviestes, eles intervieram*): Os guardas *intervieram* na discussão (e não: *interviram*); A orientadora *interveio* no caso (e não: *interviu*); "Maus fados *intervieram*, porém – até os fados conspiram contra a língua! [...]." (Monteiro Lobato, "O colocador de pronomes", *Os melhores contos brasileiros de todos os tempos*). O gerúndio é igual ao particípio, porque neste desapareceu a vogal temática: *intervindo* (in-ter-vi-ndo) e *intervindo* (in-ter-vin-i-do). A 1.ª pessoa do singular do futuro do subjuntivo é *intervier*: Quando eu *intervier*... (e não: *intervir*). A 1.ª pessoa do singular do pretérito imperfeito do subjuntivo é *interviesse* (e não: inter*vi*sse): "Foi pedir-lhe que *interviesse*, e contou-lhe sinceramente tudo que houvera." (Júlia Lopes de Almeida, "A caolha", *Os melhores contos brasileiros de todos os tempos*). Ver *intervir*.

Intervir Verbo irregular de 3.ª conjugação. Assim, temos: *pres. ind.*: intervenho, intervéns, intervém, intervimos, intervindes, intervêm; *pret. imperf. ind.*: intervinha, intervinhas, intervinha, intervínhamos, intervínheis, intervinham; *pret. perf. ind.*: intervim, intervieste, interveio, interviemos, interviestes, intervieram; *pret. mais-que-perf. ind.*: interviera, intervieras, interviera, interviéramos, interviéreis, intervieram; *fut. pres.*: intervirei, intervirás, intervirá, interviremos, intervireis, intervirão; *fut. pret.*: interviria, intervirias, interviria, interviríamos, interviríeis, interviriam; *pres. subj.*: intervenha, intervenhas, intervenha, intervenhamos, intervenhais, intervenham; *pret. imp. subj.*: interviesse, interviesses, interviesse, interviéssemos, interviésseis, interviessem; *fut. subj.*: intervier, intervieres, intervier, interviermos, intervierdes, intervierem; *imp.*: intervém, intervenha, intervenhamos, intervinde, intervenham; *ger.*: intervindo; *part.*: intervindo.

Intimorato Ver *intemerato, intimorato*.

Intra- Ver *hífen nas formações com prefixo*.

Invejar O verbo *invejar* constrói-se com objeto direto de pessoa ou coisa: *Ela o invejava* (e não: *Ela lhe invejava*); "Muita moça do morro *invejou* a estrela da gloriosa tinharense." (Xavier Marques, "A noiva do golfinho", *Os melhores contos brasileiros de todos os tempos*); "Valverde quase *invejava* o colega." (Nelson Rodrigues, "Uma senhora honesta", *A vida como ela é...*). Mas podemos dizer: *O colega lhe invejou a ideia* (o adjunto adnominal *lhe* = dele, dela, sua). É o mesmo que: *O colega invejou a* *ideia dele/ dela* ou *O colega invejou sua ideia.*

Invés Ver *em vez de, ao invés de.*

Íon O substantivo masculino *íon* tem como plural *íons* e, pouco usado no Brasil, *iones*.

Ípsilon Nome da letra *y*. O plural de *ípsilon* é *ípsilons* e, pouco usado no Brasil, *ipsílones*. Há também a variante *ipsilone* (paroxítona), plural: *ipsilones*.

Ipsis litteris Latinismo que significa 'com as mesmas letras; textualmente'. É o mesmo que *ipsis verbis*.

Ir Verbo irregular. Assim, temos: *pres. ind.*: vou, vais, vai, vamos (ou imos), ides, vão; *pret. perf. ind.*: fui, foste, foi, fomos, fostes, foram; *pret. imperf. ind.*: ia, ias, ia, íamos, íeis, iam; *pret. mais-que-perf. ind.*: fora, foras, fora, fôramos, fôreis, foram; *fut. pres. ind*: irei, irás, irá, iremos, ireis, irão; *fut. pret. ind.*: iria, irias, iria, iríamos, iríeis, iriam; *pres. subj.*: vá, vás, vá, vamos, vades, vão; *pret. imp. subj.*: fosse, fosses, fosse, fôssemos, fôsseis, fossem; *fut. subj.*: for, fores, for, formos, fordes, forem; *imp. afirm.*: vai, vá, vamos, ide, vão; *ger.*: indo; *part.*: ido.

Ir (regência) O verbo ir pede a preposição *a* ou *para* junto à expressão de lugar: *Fui à cidade./ Foram para França.* Nem sempre é indiferente o emprego de *a* ou *para* depois do verbo *ir* e outros que denotam movimento. A preposição *a* ora denota a simples direção, ora envolve a ideia de retorno. A preposição *para* lança a atenção do nosso ouvinte para o ponto terminal do movimento, ou não condiciona a ideia de volta ao local de partida. Nesta segunda acepção pode trazer para a ideia de transferência demorada ou definitiva para o lugar. Evite-se a construção popular: *Fui na cidade.*

Ir a, ir em Com os verbos *ir, chegar* (e equivalentes), a língua-padrão recomenda a preposição *a* (em vez de *em*) junto à expressão locativa: ir à *farmácia*; "E, é claro, quem *ia ao correio* não era ele." (João Ubaldo Ribeiro, "Fenômenos sociotelefônicos", *O conselheiro come*). Contudo, o emprego da preposição *em*, neste caso, corre vitorioso na língua coloquial e já foi consagrado entre escritores modernos: "*Fui na* feira, *fui nos* bancos de sangue, *fui nesses* lugares [...]." (Rubem Fonseca, *Feliz ano novo*).

Ir de encontro a Ver *ao encontro de, de encontro a.*

Irascível (E não: *irrascível*) O adjetivo de dois gêneros *irascível* (/rací/) quer dizer 'que se irrita com frequência; que demonstra irritação; irritável': "[...] três cadelas de índole *irascível*, algumas galinhas, alguns patos [...]." (João Ubaldo Ribeiro, *Diário do farol*).

Irmãmente O advérbio *irmãmente* (paroxítono) significa 'de maneira fraternal; como irmãos', 'de forma análoga' ou 'em partes iguais': "[...]

ou com o Fafafa, que estimava *irmãmente* os cavalos, deles tudo entendia, mestre em doma e em criação." (João Guimarães Rosa, *Grande sertão: Veredas*); "Jogos pueris, fúrias de criança, risos e tristezas da idade adulta, dividimos muita vez esse pão da alegria e da miséria, *irmãmente*, como bons irmãos que éramos." (Machado de Assis, *Memórias póstumas de Brás* Cubas); *O casal dividiu* irmãmente *o jantar.*

Irrequieto (E não: *irri*quieto) O adjetivo *irrequieto* significa 'agitado, desassossegado, muito ativo': "E que olhinhos *irrequietos*, que lábios vermelhos, que faces coradas..." (Telmo Vergara, "Uma história de amor", *Os melhores contos brasileiros de todos os tempos*); "O soldado levara a ave estardalhaçante acima, como um troféu frenético, *irrequieto*, cacarejante." (Adelino Magalhães, "Um prego! Mais outro prego!...", *Os melhores contos brasileiros de todos os tempos*).

Iso- Ver *hífen nas formações com prefixo.*

Ítalo- Emprega-se em adjetivos compostos como redução de *italiano*: *ítalo-alemão, ítalo-americano, ítalo-árabe, ítalo-asiático, ítalo-brasileiro, ítalo-francês, ítalo-grego, ítalo-inglês, ítalo-suíço*, etc. Assim temos: festival *ítalo-germânico*, equipes *ítalo-inglesas*, sociedade *ítalo-portuguesa*. Porém é grafado sem hífen em empregos em que só há uma etnia: *italofalante, italofilia, italofonia, italófono*, etc.

Item O plural do substantivo masculino *item* (sem acento gráfico) é *itens* (sem acento gráfico).

Jj

Já vão, já vai Na indicação de tempo com o verbo *ir* em orações cujo sujeito é a expressão temporal, o verbo concorda com esta indicação: Já vão *cinco anos desta nossa amizade*; "Já lá *vão* quarenta anos, não é verdade?" (João Ribeiro). Se a oração tem a expressão temporal precedida de preposição (*em, para, por*), o verbo ficará sempre no singular: Já *lá* vai em *vinte anos esta nossa amizade*; Já vai para *vinte anos esta nossa amizade*.

Jantar, janta O substantivo masculino *jantar* designa 'a refeição que se faz à noite'. Como sinônimo coloquial temos o substantivo feminino *janta*: "[...] separar alguns baiacus para a *janta*, encher os jacás com os outros que iriam ser levados para a aldeia." (Ana Maria Machado, *O mar nunca transborda* in *Ana Maria Machado: obra reunida*). No Sul do país, um 'jantar festivo e com fartura' denomina-se *jantarola*: "Outras vezes dava-lhe para armar uma *jantarola*, e sobre o fim do festo, quando já estava tudo meio entropigaitado, puxava por uma ponta da toalha e lá vinha de tirão seco toda a traquitana dos pratos e copos e garrafas e restos de comidas e caldas dos doces!..." (João Simões Lopes Neto, "Contrabandista", *Os melhores contos brasileiros de todos os tempos*).

Jardim de infância A locução *jardim de infância* é grafada sem hífen (plural: *jardins de infância*). Com o o Acordo Ortográfico de 1990, não se emprega o hífen nas locuções, sejam elas substantivas, adjetivas, pronominais, adverbiais, prepositivas ou conjuncionais, salvo algumas exceções já consagradas pelo uso e acolhidas pelo Acordo (como é o caso de *água-de-colônia, arco-da-velha, cor-de-rosa, mais-que-perfeito, pé-de-meia, ao deus-dará, à queima-roupa*). Vale lembrar que, se na locução há algum elemento que já tenha hífen, será conservado este sinal: *à trouxe-mouxe, cara de mamão-macho, bem-te-vi de igreja*.

Sirvam, pois, de exemplo de emprego sem hífen as seguintes locuções: a) Locuções substantivas: *cão de guarda, fim de semana, fim de século, sala de jantar*; b) Locuções adjetivas: *cor de açafrão, cor de café com leite, cor de vinho*; c) Locuções pronominais: *cada um, ele próprio, nós mesmos, quem quer que seja*; d) Locuções adverbiais: *à parte* (diferentemente do substantivo *aparte*), *à vontade, de mais* (locução que se contrapõe a *de menos*; escreve-se junto *demais* quando é advérbio ou pronome), *depois de amanhã, em cima, por isso*; e) Locuções prepositivas: *abaixo de, acerca de, acima de, a fim de, a par de, à parte de, apesar de, debaixo de, enquanto a, por baixo de, por cima de, quanto a*; f) Locuções conjuncionais: *a fim de que, ao passo que, contanto que, logo que, visto que.*

Jardim de inverno A locução *jardim de inverno* é grafada sem hífen (plural: *jardins de inverno*). Com o Acordo Ortográfico de 1990, não se emprega o hífen nas locuções, sejam elas substantivas, adjetivas, pronominais, adverbiais, prepositivas ou conjuncionais, salvo algumas exceções já consagradas pelo uso e acolhidas pelo Acordo (como é o caso de *água-de-colônia, arco-da-velha, cor-de-rosa, mais-que-perfeito, pé-de-meia, ao deus-dará, à queima-roupa*). Vale lembrar que, se na locução há algum elemento que já tenha hífen, será conservado este sinal: *à trouxe-mouxe, cara de mamão-macho, bem-te-vi de igreja.*

Sirvam, pois, de exemplo de emprego sem hífen as seguintes locuções: a) Locuções substantivas: *cão de guarda, fim de semana, fim de século, sala de jantar*; b) Locuções adjetivas: *cor de açafrão, cor de café com leite, cor de vinho*; c) Locuções pronominais: *cada um, ele próprio, nós mesmos, quem quer que seja*; d) Locuções adverbiais: *à parte* (diferentemente do substantivo *aparte*), *à vontade, de mais* (locução que se contrapõe a *de menos*; escreve-se junto *demais* quando é advérbio ou pronome), *depois de amanhã, em cima, por isso*; e) Locuções prepositivas: *abaixo de, acerca de, acima de, a fim de, a par de, à parte de, apesar de, debaixo de, enquanto a, por baixo de, por cima de, quanto a*; f) Locuções conjuncionais: *a fim de que, ao passo que, contanto que, logo que, visto que.*

Jegue, jerico (com *j*) São sinônimos de *jumento*: "E quando o *jegue* empacava – porque, como todo jumento, ele era terrível de queixo-duro, e tanto tinha de orelhas quanto de preconceitos, – Nhô Augusto ficava em cima, mui concorde, rezando o terço, até que o *jerico* se decidisse a caminhar outra vez." (João Guimarães Rosa, "A hora e vez de Augusto Matraga", *Sagarana*).

Jenipapo (com *j*) O substantivo masculino *jenipapo* (= fruto do jenipapeiro, geralmente marrom-claro) grafa-se com *j*: "Viu-a de vestido azul-do-mar... os braços cor de *jenipapo*..." (João Guimarães Rosa, "Sarapalha", *Sagarana*).

Jetom, *jeton* Ambas as formas estão corretas e registradas no Vocabulário Ortográfico da ABL (Volp). O substantivo masculino *jetom* (plural: *jetons*) é aportuguesamento do galicismo *jeton* (= remuneração que se dá aos membros de um grupo ou órgão colegiado por sessão ou reunião a que comparecem): "[...] pretende, em futuro próximo, que o *jetom* pago por sessão semanal seja suficiente para custear [...]." (João Ubaldo Ribeiro, "Sobrou para mim", *A gente se acostuma a tudo*); "[...] após dois anos de *jetons* e denúncias de interesses escusos, recomendará a criação de cursos superiores para escritores. (Idem, "Prioridade nacional", *A gente se acostuma a tudo*).

Jiboia (sem acento gráfico) Com o Acordo Ortográfico de 1990, perdem o acento gráfico as palavras paroxítonas (aquelas cuja sílaba tônica é a penúltima) com os ditongos abertos *ei* e *oi*, como *jiboia* (paroxítona, sílaba tônica *boi*).

Porém continuarão acentuados os ditongos abertos *ei* e *oi* de palavras oxítonas (aquelas cuja sílaba tônica é a última), isto é, *heroico* (paroxítona) perde o acento, mas *herói, constrói, corrói, mói* continuam acentuados; *ideia* (paroxítona) perde o acento, mas *anéis, papéis, fiéis* (oxítonas) continuam acentuados graficamente.

Também permanece acentuado o ditongo aberto *eu* de palavras oxítonas, como: *céu, Ilhéus, troféu, véu*, etc.

Obs.: Receberá acento gráfico a palavra que, mesmo incluída neste caso, se enquadrar em regra geral de acentuação, como ocorre com *blêizer, contêiner, destróier, Méier*, etc., porque são paroxítonas terminadas em *-r*.

Jihad O estrangeirismo (do árabe) *jihad* é substantivo masculino (= guerra santa muçulmana contra os inimigos do Islã; obrigação do muçulmano de defender o Islã): "Mafuz, nominalmente general do rei ualasma, passa a ser conhecido como imame. Na época e na área, o título tinha a acepção de 'o eleito para conduzir o *jihad*'." (Alberto da Costa e Silva, *A enxada e a lança*); "A queda de Hadia deve, por isso, ter contribuído para apressar o *jihad* que se gestava em Ifate." (Idem, ibidem).

Jiu-jítsu Grafa-se desta forma o substantivo masculino *jiu-jítsu* que designa uma modalidade de luta corporal de origem japonesa: "Não tens medo nenhum dos meus loucos arroubos/ E me destroncas o dedo com um golpe de *jiu-jítsu*." (Vinicius de Moraes, "História passional, Hollywood, Califórnia", *Antologia poética* in *Vinicius de Moraes: obra reunida*). Há outras variantes divulgadas.

Joia (sem acento gráfico) Com o Acordo Ortográfico de 1990, perdem o acento gráfico as palavras paroxítonas (aquelas cuja sílaba tônica é a penúltima) com os ditongos abertos *ei* e *oi*, como *joia* (paroxítona, sílaba tônica *joi*). Porém continuarão acentuados os ditongos abertos *ei* e *oi* de palavras oxítonas (aquelas cuja sílaba tônica é a última), isto é, *heroico* (paroxítona) perde o acento, mas *herói, constrói, corrói, mói* continuam acentuados; *ideia* (paroxítona) perde o acento, mas *anéis, papéis, fiéis* (oxítonas) continuam acentuados graficamente. Também permanece acentuado o ditongo aberto *eu* de palavras oxítonas, como: *céu, Ilhéus, troféu, véu*, etc. Obs.: Receberá acento gráfico a palavra que, mesmo incluída neste caso, se enquadrar em regra geral de acentuação, como ocorre com *blêizer, contêiner, destróier, Méier*, etc., porque são paroxítonas terminadas em *-r*.

Jóquei O substantivo masculino *jóquei* tem como feminino irregular *joqueta*.

Juiz (sem acento gráfico) O substantivo masculino *juiz* não recebe acento gráfico: "A decisão é do Judiciário. É o *juiz* quem manda prender ou soltar." (Luiz Eduardo Soares, Cláudio Ferraz, André Batista, Rodrigo Pimentel, *Elite da tropa 2*).

Porém o feminino *juíza*, e os plurais *juízes e juízas* são acentuados graficamente (configuram o hiato u-í): "[...] incentivar os *juízes* a determinar sentenças mais duras." (*Idem, ibidem*). Obs.: Levam acento agudo o *i* e *u*, quando representam a segunda vogal tônica de um hiato, desde que não formem sílaba com *r, l, m, n, z* ou não estejam seguidos de *nh*: *saúde, viúva, saída, caído, faísca, aí, Grajaú; juiz* (mas *juízes*), *raiz* (mas *raízes*), *paul* (/a-u/, plural: *pauis*), *ruim, ruins, rainha, moinho*.

Júnior O plural de *júnior* é *juniores* (/ôres/), palavra paroxítona (e não: *júniores* ou *júniors*). Assim como o plural de *sênior* é *seniores* (/ôres/).

Juntado, junto Ver *particípio*. Ver *pegado, pego*.

Juro, juros O substantivo masculino *juro* (o *juro*) é mais usado no plural, os *juros* (e não: o *juros*): "Dentro dessa esborcinada moldura, o fazendeiro, avelhuscado por força das sucessivas decepções e, a mais, roído pelo cancro feroz *dos juros*, sem esperança e sem consertos [...]." (Monteiro Lobato, "O comprador de fazendas", *Os melhores contos brasileiros de todos os tempos*); "Agora somos de novo culpados, desta vez *pelos juros* altos." (João Ubaldo Ribeiro, "Então fica combinado assim", *A gente se acostuma a tudo*).

Jus (com *s*) Ver *fazer jus a*.

Kk

K Letra incorporada ao alfabeto, assim como *w* e *y*, conforme o Acordo Ortográfico de 1990.

Usam-se as letras *k, w, y* : a) Em nomes próprios originários de outras línguas e seus derivados: Byron, byroniano; Darwin, darwinismo; Franklin, frankliniano; Kafka, kafkiano; Kant, kantismo, kantista; Kardec, kardecista, kardecismo; Taylor, taylorista; Wagner, wagneriano; Kuwait, kuwaitiano; Malawi, malawiano. b) Em siglas, símbolos e mesmo em palavras adotadas como unidades de medida de uso internacional: TWA, KLM; K – potássio (de *kalium*), W – oeste (*West*); kg – quilograma, km – quilômetro, kW – kilowatt, yd – jarda (*yard*); Watt. c) Na sequência de uma enumeração: a), b), c), ... h), i), j), k), l), ... t), u), v), w), x), y), z).

Da mesma forma mantêm-se nos vocábulos derivados eruditamente de nomes próprios estrangeiros quaisquer combinações ou sinais gráficos não peculiares à nossa escrita que figurem nesses nomes: comtista, de Comte; garrettiano, de Garrett; jeffersônia, de Jefferson; mülleriano, de Müller; shakespeariano, de Shakespeare. O *k* é uma consoante, tal como o *c* antes de *a, o, u* e o dígrafo *qu* de *quero*.

Kafkiano (com *i*) Referente ao escritor Franz Kafka (1883-1924), à sua obra, ou que se assemelha a ela. Em sentido metafórico, aplica-se a uma atmosfera de absurdo ou pesadelo.

Kg Símbolo de quilograma. O símbolo kg deve ser escrito sem ponto e sem o acréscimo de –s no plural: *A jogadora perdeu* 2kg *durante a partida*. Ver *quilo, quilograma*.

Kibutz Estrangeirismo (do hebraico) que significa 'pequena comunidade agrícola de Israel, economicamente autônoma, caracterizada por administração e trabalho coletivos'. O plural de *kibutz* é *kibutzim*: "Os *kibutzim* são o mais próximo de comunas que funcionam e continuam sendo os bolsões da esquerda em Israel." (Luis Fernando Verissimo e

Zuenir Ventura, *Conversa sobre o tempo com Arthur Dapieve*).

Kiev, Kyiv, Quieve Do ponto de vista linguístico, a capital da Ucrânia pode ser grafada de três formas: *Kiev* (transliteração da denominação da cidade em russo), *Kyiv* (transliteração da forma ucraniana) ou *Quieve* (forma aportuguesada).

Kilt Estrangeirismo (do inglês) que significa 'saiote de pregas, em tecido de lã com desenho xadrez e que faz parte do traje masculino tipicamente escocês'.

Kiwi (/quiuí/) Ver *quivi, quiuí*.

Km Símbolo de quilômetro. O símbolo km deve ser escrito sem ponto e sem o acréscimo de -s no plural: *O atleta corria* 20km *todos os dias*. Ver *quilômetro*.

kW Símbolo de quilowatt. (1 quilowatt corresponde a 1.000 watts. Ou: 1kW = 1.000W). O símbolo kW deve ser escrito sem ponto e sem o acréscimo de -s no plural: 10kW *de potência*. Assim como: 10.000W *de potência*.

Kyiv Ver *Kiev, Kyiv, Quieve*.

Lábaro O substantivo masculino *lábaro*, que está presente na letra do *Hino Nacional*, significa 'bandeira': "Brasil, de amor eterno seja símbolo/ O *lábaro* que ostentas estrelado [...]." (Joaquim Osório Duque Estrada, Francisco Manoel da Silva, *Hino Nacional Brasileiro*).

Laço Ver *lasso, laço*.

Lacrimogêneo (E não: lacrimogê*nio* ou lacrimogê*nico*) O adjetivo *lacrimogêneo* significa 'que causa lágrimas, que provoca o choro': "Exatamente, e aí enfrentei cavalaria, bomba de gás *lacrimogêneo*..." (Frei Betto e Marcelo Gleiser com Waldemar Falcão, *Conversa sobre a fé e a ciência*).

Lactante, lactente O substantivo feminino *lactante* designa a 'mulher que amamenta'. Já o substantivo de dois gêneros *lactente* designa 'a criança ou o filhote que ainda mama'. Também podem ser usados como adjetivo.

Ladrão As flexões femininas morfológicas de *ladrão* são *ladroa* e *ladrona*. Obs.: *Ladra* é o feminino do substantivo e adjetivo *ladro* que, por circunstâncias posteriores, acabou desviando-se da sua referência à pessoa ou coisa que rouba ou subtrai algo, deixando nessa referência apenas a sua forma feminina *ladra*. Dada a frequente lição de que *ladra* é um dos *femininos* de *ladrão*, e como o termo *ladro* como sinônimo de *ladrão* é um arcaísmo na moderna língua escrita, é possível dizer que se usa *ladra* para indicar o gênero feminino.

Ladrar Ver *verbos unipessoais*.

Lapisinho O diminutivo de *lápis* é *lapisinho* (com *s* e sem acento gráfico). Ver *-inho, -zinho*.

Laranja (cor) Como substantivo masculino, o *laranja* designa 'a cor do fruto da laranjeira'. Quando usado como adjetivo, permanece invariável: *casaco* laranja, *caixas* laranja. Outros substantivos usados para designar cores também ficam invariáveis: *botas* creme, *bolsas* café, *mochilas* salmão, *paredes* abóbora, *sapatos* cinza, *tons* pastel, *uniformes* abacate, etc.

Lasso, laço O adjetivo *lasso* (com dois *ss*) significa 'frouxo, solto'; 'fatigado, extenuado', entre outras acepções: "Salva-me dos braços da mulher morena/ Eles são *lassos*, ficam estendidos imóveis ao longo de mim" (Vinicius de Moraes, "A volta da mulher morena", *Forma e exegese* in *Vinicius de Moraes: obra reunida*).

Diferentemente do substantivo masculino *laço*, que designa 'certo tipo de nó corredio'; 'vínculo, união', além de outros significados: "Vestidinhos brancos até os joelhos, um *laço* simples na cintura [...]." (Carlos Heitor Cony, *Quinze anos*); "Peguei um táxi na Cinelândia, afrouxei o *laço* da gravata, acendi um Havana médio." (Rubem Fonseca, *A grande arte*); "A nomeação de um chefe de polícia ligado por *laços* de família à UDN [...]." (*Idem, Agosto*).

Latente O adjetivo de dois gêneros *latente* quer dizer 'não aparente, oculto, encoberto, subentendido'; 'sem existência real; potencial, virtual': "Aqui aparecem ainda de forma *latente* pistas que permitirão a descoberta dos problemas interiores de cada personagem [...]." (Laura Sandroni, *De Lobato a Bojunga: as reinações renovadas*); "Exatamente, há uma física teórica, virtual ou *latente* que seria capaz de descrevê-lo. A ciência pode até não ter chegado lá." (Frei Betto e Marcelo Gleiser com Waldemar Falcão, *Conversa sobre a fé e a ciência*).

Látex (/cs/) [palavra paroxítona] É substantivo masculino de dois números, ou seja, invariável no plural: o *látex*, os *látex*.

Latino-americano (com hífen) O adjetivo *latino-americano* (= relativo aos países da América que foram colonizados por nações latinas) deve ser escrito com hífen: literatura *latino-americana*, artesanato *latino-americano*. Como substantivo, *latino-americano* também é grafado com hífen: "A primeira delas nasceu diretamente de minha experiência de brasileira do meu tempo, uma *latino-americana*." (Ana Maria Machado, "O direito de ler", *Contracorrente: conversas sobre leitura e política* in *Ana Maria Machado: obra reunida*). Plural: *latino-americanos*.

Latir Ver *verbos unipessoais*.

Lato sensu O latinismo *lato sensu* significa 'em sentido amplo'. Opõe-se a *stricto sensu* (= em sentido restrito).

Leem (sem acento circunflexo) Conforme o Acordo Ortográfico de 1990, perdem o acento gráfico as formas verbais paroxítonas que contêm um *e* tônico oral fechado em hiato com a terminação *-em* da 3.ª pessoa do plural do presente do indicativo ou do subjuntivo, conforme os casos: *creem* (indic.), *deem* (subj.), *descreem* (indic.), *desdeem* (subj.), *leem* (indic.), *preveem* (indic.), *redeem* (subj.), *releem* (indic.), *reveem* (indic.), *tresleem* (indic.), *veem* (indic.).

Lembrar (regência) O verbo *lembrar* pede objeto direto na acepção de 'recordar': *As vozes lembram o pai.* No sentido de 'trazer algo à lembrança de alguém', constrói-se com objeto direto da coisa lembrada e indireto da pessoa: *Lembrei-lhe o aniversário da prima.* Na acepção menos frequente hoje de 'algo que vem à memória', tem como sujeito a coisa que vem à memória e objeto indireto de pessoa: *Pouco lembram ao filho as feições do pai* (lhe lembram). Neste sentido é mais comum o emprego do verbo como pronominal: *O filho pouco se lembra das feições do pai.* Deve-se evitar no nível padrão a falta do pronome: *O filho pouco lembra das feições do pai.* Ou ainda a falta do pronome e da preposição: *O filho pouco lembra as feições do pai./ Quem lembra a última copa do mundo?*

Lenga-lenga (plural: lenga-lengas) Os compostos formados com elementos repetidos, com ou sem alternância vocálica ou consonântica, por serem compostos representados por formas substantivas sem elemento de ligação, terão hífen: *blá-blá-blá, lenga-lenga, reco-reco, tico-tico, zum-zum-zum, pingue-pongue, tique-taque, trouxe-mouxe, xique-xique* (= chocalho; diferentemente de *xiquexique* = planta), *zás-trás, zigue-zague,* etc. Os derivados, entretanto, não serão hifenados: *lengalengar, ronronar, ziguezaguear, zunzunar,* etc. Obs.: Não se separam por hífen as palavras com sílaba reduplicativa oriundas da linguagem infantil: *babá, titio, vovó, xixi,* etc.

Leso (/é/), lesa (/é/) O adjetivo *leso,* em composição com substantivo, com este concorda: "Como se a substância não fosse já um crime de *leso-gosto* e *lesa-seriedade,* ainda por cima as pernas caíam sobre as botas..." (Camilo Castelo Branco, *A queda dum anjo*). Muita gente, pensando tratar-se de uma forma do verbo *lesar,* emprega erradamente as expressões cuja forma correta é com hífen: *crime de lesa-humanidade* (= crime contra a humanidade), *crime de lesa-majestade* (= crime cometido contra um rei ou membro da família real), *crime de lesa-pátria* ou *crime de leso-patriotismo* (= crime cometido contra a pátria), *crime de lesa-razão* (= crime cometido contra a razão).

Levar a mal (com *l*) Significa 'atribuir má intenção a; tomar em mau sentido; aborrecer-se, ofender-se': "Não *leve a mal* alguma dureza dita." (Caio Fernando Abreu, *Morangos mofados*).

Libido É palavra paroxítona (a sílaba tônica é *bi*) e substantivo feminino, portanto dizemos *a libido* (= desejo sexual): "E fico com as três cápsulas na mão, sem coragem de eliminar a angústia e aumentar a *libido.*" (Carlos Heitor Cony, "Tranquilizantes", *Da arte de falar mal*).

Libras, libra A Lei n.º 10.436, de 2002, reconhece a Língua Brasileira de Sinais – Libras como meio legal de comunicação e expressão no Brasil. A sigla Libras deve ser grafada apenas com a inicial maiúscula, como consta no texto da legislação. O emprego deve ser feito no singular. Portanto, dizemos *a Libras* e não *as Libras*: a estrutura *da Libras*, os sinais *da Libras*, conhecimento *em Libras*, intérprete *de Libras*, etc.

Cada país possui uma língua para as pessoas surdas, como a Língua Gestual Portuguesa – LGP (língua de sinais de Portugal), a American Sign Language – ASL (língua de sinais dos Estados Unidos), a British Sign Language – BSL (língua de sinais da Inglaterra), a Langue des Signes Française – LSF (língua de sinais da França), entre outras.

Já *libra*, com inicial minúscula, é uma medida de massa do sistema inglês de pesos e medidas, além de ser o nome da moeda usada em países como Egito (libra egípcia), Líbano (libra libanesa), Inglaterra (libra esterlina), etc. Assim, dizemos *uma libra*, *cem libras*: "Outro saiu com uma balança de banheiro, para, já em casa, verificar que era graduada em *libras* e não em quilos – o que, de resto, não importava, pois a barriga o impedia de enxergar o mostrador." (Fernando Sabino, *A falta que ela me faz*); "Só conheceu as *libras*, os dólares e os francos; mas o Reginaldo nomeou-as todas: florins, coroas, rublos, dracmas [...]." (Machado de Assis, "Anedota pecuniária", *Histórias sem data*). Obs.: O signo do zodíaco, Balança ou Libra, é grafado com inicial maiúscula.

Limpado, limpo Ver *particípio*.

Lineano Ver *-eano, -iano*.

Língua-mãe Usa-se hífen quando um substantivo estiver determinando ou explicitando o anterior. Admite duas formas de plural: *línguas-mãe* e *línguas-mães*.

Língua-padrão Usa-se hífen quando um substantivo estiver determinando ou explicitando o anterior. Plural: *línguas-padrão*.

Líquen O plural de *líquen* é *liquens* e, pouco usado no Brasil, *líquenes*. Recorde-se que são acentuados os paroxítonos em *-n* e não os em *-ens*. Daí *líquen*, mas *liquens* (sem acento gráfico). Ver *plural de nomes gregos em* -n.

Lista, listra No sentido de 'faixa ou traço sobre fundo ou superfície de cor ou tonalidade diferente', ambas as formas estão corretas: animal branco de *listas/ listras* pretas; "Primeiro foi-se adelgaçando o negrume, foram despontando as estrelas; e estas se foram sumindo no coloreado do céu; depois foi sendo mais claro, mais claro, e logo, na lonjura, começou a subir uma *lista* de luz... depois a metade de uma cambota de fogo... e já foi o sol que subiu, subiu, subiu [...]." (Simões Lopes Neto, *Contos gauchescos e lendas do sul*); "Nada mais monótono e feio, entretanto, do que esta vestimenta original, de uma só cor – o pardo avermelhado do couro curtido – sem uma variante, sem uma *lista* sequer diversamente colorida." (Euclides da Cunha, *Os ser-*

tões); "O noivo e Osório demorariam alguns dias a chegar. Farreavam de beca e de roupa de *lista*, doutoralmente, pelos prostíbulos elegantes da Bahia." (Jorge Amado, *Cacau*); "– Deixo as estratégias de guerra e as perspectivas de vitória para os soldados. O que Deodoro estranha naquela moça enfermeira é o fato de ela estar vestindo uma calça comprida, vermelha, tipo 'garance', com *listra* azul-ferrete vertical." (Assis Brasil, *Jovita – a Joana D'Arc brasileira*).

O substantivo feminino *lista* também significa 'série de itens relacionados; rol, relação, listagem' (p. ex.: *lista* de convidados, *lista* de material, *lista* de espera, *lista* de presença, *lista* de assinantes, *lista* tríplice, etc.) e 'tira de pano, papel ou outro material'. Nestes dois últimos sentidos, apenas a forma *lista* é aceita.

Conforme observou o linguista Silva Ramos, o mesmo se dá com outras palavras da língua: "A passagem de *crosta* para *costra* é um fenômeno inconsciente. [...] Na forma *crosta* primitiva, do latim *crusta*, o grupo *st* sofreu a roboração a que constantemente está sujeito na língua, como em *mastro*, de *masto*, *listra* de *lista*, *registro* de *registo*, *lastro* de *lasto*, *estralar* de *estalar*, tornando-se, portanto, *crostra*, forma na qual não tardou a se produzir a dissimilação regressiva que ocasionou a queda do *r* da primeira sílaba. Ação da mesma natureza, mas em sentido contrário, dissimilação progressiva, foi a que se deu em *rosto* de *rostro*, *rasto* de *rastro*."

Listado, listrado Os adjetivos *listado* ou *listrado* têm o significado: 'que contém faixas estreitas e alongadas de cor ou tonalidade diversa do fundo ou superfície em que se inserem': "Levantei a cabeça, encontrei o morro que se recortava contra o céu, um bando de crianças a gritar abrindo as mãos, de onde saía um balão gordo e *listado*." (Ricardo Ramos, *Terno de Reis*); "Vestidos de brocado cinza e negro, orelhas emplumadas de amarelo, cabelo *listrado* de vermelho, os ilustres pariás." (Antônio Callado, *Quarup*); "Américo possuía assombrosas disposições para fazer a canivete, com pontas de bambu, pedaços de carretel e palhetas de mica, umas canetas de formas caprichosas, pintadas a urucu e pó de sapateiro, de um amarelo terroso *listrado* de preto." (Godofredo Rangel, *Vida ociosa*).

No sentido de 'posto em rol, relação, listagem', apenas a forma *listado* é correta: Todos os documentos *listados* foram entregues. Ver *lista*, *listra*.

Livrinho, livrozinho O diminutivo de *livro* é *livrinho* ou *livrozinho*. Ver *-inho*, *-zinho*.

Locução verbal Chama-se *locução verbal* a combinação das diversas formas de um verbo auxiliar com o infinitivo, gerúndio ou particípio de outro verbo que se chama *principal*. Na locução verbal, é somente o auxiliar que recebe as flexões de pessoa, número, tempo e modo: *haveremos de fazer, estavam por sair, iam trabalhando, tinham visto*. Várias são as aplicações dos verbos auxiliares: 1) *ter* e *haver* se combinam com o particípio do verbo principal para constituírem tempos *compostos* (voz ativa): *tenho cantado, terei cantado, houvesse cantado*, etc.; 2) *ser, estar, ficar* se combinam com o particípio (variável em gênero e número) do verbo principal para constituir a voz passiva: *é amado, está prejudicada, ficaram rodeados*; 3) os auxiliares *acurativos* se combinam com o infinitivo ou gerúndio do verbo principal para determinar com mais rigor os aspectos do momento da ação verbal que não se acham bem definidos na divisão geral de tempo presente, passado e futuro: *começar a escrever, estar para escrever, continua escrevendo, tornou a escrever, deixa de escrever*, etc.; 4) os auxiliares *modais* se combinam com o infinitivo ou gerúndio do verbo principal para determinar com mais rigor o modo como se realiza ou se deixa de realizar a ação verbal: *haver de escrever, ter que escrever, pode escrever, desejou escrever, buscava escrever, conseguia escrever, chegar a escrever*, etc.; 5) auxiliares *causativos* (*deixar, mandar, fazer*, etc.) e *sensitivos* (*ver, ouvir, sentir*, etc.). Ver *verbos causativos e sensitivos*.

Longa-metragem O substantivo masculino *longa-metragem* (redução: *longa*) tem como plural *longas-metragens*: "Assisti a dois longas-metragens (ou: *a dois* longas); "Estava pensando que, provavelmente, tinha chegado a hora de seu *longa-metragem* sempre adiado." (Ana Maria Machado, *O mar nunca transborda* in *Ana Maria Machado: obra reunida*).

Lugar-comum O substantivo *lugar-comum* (= ideia ou frase imitada, sem originalidade; coisa trivial) escreve-se com hífen e tem como plural *lugares-comuns*: "Da mesma forma – e o comentário está virando *lugar-comum* – a maioria dos que hoje são chamados de celebridades permanece nessa condição durante alguns dias ou meses, para depois sumir." (João Ubaldo Ribeiro, "Sem milagres mesmo", *A gente se acostuma a tudo*); "Ela agitou os pés nus dentro da água morna afundados. *Lugar-comum*, sonho tropical: não é excitante viver? (Caio Fernando Abreu, *Os dragões não conhecem o paraíso*).

Lugar-tenente O substantivo de dois gêneros *lugar-tenente* (plural: *lugares-tenentes*) significa 'aquele que é subordinado a um chefe e o substitui na sua ausência': "O bicheiro pensou nos pontos que herdaria do espólio de Zé do Carmo e quanto aquilo representaria na sua arrecadação diária. Ele passaria a ser um verdadeiro banqueiro. Gritou para Maneco, seu *lugar-tenente*: Preciso achar esse homem! (Rubem Fonseca, *Agosto*).

Luso- Emprega-se em adjetivos compostos como redução de *lusitano* (português): *luso-africano, luso-*

-americano, *luso-árabe, luso-asiático, luso-brasileiro, luso-britânico, luso-chinês, luso-espanhol* ou *luso-hispânico, luso-francês, luso-galaico,* etc. Assim temos: aliança *luso-britânica,* colégio *luso-britânico,* relações *luso-chinesas.* Porém é grafado sem hífen em empregos em que só há uma etnia: *lusofalante, lusofonia, lusofônico, lusófono,* etc.

M m

Macérrimo, magríssimo, magérrimo O adjetivo *magro* tem como superlativos absolutos sintéticos *magríssimo* e *macérrimo*, além da forma popular *magérrimo*: "Por vós clamamos, por vós suspiramos, ó degradadas filhas de Eva, *macérrimas* torres de fome e solidão [...]." (Vinicius de Moraes, "Meninas sozinhas perdidas no mundo e dentro de si", *Para uma menina com uma flor* in *Vinicius de Moraes: obra reunida*); "– Botticelli é que era *pra frente*, meu filho – um louco genial, previu tudo, com aquela *Primavera* alucinante, *magérrima*! (*Idem*, "Os culpados de tudo", *Prosa dispersa* in *Vinicius de Moraes: obra reunida*); "*Magérrimo*, levantou-se e estendeu a mão para o cumprimento." (Luiz Eduardo Soares, Cláudio Ferraz, André Batista, Rodrigo Pimentel, *Elite da tropa 2*).

Macete (/cê/) O substantivo masculino *macete* designa 'maneira mais fácil para resolver dificuldade ou contornar obstáculos', entre outros significados: "O tranquilizante é o grande *macete* dos inquietos do século XX, e tem gloriosa circulação entre as cultas gentes." (Carlos Heitor Cony, *Da arte de falar mal*).

Machadiano (E não: macha*dea*no) Ver *-eano, -iano*.

Macho, fêmea (E não: mach*a*, fême*o*) Segundo Joaquim Mattoso Câmara, nosso primeiro grande linguista, "não cabe para os substantivos 'epicenos', referentes a certos animais, falar numa distinção de gênero expressa pelas palavras *macho* e *fêmea*. Em primeiro lugar, o acréscimo não é imperativo e podemos falar (como usualmente fazemos) em *cobra* e *tigre* sem acrescentar obrigatoriamente aqueles termos. Em segundo lugar, o gênero não mudou com a indicação precisa do sexo. Continuamos a ter *a cobra macho*, no feminino, como assinala o artigo feminino *a*, e, com o artigo masculino *o* continuamos a ter masculino *o tigre fêmea*." E prossegue: "*macho* e *fêmea* funcionam como substantivos apostos, e por isso não concordam em gênero com o substantivo determinado". Portanto, "macha" e "fêmeo" são usos inadequados na língua-padrão.

Má-criação, malcriação As duas formas estão corretas e registradas no Vocabulário Ortográfico da ABL (Volp). O substantivo feminino *má-criação* (ou *malcriação*) designa 'atitude grosseira' ou 'característica de pessoa malcriada'. Plural de *má-criação*: *más-criações*. Plural de *malcriação*: *malcriações*.

Macro- Ver *hífen nas formações com prefixo*.

Má-formação, malformação As duas formas estão corretas e registradas no Vocabulário Ortográfico da ABL (Volp). O substantivo feminino *má-formação* (ou *malformação*) designa 'deformação de origem congênita ou hereditária'. Plural de *má-formação*: *más-formações*. Plural de *malformação*: *malformações*.

Magérrimo Ver *macérrimo, magríssimo, magérrimo*.

Magoo (flexão de *magoar*) Após o Acordo Ortográfico de 1990, sem acento, seguindo a regra: perde o acento gráfico a vogal tônica fechada do hiato *oo* em palavras paroxítonas, seguidas ou não de *-s*, como: *enjoo(s)* (substantivo) e *enjoo* (flexão de *enjoar*), *magoo* (flexão de *magoar*), *povoo* (flexão de *povoar*), *roo* (flexão de *roer*), *voo(s)* (substantivo) e *voo* (flexão de *voar*), etc.

Magro Ver *macérrimo, magríssimo, magérrimo*.

Maioria Ver *a maior parte de, a maioria de*.

Mais Ver *mas*.

Mais bom, mais grande... Em lugar de *mais bom, mais grande, mais mau, mais pequeno, mais bem* e *mais mal* dizemos, normalmente, *melhor, maior, pior, menor* (*melhor* e *pior* se aplicam tanto para os adjetivos como para os advérbios): "Fui direto ver a represa, bem *menor*, embora mais cristalina do que a nossa." (Carlos Heitor Cony, *Quase memória*); "Os velhacos têm de ordinário mais talento, porém *menor* juízo do que os homens probos" (Marquês de Maricá); "Não há escravidão *pior* do que a dos vícios e paixões" (*Idem*); "Não há *maior* nem *pior* tirania que a dos maus hábitos inveterados" (*Idem*); "Dão-se os conselhos com *melhor* vontade do que geralmente se aceitam" (*Idem*); "Ninguém conhece *melhor* (advérbio) os seus interesses do que o homem virtuoso; promovendo a felicidade dos outros assegura também a própria" (*Idem*).

Entretanto, se compararmos duas qualidades, usaremos os comparativos analíticos (*mais bom, mais grande*, etc.), em vez dos sintéticos (*melhor, maior*, etc.): *Ele é* mais grande *do que* pequeno (e não: *Ele é* maior *do que* menor); *É* mais bom *do que* mau (e não: *é* melhor *do que* mau); *A escola é* mais grande *do que* pequena; *Escreveu* mais bem *do que* mal; *Ele é* mais bom *do que* inteligente.

Mais de um (concordância) Se o sujeito é constituído com a expressão *mais de um*, o normal é aparecer o verbo no singular: Mais de um candidato se *queixou* da extensão da prova. O plural aparece mais raramente: Mais de um candidato se *queixaram* da prova. Se se trata de sujeito composto com a repetição de *mais de um*, impõe-se a concordância no plural: Mais de um candidato, mais de um fiscal se *queixaram* da extensão da prova. Também o sentido de reciprocidade que envolve a expressão *mais de um* leva o verbo ao plural: Mais de um candidato aprovado se *cumprimentaram* pelo bom resultado do concurso.

Mais (do) que, menos (do) que A comparação de inferioridade (menos... [do] que), ou superioridade (mais... [do] que) é introduzida por *que* ou *do que*, em correlação com o advérbio *mais* da oração principal. Ver *do que*.

Mais informações (E não: maiores informações) Em referência a informações adicionais (em se tratando de quantidade), devemos usar "mais" e não "maiores": Para *mais informações*, dirija-se ao balcão de atendimento./ Podem ser obtidas *mais informações* no site. O adjetivo "maior" é usado em comparações, na indicação de tamanho e intensidade.

Maisena (com *s*) A farinha de amido de milho usada na culinária denomina-se *maisena* (com *s*), e provém do substantivo masculino *maís* (= milho graúdo).

Mal- Emprega-se o hífen nos compostos sem elemento de ligação quando o 1.º elemento está representado pela forma *mal* e o 2.º elemento começa por *vogal*, *h* ou *l*: *mal-afortunado, mal-entendido, mal-estar, mal-humorado, mal-informado, mal-limpo*. Porém: *malcriado, malgrado, malvisto*, etc. Obs.: *Mal* com o significado de 'doença' grafa-se com hífen: *mal-caduco* (= epilepsia), *mal-francês* (= sífilis), desde que não haja elemento de ligação. Se houver, não se usará hífen: *mal de Alzheimer*. Relacionamos mais adiante uma série de compostos formados com o elemento de composição *mal*. Esta lista não esgota todas as ocorrências, mas abrange as de uso corrente. Ver *bem-*.

Mal, mau De maneira geral, usa-se *mal* (com *l*) como antônimo de *bem*: "[...] casada com um lavrador residente dali a cinco léguas, estava *mal* e à morte." (Machado de Assis, "O espelho: esboço de uma nova teoria da alma humana", *Os melhores contos brasileiros de todos os tempos*); "Bem ou *mal*, Paulo Campos convenceu os gráficos, que aliás não tinham alternativa." (Carlos Heitor Cony, *Quase memória*); "Em Nova York, Val *mal* tocou em mim." (Rubem Fonseca, *A grande arte*); "Também agora, *mal* o dia raiava [...]." (*Idem, ibidem*).

E usa-se *mau* (com *u*) por oposição a *bom*: "– Dava o nó na gravata, com *mau* humor, detestava os ternos [...]." (Sonia Rodrigues, *Fronteiras*); "As pessoas, os amigos, pediam para ele parar de beber, contando aquelas piadinhas de *mau* gosto ligadas à noite de núpcias." (Rubem Fonseca, *A grande arte*); "Quando soube que não, que tinha um salário de fome, suspirou, grave: § – Isso é que é *mau*! Isso é que é *mau*! (Nelson Rodrigues, "Gagá", *A vida como ela é...*).

Mal de Alzheimer *Mal* com o significado de 'doença' grafa-se com hífen: *mal-caduco* (= epilepsia), *mal-francês* (= sífilis), desde que não haja elemento de ligação. Se houver, não se usará hífen: *mal de Alzheimer* (ou *doença de Alzheimer*), *mal de Chagas* (ou *doença de Chagas*), *mal de Parkinson* (ou *doença de Parkinson*).

Mal de Chagas *Mal* com o significado de 'doença' grafa-se com hífen: *mal-caduco* (= epilepsia), *mal-francês* (= sífilis), desde que não haja elemento de ligação. Se houver, não se usará hífen: *mal de Alzheimer* (ou *doença de Alzheimer*), *mal de Chagas* (ou *doença de Chagas*), *mal de Parkinson* (ou *doença de Parkinson*).

Mal de Parkinson *Mal* com o significado de 'doença' grafa-se com hífen: *mal-caduco* (= epilepsia), *mal-francês* (= sífilis), desde que não haja elemento de ligação. Se houver, não se usará hífen: *mal de Alzheimer* (ou *doença de Alzheimer*), *mal de Chagas* (ou *doença de Chagas*), *mal de Parkinson* (ou *doença de Parkinson*).

Mal-acabado Escreve-se com hífen este adjetivo que significa: 'Que foi malfeito, mal executado; imperfeito.' Pl.: mal-acabados. Antônimo: bem-acabado.

Mal-acondicionado Escreve-se com hífen este adjetivo que significa: 'Armazenado, guardado ou disposto de maneira incorreta, em local inadequado.' Pl.: mal-acondicionados. Antônimo: bem-acondicionado.

Mal-acostumado Escreve-se com hífen este adjetivo que significa: 'Que se habituou a ter facilidades; mal-habituado.' Pl.: mal-acostumados.

Mal-afamado Escreve-se com hífen este adjetivo que significa: 'Que tem má fama, má reputação; desmoralizado, malconceituado.' Pl.: mal-afamados. Antônimo: bem-afamado.

Mal-agradecido Escreve-se com hífen este adjetivo que significa 'que não demonstra agradecimento; ingrato': "Ora, como todo cliente carona, era *mal-agradecido*." (Nelson Rodrigues, "O castigo", *A vida como ela é...*). Também pode ser usado como substantivo: 'Aquele que é ingrato.' Pl.: mal-agradecidos. Antônimo: bem-agradecido.

Mal-amado Escreve-se com hífen este adjetivo que significa: 'Que não tem seu amor correspondido.' Também pode ser usado como substantivo: 'Aquele que não é correspondido no amor ou que não é querido, amado.' Pl.: mal-amados. Antônimo: bem-amado.

Mal-apanhado Escreve-se com hífen este adjetivo que significa: 'Que não apresenta boa aparência; de aspecto desagradável; feio, mal-apessoado.' Pl.: mal-apanhados. Antônimo: bem-apanhado.

Mal-apessoado Escreve-se com hífen este adjetivo que significa: 'Que não apresenta boa aparência, bom aspecto; feio, mal-apanhado.' Pl.: mal-apessoados. Antônimo: bem-apessoado.

Mal-arranjado Escreve-se com hífen este adjetivo que significa: 'De aparência desagradável; com má apresentação; mal-arrumado.' Pl.: mal-arranjados. Antônimo: bem-arranjado.

Mal-arrumado Escreve-se com hífen este adjetivo que significa: 1. De aparência desagradável; com má apresentação; mal-arranjado. 2. Vestido sem capricho ou elegância; malvestido. Pl.: mal-arrumados. Antônimo: bem-arrumado.

Mal-assombrado Escreve-se com hífen este adjetivo que significa: 'Supostamente habitado ou frequentado por assombrações, fantasmas.' Pl.: mal-assombrados.

Mal-aventurado Escreve-se com hífen este adjetivo que significa: 'Que é infeliz, desgraçado, desventurado; malventuroso.' Também pode ser usado como substantivo: 'Aquele que é infeliz, desventurado.' Pl.: mal-aventurados. Antônimo: bem-aventurado.

Malcheiroso Escreve-se sem hífen este adjetivo que significa: 'Que cheira mal; fedorento.' Pl.: malcheirosos /ó/.

Malcomportado Escreve-se sem hífen este adjetivo que significa: 'Que apresenta comportamento em desacordo com as regras do respeito e da convivência social.' Antônimo: bem-comportado.

Malconceituado Escreve-se sem hífen este adjetivo que significa: 'Que tem má fama, má reputação; desmoralizado, mal-afamado.' Antônimo: bem-conceituado.

Malconduzido Escreve-se sem hífen este adjetivo que significa 'que não teve bom encaminhamento': negociações *malconduzidas*.

Malconformado Escreve-se sem hífen este adjetivo que significa: 'Que apresenta má conformação ou aparência; malproporcionado.' Antônimo: bem-conformado.

Malconservado Escreve-se sem hífen este adjetivo que significa: 1. Prematuramente desgastado em decorrência de má conservação. 2. Que aparenta ser mais velho do que realmente é.

Malcontente Escreve-se sem hífen este adjetivo que significa 'que não está satisfeito; que demonstra insatisfação, descontentamento ou tristeza; descontente, insatisfeito':

Depois da separação, andava mal-contente.

Malcriação Ver *má-criação, malcriação*.

Malcriado O adjetivo *malcriado* significa 'que age de forma grosseira, mal-educada'; 'que demonstra desrespeito': *meninos* malcriados; *resposta* malcriada: "Pulei da sela e amarrei no moirão o ruço pedrês – bicho *malcriado*, reparador, mas de espírito." (Afonso Arinos, "Joaquim Mironga", *Os melhores contos brasileiros de todos os tempos*); "Quando deu por si, Lena já estava em pé, junto à porta da sala, no seu melhor estilo *malcriado*." (Ana Maria Machado, *Tropical sol da liberdade* in *Ana Maria Machado: obra reunida*). O substantivo masculino *malcriado* designa 'aquele que é descortês, grosseiro, rude'. Ver *má-criação, malcriação*.

Malcuidado Escreve-se sem hífen este adjetivo que significa 'que não recebeu tratamento adequado': pele *malcuidada*; dentes *malcuidados*.

Maldisposto Escreve-se sem hífen este adjetivo que significa: 1. Que sente mal-estar, desconforto físico. 2. Que demonstra indisposição, contrariedade, má vontade. Antônimo: bem-disposto.

Maldizente Escreve-se sem hífen este adjetivo que significa: 'Que fala mal dos outros; que costuma caluniar, difamar; difamador, maldicente, malédico, malfalante.'

Maldizer 1. Lançar pragas (contra); amaldiçoar: "[...] desesperada com a falta de notícias dele, *maldizendo* a hora em que se trancara no banheiro emburrada, morta de medo de que ele não aparecesse nunca mais na sua vida." (Sonia Rodrigues, *Fronteiras*). 2. Falar mal de: *Maldisse (de)* todos os vizinhos; "O que já escrevi de crônica *maldizendo* o Natal, acusando-o de festa colonizada." (Luis Fernando Verissimo e Zuenir Ventura, *Conversa sobre o tempo com Arthur Dapieve*). 3. Lamentar-se: *Maldizia* do salário. Antônimo: bendizer. Part.: maldito.

Maldormido Escreve-se sem hífen este adjetivo que significa: 1. Em que não houve um sono reparador: *noite maldormida*. 2. Diz-se de quem não dormiu bem, teve um sono intranquilo ou insuficiente. Antônimo: bem-dormido.

Maldotado Escreve-se sem hífen este adjetivo que significa: 'Que possui poucas aptidões, escassos dons ou dotes.' Antônimo: bem-dotado.

Mal-educado Escreve-se com hífen este adjetivo que significa: 1. Que tem má-educação, que age com grosseria, descortesia: "[...] eu não chamo dinheiro pagar o bonde a uma pessoa que me trate bem, ou um sorvete, ou ainda um almoço. Isso paga-se até a pessoas *mal-educadas*." (Machado de Assis, *Bons Dias!*). 2. Que demonstra descortesia, desrespeito: *resposta mal-educada*. Pl.: mal-educados. Antônimo: bem-educado.

Mal-empregado Escreve-se com hífen este adjetivo que significa: 'Que foi usado de forma pouco proveitosa; que poderia ter tido melhor uso, proveito ou destino.' Pl.: mal-empregados.

Mal-encarado Escreve-se com hífen este adjetivo que significa: 1. De aparência suspeita, que sugere má índole. 2. Com semblante carregado, carrancudo. Pl.: mal-encarados. Antônimo: bem-encarado.

Mal-enganado Escreve-se com hífen este adjetivo que significa: 'Muito enganado.' Pl.: mal-enganados.

Mal-engraçado Escreve-se com hífen este adjetivo que significa: 'Que não tem graça; desengraçado.' Pl.: mal-engraçados.

Mal-ensinado Escreve-se com hífen este adjetivo que significa: 'Que não tem educação; que age com descortesia; grosseiro, malcriado.' Pl.: mal-ensinados. Antônimo: bem-ensinado.

Mal-entendido Escreve-se com hífen este adjetivo que significa: 'Que foi compreendido ou interpretado de forma equivocada.' Como substantivo masculino, significa 'desentendimento, conflito; divergência de interpretação'. Plural: mal-entendidos.

Mal-estar Escreve-se com hífen este substantivo masculino que significa: 1. Sensação desagradável de ansiedade, insatisfação ou desconforto físico, indisposição: "Como um aviso de gripe, um *mal-estar* indeterminado que não era medo, não era por causa das pancadas, era uma coisa esquisita por dentro, avisando que um processo estranho começara." (Sonia Rodrigues, *Fronteiras*). 2. Situação embaraçosa; constrangimento: "[...] percebeu que se tinha dissipado a atmosfera de constrangimento que se respirava até então na casa do amigo. Estabelecera-se uma cordialidade quase efusiva entre os circunstantes ainda há pouco tolhidos pelo *mal-estar*." (Rodrigo M.F. de Andrade, "Seu Magalhães suicidou-se", *Os melhores contos brasileiros de todos os tempos*). Plural: mal-estares.

Malfadado Escreve-se sem hífen este adjetivo que significa: 'Que possui má sorte; desditoso, desgraçado, infeliz.' Pl.: malfadados. Antônimo: bem-fadado.

Malfadar Escreve-se sem hífen o verbo *malfadar* que significa: 1. Prever desgraças para algo ou alguém. 2. Trazer desgraças, má sorte para algo ou alguém. O adjetivo *malfadado* significa 'que tem má sorte; desventurado': "Pois não tendes tino/ Brotos *malfadados*/ Que aí pelos prados/ Há um assassino" (Vinicius de Moraes, "O assassino", *Antologia poética* in *Vinicius de Moraes: obra reunida*).

Malfalado, mal falado O adjetivo *malfalado* (junto) significa 'de quem se fala mal; que possui má reputação'. Uma língua *mal falada* é 'falada de maneira imperfeita, incorreta'.

Malfalante Escreve-se sem hífen este adjetivo que significa: 'Que fala mal dos outros; que costuma caluniar, difamar; difamador, maldicente, malédico, maledizente.'

Malfazer O verbo *malfazer* significa 'causar prejuízo ou mal (a alguém); prejudicar': *malfazer* aos inimigos cruéis.

Malfeito Escreve-se sem hífen este adjetivo que significa: 1. Executado de forma imperfeita ou incorreta: *trabalho* malfeito; "Ainda bem que era um decreto tão *malfeito* que começou a deixar brechas [...]." (Ana Maria Machado, *Tropical sol da liberdade* in *Ana Maria Machado: obra reunida*). 2. De configuração defeituosa ou deselegante: *corpo* malfeito. 3. Indevido, injusto: *Foi* malfeito *julgar sem ouvir ambas as partes*.

Como substantivo, significa: 1. Ação negativa que provoca danos ou prejuízo, malefício; malfeitoria: "Capaz de sentir vergonha por um *malfeito*, ainda que involuntário." (Ana Maria Machado, *Palavra de honra* in *Ana Maria Machado: obra reunida*). 2. Bruxaria, feitiço.

Malfeitor, malfeitoria O substantivo masculino *malfeitor* designa 'aquele que comete ações reprováveis, crimes': "A situação da capitania era um descalabro, servindo de homizio a toda sorte de *malfeitor*." (Ana Maria Machado, *O mar nunca transborda* in *Ana Maria Machado: obra reunida*). Também pode ser usado como adjetivo.

Já o substantivo feminino *malfeitoria* designa um 'dano, malefício'.

Malformação Ver *má-formação, malformação*.

Malgovernar Escreve-se sem hífen o verbo *malgovernar* (= governar mal, especialmente gastando além do que deveria). Também é sem hífen o adjetivo *malgovernado*.

Malgrado O substantivo masculino *malgrado* significa 'desagrado, desprazer': *Para* malgrado *da plateia, o artista, adoentado, não compareceu*. A preposição *malgrado* quer dizer 'apesar de, a despeito de, não obstante': "Por seres de uma rara formosura/ *Malgrado* a vida dura e atormentada" (Vinicius de Moraes, "Soneto de quarta-feira de cinzas", *Poemas, sonetos e baladas* in *Vinicius de Moraes: obra reunida*). Ver *de bom grado, de mau grado*.

Mal-habituado Escreve-se com hífen este adjetivo que significa: 'Que se habituou a ter facilidades; mal-acostumado.' Pl.: mal-habituados.

Mal-humorado Escreve-se com hífen este adjetivo que significa 'irritado, ranzinza': "Lembrava-se vagamente de ter sido embalaiada com companheiros *mal-humorados*." (João Alphonsus, "Galinha cega", *Os melhores contos brasileiros de todos os tempos*). Plural: mal-humorados. Antônimo: bem-humorado.

Mal-intencionado Escreve-se com hífen este adjetivo que significa 'que tem intenção de fazer o mal, de prejudicar; que revela propósitos maldosos': *competidor* mal-intencionado; *respostas* mal-intencionadas. Também é usado como substantivo: *o(s) mal-intencionado(s), a(s) mal-intencionada(s)*. Antônimo: bem-intencionado.

Mallarmeano Ver *-eano, -iano*.

Malmandado Escreve-se sem hífen este adjetivo que significa: 'Que se mostra desobediente; que não acata ordens ou tem má vontade para fazer o que lhe pedem; insubmisso.' Pl.: malmandados. Antônimo: bem-mandado.

Malmequer O substantivo masculino *malmequer* (escreve-se junto, sem hífen) designa um tipo de erva (*Aspilia foliacea*), também chamada *bem-me-quer* (com hífen). Pl.: *malmequeres*.

Malnascido Escreve-se sem hífen este adjetivo que significa 'de má sorte; malfadado', 'de má índole', 'de origem vil'. Plural: malnascidos.

Malnutrido Escreve-se sem hífen este adjetivo que significa 'cuja nutrição é insuficiente; desnutrido': "O que ainda lhe vale é que para a paisanada local, pobre e *malnutrida*, a carência de iodo nas águas da região é bócio certo." (Vinicius de Moraes, "Caxambu-Les-Eaux", *Para uma menina com uma flor* in *Vinicius de Moraes: obra reunida*).

Mal-olhado Ver *mau-olhado, mal-olhado*.

Mal-ouvido Escreve-se com hífen este adjetivo que significa: 'Que não atende a ordens; que não dá atenção a conselhos.' Pl.: mal-ouvidos. Antônimo: bem-ouvido.

Malparado Escreve-se sem hífen este adjetivo que significa: 1. Em situação desfavorável, de risco. 2. Que está prestes a fracassar: *projeto malparado*. Antônimo: bem-parado.

Malpassado Escreve-se sem hífen este adjetivo que significa 'pouco cozido ou frito': filé *malpassado*. Antônimo: bem-passado.

Malprocedido Escreve-se sem hífen este adjetivo que significa: 'Que procede ou procedeu inadequadamente; de comportamento repreensível; mal-comportado'. Antônimo: bem-procedido.

Malproporcionado Escreve-se sem hífen este adjetivo que significa: 'Que é desproporcional, irregular; malconformado.' Antônimo: bem-proporcionado.

Malquerer Escreve-se sem hífen o verbo *malquerer* (= desejar mal a; não gostar de). Particípios: *malquerido, malquisto*.

O substantivo masculino *malquerer* (= aquele por quem não se tem afeição; desafeto, inimigo) assim como o adjetivo de dois gêneros *malquerente* (= que malquer alguém) também são grafados sem hífen: "[...] não houve humilhação, mas o tempo provaria que eu devia ter prestado mais atenção a seu olhar *malquerente*." (João Ubaldo Ribeiro, "Do diário de um homem de letras", *O conselheiro come*).

Malsoante, malsonante Escrevem-se sem hífen estes adjetivos que significam: 'Que soa mal; desagradável ao ouvido; desafinado, dissonante.' Antônimo: bem-soantes, bem-sonantes.

Malsucedido Escreve-se sem hífen este adjetivo que significa 'que obteve resultado ruim; fracassado': "Depois de várias experiências, sempre *malsucedidas*, o pai deixou-me ficar em casa [...]." (Carlos Heitor Cony, *Quase memória*). Antônimo: bem-sucedido.

Mal-usar O verbo *mal-usar* significa 'utilizar de maneira imprópria ou excessiva': *Evite* mal-usar *os recursos da natureza*.

Porém dizemos 'fazer *mau uso* de alguma coisa' (em oposição a *bom uso*): "Deus, no entanto, dá a liberdade e não tira. Ainda que você O ofenda, ainda que você O renegue. § Ainda que você faça *mau uso* dela." (Frei Betto e Marcelo Gleiser com Waldemar Falcão, *Conversa sobre a fé e a ciência*).

Malventuroso Escreve-se sem hífen este adjetivo que significa: 'Que não é feliz, que não tem uma boa sorte; infeliz, mal-aventurado.' Também pode ser usado como substantivo: 'Aquele que é infeliz, desventurado.'

Malvestido Escreve-se sem hífen este adjetivo que significa 'que se veste sem elegância, sem requinte ou sem bom gosto': "O banqueiro examinou com mais atenção o rapaz magro e *malvestido* que tinha pela frente [...]." (Sonia Rodrigues, *Fronteiras*).

Malvisto Escreve-se sem hífen este adjetivo que significa: 'que goza de conceito desfavorável; que não é apreciado': "No final da gestão Goulart, por exemplo, apoiava a política econômica do ministro da Fazenda Carvalho Pinto, que considerava realista e conduzida com segurança, mas era muito *malvista* pela esquerda." (Ana Maria Machado, *Balaio: livros e leituras* in *Ana Maria Machado: obra reunida*).

Mandar, deixar, fazer (e sinônimos) Ver *verbos causativos e sensitivos*.

Maninho, manozinho O diminutivo de *mano* é *maninho* ou *manozinho*. Não confundir *maninho* (diminutivo) com o adjetivo homônimo *maninho*, que significa 'estéril'. Ver *-inho, -zinho*.

Manteigueira A grafia correta é esta para designar o recipiente em que se guarda ou se leva à mesa a manteiga: "Tirar manteiga da *manteigueira* para passar no pão – um esburaca, outro alisa." (Ana Maria Machado, *Canteiros de Saturno* in *Ana Maria Machado: obra reunida*).

Manter Verbo irregular de 2.ª conjugação, derivado de *ter*. Assim, temos: *pres. ind.*: mantenho, manténs, mantém, mantemos, mantendes, mantêm; *pret. imperf. ind.*: mantinha, mantinhas, mantinha, mantínhamos, mantínheis, mantinham;

pret. perf. ind.: mantive, mantiveste, manteve, mantivemos, mantivestes, mantiveram; *pret. mais-que-perf. ind.*: mantivera, mantiveras, mantivera, mantivéramos, mantivéreis, mantiveram; *fut. pres.*: manterei, manterás, manterá, manteremos, mantereis, manterão; *fut. pret.*: manteria, manterias, manteria, manteríamos, manteríeis, manteriam; *pres. subj.*: mantenha, mantenhas, mantenha, mantenhamos, mantenhais, mantenham; *pret. imp. subj.*: mantivesse, mantivesses, mantivesse, mantivéssemos, mantivésseis, mantivessem; *fut. subj.*: mantiver, mantiveres, mantiver, mantivermos, mantiverdes, mantiverem; *imp. afirm.*: mantém, mantenha, mantenhamos, mantende, mantenham; *ger.*: mantendo; *part.*: mantido.

Maquiar Os verbos terminados em *-iar* são conjugados regularmente: *maquiar* – *pres. ind.*: maquio, maquias, maquia, maquiamos, maquiais, maquiam; *pres. subj.*: maquie, maquies, maquie, maquiemos, maquieis, maquiem; *imp. afirm.*: maquia, maquie, maquiemos, maquiai, maquiem. Ver *verbos terminados em -ear e -iar*.

Maquilagem, maquiagem Ambas as formas estão corretas e registradas no Vocabulário Ortográfico da ABL (Volp): "Vera caminha para o camarim. Tira a *maquilagem*. Bota nova *maquilagem*. Sai do camarim." (Carlos Heitor Cony, *Vera Verão*). Da mesma forma, *maquiador(a)*, *maquilador(a)*: "A *maquiladora* retocou-lhe o rosto, ela protegeu a vista do *spotlight* que despejava em cima de sua cara um calor artificial, forte, duro." (*Idem, ibidem*).

Marcha à ré Emprega-se o acento grave no *a* quando representa a pura preposição *a* que rege um substantivo feminino singular, formando uma locução adverbial que, por motivo de clareza, vem assinalada com acento grave diferencial: *à força, à míngua, à bala, à faca, à espada, à fome, à sede, à pressa, à noite*, etc. A parte de trás de uma embarcação denomina-se *ré*. E *marcha à ré* é o 'comando que permite a um veículo motorizado realizar movimento de recuo' ou 'deslocamento para trás': *O carro deu* marcha à ré *para sair da garagem*. Valeria uniformizar o emprego do acento grave [e não crase!] como acento diferencial na locução *marcha à ré*.

Marinho Como redução de *azul-marinho*, é adjetivo de dois gêneros e dois números, portanto invariável: camisas *marinho*, agasalhos *marinho*.

Mas As conjunções adversativas por excelência são *mas* e *porém*. Elas enlaçam unidades apontando uma oposição entre elas: "Ela plantara as sementes que tinha na mão, não outras, *mas* essas apenas." (Clarice Lispector, "Amor", *Os melhores contos brasileiros de todos os tempos*); "Queria apenas ficar sozinho, não exatamente para abrir o envelope, *mas* para pensar no assunto [...]." (Carlos Heitor Cony, *Quase memória*); "Ele não sabe onde estão agora os moradores da casa da avenida Atlântica. *Mas* uma mulher que morava na casa aparece às vezes na padaria, para fazer compras." (Rubem Fonseca, *Agosto*).

Obs.: 1.ª) Quanto à conjunção *mas,* a pronúncia normal entre brasileiros é /mais/ ou /mas/. Não se deve pronunciar /mãs/, nasalizada. 2.ª) Não confundir a conjunção *mas* com *mais* (com *i*), que indica aumento, adição, intensidade, superioridade, entre outros sentidos. 3.ª) Não se deve usar vírgula depois de *mas* em início de período, exceto quando as vírgulas delimitam uma oração ou adjunto adverbial em casos do tipo: "*Mas*, quase sem perceber, foi andando em direção contrária, até encontrar o enorme muro [...]." (Carlos Heitor Cony, *Vera Verão*); "*Mas*, na eleição em que Cristiano Machado, do PSD, concorreu com Getúlio Vargas, do PTB e perdeu, muitos votos pessedistas foram obtidos [...]." (João Ubaldo Ribeiro, "A clique de mouse", *A gente se acostuma a tudo*); "*Mas*, como é obrigação e dever, tenho forcejado por assistir à propaganda eleitoral [...]." (*Idem*, "Votar em quem e para quê?", *A gente se acostuma a tudo*); "*Mas*, pensando na proposta de Ilídio, naquele dia não olhou pela janela as árvores [...]." (Rubem Fonseca, *Agosto*).

Masseter (/tér/) O substantivo masculino *masseter* é oxítono (sílaba tônica -*ter*). Pl.: *masseteres* (/té/).

Matado, morto Ver *particípio*.

Matiz O substantivo *matiz* (= gradação de cor ou cores; tom de cor suave) é masculino (o *matiz*): "[...] a cidade inteira explodisse em agapantos, hortênsias, lírios amarelos e laranja, rosas de todos os *matizes*." (Ana Maria Machado, *Palavra de honra*).

Mau Ver *mal, mau*.

Mau gosto (E não: *mal* gosto) Ver *mal, mau*.

Mau humor Ver *bom humor, mau humor*.

Mau-olhado, mal-olhado O substantivo *mau-olhado* (plural: *maus-olhados*) significa 'olhar supostamente maléfico e seu efeito': "[...] um adorno que era um poderoso fetiche propiciatório da fertilidade e da longevidade e uma forte proteção contra o *mau-olhado*." (Alberto da Costa e Silva, *A manilha e o libambo*); "Quanta briga, meu Deus, que tem saído/ Quanta gente mudando pra outros morros/ Foi *mau-olhado*, foi... (Vinicius de Moraes, *Orfeu da Conceição* in *Vinicius de Moraes: obra reunida*). Já o adjetivo *mal-olhado* (plural: *mal-olhados*) significa 'malvisto, detestado, odiado, que não é bem-conceituado'.

Me, te, se, nos, vos (colocação dos pronomes oblíquos átonos) Em relação a um só verbo, não se inicia período por pronome átono:

"Sentei-*me*, enquanto Virgília, calada, fazia estalar as unhas" (Machado de Assis, *Memórias póstumas de Brás Cubas*); "Não! *vos* digo eu!" (Alexandre Herculano *apud* Fausto Barreto, *Antologia nacional*); "Querendo parecer originais, *nos* tornamos ridículos ou extravagantes" (Marquês de Maricá). Observações: 1.ª) Ainda que não vitorioso na língua exemplar, mormente na sua modalidade escrita, este princípio é, em nosso falar espontâneo, desrespeitado, e, como diz Sousa da Silveira, em alguns exemplos literários, a próclise comunica "à expressão encantadora suavidade e beleza". Aparece em texto literário quando não se quer quebrar a corrente contínua do pensamento, como se fora verdadeira linguagem eco, patente neste exemplo de Manuel Bandeira: "Li-o [o discurso de posse de Valéry] e me senti, ai de mim, na maior depressão moral. *Me* senti como que desamparado" (Manuel Bandeira, *Poesia e prosa*). Alguns modernistas, com Mário de Andrade à frente, tentaram estender essa próclise inicial de enunciado a todos os pronomes átonos, exagerando, porque isto não ocorre com *o, a, os, as*: *O* vi. Depois, só Mário persistiu no uso, apesar das ponderações de Manuel Bandeira em carta ao escritor paulista. 2.ª) Preso a critério de oração (e não período, como aqui fizemos), Rui Barbosa tem por errônea a colocação em: "Se a simulação for absoluta, sem que tenha havido intenção de prejudicar a terceiros, ou de violar disposições de lei, e for assim provado a requerimento de algum dos contratantes, – *se julgará o ato inexistente*". Os que adotarem o critério de oração, só aceitam a posição inicial do pronome átono na intercalada de citação, como ocorre no exemplo de Herculano acima transcrito. 3.ª) Em expressões cristalizadas de cunho popular aparece o pronome no início do período: "T'esconjuro!... sai, diabo!..." (Machado de Assis, *Memórias póstumas de Brás Cubas*). Ver *pronomes oblíquos átonos (colocação)*.

Mediante Ver *por meio de*.

Mediar Os verbos terminados em *-iar* são conjugados regularmente, à exceção de *mediar* (e *intermediar*), *ansiar, remediar, incendiar* e *odiar*. O verbo *mediar* troca o *i* por *ei* nas formas rizotônicas (aquelas cuja sílaba tônica está no radical): *pres. ind.*: med*ei*o, med*ei*as, med*ei*a, mediamos, mediais, med*ei*am; *pres. subj.*: med*ei*e, med*ei*es, med*ei*e, mediemos, medieis, med*ei*em; *imp. afirm.*: med*ei*a, med*ei*e, mediemos, mediai, med*ei*em. Ver *verbos terminados em -ear e -iar*.

Médico-legista, médica-legista Quando no composto houver duas atividades ou áreas diferentes, emprega-se o hífen. É o caso de *cirurgião--dentista, cirurgiã-dentista, editor-lexi-*

cógrafo, editora-lexicógrafa, engenheiro-agrônomo, engenheira-agrônoma, médico-legista, médica-legista.

Médico-veterinário, médica-veterinária Como adjetivo composto, apenas o último elemento varia na formação do plural (*médico-veterinários* e *médico-veterinárias*): *atendimentos* médico-veterinários, *clínicas* médico-veterinárias. Como substantivo composto, ambos os elementos vão para o plural: *A clínica contratou duas* médicas-veterinárias *e dois* médicos-veterinários.

Medir (conjugação) Verbo irregular de 3.ª conjugação. Os verbos *medir*, *pedir*, *despedir*, *impedir* e (derivados) têm e aberto nas formas rizotônicas, isto é, nas três pessoas do singular e 3.ª do plural do presente do indicativo e subjuntivo, e no imperativo afirmativo, exceto, neste, na 2.ª pessoa do plural. Assim, temos: *pres. ind.*: meço, medes, mede, medimos, medis, medem; *pres. subj.*: meça, meças, meça, meçamos, meçais, meçam; *imp. afirm.*: mede, meça, meçamos, medi, meçam. Nos demais tempos e pessoas, conjuga-se regularmente.

Mega- Ver *hífen nas formações com prefixo*.

Mega Como redução de *megabyte*, é empregada como forma livre, de uso consagrado no português contemporâneo (plural: *megas*).

Meio Como advérbio, *meio* significa 'não totalmente; um tanto, um pouco' e é invariável: "– Com esse – respondeu ele sem sorrir de volta e saindo depois de uma espécie de continência *meio* vaga." (João Ubaldo Ribeiro, *Diário do farol*); *gaveta* meio *aberta* (e não: *meia aberta*). Como adjetivo, é variável: "O método de investigação do delegado, como até hoje, na maior parte do Brasil, era tomar uma *meia* garrafa de cachaça [...]." (*Idem, ibidem*).

Como adjetivo formador de substantivos compostos, concorda com o termo a que se refere: *a meia-idade* (*as meias-idades*), *a meia-noite* (*as meias-noites*), *a meia-luz* (*as meias-luzes*), *o meio-irmão* (*os meios-irmãos*), *a meia-irmã* (*as meias-irmãs*), *o meia-esquerda* (*os meias-esquerdas*), *o meio-campo* (*os meios-campos*), etc.; "Logo, com uma facilidade que demonstrava a imprudência e até ingenuidade daqueles militantes de *meia-tigela* [...]." (*Idem, ibidem*).

O fracionário *meio*, funcionando como adjunto, concorda com seu núcleo, explícito ou não: meio-dia e *meia* [hora]; duas e *meia* [hora]. Obs.: Em lugar de *um milhão* (*dois milhões*, etc.) *e meio* pode-se, mais raramente, empregar *um e meio milhão, dois e meio milhões*: "Para aquilatar a importância dos tropeiros, basta lembrar que o Brasil tem cerca de *oito e meio milhões* de quilômetros quadrados de superfície [...]" (Afonso Arinos).

Meio cansada (E não: *meia* cansada) Neste caso, *meio* é advérbio (invariável) e significa 'um tanto, um pouco': "Sem saber mais o que fazer, resolvo apelar para Jorge Amado. Sua filha me disse há tempos que ele tinha uma máquina destas. Quando o visitei pela última vez, vi em seu estúdio apenas uma máquina comum, não tão antiga como a de meu pai, mas, como Tereza Batista, já *meio cansada* de guerra." (Fernando Sabino, *A falta que ela me faz*). Ver *meio*.

Meio-dia e meia Ver *é meio-dia e meia*.

Meio-fio Escreve-se com hífen o substantivo masculino *meio-fio* (= borda que remata a calçada da rua, junto à pista; guia): "O carro foi colocado junto ao *meio-fio* e Mattos, junto com o motorista, mexeu no motor [...]." (Rubem Fonseca, *Agosto*). Plural: *meios-fios*.

Meio-termo Escreve-se com hífen o substantivo masculino *meio-termo* (= posição intermediária entre duas outras; solução equilibrada, que se afasta de posturas extremas e distintas; moderação): "Os melhores são aqueles que só publicaram dois ensaios. Ensaísta que já escreveu vinte ensaios deve ser intragável. O *meio-termo* é a verdade." (Carlos Heitor Cony, "Antropofagia ao alcance de todos", *Da arte de falar mal*). Plural: *meios-termos*.

Mel O substantivo masculino *mel* tem como plural *méis* (mais frequente) e *meles*.

Membro O substantivo masculino *membro* pode ser usado de forma generalizante para se referir a uma mulher que integra um grupo, corporação, estrutura, organização. Por exemplo: Nélida Piñon é *membro* da Academia Brasileira de Letras. O feminino *membra*, embora seja pouco usual, está registrado no Vocabulário Ortográfico da ABL (Volp), em alguns dicionários e obras publicadas.

Membro pesquisador Há duas opções de uso no feminino: "Ela é *membro pesquisador*" (forma generalizante) ou "Ela é *membra pesquisadora*". O feminino *membra*, embora seja pouco usual, está registrado no Vocabulário Ortográfico da ABL (Volp), em alguns dicionários e obras publicadas.

Mendigo (E não: men*din*go) A grafia correta é somente men*di*go: "Um aeroviário vira um *mendigo* apanhar o objeto." (Rubem Fonseca, *Agosto*).

Menos (E não: menas) O pronome indefinido *menos* é invariável: *Mais amores e* menos *confiança*. (Nunca *menas*!); "[...] e se dedicavam, como até hoje, a pesquisar de que maneiras se pode escaldar carne para torná-la *menos* apetitosa [...]." (João Ubaldo Ribeiro, "Meu amarelo manteiga-bicho", *O conselheiro come*).

Menos do que, menos que Ver *do que*.

Meritíssimo (E não: Meretíssimo) Tratamento dado a juízes e auditores da Justiça Militar. Abreviação: *MM*.

Mesinho O diminutivo de *mês* é *mesinho* (com *s* e sem acento gráfico). Ver *-inho, -zinho*.

Mesmo, próprio, só (concordância) Em referência a nome ou pronome, *mesmo*, *próprio* e *só* são variáveis, concordam com a palavra determinada em gênero e número: *Ela mesma* foi tratar do assunto; *Ele mesmo* disse a verdade; *Os próprios homens* não sabiam o que acontecia; *Elas próprias* foram ao local; *Nós* não estamos *sós* (= sozinhos); Viajei por *lugares* distantes e *sós* (= desertos, desabitados); "*Eles sós* se encaminham para essa parte [...]." (Alexandre Herculano, *Eurico*); "E por isso insistem tanto em negar que estão *sós* e assim se transformam [...]." (João Ubaldo Ribeiro, *Diário do farol*).

Hoje se dá preferência a *só* como advérbio (= somente, apenas), portanto invariável, enquanto outrora, entre bons escritores, usava-se *só* como adjetivo variável: "Descobria, ao mesmo tempo, que ele era capaz de passar da atividade compulsiva de bicho enjaulado para uma contemplação feita de recolhimento, em que *só* os olhos enredavam." (Ana Maria Machado, *Alice e Ulisses* in *Ana Maria Machado: obra reunida*); "E absolutamente deserta, pelas artes encantatórias do bruxo ou pelas assombrações dos fantasmas do cemitério ao lado. *Só* os dois a noite inteira, no começo meio intrigados com isso [...]." (*Idem, ibidem*); "E aconselhando-se ao couto que conhecem/ *Sós* as cabeças na água lhe aparecem" (Luís de Camões, *Os Lusíadas*); "Com *sós* 27 anos de idade... já a palidez da morte se via lutar no seu rosto com as rosas da mocidade" (Antônio Feliciano de Castilho, *Felicidade pela agricultura*). Na expressão *a sós* (= sem outra companhia ou na companhia exclusiva de alguém) é fixa a forma: "– Você tinha razão – me disse no dia seguinte o reitor, *a sós* comigo em seu gabinete." (João Ubaldo Ribeiro, *Diário do farol*).

Mesmo, além de se empregar na ideia de identidade [como adjetivo = em pessoa; não outro; próprio; idêntico: "Mas, ao lado, na outra janela, cochichavam duas senhoras – eram as Moreiras, duas quarentonas que, segundo *elas mesmas* diziam, teimavam em ser solteiras (...)." (Alberto de Oliveira, "Os brincos de Sara", *Os melhores contos brasileiros de todos os tempos*)], aparece ainda como sinônimo de *próprio*, *até* (como advérbio): "[...] ao *mesmo* demônio se deve fazer justiça, quando ele a tiver" (Padre Antônio Vieira *apud* Epifânio Dias, *Sintaxe histórica portuguesa*). Este último sentido e mais o emprego adverbial junto de *aqui, já, agora* (*aqui mesmo, já mesmo, agora mesmo*) facilitaram o aparecimento moderno da palavra como advérbio, modo de dizer que os puristas condenam, mas que vem ganhando a simpatia geral: Falava da máfia *mesmo*, a própria;

"[...] vaidosos de seus apelidos, mas inofensivos, e virtuosos *mesmo* por vaidade de imitarem seus avoengos [...]." (Camilo Castelo Branco, *O bem e o mal*); "[...] eu às vezes, quase com volúpia – ou com volúpia *mesmo*, não há o que esconder [...]." (João Ubaldo Ribeiro, *Diário do farol*); "No começo, não senti nenhuma atração dela por mim que não a da orientação espiritual *mesmo*." (*Idem, ibidem*). Vale mencionar que *mesmo* também pode ser usado como substantivo masculino (= a mesma coisa; a mesma pessoa): "O trovão não era o *mesmo* de sempre [...]." (*Idem, ibidem*); "Eu ia pedir outra, mas refleti amargamente que não tinha mais dinheiro no bolso. Ele, por sua vez, constatou *o mesmo*." (Rubem Braga, "Eu e Bebu", *Os melhores contos brasileiros de todos os tempos*).

Alguns estudiosos, por mera escolha pessoal, têm-se insurgido contra o emprego anafórico do demonstrativo *mesmo*, substantivado pelo artigo, precedido ou não de preposição, para referir-se a palavra ou declaração expressa anteriormente. Não apresentam, entretanto, as razões da crítica: "Os diretores presos tiveram *habeas corpus*. Apareceu um relatório contra *os mesmos*, e contra outros..." (Machado de Assis *apud* Maximino Maciel, *Gramática descritiva*). "Costuma-se escrever dentro dos livros, na folha de guarda, palavras alusivas *aos mesmos*." (E. Frieiro *apud* Maximino Maciel, *Gramática descritiva*). Para estes críticos, *o mesmo*, etc., deve ser substituído por *ele*, etc. Talvez por isso E. Frieiro, na 2.ª edição, alterou seu texto para: "Costuma-se escrever dentro dos livros, na folha de guarda, palavras *a eles* alusivas."

Mesóclise Consiste na interposição do pronome átono ao vocábulo tônico: Dar-*me*-ás a notícia. Ver *ênclise* e *próclise*.

Mestria, maestria Ambas as formas estão corretas e registradas no Vocabulário Ortográfico da ABL (Volp). O substantivo feminino *mestria* (ou *maestria*) significa 'conhecimento profundo de determinada disciplina, técnica, etc.'; 'habilidade, perícia'.

Meteorologia (E não: mete*re*ologia) A grafia correta é somente mete*oro*logia (assim como mete*oro*logista, mete*oró*logo, mete*oro*lógico): "[...] como as frentes frias de que falam tanto os *meteorologistas* de tevê [...]" (João Ubaldo Ribeiro, "O sonho do Urutu próprio", *A gente se acostuma a tudo*).

Miar Ver *verbos unipessoais*.

Micro- Ver *hífen nas formações com prefixo*.

Micro-ondas Conforme o Acordo Ortográfico de 1990, nas formações com prefixos, emprega-se o hífen quando o 1.º elemento (*micro-*) termina por vogal igual à que inicia o 2.º elemento (*ondas*): *micro-ondas*, *micro-ônibus, micro-organismo* (também aceita a forma *microrganismo*), etc. Ver *hífen nas formações com prefixo*.

Microrregião Conforme o Acordo Ortográfico de 1990, nas formações com prefixos, quando o 1.º elemento termina por vogal (*micro-*) e o 2.º elemento começa por *r* (*região*) ou *s*, não se usa hífen, e estas consoantes devem duplicar-se, prática já adotada também em palavras deste tipo pertencentes aos domínios científico e técnico: *antessala, antirreligioso, antissocial, autorregulamentação, biorritmo, biossatélite, contrarregra, contrassenha, cosseno, eletrossiderurgia, extrarregular, infrassom, macrorregião, microssistema, minissaia, multissegmentado, neorromano, protossatélite, pseudossigla, semirrígido, sobressaia, suprarrenal, ultrassonografia*. Ver *hífen nas formações com prefixo*.

Migrante Ver *imigrante, emigrante, migrante*.

Milhar, milhão Ambos são substantivos masculinos e, portanto, não admitem seus adjuntos postos no feminino a concordar com o núcleo substantivo feminino: *os milhares* de pessoas (e não: *as milhares* de pessoas); *uns milhares* de crônicas (e não: *umas milhares* de crônicas); *os milhões* de crianças (e não: *as milhões* de crianças); "Mas ninguém pode decodificar *os milhares* de informações cifradas que recebe a cada segundo." (Rubem Fonseca, *Bufo & Spallanzani*). Ver *concordância com numerais*.

Milissegundo Termo técnico constituído do elemento de composição *mili- + segundo*, que designa 'a milésima parte de um segundo'. Conforme o Acordo Ortográfico de 1990, nas formações com prefixos, quando o 1.º elemento termina por vogal (mili-) e o 2.º elemento começa por *r* ou *s* (segundo), não se usa hífen, e estas consoantes devem duplicar-se, prática já adotada também em palavras deste tipo pertencentes aos domínios científico e técnico: *infrassom, macrorregião, microssistema, milirradiano, nanossegundo, suprarrenal, ultrassonografia*, etc. Ver *hífen nas formações com prefixo*.

Mini- Ver *hífen nas formações com prefixo*.

Minissérie Conforme o Acordo Ortográfico, nas formações com prefixos, quando o 1.º elemento termina por vogal (*mini-*) e o 2.º elemento começa por *r* ou *s* (série), não se usa hífen, e estas consoantes devem duplicar-se, prática já adotada também em palavras deste tipo pertencentes aos domínios científico e técnico: *antessala, antirreligioso, antissocial, autorregulamentação, biorritmo, biossatélite, contrarregra, contrassenha, cosseno, eletrossiderurgia, extrarregular, infrassom, macrorregião, microssistema, minissaia, minissérie, multissegmentado, neorromano, protossatélite,* *pseudossigla, semirrígido, sobressaia, suprarrenal, ultrassonografia.* Ver *hífen nas formações com prefixo.*

Miolo (/ô/), miolos (/ó/) Muitas palavras com *o* fechado tônico, quando passam ao plural, mudam esta vogal para *o* aberto: miolo (/ô/) – miolos (/ó/). Ver *plural com alteração de o fechado para o aberto.*

Mirim Significa 'pequeno': *leitor mirim, atleta mirim, time mirim.* Como sufixo (*-mirim*), liga-se com hífen ao elemento anterior quando este termina por vogal acentuada graficamente ou quando a pronúncia exige a distinção gráfica dos dois elementos: *anajá-mirim, araçá-mirim, caapiá-mirim, cajá-mirim, jatobá-mirim,* etc. Porém: *buritimirim, inambumirim, ipecumirim,* etc.

Mobilhar, mobiliar, mobilar Todas as formas estão corretas e registradas no Vocabulário Ortográfico da ABL (Volp). As formas *mobilhar* e *mobilar* se conjugam regularmente: *mobilho, mobilhas, mobilha...; mobilo, mobilas, mobila,* etc. *Mobilar* é forma de pouca aceitação entre brasileiros.

Mobiliar conjuga-se da seguinte forma: *pres. ind.*: mobílio, mobílias, mobília, mobiliamos, mobiliais, mobíliam; *pres. subj.*: mobílie, mobílies, mobílie, mobiliemos, mobilieis, mobíliem; *imp. afirm.*: mobília, mobílie, moliliemos, mobiliai, mobíliem.

Mobília (E não: mo*bilha*) O substantivo feminino *mobília* (= mobiliário) grafa-se apenas desta forma: "[...] pôr no meu quarto um grande espelho, obra rica e magnífica, que destoava do resto da casa, cuja *mobília* era modesta e simples..." (Machado de Assis, "O espelho: esboço de uma nova teoria da alma humana", *Os melhores contos brasileiros de todos os tempos*).

Mobiliário O substantivo masculino *mobiliário* (= conjunto dos móveis destinados ao uso de uma habitação, de um ambiente de trabalho, etc.; mobília) grafa-se apenas desta forma: "O *mobiliário* seria simples e de bom gosto, com toques pessoais e únicos." (Claudia Giudice, *A vida sem crachá*). Também é um adjetivo (= relativo aos bens móveis; que consiste de bens móveis, etc.): *crédito* mobiliário, *valor* mobiliário.

Modelo Seguindo-se a um substantivo ao qual se liga por hífen, tem valor de adjetivo com o significado de 'exemplar, padrão': *escola-modelo, fazendas-modelo,* etc. Obs.: Nos compostos de dois substantivos, em que o segundo exprime a ideia de *fim, semelhança* ou limita a significação do primeiro, admite-se a flexão apenas do primeiro elemento ou dos dois elementos: *fazendas-modelo* (ou *fazendas-modelos*), *aços-liga* (ou *aços-ligas*), *bombas-relógio* (ou *bombas-relógios*), *canetas-tinteiro* (ou *canetas-tinteiros*), *cidades-satélite* (ou *cidades-satélites*), *decretos-lei* (ou *decretos-leis*), etc.

Molho (/ô/), molho (/ó/) No sentido de 'líquido usado na preparação ou no acompanhamento de alimentos', o timbre da vogal tônica é fechado, permanecendo com *o* fechado tônico no plural: molho (/ô/) – molhos (/ô/). Então, pronuncia-se com *o* fechado em: "O *molho* vai ao fogo com azeite de cheiro e um pouco de água." (Gilberto Freyre, *Casa-grande & senzala*); "Não contente de o convidar com insistência, arrebanhava--lhe os amigos para os seus jantares das sextas-feiras, em que a sedução rescendia até nos *molhos* de peixe." (Júlia Lopes de Almeida, *A intrusa*).

Já molho (/ó/), com o timbre da vogal tônica aberto, significa 'conjunto de objetos unidos ou feixe pequeno, braçada': "Sentado na cama, rolando nas mãos distraídas um *molho* de chaves, sem coragem nem de sair do quarto [...]." (Fernando Sabino, *A vida real*); "Era às vezes um confeito, outras uma fruta, um inseto esquisito, um *molho* de flores." (Machado de Assis, *Iaiá Garcia*). No plural, permanece com *o* aberto tônico: "O riacho, ainda muito cheio, corria com inaudita violência arrastando galhadas, *molhos* de ervas, cadáveres de bichos, ensanguentado pela argila rubra da montanha dilacerada." (Gustavo Barroso, *O santo do brejo*.)

Montevideano Ver *-eano, -iano*.

Moo (flexão de *moer*) Após o Acordo Ortográfico de 1990, sem acento, seguindo a regra: perde o acento gráfico a vogal tônica fechada do hiato *oo* em palavras paroxítonas, seguidas ou não de *-s*, como: *enjoo(s)* (substantivo) e *enjoo* (flexão de *enjoar*), *magoo* (flexão de *magoar*), *povoo* (flexão de *povoar*), *roo* (flexão de *roer*), *voo(s)* (substantivo) e *voo* (flexão de *voar*), etc.

Morar em O verbo *morar* pede a preposição *em* junto à expressão de lugar: *Atualmente* mora no *Méier*. É ainda esta preposição que se emprega com *residir*, *situar* e derivados. Assim, deve-se dizer: *Joaquim é* residente na *Rua do Ouvidor./ Prédio* sito na *Rua Direita*.

Morto Ver *matado, morto*.

Mosca-morta O substantivo de dois gêneros *mosca-morta* significa 'pessoa apática, que não faz mal a ninguém; ou aquele que, apesar da aparência inofensiva, é capaz de prejudicar alguém': "Ele prosseguia: 'Vou te provar que teu marido foi um *mosca-morta*!'" (Nelson Rodrigues, "Caça-dotes", *A vida como ela é...*). Também pode ser usado como adjetivo. Plural: *moscas-mortas*.

Motinho, motinha Ver *fotinho, fotinha*.

Muçarela (E não: mussarela) O substantivo feminino *muçarela* (= tipo de queijo de leite de búfala ou vaca) é forma aportuguesada do italiano *mozzarella*. O Vocabulário Ortográfico da ABL (Volp) registra também a variante *mozarela*.

Mugir Ver *verbos unipessoais*.

Muitos de nós... (concordância) Ver *Quais de nós?, Quais dentre vós?*.

Mulher Ver *esposa, mulher*.

Multi- Ver *hífen nas formações com prefixo*.

Município-polo Trata-se de palavra composta constituída de dois substantivos, em que o segundo exerce uma função predicativa que designa a finalidade do primeiro, e há entre eles uma relação de coordenação. E, nesta condição de composto, o Acordo registra o emprego do hífen. Portanto, devemos escrever *município-polo*, diferentemente das combinações que não constituem compostos, como *município grandioso, município populoso*, etc. Quanto ao plural, a tradição da língua nestes casos regula-se em geral só se flexionando o primeiro elemento, como é o caso de *municípios-polo*. Mais recentemente se vai encontrando exemplo com a pluralização dos dois elementos: *municípios-polos*.

Musse A palavra *musse* é substantivo feminino.

N n

Na hora (em) que A preposição *em* pode ser omitida, na linguagem coloquial, em expressões temporais do tipo *na hora (em) que, no dia (em) que, no momento (em) que, no instante (em) que*, etc.: "*Na hora que* se despregar, é capaz de cair em pedaços." (Lygia Fagundes Telles, "A caçada", *Os melhores contos brasileiros de todos os tempos*); "*Na hora em que* ele enxergava uma cobra, bastava pregar os olhos nela, a cobra não se mexia do lugar." (Bernardo Guimarães, "A dança dos ossos", *Os melhores contos brasileiros de todos os tempos*); "[...] e a um veado visou-o uma ocasião *no instante em que*, perseguido pelos cães, ele se arrojava em largo e arriscado pulo de uma crista a outra de coxilha." (Alcides Maya, "Alvos", *Os melhores contos brasileiros de todos os tempos*); "Deixa pra lá, não é pra ficar me lembrando dessas coisas que eu só saio do boteco *na hora que* fecha." (João Ubaldo Ribeiro, "Pais de família num boteco do Leblon", *O conselheiro come*).

Na janela Ver *à janela, na janela*.
Na medida em que Ver *à medida que, na medida em que*.
Na mesa Ver *à mesa, na mesa*.
Na *Tarde*, em *A Tarde* Ver *de, em, por + o, a, os, as pertencente a título de jornal, revista ou obra literária*.
Nada a ver, nada que ver Ambas as formas estão corretas, porém a primeira (*nada a ver*) é mais divulgada: "Mas ainda vai demorar muito, *nada a ver* com esse apocalipse de que está se falando por aí [...]." (Frei Betto e Marcelo Gleiser com Waldemar Falcão, *Conversa sobre a fé e a ciência*); "Amor não tem *nada a ver* com isso." (Caio Fernando Abreu, *Morangos mofados*); "*Nada a ver* com o pequeno lago em si, que só lhe renderia futuros aborrecimentos." (Carlos Heitor Cony, *Quase memória*); "É como se não tivéssemos *nada a ver* com as barbaridades que costumamos denunciar ou ridicularizar." (João Ubaldo Ribeiro, "Nós somos mesmo é um bando de ladrões", *A gente se acostuma a tudo*); "Não ti-

nham eles *nada que ver* com os *evien-oba*, ou 'escravos de obá', que eram os verdadeiros cidadãos do reino, os homens livres [...]." (Alberto da Costa e Silva, *A enxada e a lança*).

Obs.: Os primeiros exemplos nos fazem lembrar o cuidado de não se confundir o conjunto *a ver* com o verbo *haver*: O presidente disse que aquele assunto não tinha *nada a ver* (e não: *nada haver*) com o outro.

Nada, algo, pouco + de + adjetivo (concordância) Depois de pronome como *nada, algo, pouco, que,* seguido de locução formada de preposição + adjetivo, costuma este último adjetivo ficar invariável: A vida *nada* tem *de trágico*; As invenções *pouco* apresentam *de engenhoso*.

Pode, entretanto, o adjetivo concordar por atração com o sujeito: "Que tinha Ricardina de *sedutora*" (Camilo Castelo Branco, *A neta do Arcediago*, apud Mário Barreto, *Fatos da língua portuguesa*).

Nado Ver *nascido, nato, nado*.

Nado-digital Ver *nato-digital, nado-digital, natidigital*.

Nambiquara Ver *etnônimo*.

Namorar O verbo *namorar* pede objeto direto (*namorar alguém*, e não: *namorar* com *alguém*): "Em sua mocidade, Horácio Dias de Moraes fora anarquista, *namorara* uma dançarina basca [...]."; "[...] viviam *namorando* os moços, dando-lhes beijos e abraços por trás das verdolengas leiras de cafezeiros." (Bernardo Élis, "Ontem, como hoje, como amanhã, como depois", *Os melhores contos brasileiros de todos os tempos*). É coloquial o uso da preposição *com*, influenciado talvez pela regência de *casar*.

Nano- Ver *hífen nas formações com prefixo*.

Nanossegundo Termo técnico constituído do elemento de composição grego *nano* ('anão' e, por extensão, 'diminuto') + *segundo*, que designa a 'unidade de tempo equivalente a um bilionésimo de segundo'. Conforme o Acordo Ortográfico de 1990, nas formações com prefixos, quando o 1.º elemento termina por vogal (*nano-*) e o 2.º elemento começa por *r* ou *s* (*segundo*), não se usa hífen, e estas consoantes devem duplicar-se, prática já adotada também em palavras deste tipo pertencentes aos domínios científico e técnico: *antessala, antirreligioso, antissocial, autorregulamentação, biorritmo, biossatélite, contrarregra, contrassenha, cosseno, eletrossiderurgia, extrarregular, infrassom, macrorregião, microssistema, minissaia, multissegmentado, nanossegundo, neorromano, protossatélite, pseudossigla, semirrígido, sobressaia, suprarrenal, ultrassonografia*. Ver *hífen nas formações com prefixo*.

Não (sem hífen) Não se emprega o hífen com a palavra *não* com função prefixal: *não agressão, não alinhado, não alinhamento, não apoiado, não aromático, não assistência, não assonância, não beligerância, não belige-*

rante, não combatente, não conformismo, não conformista, não conservativo, não contradição, não cooperação, não cumprimento, não discriminação, não disjunção, não engajado, não engajamento, não esperado, não essencial, não eu, não execução, não existência, não existente, não ficção, não fumante, não governamental, não intervenção, não intervencionismo, não intervencionista, não ligado, não linear, não localizado, não metal, não nulo, não pagamento, não participante, não polar, não positivo, não saturado, não valia, não violência, etc.

Não há de quê, não há por quê

Usamos como expressão de cortesia em resposta a agradecimento feito por alguém. O pronome *que*, usado isoladamente no final da frase, recebe acento gráfico por se tornar vocábulo tônico: – *Obrigada.* § – *Não há de quê.* Também podemos dizer, em resposta: *de nada, por nada.*

Não há dúvida (de) que, certeza (de) que, etc.

É possível omitir-se ou não a preposição *de* antes de orações iniciadas pela conjunção *que*, em construções do tipo *não há dúvida de que* (ou *não há dúvida que*), *ter certeza de que* (ou *ter certeza que*), *ficar com medo de que* (ou *ficar com medo que*), *não há necessidade de que* (ou *não há necessidade que*), etc.: "[...] eu não tinha mais *dúvida de que* o destino de Maria Helena e o meu ainda se cruzariam no futuro." (João Ubaldo Ribeiro, *Diário do farol*); "Cansado, eu dormia logo, embalado pela *certeza de que*, nos próximos dias e noites, ficaria ao lado dele ajudando-o nos balões" (Carlos Heitor Cony, *Quase memória*); "Eu tinha *certeza que* aos 55 anos eu ia ter um infarto também." (Luis Fernando Verissimo e Zuenir Ventura, *Conversa sobre o tempo com Arthur Dapieve*); "Tem *certeza que* não foi trocada na maternidade?" (Sonia Rodrigues, *Fronteiras*); "[...] porque eu fico com *medo que* a polícia me pegue e me leve de volta para o meu pai." (*Idem, ibidem*); "[...] a autora argentina Graciela Montes fez uma vibrante defesa da *necessidade de que* o autor resista e não ceda a essas pressões [...]." (Ana Maria Machado, *Contracorrente: conversas sobre leitura e política* in *Ana Maria Machado: obra reunida*).

Não me toques, não-me-toques

Os compostos que designam espécies botânicas e zoológicas não serão hifenizados quando tiverem aplicação diferente dessas espécies. É o caso de *não-me-toques* (com hífen) referindo-se a certas espécies de plantas, e *não me toques* (sem hífen) com o significado de 'melindres': *Ele é cheio de não me toques, ressente-se de qualquer coisa.*

Não senhor(a)
Ver *sim senhor(a)*.

Não ser
O *não ser* (expressão da filosofia, com o sentido geral de 'negação ou ausência da realidade ou da existência de determinado ser ou seres') é grafado sem hífen.

Não só... mas (também) As conjunções coordenativas podem aparecer enfatizadas. Para esta ênfase o idioma se serve de vários recursos. Assim, a adição pode vir encarecida das expressões do tipo: *não só... mas (também); não só... mas (ainda); não só... senão (também)*: "*Não só* por causa de palavras ou expressões idiomáticas, *mas também* porque certos pensamentos não existem aqui.*"* (Vinicius de Moraes, "Uma casa em Norman Place, L.A..", *Prosa dispersa* in *Vinicius de Moraes: obra reunida*); "*Não só* pelo carinho, *mas* pela observação aguda que ele estava fazendo [...].*"* (Ana Maria Machado, *Tropical sol da liberdade* in *Ana Maria Machado: obra reunida*).

Se o sujeito composto tem os seus núcleos ligados por série aditiva enfática (não só... mas, tanto... quanto, não só... como, etc.), o verbo concorda com o mais próximo ou vai ao plural (o que é mais comum quando o verbo vem depois do sujeito): "*Tanto* o lidador *como* o abade *haviam* seguido para o sítio que ele parecia buscar com toda a precaução" (Alexandre Herculano, *O bobo*); "*Tanto* você *quanto* eu *somos* obrigados a ser o que somos [...].*"* (João Ubaldo Ribeiro, *Diário do farol*).

Não ter nada a ver, não ter nada que ver Ver *nada a ver, nada que ver*.

Naquele ano, naquele mês, naquele dia Ver *no sábado, no domingo, etc*.

Nascença (E não: nas*cência*) A grafia correta é *nascença*: "Desnudou o cadáver e examinou-o para ver se encontrava alguma marca de *nascença* ou cicatriz." (Rubem Fonseca, *Agosto*).

Nascer (/nas/) Em *nascer, nascido, nascimento, nascente, nascença*, a pronúncia é /nas/ e não /nais/. Ver *nascido, nato, nado*.

Nascido, nato, nado O verbo *nascer* apresenta três particípios: *nascido, nato* e *nado* (pouco usado). Podem ser usados também como adjetivo: "E o peru, estava tão gostoso, mamãe por fim sabendo que peru era manjar mesmo digno do Jesusinho *nascido*." (Mário de Andrade, "O peru de Natal", *Os melhores contos brasileiros de todos os tempos*); "Um bom atirador, Silvério Torres, atirador *nato*... Nascera para aquilo [...]." (Alcides Maya, "Alvos", *Os melhores contos brasileiros de todos os tempos*); "Por isso, amigos, que este ano recém-*nato*, ao contrário do transacto, lhes chegue de fraldas limpas [...]." (Vinicius de Moraes, "Toadinha de Ano Novo", *Para uma menina com uma flor* in *Vinicius de Moraes: obra reunida*); "Não vos fieis muito de quem esperta já sol nascente, ou sol *nado*" (Rui Barbosa).

Natidigital Ver *nato-digital, nado-digital, natidigital*.

Nato Ver *nascido, nato, nado*.

Nato-digital, nado-digital, natidigital As três formas estão corretas para o adjetivo de dois gêneros que significa 'que foi criado originalmente em meio eletrônico': documento *nato-digital*, diplomas *nato-digitais*, etc. Enquanto *nato-digital* (plural: nato-digitais) é a forma mais comum no Brasil, *nado-digital* (plural: nado-digitais) ocorre com maior frequência em Portugal. As palavras *nato* e *nado* são adjetivos (formas livres) que se ligam ao segundo elemento por hífen. Já *nat(i)-* é elemento mórfico, forma presa; portanto, escreve-se junto: *natidigital* (plural: natidigitais).

Nécessaire O estrangeirismo (do francês) *nécessaire* (= bolsa, estojo etc. para guardar e/ou transportar objetos pessoais ou utensílios) é substantivo masculino: *Guardava os pincéis de maquiagem no nécessaire.*

Necessário O superlativo absoluto sintético de *necessário* é *necessariíssimo* (com dois *is*). Chamamos a atenção para as palavras terminadas em *-io* que, na forma sintética, apresentam dois *is*, por seguirem a regra geral da queda do *-o* final para receber o sufixo: cheio (*cheiinho*, *cheiíssimo*), feio (*feiinho*, *feiíssimo*), frio (*friinho*, *friíssimo*), necessário (*necessariíssimo*), precário (*precariíssimo*), sério (*seriinho*, *seriíssimo*), sumário (*sumariíssimo*), vário (*variíssimo*). Ainda que escritores usem formas com um só *i* (*cheíssimo*, *cheinho*, *feíssimo*, *seríssimo*, etc.), a língua-padrão insiste no atendimento à manutenção dos dois *is*.

Necessita-se de... Ver *-se*.

Necrópsia, necropsia (/sí/) Ambas as formas estão corretas e registradas no Vocabulário Ortográfico da ABL (Volp).

Negar + subjuntivo Ver *suspeitar, duvidar, desconfiar + subjuntivo.*

Nem Usa-se a conjunção aditiva *nem* para a adição de unidades negativas: "Não emprestes o vosso *nem* o alheio, não tereis cuidados *nem* receio." (Marquês de Maricá). Em lugar de *nem* usa-se *e não*, se a primeira unidade for positiva e a segunda negativa: rico *e não* honesto (compare com: ele *não* é rico *nem* honesto).

Obs.: 1.ª) Evite-se (embora não constitua erro) o emprego de *e nem* quando não houver necessidade de ênfase: *Não tem livro* e nem *caderno*. Mas já com ênfase: "Nunca vira uma boneca *e nem sequer* o nome desse brinquedo" (Monteiro Lobato); "[...] mas o primo Nicolau está a dormir até tarde *e nem* à missa vai" (Camilo Castelo Branco). 2.ª) Algumas vezes *e* aparece depois de pausa, introduzindo grupos unitários e orações; são unidades enfáticas com função textual que extrapolam as relações internas da oração e constituem unidades textuais de situação: "*E* repito: não é meu." (Machado de Assis, *Memórias póstumas de Brás Cubas*).

Nem... nem O sujeito composto ligado pela série aditiva negativa *nem... nem* leva o verbo normalmente ao plural e, às vezes, ao singular: "É a nobre dama recém-chegada, à qual *nem* o cansaço de trabalhosa jornada, *nem* o hábito dos cômodos do mundo *puderam impedir* [...]." (Alexandre Herculano, *Eurico*); "[...] *nem* Deus, *nem* o mundo lhes *dará* a mínima recompensa" (Idem, *Fragmentos literários*).

Constituído o sujeito pela série *nem um nem outro*, fica o verbo no singular: Nem um nem outro *compareceu* ao exame.

Nem um nem outro (concordância) Ver *um e outro, nem um nem outro, um ou outro*.

Nenhum, nem um O pronome indefinido *nenhum* reforça a negativa *não*, podendo ser substituído pelo indefinido *algum* posposto: Não tínhamos *nenhuma* dívida até aquele momento. (= Não tínhamos dívida *alguma* até aquele momento). Sem ênfase, *nenhum* vem geralmente anteposto ao substantivo: "Você não tem *nenhum parente* na polícia? (Rubem Fonseca, *Feliz ano novo*); "Eu reparei o seu pescoço, nu, branco, muito branco, cheirando a perfume francês. Não havia *nenhum colar* ali." (Carlos Heitor Cony, *O irmão que tu me deste*). Havendo desejo de avivar a negação, o indefinido aparece posposto: "Mas não sei nada, *coisa nenhuma*." (Machado de Assis, *Bons dias!*, 26 de agosto de 1888); "– Campanha, que campanha? Eu não estou fazendo *campanha nenhuma*, não anunciei *decisão nenhuma* sobre minha candidatura." (João Ubaldo Ribeiro, "Entrevista imaginária", *A gente se acostuma a tudo*). Referindo-se a nome no plural, *nenhum* se flexiona: "Mas se anda nisto mistério, como quer o condestável, espero que não serão *nenhuns feitiços...*" (Rebelo da Silva, *Contos e lendas*); "[...] finalmente, *nenhumas relações* estreitas existiam entre mim e ela." (Machado de Assis, *Memórias póstumas de Brás Cubas*). Em certas frases de forma afirmativa, *nenhum* pode adquirir valor afirmativo, como sinônimo de *qualquer*: Mais do que *nenhum* homem, ele trabalhava para a tranquilidade.

Enquanto *nenhum* é um termo que generaliza a negação, *nem um* se refere à unidade: Não tenho *nenhum livro*. (nenhum = pronome indefinido)./ Não tenho *nem um livro*, quanto mais dois. (nem = advérbio; um = numeral); "*Nem uma* só vez tomara em consideração os sentimentos dela." (João Ubaldo Ribeiro, *Diário do farol*); "[...] mas não gosto *nem um* pouco das mudanças. (*Idem*, "Sobrou para mim", *O conselheiro come*).

Neo- Ver *hífen nas formações com prefixo*.

Neologismo Designa 'palavra ou expressão nova, derivada ou formada de outras já existentes, na mesma língua ou não': "Meu parente através de uma linha de Moraes de Pernambuco, que vai assim, faz assim e volta e da qual participa o poeta João Cabral de Melo Neto, esse pernambaioca (se me permitem o *neologismo* tirado de Pernambuco, Bahia e carioca) [...]." (Vinicius de Moraes, "Antônio Maria", *Para uma menina com uma flor* in *Vinicius de Moraes: obra reunida*).

Neo-ortodoxo Conforme o Acordo Ortográfico de 1990, nas formações com prefixos, emprega-se o hífen quando o 1.º elemento (*neo-*) termina por vogal igual à que inicia o 2.º elemento (*ortodoxo*): *neo-ortodoxo, neo-ortodoxia*, etc. Ver *hífen nas formações com prefixo*.

Neorrealista Conforme o Acordo Ortográfico de 1990, nas formações com prefixos, quando o 1.º elemento termina por vogal (*neo-*) e o 2.º elemento começa por *r* (*realista*) ou *s*, não se usa hífen, e estas consoantes devem duplicar-se, prática já adotada também em palavras deste tipo pertencentes aos domínios científico e técnico: *antessala, antirreligioso, antissocial, autorregulamentação, biorritmo, biossatélite, contrarregra, contrassenha, cosseno, eletrossiderurgia, extrarregular, infrassom, macrorregião, microssistema, minissaia, multissegmentado, neorromano, protossatélite, pseudossigla, semirrígido, sobressaia, suprarrenal, ultrassonografia*. Ver *hífen nas formações com prefixo*.

Neuro- Ver *hífen nas formações com prefixo*.

Nevar São impessoais e conjugam-se apenas na 3.ª pessoa do singular os verbos (ou expressões) que denotam fenômenos atmosféricos ou cósmicos: *chover, trovejar, relampejar, relampaguear, nevar, anoitecer, fazer* (*frio, calor*, etc.), *estar* (*frio, quente*, etc.), entre outros: *Faz frio./ Chove muito./* "No dia seguinte cheguei às sete em ponto, *chovia* potes e eu tinha que viajar a noite inteira." (Lygia Fagundes Telles, "O moço do saxofone", *Os melhores contos brasileiros de todos os tempos*).

Fora do seu sentido normal, muitos verbos impessoais podem ser usados pessoalmente, ou seja, constroem-se com sujeito. Nestes casos, a concordância se faz obrigatória: *Choveram bênçãos dos céus./* "No dia seguinte *amanheci* de cama" (Érico Veríssimo, *Solo de Clarineta*)./ "Baiano velho *trovejou*: § – Não tem luz!" (Antonio de Alcântara Machado, "Apólogo brasileiro sem véu de alegoria", *Os melhores contos brasileiros de todos os tempos*).

Nhe-nhe-nhem Escreve-se com hífen *nhe-nhe-nhem* (ou *nhem-nhem-nhem*) e significa 'falatório tedioso'. O plural é *nhe-nhe-nhens*.

Nipo- Emprega-se em adjetivos compostos como redução de *nipônico* (japonês): *nipo-americano, nipo-brasileiro, nipo-chinês, nipo-lusitano, nipo-soviético*, etc. Assim temos:

relações *nipo-brasileiras, pacto nipo-soviético, guerra nipo-soviética*. Porém é grafado sem hífen em empregos em que só há uma etnia: *nipocracia, nipofalante, nipofilia, nipofonia*, etc.

No celular Ver *ao celular, no celular*.

No *Globo*, em *O Globo* Ver *de, em, por + o, a, os, as pertencente a título de jornal, revista ou obra literária*.

No *New York Times*, no *The New York Times* Ver *de, em, por + o, a, os, as pertencente a título de jornal, revista ou obra literária*.

No piano Ver *ao piano, no piano*.

No portão Ver *à janela, na janela*.

No sábado, no domingo, etc.
Muitas vezes o adjunto adverbial não é introduzido pela preposição que assinalaria a locução adverbial. É possível dizer: *Domingo* (por *no domingo*) *irei à reunião./ Outro dia* (por *em outro dia*) *não consegui encontrá-lo./ Dia doze* (por *no dia doze*) *começarão as provas*; "*No sábado, saem a passeio, ela, gorda, de olhos azuis e ele, magro, de preto.*" (Dalton Trevisan, "Penélope", *Os melhores contos brasileiros de todos os tempos*); "*Sábado seguinte, durante o passeio, lhe ocorre: só ele recebe a carta?*" (*Idem, ibidem*); "*Um domingo, porém, não se pôde ter o marido, e chamou a mulher para tocar um trecho do noturno [...]*." (Machado de Assis, "Um homem célebre", *Os melhores contos brasileiros de todos os tempos*); "*Num domingo pela manhã foi anunciada a vinda do marinheiro.*" (Xavier Marques, "A noiva do golfinho", *Os melhores contos brasileiros de todos os tempos*); "*Na sexta-feira que já haverá passado quando esta crônica estiver saindo [...].*" (João Ubaldo Ribeiro, "Meu amado Compaq", *O conselheiro come*).

O mesmo vale para *naquela noite* (ou *aquela noite*), *naquele dia* (ou *aquele dia*), *naquele ano* (ou *aquele ano*), etc.

No telefone Ver *ao telefone, no telefone*.

Nomes próprios Ver *plural de nomes próprios*.

Notícia-crime Este substantivo deve ser grafado com hífen. Há duas possibilidades de plural: *notícias-crime* e *notícias-crimes*.

Nova York, Nova Iorque Ambas as formas são divulgadas, porém a primeira, *Nova York*, é mais utilizada: "*Tínhamos um apartamento reservado no Copacabana Palace para aquela noite e no dia seguinte embarcaríamos para Nova York.*" (Rubem Fonseca, *A grande arte*); "*Entregando jornais em Paris, lavando pratos na Suécia, fazendo cleaning up em Londres, servindo drinques em Nova York [...].*" (Caio Fernando Abreu, *Onde andará Dulce Veiga?*); "*Eu estava em Nova York em 59 (lembrar que estive em qualquer lugar em 59 me deixa irritadíssimo, gostaria de só ter começado* a estar em 65) [...]." (João Ubaldo Ribeiro, "Impulsos normais", *O conselheiro come*); "[...] estendendo uma pequena Bíblia falsa, com a encadernação de couro negro da Sociedade Bíblica de *Nova York* [...]." (José Veríssimo, "O crime do tapuio", *Os melhores contos brasileiros de todos os tempos*); "No meio do meu tratamento, eu tinha ido a *Nova York*." (Ana Maria Machado, *Texturas: sobre leituras e escritos* in *Ana Maria Machado: obra reunida*); "E tenha dois psiquiatras: um em *Nova York*, outro em Los Angeles, [...]." (Vinicius de Moraes, "Olhe aqui, Mr. Buster...", *Para viver um grande amor* in *Vinicius de Moraes: obra reunida*). E com a grafia *Nova Iorque*: "Ouviu a cotação da bolsa de *Nova Iorque*, a umidade relativa do ar [...]." (Carlos Heitor Cony, *Vera Verão*).

O adjetivo referente ao estado ou cidade de *Nova York* (ou *Nova Iorque*) é *nova-iorquino* (com hífen; plural: *nova-iorquinos*; feminino: *nova-iorquina*).

Nozinho O diminutivo de *nó* é *nozinho* (com *z* e sem acento gráfico). Ver *-inho, -zinho*.

Numerais ordinais (abreviação) Os numerais ordinais, quando abreviados, seguindo-se ao algarismo, recebem o ponto indicativo da redução, mais a terminação *o* ou *a* alceada (conforme o gênero) e, opcionalmente, sublinhada: *4.º andar* (ou *4.º andar*), *2.º pavimento* (ou *2.º pavimento*), *3.ª seção* (ou *3.ª seção*), *5.º lugar* (ou *5.º lugar*), *100.º aniversário de fundação* (ou *100.º aniversário de fundação*). Não se usa o *o* alceado indicativo de ordinal ao lado do algarismo romano: I Encontro Nacional de Conselheiros (e não: I.º Encontro).

O

O mais... possível Ver *possível*.

O mesmo Alguns estudiosos, por mera escolha pessoal, têm-se insurgido contra o emprego anafórico do demonstrativo *mesmo*, substantivado pelo artigo, precedido ou não de preposição, para referir-se a palavra ou declaração expressa anteriormente. Não apresentam, entretanto, as razões da crítica: "Os diretores presos tiveram *habeas corpus*. Apareceu um relatório contra *os mesmos*, e contra outros..." (Machado de Assis *apud* Mata Machado, *Gramática descritiva*); "Costuma-se escrever dentro dos livros, na folha de guarda, palavras alusivas *aos mesmos*." (E. Frieiro *apud* Mata Machado, *Gramática descritiva*). Para estes críticos, *o mesmo*, etc., deve ser substituído por *ele*, etc. Talvez por isso E. Frieiro, na 2.ª edição, alterou seu texto para: "Costuma-se escrever dentro dos livros, na folha de guarda, palavras *a eles* alusivas."

(O) quanto É indiferente o emprego do artigo definido *o* em construções com *o quanto, o que, o muito, o pouco*, etc.: Você sabe *o muito* que lhe devo./ Elas não fizeram *o bastante* para vencer; "[...] fizemos durante os anos que passei a serviço da arquidiocese e é *o quanto* me basta." (João Ubaldo Ribeiro, *Diário do farol*); "[...] nunca tinha imaginado *o quanto* falou a meu senso estético, por assim dizer." (*Idem, ibidem*); "Era *o quanto* bastava." (Darcy Azambuja, "Contrabando", *Os melhores contos brasileiros de todos os tempos*); "Ela estava intrigada e não sabia *o que* fazer." (Rubem Fonseca, *Feliz ano novo*); "Não há muito *que* dizer:/ Uma canção sobre um berço" (Vinicius de Moraes, "Poema de Natal", *Poemas, sonetos e baladas* in *Vinicius de Moraes: obra reunida*); "– Ah, estou tão envergonhada/ Que nem sei *o que* dizer" (Idem, "Tanguinho macabro", *Dispersos* in *Vinicius de Moraes: obra reunida*).

Obs.: Como se trata de orações substantivas, a presença do *o* enfatiza a substantivação. Esse recurso enfático se repete em outras construções como se pode ver na lição de Epifânio Dias: "Às orações interrogativas indiretas de *como, por que* e *quão* pode antepor-se o artigo definido" (Epifânio Dias, *Sintaxe histórica portuguesa*).

(O) quanto antes É indiferente o emprego do artigo definido *o* na expressão *(o) quanto antes*: "[...] corri como um louco para chegar *o quanto antes*, apavorado com a ideia do filho nascer no caminho [...]." (Lygia Fagundes Telles, "O moço do saxofone", *Os melhores contos brasileiros de todos os tempos*); "[...] ao mesmo tempo que é pública e evidente a vontade popular da nação por eleições diretas para presidente, *o quanto antes*." (Ana Maria Machado, *Contracorrente: conversas sobre leitura e política* in *Ana Maria Machado: obra reunida*); "A carta segue para o correio agora mesmo, eu e a sua mãe queremos que você a receba *o quanto antes*." (Carlos Heitor Cony, *Quinze anos*); "Aliás, ela manifesta a doença um pouco antes, não sei ainda *quanto antes*, do normal em mulheres [...]." (Bernardo Guimarães, *A filha do escritor*); "Mas em algum momento vai ter que dizer para você mesma. E *quanto antes*, melhor." (Ana Maria Machado, *A audácia dessa mulher* in *Ana Maria Machado: obra reunida*).

(O) quão É indiferente o emprego do artigo definido *o* na expressão *o quão*: "Percebi nessa tarefa *o quão* forte era a minha relação com a firma." (Claudia Giudice, *A vida sem crachá*); "Mas, para mostrar *quão* perigoso era andar por aquelas terras [...]." (Alberto da Costa e Silva, *A manilha e o libambo*); "[...] e pensara *quão* distantes uns dos outros vivem os homens, *quão* indiferentes passam entre si [...]." (Rachel de Queiroz, "Tangerine-Girl", *Os melhores contos brasileiros de todos os tempos*); "Você, que ainda é puro e sabe *o quão* fundamental é ela para a sua aventura de poeta [...]." (Vinicius de Moraes, "A um jovem poeta", *Para uma menina com uma flor* in *Vinicius de Moraes: obra reunida*).

(O) que É indiferente usar *o que* ou apenas *que* em construções do tipo: *Ele tem mais o que fazer* (ou: *Ele tem mais que fazer*); *Elas decidiram o que dizer* (ou: *Elas decidiram que dizer*); "E tudo *o que* te deram/ Se desfaz." (Vinicius de Moraes, "Parte, e tu verás", *Dispersos* in *Vinicius de Moraes: obra reunida*); "E, sempre, no fim do dia, eu tinha a impressão de que não havia feito tudo *o que* precisava ter feito." (Rubem Fonseca, *Feliz ano novo*); "Se não fosse tão ligeira, não se sabe *o que* seria dela aquele dia [...]." (Aníbal Machado, "O telegrama de Ataxerxes", *Os melhores contos brasileiros de todos os tempos*); "Hoje me sinto despojado de tudo *que* não seja música" (Vinicius de Moraes, "Elegia quase uma ode",

Cinco elegias in *Vinicius de Moraes: obra reunida*).

(O) que...?/ Que...? Em frases interrogativas, é lícito antepor ao *que* o artigo *o*, como partícula de realce: "*O que* vamos fazer? – insisto. – *O que* você faria se fosse a irmã dela?" (Lya Luft, *Reunião de família*); "Mas, meia hora depois, quando me retirei do baile, às quatro da manhã, *o que* é que fui achar no fundo do carro?" (Machado de Assis, *Memórias póstumas de Brás Cubas*). A partícula *o*, neste caso, imprime à interrogação mais vigor e harmonia.

Ob- Nas formações com prefixo, emprega-se o hífen quando o 1.º elemento termina por *b* (*ab-*, *ob-*, *sob-*, *sub-*) ou *d* (*ad-*) e o 2.º elemento começa por *r*: *ab-rupto*, *ad-renal*, *ad-referendar*, *ob-rogar*, *sob-roda*, *sub-reitor*, *sub-reptício*, *sub-rogar*.

Obs.: *Adrenalina*, *adrenalite* e afins já são exceções consagradas pelo uso. A forma *ab-rupto* é preferível a *abrupto*, apesar de menos utilizada.

Obcecar, obcecado Ver *obsessão, obsessivo*.

Obedecer O verbo *obedecer* constrói-se com objeto indireto: Os alunos obedeceram *ao professor*./ Nós *lhe* obedecemos; "As autoridades afirmavam que a agitação, prontamente dominada, *obedecera a* um plano esquerdista [...]." (Rubem Fonseca, *Agosto*); "*Obedecendo à* tradição dos melhores narradores da história, de Homero em diante [...]." (Carlos Heitor Cony, *Quase memória*). Ver *voz passiva*.

Obliquar (conjugação) Os verbos do tipo de *aguar*, *apaniguar*, *apaziguar*, *apropinquar*, *averiguar*, *desaguar*, *enxaguar*, *obliquar*, *delinquir* e afins, por oferecerem dois paradigmas, ou têm as formas rizotônicas (aquelas cuja sílaba tônica está no radical) igualmente acentuadas no *u*, mas sem marca gráfica [presente do indicativo: *obliquo* (/ú/), *obliquas* (/ú/), *obliqua* (/ú/), *obliquamos*, *obliquais*, *obliquam* (/ú/); presente do subjuntivo: *oblique* (/ú/), *obliques* (/ú/), *oblique* (/ú/), *obliquemos*, *obliqueis*, *obliquem* (/ú/)] ou têm as formas rizotônicas acentuadas fônica e graficamente nas vogais *a* ou *i* radicais [presente do indicativo: *oblíquo*, *oblíquas*, *oblíqua*, *obliquamos*, *obliquais*, *oblíquam*; presente do subjuntivo: *oblíque*, *oblíques*, *oblíque*, *obliquemos*, *obliqueis*, *oblíquem*]. A conjugação com a tonicidade na vogal *u* é mais comum em Portugal, enquanto a tonicidade na vogal *i* é mais corrente no Brasil.

Obsessão, obsessivo O substantivo feminino *obsessão* (= apego exagerado a uma ideia, sentimento, etc.) grafa-se apenas desta forma (*s...ss*), assim como o adjetivo *obsessivo*: "Está sombrio, inquieto, sem ouvir a sua música, na *obsessão* de que a amada pode ser de outrem, se abraçar com outro..." (Aníbal Machado, "A morte da porta-estandarte", *Os* *melhores contos brasileiros de todos os tempos*).

Porém grafamos *obcecar* (= privar do discernimento; fazer perder o bom senso), assim como *obcecado* (= que está com ideia fixa, sem discernimento, obstinado): "Ia para o quarto, enquanto a mãe, no seu rancor de nervosa, de *obcecada*, gemia [...]." (Nelson Rodrigues, "O beijo", *A vida como ela é...*).

Obter Verbos derivados de *ter* levam acento agudo no *e* do radical na 2.ª e 3.ª pessoas do singular do presente do indicativo (*tu obténs, ele obtém*) e na 2.ª pessoa do singular do imperativo afirmativo (*obtém tu*). Nos demais tempos e pessoas, conjuga-se como *ter*. Ver *ter*.

Óculos Sabemos que na língua há palavras que se usam no plural, ainda que referidas a uma só coisa: as *exéquias* (= cerimônias fúnebres), os *óculos* (= par de lentes sustentadas em frente aos olhos com o auxílio de uma armação), etc. Há, desta última, forma de singular teórico (o *óculo*), raramente empregado. Tais plurais devem ser acompanhados de artigos, pronomes, adjetivos no plural: *os óculos, meus óculos, bons óculos, um par de óculos*, etc.: "Dona Bernarda olhou para ele através *dos seus óculos* de aros grossos." (Rubem Fonseca, *Bufo & Spallanzani*); "[...] embora ele insista em esconder parte dela sob *óculos escuros japoneses* e bonés franceses." (João Ubaldo Ribeiro, "Vida da artista", *O conselheiro come*). Obs.: Diante da declaração "Comprei *uns óculos*", só a situação e o contexto tirarão a dúvida se se trata de um só par, ou de mais de um.

Ocultado, oculto Ambos são particípios do verbo *ocultar*. E *oculto* também é adjetivo: "E desprezar os motivos *ocultos* que as levavam a querer aparentar ser mais inteligentes ou boas do que realmente eram." (Sonia Rodrigues, *Fronteiras*). Ver *particípio*.

Odiar Os verbos terminados em *-iar* são conjugados regularmente, à exceção de *mediar* (e *intermediar*), *ansiar, remediar, incendiar* e *odiar*. O verbo *odiar* troca o *i* por *ei* nas formas rizotônicas (aquelas cuja sílaba tônica está no radical): *pres. ind.*: od*ei*o, od*ei*as, od*ei*a, odiamos, odiais, od*ei*am; *pres. subj.*: od*ei*e, od*ei*es, od*ei*e, odiemos, odieis, od*ei*em; *imp. afirm.*: od*ei*a, od*ei*e, odiemos, odiai, od*ei*em. Ver *verbos terminados em -ear e -iar*.

Ofender O verbo *ofender* constrói-se com objeto direto. Dizemos *Não tive intenção de* ofendê-lo (e não: de ofender-lhe): "Ia poder frequentar sua casa sem *ofender* sua mulher e seus filhos com grosserias e palavras de baixo calão." (Rubem Fonseca, *Agosto*).

Oliva (cor) Quando usado como adjetivo, permanece invariável: *uniformes* oliva, *jaquetas* oliva. Outros substantivos usados para designar cores também ficam invariáveis: *botas* café, *casacos* laranja, *mochilas* salmão, *bolsas* vinho, *camisas* creme, *vestidos* abóbora, *sapatos* cinza, *tons* pastel, *paredes* gelo, *laços* rosa, *caixas* violeta, etc. Ver *flexão de adjetivos compostos designativos de cores*.

Omelete Conforme o Vocabulário Ortográfico da ABL (Volp), é correto dizer *a* omelete assim como *o* omelete (substantivo de dois gêneros): "E posso fazer *uma omelete*, preparar alguma coisa rápida." (Ana Maria Machado, *Canteiros de Saturno* in *Ana Maria Machado: obra reunida*); "[...] para a hora em que se tiver de quebrar os ovos para fazer *a omelete*." (João Ubaldo Ribeiro, "Novidades de fim de ano", *A gente se acostuma a tudo*).

Omissão da preposição antes do conectivo Entre as elipses que ocorrem com mais frequência está a omissão da preposição antes do conectivo que introduz as orações de complemento relativo e completivas nominais: Preciso (*de*) *que* venhas aqui./ Estou necessitado (*de*) *que* venhas aqui.

Obs.: Pode ocorrer a elipse não só da preposição, mas também da conjunção integrante: "Quis defendê-la, mas Capitu não me deixou, continuou a chamar-lhe beata e carola, em voz tão alta que *tive medo fosse* [= *tive medo* de que *fosse*] ouvida dos pais" (Machado de Assis, *Dom Casmurro*).

Omissão da preposição em adjuntos adverbiais Muitas vezes o adjunto adverbial não é introduzido pela preposição que assinalaria a locução adverbial. É possível dizer: *Domingo* (por *no domingo*) irei à reunião./ *Outro dia* (por *em outro dia*) não consegui encontrá-lo./ *Dia doze* (por *no dia doze*) começarão as provas.

Omissão de artigo Numa sequência de substantivos de gêneros diferentes, o português, como o espanhol, admite que o artigo usado para o primeiro substantivo possa ser omitido no segundo: "Não é a fortuna que falta aos homens, mas *a perícia e juízo* em aproveitá-la quando ela nos visita" (Marquês de Maricá).

Onde, aonde Nas expressões *até onde vai...*, *até aonde vai...*, como já existe a preposição *até*, usamos *onde* em vez de *aonde*. O emprego de *até aonde*, com a presença de duas preposições (*até* e *a* em *aonde*) não seria errôneo, porque *até*, como preposição, para indicar limite, começou a ter, não obrigatório, o reforço da preposição *a*, a partir do século XVII, para diferençá-la do advérbio ou palavra de inclusão *até*. O que era facultativo entre os séculos XVII e XVIII passou a ser obrigatório na sintaxe lusitana a partir do século XIX.

Entre brasileiros, o reforço continua optativo, salvo quando prevalece a intuição da distinção. Por isso, optamos pelo emprego de *até onde...*:

"Mas agora se deparava com outra, surgida na prática: '*Até onde* ir?'" (Ana Maria Machado, *A audácia dessa mulher* in *Ana Maria Machado: obra reunida*). Vale citar também exemplos de *até aonde*: "[...] irei *até aonde* me levar o último resto [...]" (Euclides da Cunha, *Correspondência*); "[...] queriam ver *até aonde* iria a coragem dele [...]" (Carlos Drummond de Andrade, "A doida", *Contos de aprendiz*).

Onde, donde, aonde Em lugar de *em que, de que, a que,* nas referências a lugar, empregam-se, respectivamente, *onde, donde, aonde* (que funcionam como adjunto adverbial ou complemento relativo): O colégio *onde* estudas é excelente./ A cidade *donde* vens tem fama de ter bom clima./ A praia *aonde* te diriges parece perigosa.

Modernamente, os gramáticos têm tentado evitar o uso indiscriminado de *onde* e *aonde*, reservando o primeiro para a ideia de repouso e o segundo para a de movimento para algum lugar: O lugar *onde* estudas.../ O lugar *aonde* vais...; "–*Aonde* fomos? *Onde* ficamos?" (Caio Fernando Abreu, *Morangos mofados*); "[...] não saberia o que fazer, nem o que dizer, nem o que pensar, nem *onde* estar, nem *aonde* ir [...]." (João Ubaldo Ribeiro, *O albatroz azul*); "Invadiu aquela casa grande da Tijuca, *onde* morava com a mulher, os sogros, três cunhadas casadas e uma solteira." (Nelson Rodrigues, "O monstro", *A vida como ela é...*). Esta lição da gramática tende a ser cada vez mais respeitada na língua escrita contemporânea, embora não sejam poucos os exemplos em contrário, entre escritores brasileiros e portugueses.

Evite-se o emprego de *onde* em lugar de *que/ qual*, precedido ou não da conveniente preposição, como na frase: "Está sendo aberto um inquérito contra os policiais, *onde* (= *pelo qual*) eles podem perder o emprego." (notícia de jornal). Evitem-se também empregos reduplicativos como *de donde, de aonde,* etc., em construções como: Indagou o informante sobre o lugar *de onde* (e não: *de donde*) viera.

Vale mencionar que existe a locução *de onde em onde,* com o significado de 'ocasionalmente': "Conheciam-se desde crianças. Depois a vida os separou. *De onde em onde*, tinham encontros acidentais no meio da rua e rememoravam episódios [...]." (Nelson Rodrigues, "O dilema", *A vida como ela é...*).

Ônix (/cs/) O substantivo *ônix* é masculino de dois números (o *ônix*/ os *ônix*): "[...] e na frescura aveludada do seu colo destacava-se um medalhão de *ônix*." (Aluísio Azevedo, "O madeireiro", *Os melhores contos brasileiros de todos os tempos*).

On-line, online São estrangeirismos, e ambas as formas estão registradas no Vocabulário Ortográfico da ABL (Volp).

Opor Verbos derivados de *pôr* (*compor, depor, dispor, expor, opor, propor, repor*, etc.) não têm acento gráfico na 1.ª e 3.ª pessoas do singular do infinitivo flexionado: *opor, opores, opor, opormos, opordes, oporem*. Nos demais tempos e pessoas, conjuga-se como *pôr*. Ver *pôr*.

Optar É preciso tomar cuidado com a pronúncia deste verbo e de suas flexões: /optar/ e não /opitar/. Desta forma, temos: *pres. ind.*: *opto* (/óp/), *optas* (/óp/), *opta* (/óp/), *optamos, optais, optam* (/óp/).

Ora, hora Como advérbio *ora* significa 'neste momento, nesta ocasião, agora': "Os mesmos sonhos que *ora* conto não tiveram, naqueles três ou quatro minutos, esta lógica de movimentos e pensamentos." (Machado de Assis, *Dom Casmurro*); "A questão era mais simples: por *ora*, o pai não precisaria largar tudo para criar galinhas em Jacarepaguá." (Carlos Heitor Cony, *Quase memória*).

Como conjunção, liga palavras ou orações indicando transição de ideias ou alternância: "*Ora*, com certeza era mais outro favor, ou um favor em cima do primeiro." (João Ubaldo Ribeiro, *Miséria e grandeza do amor de Benedita*); "[...] Absalão *ora* tinha uma irmã que era complacente nas brincadeiras dos porões escuros, *ora* não tinha irmã nenhuma [...]." (Carlos Heitor Cony, *Quase memória*).

Como interjeição, expressa impaciência, espanto, etc.: "– Deve continuar a estudar, *ora*! Se formar." (Marques Rebelo, "Stela me abriu a porta", *Os melhores contos brasileiros de todos os tempos*); "*Ora*, seu Tomé, e eu ia aceitar?!" (Autran Dourado, "Os mínimos carapinas do nada", *Os melhores contos brasileiros de todos os tempos*); "– *Ora* esta! isto e nada é a mesma coisa [...]." (França Júnior, "Encomendas", *Os melhores contos brasileiros de todos os tempos*); "*Ora* bolas!... E fiquei na mesma [...]." (Raul Pompeia, "Tílburi de praça", *Os melhores contos brasileiros de todos os tempos*).

O substantivo feminino *hora* indica 'parte ou momento do dia', 'momento oportuno', 'ocasião, instante', 'horário', 'tempo equivalente a sessenta minutos', etc.: "Dera um basta nas entrevistas e compromissos, *hora* de rir e chorar, vestir e despir roupas, besuntar a cara e lavá-la [...]." (Carlos Heitor Cony, *Vera Verão*); "Deixemos aos nossos chefes a *hora* da decisão!" (Rubem Fonseca, *Agosto*); "Na *hora* eu não dei importância, eu tinha feito misérias para chegar até ali [...]." (*Idem, Feliz ano novo*); "Eu sabia que ela não ia, era *hora* da novela." (*Idem, ibidem*); "[...] mas que não fixa, daqui para ali, a tanto *por hora*, a tanto por mês [...]." (Raul Pompeia, "Tílburi de praça",

Os melhores contos brasileiros de todos os tempos).

Oração sem sujeito Normalmente a oração encerra dois termos essenciais: sujeito e predicado. Porém há casos em que as orações não têm sujeito. Não se trata, entretanto, nem de sujeito oculto nem de indeterminado; a verdade é que nas referidas orações não se pensa em atribuir a declaração expressa no predicado a quem quer que seja. P.ex.: *Chove./ Faz frio./ Há bons livros na livraria.* A rigor trata-se de centrar o intento da comunicação no comentário. Os verbos destituídos de sujeito se chamam *verbos impessoais*, e as orações unimembres em que aparecem se dizem *orações sem sujeito* ou, menos adequadamente, de *sujeito inexistente*.

Orégano, orégão Ambas as formas estão corretas e registradas no Vocabulário Ortográfico da ABL (Volp).

Órfão O adjetivo *órfão* significa: 1. Que perdeu o pai ou a mãe, ou ambos: "*Órfã* ou viúva? Marido enterrado, o véu no rosto esconde as espinhas [...]." (Dalton Trevisan, "O vampiro de Curitiba", *Os melhores contos brasileiros de todos os tempos*); "[...] ela seria entregue a uma instituição de menores em dois tempos por ser *órfã* de pai e filha de uma irresponsável." (Sonia Rodrigues, *Fronteiras*). 2. Que perdeu alguém que lhe era muito querido ou que o protegia: órfão *de irmão*; *O casal* ficou órfão *do único filho*. 3. Privado, despojado, vazio: *Pobre poeta*, órfão de *inspiração*. Também é usado como substantivo. Plural: *órfãos*. Feminino: *órfã*; plural: *órfãs*.

Orto- Ver *hífen nas formações com prefixo*.

Os Andes são... Ver *os Estados Unidos são...*

Os Estados Unidos são... Na referência a esse país (e a topônimos como os Andes, as Antilhas, as Bahamas), em que a presença do artigo é comum, é frequente verbo e determinantes no plural: "– E mesmo *os Estados Unidos são* muito *diferentes*." (Ana Maria Machado, *Canteiros de Saturno*, *Ana Maria Machado: obra reunida*); "– Mas se *os Estados Unidos achassem* que não convinha ceder?" (Idem, *Tropical sol da liberdade,* in *Ana Maria Machado: obra reunida*); "É o que explica as bombas atômicas lançadas *pelos Estados Unidos* no Japão [...]." (Luiz Eduardo Soares, Cláudio Ferraz, André Batista, Rodrigo Pimentel, *Elite da tropa 2*); "[...] *os Estados Unidos* talvez não aguentando mais, de tanto se coçar para invadir o Iraque, *partam* para a guerra, *acompanhados* dos ingleses." (João Ubaldo Ribeiro, "Novidades de fim de ano", *A gente se acostuma a tudo*).

Com o verbo *ser* há possibilidade normal da concordância com o predicativo: *Os Estados Unidos* é (ou: são) *um* país *de história muito nova*;

"Fora apanhado inteiramente de surpresa e não podia correr o risco de desagradar *aos Estados Unidos* que, no fim das contas, *era* quem garantia a sustentação do regime." (Ana Maria Machado, *Tropical sol da liberdade* in *Ana Maria Machado: obra reunida*).

Os milhares de... Ver *milhar, milhão*.

Os milhões de... Ver *milhar, milhão*.

Os nãos Ver *plural de palavras substantivadas*.

Os sins Ver *plural de palavras substantivadas*.

Ou (concordância) Se o sujeito composto tem os seus núcleos ligados pela conjunção *ou*, o verbo concordará com o sujeito mais próximo se: 1) a conjunção indicar *exclusão* dos núcleos restantes: José *ou* Antônio *ganhou* o prêmio. 2) a conjunção indicar *retificação de número gramatical*: O livro *ou* os livros *foram* vendidos./ Não *se queixou* o prejudicado *ou* os prejudicados pelo roubo. 3) a conjunção indicar *identidade* ou *equivalência*: O professor *ou* o nosso segundo pai *merece* o respeito da pátria.

Obs.: Se a ideia expressa pelo predicado puder referir-se a toda a série do sujeito composto, o verbo irá para o plural mais frequentemente, porém pode ocorrer o singular: O rico *ou* o pobre não *fogem* ao seu destino; "A nulidade *ou* a validade do contrato [...] *eram* assunto de direito civil" (Alexandre Herculano, *Fragmentos literários*); "A ignorância *ou* errada compreensão da lei não *eximem* de pena [...]" (Código Civil); "Mas aí, como se o destino *ou* o acaso, *ou* o que quer que fosse, *se lembrasse* de dar algum pasto aos meus arroubos possessórios [...]." (Machado de Assis, *Memórias póstumas de Brás Cubas*).

Ou seja, como seja A norma exemplar recomenda atender à concordância do verbo com o seu sujeito: "Estávamos a cerca de 1.500 milhas itinerárias da foz, *ou sejam*, aproximadamente, três quartos de todo o Purus já percorrido." (Euclides da Cunha, *Um paraíso perdido*); "E foram pondo mais parelhas de cavalos até o número de oito, *ou sejam* dezesseis cavalos." (Monteiro Lobato, *Serões de Dona Benta*); "Daquela soma apenas 1.855 milhões, *ou sejam* aproximadamente nove e meio por cento, foram utilizados pelo Sistema das Nações Unidas." (Carlos Chagas Filho, *O minuto que vem*).

Facilmente as expressões *ou seja, como seja* podem ser gramaticalizadas como unidade de significação explicativa e, assim, tornarem-se invariáveis: "Você sabe muito bem a que se refere: porrada, tortura, humilhações, etc... *Ou seja*, penas extrajudiciais, muito frequentes no universo prisional." (Luiz Eduardo Soares, Cláudio Ferraz, André Batista, Rodrigo Pimentel, *Elite da tropa*

2); *Todos os três irmãos já chegaram, como seja, Everaldo, João e Janete.*

Ouvir Verbo irregular de 2.ª conjugação. Assim, temos: *pres. ind.*: ouço, ouves, ouve, ouvimos, ouvis, ouvem; *pret. imperf. ind.*: ouvia, ouvias, ouvia, ouvíamos, ouvíeis, ouviam; *pret. perf. ind.*: ouvi, ouviste, ouviu, ouvimos, ouvistes, ouviram; *pret. mais-que-perf. ind.*: ouvira, ouviras, ouvira, ouvíramos, ouvíreis, ouviram; *fut. pres.*: ouvirei, ouvirás, ouvirá, ouviremos, ouvireis, ouvirão; *fut. pret.*: ouviria, ouvirias, ouviria, ouviríamos, ouviríeis, ouviriam; *pres. subj.*: ouça, ouças, ouça, ouçamos, ouçais, ouçam; *pret. imp. subj.*: ouvisse, ouvisses, ouvisse, ouvíssemos, ouvísseis, ouvissem; *fut. subj.*: ouvir, ouvires, ouvir, ouvirmos, ouvirdes, ouvirem; *imp. afirm.*: ouve, ouça, ouçamos, ouvi, ouçam; *infinitivo flexionado*: ouvir, ouvires, ouvir, ouvirmos, ouvirdes, ouvirem; *ger.*: ouvindo; *part.*: ouvido.

Ouvir, olhar, sentir, ver (e sinônimos) Ver *verbos causativos e sensitivos*.

Ovacionar, ovação *Ovacionar* quer dizer 'fazer a ovação de; aplaudir com entusiasmo; aclamar'. O substantivo feminino *ovação* significa 'aclamação pública; honra solene; aplauso': "Passei a ser uma glória pública e, ao saltar no cais Pharoux, recebi uma *ovação* de todas as classes sociais [...]." (Lima Barreto, "O homem que sabia javanês", *Os melhores contos brasileiros de todos os tempos*); "Não é preciso dizer como fui encorajado sobretudo na parte heroica da prova, pelos meus colegas. Quando acabei, a *ovação* foi geral. Dali por diante, todos passaram a falar comigo afetuosamente [...]. (Vinicius de Moraes, "Por que amo a Inglaterra", *Prosa dispersa* in *Vinicius de Moraes: obra reunida*).

Ovo estrelado (E não: estalado, etc.) O adjetivo *estrelado* designa o ovo 'frito com a clara e a gema inteiriça no centro, sem ser mexido': "Prende o cabelo, vai para a cozinha/ E de um ovo *estrelado* na panela/ Ela com clara e gema faz o dia." (Vinicius de Moraes, "Soneto de luz e treva", *Dispersos* in *Vinicius de Moraes: obra reunida*).

Oxítono (ou agudo) Ver *acento tônico*.

Pp

Padrão Seguindo-se a um substantivo ao qual se liga por hífen, tem valor de adjetivo com o significado de 'exemplar, modelo': *funcionário-padrão, operários-padrão*, etc. Obs.: Nos compostos de dois substantivos, em que o segundo exprime a ideia de *fim, semelhança* ou limita a significação do primeiro, admite-se a flexão apenas do primeiro elemento ou dos dois elementos: *aços-liga* (ou *aços-ligas*), *bombas-relógio* (ou *bombas-relógios*), *canetas-tinteiro* (ou *canetas-tinteiros*), *cidades-satélite* (ou *cidades-satélites*), *decretos-lei* (ou *decretos-leis*), *mercados-alvo* (ou *mercados-alvos*), etc. Apesar da regra, a palavra *padrão* está generalizada invariável: *operários-padrão* (e não: *operários-padrões*).

Pagado, pago Ver *particípio*. Ver *pegado, pego*.

Pagar (regência) O verbo *pagar* pede objeto direto do que se paga e indireto de pessoa a quem se paga: *Pagaram as compras* (objeto direto) *ao comerciante* (objeto indireto)./ *Pagamos-lhe a consulta.*

Pai de santo (sem hífen) O plural de *pai de santo* é *pais de santo*: "O senhor se lembra de mim, pai Miguel? § O *pai de santo* hesitou." (Rubem Fonseca, *Agosto*). Ver *hífen nas locuções*.

Pai-nosso O substantivo masculino *pai-nosso* tem como plural *pais-nossos* e *pai-nossos*.

Pan- Nas formações com prefixo, emprega-se o hífen quando o 1.º elemento termina por *m* ou *n* e o 2.º elemento começa por *vogal, h, m* ou *n*: *circum-escolar, circum-hospitalar, circum-murado, circum-navegação, pan-africano, pan-americano, pan-harmônico, pan-hispânico, pan-mágico, pan-negritude*. Ver *hífen nas formações com prefixo*.

Pânico Como adjetivo (= que assusta ou amedronta; que provoca terror), *pânico* deve ser flexionado: "O marido, prostrado na cadeira, a cabeça entre as mãos, fez a pergunta *pânica*: – Um mecânico?" (Nelson Rodrigues, "A dama do lotação", *A vida como ela é...*).

Como substantivo masculino, significa 'medo ou pavor súbito, às vezes sem motivo aparente, que pode provocar reações descontroladas': "Mas os turistas agora se assustam. No fundo da praça, uma correria e começo de *pânico*." (Aníbal Machado, "A morte da porta-estandarte", *Os melhores contos brasileiros de todos os tempos*).

Papa, papisa O feminino de *papa* é *papisa*, forma normalmente usada no sentido de 'profissional que se destaca e ganha notoriedade por sua competência'. Por exemplo: *Costanza Pascolato é conhecida como a* papisa *da moda*. No sentido de 'líder supremo de religião ou igreja', também é possível o uso do feminino, caso uma mulher ocupe esta posição.

Paparazzo O substantivo masculino *paparazzo* vem do italiano, está registrado no Vocabulário Ortográfico da ABL (Volp) e tem como plural *paparazzi*.

Papelinho, papelzinho O diminutivo de *papel* é *papelinho* ou *papelzinho*. Ver *-inho, -zinho*. Ver *plural de diminutivos*.

Para- Os compostos com a forma verbal *para-* seguirão sendo separados por hífen conforme a tradição lexicográfica: *para-brisa(s), para-choque(s), para-lama(s)*, etc. Porém já se escrevem aglutinados: *paraquedas, paraquedista* (e afins, *paraquedismo, paraquedístico*).

Para Com o Acordo Ortográfico de 1990, perdem o acento gráfico as palavras paroxítonas que, tendo respectivamente vogal tônica aberta ou fechada, são homógrafas, ou seja, têm a mesma grafia, de artigos, contrações, preposições e conjunções átonas. Assim, deixam de se distinguir pelo acento gráfico: *para* (á) [flexão de *parar*], e *para* [preposição]; *pela(s)* (é) [substantivo e flexão de *pelar*] e *pela(s)* [combinação de *per* e *la(s)*]; *pelo* (é) [flexão de *pelar*] e *pelo(s)* (ê) [substantivo e combinação de *per* e *lo(s)*]; *pera* (ê) [substantivo] e *pera* (é) [preposição antiga]; *polo(s)* (ó) [substantivo] e *polo(s)* [combinação antiga e popular de *por* e *lo(s)*]; etc.

Obs.: *Pôr* (verbo) continuará acentuado para se distinguir da preposição *por*; e *pôde* (pretérito perfeito do indicativo do verbo *poder*) continuará acentuado para se distinguir de *pode* (presente do indicativo do verbo *poder*).

Para com Não raro duas preposições se juntam para dar maior efeito expressivo às ideias, guardando cada uma seu sentido primitivo: Andou *por sobre* o mar./ As ordens estão *por detrás* dos regulamentos. Estes acúmulos de preposições não constituem uma locução prepositiva porque valem por duas preposições distintas. Combinam-se com mais frequência as preposições: *de, para* e *por* com *entre, sob* e *sobre*. "De uma vez olhou *por entre* duas portadas mal fechadas para o interior de outra sala [...]." (Camilo Castelo Branco, *A queda dum anjo*); "Os deputados oposicionistas conjuravam-no a não levantar mão *de sobre* os projetos depredadores" (*Idem, ibidem*).

Obs.: 1.ª) Pode ocorrer depois de algumas preposições acidentais (*exceto, salvo, tirante, inclusive*, etc. de sentido exceptivo ou inclusivo) outra preposição requerida pelo verbo, sendo que esta última preposição não é obrigatoriamente explicitada: Gosto de todos daqui, *exceto ela* (ou *dela*). Sem razão, alguns autores condenam, nestes casos, a explicitação da segunda preposição (*dela*, no exemplo anterior). "Senhoreou-se de tudo, *exceto dos* dois sacos de prata" (Camilo Castelo Branco *apud* Mário Barreto, *Novíssimos estudos da língua portuguesa*).

2.ª) Na coordenação, não é necessário repetir as preposições, salvo quando assim o exigirem a ênfase, a clareza ou a eufonia: Quase não falaram *com* o diretor e repórteres./ Quase não falaram *com* o diretor e *com* os repórteres. A repetição é mais frequente antes dos pronomes pessoais tônicos e do reflexivo: "Então desde o Nilo ao Ganges/ Cem povos armados vi/ erguendo torvas falanges/ *contra mim* e *contra ti*" (Soares Passos *apud* Epifânio Dias, *Sintaxe histórica portuguesa*). A norma se estende às locuções prepositivas, quando é mais comum a repetição do último elemento da locução: Antes *do* bem e *do* mal estamos nós. Quando a preposição se encontra combinada com artigo, deve ser repetida se repetido está o artigo: "Opor-se *aos* projetos e *aos* desígnios dalguns" (Epifânio Dias, *Sintaxe histórica portuguesa*).

3.ª) Uma expressão preposicionada indicativa de lugar ou tempo pode ser acompanhada de uma segunda de significado local ou temporal: Levou-o *para ao* pé da cruz./ *Desde pela* manhã, esperava novas notícias./ "Nós não fazemos senão andar atrás delas, *desde pela* manhã até a noite, desde a noite *até pela* manhã" (Marcelino Mesquita *apud* Mário Barreto, *Últimos estudos da língua portuguesa*). Trata-se aqui de expressões petrificadas que valem por uma unidade léxica (*ao pé de, pela manhã*, etc.) e como tais podem depois ser precedidas de preposição.

4.ª) Registre-se o emprego de *um como, uma como* para denotar mera semelhança com os nomes a que se referem: *cair* um como *orvalho*, uma como *chuva*. Quando aparece verbo na comparação, use-se *como que*: "[...] esse não se compadece com a tristeza, que gelam *como que* endurecem o espírito" (Camilo Castelo Branco *apud* Mário Barreto, *Fatos da língua portuguesa*).

Para ele, para si Ver *si e ele na reflexividade*.

Para eu, para mim Na frase *Para eu ler* o livro preciso de silêncio, a preposição *para* rege o verbo *ler*, cujo sujeito é o pronome pessoal *eu*. Por isso, evite-se o erro comuníssimo de se dizer: *Para mim ler o livro preciso de silêncio*. Essa construção deve-se ao fato de se supor que a preposição se prende ao pronome, como: *Este presente é para mim*. Diz-se corretamente *O presente é para mim*, porque a preposição sempre rege pronome oblíquo tônico. Distinga-se claramente este uso errôneo do correto, em que há antecipação do objeto indireto livre de opinião; o ritmo oracional marca a diferença: *Para mim* (pausa) *fazer isso é sempre agradável*.

Para trás (E não: *para traz*) O advérbio *trás* significa 'depois de; na parte posterior; atrás': "[...] ele olhou *para trás* e a viu assim como ela estava [...]." (Caio Fernando Abreu, *Os dragões não conhecem o paraíso*). A forma *traz* é flexão do verbo *trazer* (*eu trago, tu trazes, ele traz*, etc.).

Para-brisa (sem acento gráfico) Os compostos com a forma verbal *para-* seguirão sendo separados por hífen conforme a tradição lexicográfica: *para-brisa(s), para-choque(s), para-lama(s), para-raios*, etc. Porém já se escrevem aglutinados: *paraquedas, paraquedista* (e afins, *paraquedismo, paraquedístico*).

Para-choque (sem acento gráfico) Os compostos com a forma verbal *para-* seguirão sendo separados por hífen conforme a tradição lexicográfica: *para-brisa(s), para-choque(s), para-lama(s), para-raios*, etc. Porém já se escrevem aglutinados: *paraquedas, paraquedista* (e afins, *paraquedismo, paraquedístico*).

Para-lama (sem acento gráfico) Os compostos com a forma verbal *para-* seguirão sendo separados por hífen conforme a tradição lexicográfica: *para-brisa(s), para-choque(s), para-lama(s), para-raios*, etc. Porém já se escrevem aglutinados: *paraquedas, paraquedista* (e afins, *paraquedismo, paraquedístico*).

Paralisar, paralisia, paralisação Grafam-se com *s* (e não com *z*): "Luciana desejou vencer a *paralisia* que imobilizava as suas pernas e correr para perto da mãe [...]." (Carlos Heitor Cony, *Luciana Saudade*).

Paraquedas, paraquedista Os compostos com a forma verbal *para-* seguirão sendo separados por hífen conforme a tradição lexicográfica: *para-brisa(s), para-choque(s), para-lama(s), para-raios*, etc. Porém já se escrevem aglutinados: o *paraquedas* (os *paraquedas*), *paraquedista* (e afins, *paraquedismo, paraquedístico*).

Para-raios Os compostos com a forma verbal *para-* seguirão sendo separados por hífen conforme a tradição lexicográfica: *para-brisa(s), para-choque(s), para-lama(s), para-raios*, etc. O substantivo masculino *para-raios* é de dois números. Dizemos *o para-raios, os para-raios*. Já se escrevem aglutinados: *paraquedas, paraquedista* (e afins, *paraquedismo, paraquedístico*).

Pari passu Ver *a par e passo, pari passu*.

Parir O verbo *parir*, apesar de considerado defectivo por alguns gramáticos (seria conjugado unicamente nas formas em que depois do radical vem *i*), pode ser conjugado integralmente, com irregularidade apenas na 1.ª pessoa do singular do presente do indicativo (*eu* pairo, *tu* pares, *ele* pare, *nós* parimos, *vós* paris, *eles* parem) e em todo o presente do subjuntivo (p*ai*ra, p*ai*ras, p*ai*ra, p*ai*ramos, p*ai*rais, p*ai*ram). Nos demais tempos e pessoas, conjuga-se regularmente: *pret. perf. ind.*: pari, pariste, pariu...; *pret. imperf. ind.*: paria, parias, paria...; *pret.-mais-que-perf.*: parira, pariras, parira...; *fut. do pres.*: parirei, parirás...; *fut. do pret.*: pariria, paririas, pariria...; *pret. imp. do subj.*: parisse, parisses, parisse...; *fut. do subj.*: parir, parires, parir, parirmos, parirdes, parirem; *imp. afirm.*: pare, p*ai*ra, p*ai*ramos, pari, p*ai*ram; *gerúndio*: parindo; *particípio*: parido.

Paroxítono (ou grave) Ver *acento tônico*.

Parte de (concordância) Ver *a maior parte de, a maioria de*.

Particípio Existe grande número de verbos que admitem dois (e uns poucos até três) particípios: um *regular*, terminado em *-ado* (1.ª conjugação) ou *-ido* (2.ª e 3.ª conjugações), e outro *irregular*, proveniente do latim ou de nome que passou a ter aplicação como verbo, terminado em *-to*, *-so* ou criado por analogia com modelo preexistente.

Eis uma relação dessas formas duplas de particípio, indicando-se entre parênteses se ocorrem com a voz ativa (auxiliares *ter* ou *haver*) ou passiva (auxiliares *ser, estar, ficar*), ou com ambas: aceitar, aceitado (a., p.), aceito (p.) e aceite (p.)/ acender, acendido (a., p.), aceso (p.)/ arrepender, arrependido (a., p.)/ assentar, assentado (a., p.), assento (p.) e assente (p.)/ desabrir, desabrido (a., p.), desaberto (p.)/ desenvolver, desenvolvido (a., p.), desenvolto (a., p.)/ eleger, elegido (a.), eleito (a., p.)/ entregar, entregado (a., p.), entregue (p.)/ envolver, envolvido (a., p.), envolto (a., p.)/ enxugar, enxugado (a., p.), enxuto (p.)/ erigir, erigido (a., p.)/ expressar, expressado (a., p.), expresso (p.)/ exprimir, exprimido (a., p.), expresso (a., p.)/ expulsar, expulsado (a., p.), expulso (p.)/ extinguir, extinguido (a., p.), extinto (p.)/ fartar, fartado (a., p.), farto (p.)/ findar, findado (a., p.), findo (p.)/ frigir, frigido (a.), frito (a., p.)/ ganhar, ganhado (a., p.), ganho (a., p.)/ gastar, gastado (a.), gasto (a., p.)/ imprimir, imprimido (a., p.), impresso (a., p.)/ inserir, inserido (a., p.), inserto (a., p.)/ isentar, isentado (a.), isento (p.)/ juntar, juntado (a., p.), junto (a., p.)/ limpar, limpado (a., p.), limpo (a., p.)/ matar, matado (a.), morto (a., p.)/ pagar, pagado (a.), pago (a., p.)/ pasmar, pasmado (a., p.), pasmo (a.)/

pegar, pegado (a., p.), pego (é ou ê)/ prender, prendido (a., p.), preso (p.)/ revolver, revolvido (a., p.), revolto (a.)/ salvar, salvado (a., p.), salvo (a., p.)/ suspender, suspendido (a., p.), suspenso (p.)/ tingir, tingido (a., p.), tinto (p.).

Obs.: 1) Em geral emprega-se a forma regular, que fica invariável com os auxiliares *ter* e *haver*, na voz ativa, e a forma irregular, que se flexiona em gênero e número, com os auxiliares *ser*, *estar* e *ficar*, na voz passiva: *Nós temos aceitado os documentos./ Os documentos têm sido aceitos por nós.* Há outros particípios, regulares ou irregulares, que se usam indiferentemente na voz ativa (auxiliares *ter* ou *haver*) ou passiva (auxiliares *ser*, *estar*, *ficar*), conforme se assinalou entre parênteses. 2) Há uns poucos particípios irregulares terminados em *-e*, em geral de introdução recente no idioma: *entregue* (o mais antigo), *aceite*, *assente*, *empregue* (em Portugal), *livre*.

Passar de O verbo *passar* acompanhado da preposição *de* exprimindo tempo é impessoal, isto é, não tem sujeito, devendo ficar na 3.ª pessoa do singular: *Já passava de duas horas*. Os verbos *dever* e *poder* formando locução com *passar*, também ficam na 3.ª pessoa do singular: Devia passar das *10 horas*; Era cedo, não *podia passar das* oito.

Pastel (cor) Quando usado como adjetivo, permanece invariável: *tonalidade* pastel, *tons* pastel. Outros substantivos usados para designar cores também ficam invariáveis: *botas* creme, *carteiras* café, *casacos* laranja, *mochilas* salmão, *paredes* abóbora, *sapatos* cinza, *uniformes* abacate, etc.

Pazinhas, pazezinhas Ver *plural de diminutivos*.

Pé-de-meia O substantivo masculino *pé-de-meia* (= dinheiro economizado para o futuro) continua grafado com hífen. Plural: *pés-de-meia*. Obs.: Não confundir com *pé de meia* (= cada unidade de um par de meias), sem hífen: *O cão encontrou um* pé de meia *no chão*. Ver *hífen nas locuções*.

Pedir Verbo irregular de 3.ª conjugação. Assim, temos: *pres. ind.*: peço, pedes, pede, pedimos, pedis, pedem; *pret. imperf. ind.*: pedia, pedias, pedia, pedíamos, pedíeis, pediam; *pret. perf. ind.*: pedi, pediste, pediu, pedimos, pedistes, pediram; *pret. mais-que-perf. ind.*: pedira, pediras, pedira, pedíramos, pedíreis, pediram; *fut. pres.*: pedirei, pedirás, pedirá, pediremos, pedireis, pedirão; *fut. pret.*: pediria, pedirias, pediria, pediríamos, pediríeis, pediriam; *pres. subj.*: peça, peças, peça, peçamos, peçais, peçam; *pret. imp. subj.*: pedisse, pedisses, pedisse, pedíssemos, pedísseis, pedissem; *fut. subj.*: pedir, pedires, pedir, pedirmos, pedirdes, pedirem; *imp. afirm.*: pede, peça, peçamos, pedi, peçam; *ger.*: pedindo; *part.*: pedido.

Os verbos *medir, pedir, despedir, impedir* e (derivados) têm *e* aberto nas formas rizotônicas, isto é, nas três pessoas do singular e 3.ª do plural do presente do indicativo e subjuntivo, e no imperativo afirmativo, exceto, neste, na 2.ª pessoa do plural.

Pedir para A linguagem coloquial despreocupada constrói o verbo *pedir* seguido da preposição *para* junto ao que normalmente seria o seu objeto direto: *Pediu para que ele fosse embora* ou *Pediu para ele ir embora* (em lugar de: *Pediu que ele fosse embora*). São expressões condenadas que os gramáticos recomendam se evitem no falar correto. Em "Dito isto, *peço licença para ir* um dia destes expor-lhe um trabalho [...]." (Machado de Assis, *Memórias póstumas de Brás Cubas*), o verbo *pedir* vem acompanhado apenas do objeto direto *licença*; a oração reduzida de infinitivo *para ir um dia destes expor-lhe um trabalho* é adverbial de fim.

Pode-se omitir o objeto direto e construir o verbo *pedir* assim: *Peço-lhe para ir um dia destes expor-lhe um trabalho*. Como estão próximas as ideias de *pedir que algo aconteça* e *trabalhar para que algo aconteça*, passou-se a usar a preposição *para* no início da oração que seria objeto direto do verbo *pedir*, tendo-se em mira indicar a finalidade da coisa pedida: *Pediu para que* Pedro *saísse* ou *Pediu para* Pedro *sair*. Os gramáticos não aceitaram a operação mental e ainda hoje esta maneira condensada de dizer é repudiada, apesar da insistência com que penetra na linguagem das pessoas cultas. Para as autoridades de nossa língua, só está certo o emprego do verbo *pedir* quando se tem para objeto direto o substantivo *licença* (claro ou subentendido) e a oração de *para que* ou *para* + infinitivo é sentida como adverbial de fim, *com sujeito igual ao da oração principal.*

Pegado, pego *Pegado* é a forma tradicional na língua, tanto com os auxiliares *ter* e *haver*, quanto com *ser* e *estar*: *Ultimamente* temos pegado *muita chuva nos períodos de férias./ Ela sempre* era pegada *nas mentiras./ O revisor* tem pegado *muitos erros./ O ladrão* foi pegado *em flagrante./* "Aí, de repente, foi como se eu *tivesse pegado* a caneta sem saber o que ia sair [...]." (Ana Maria Machado, *Canteiros de Saturno* in *Ana Maria Machado: obra reunida*).

Pego, por *pegado*, é criação mais recente no idioma, e no seu início mereceu o repúdio de revisores e gramáticos. Nossa língua tem-se mostrado fértil em inaugurar particípio contrato ou curto, ao lado do regular; como concorrente de *ganhado*, fez surgir *ganho*; de *pagado, pago*; de *entregado, entregue*; de *imprimido, impresso*; de *pegado, pego*. Este último curto sofreu crítica igual a *pasmo,* por *pasmado,* como particípio e adjetivo, apesar de usado por escritores escrupulosos, como Alencar, segundo observou o professor José Oiticica em excelente estudo sobre a linguagem do autor de *Iracema*. Ver *particípio*.

Pela, pelo Com o Acordo Ortográfico de 1990, perdem o acento gráfico as palavras paroxítonas que, tendo respectivamente vogal tônica aberta ou fechada, são homógrafas, ou seja, têm a mesma grafia, de artigos, contrações, preposições e conjunções átonas. Assim, deixam de se distinguir pelo acento gráfico: *para* (á) [flexão de *parar*], e *para* [preposição]; *pela(s)* (é) [substantivo e flexão de *pelar*] e *pela(s)* [combinação de *per* e *la(s)*]; *pelo* (é) [flexão de *pelar*] e *pelo(s)* (ê) [substantivo e combinação de *per* e *lo(s)*]; *pera* (ê) [substantivo] e *pera* (é) [preposição antiga]; *polo(s)* (ó) [substantivo] e *polo(s)* [combinação antiga e popular de *por* e *lo(s)*]; etc.

Obs.: *Pôr* (verbo) continuará acentuado para se distinguir da preposição *por*; e *pôde* (pretérito perfeito do indicativo do verbo *poder*) continuará acentuado para se distinguir de *pode* (presente do indicativo do verbo *poder*).

Penalizado, penalizar O adjetivo *penalizado* significa 'dominado por pena; que demonstra pesar; pesaroso': "O irmão está operando, os conhecidos estão viajando, os estranhos fazem perguntas profundas e *penalizadas*." (Carlos Heitor Cony, "Tranquilizantes", *Da arte de falar mal*); "[...] torno sempre a voltar, talvez *penalizado* do teu olho que não se debruça sobre nenhum outro assim como sobre o meu [...]." (Caio Fernando Abreu, *Os dragões não conhecem o paraíso*).

Observa-se, porém, que *penalizado* também tem sido usado com o significado de 'punido, prejudicado' (e o verbo *penalizar* como 'aplicar pena; causar prejuízo; punir, prejudicar'), sentido este muitas vezes condenado. De maneira irônica, João Ubaldo Ribeiro, no artigo "Meu amarelo manteigabicho" (*O conselheiro come*), critica a disseminação desse anglicismo: "Isto não quer dizer nada e vamos perseverar em nosso esforço de adquirir precisão verbal e escrever 'penalizar' em vez desse verbo burro que é 'prejudicar', e parar com a mania de que preposições não são palavras para se acabar sentenças com."

Penhor O substantivo masculino *penhor*, que está presente na letra do *Hino Nacional*, significa 'garantia, segurança': "Se o *penhor* dessa igualdade/ Conseguimos conquistar com braço forte [...]." (Joaquim Osório Duque Estrada, Francisco Manoel da Silva, *Hino Nacional Brasileiro*).

Pentear Os verbos em *-ear* trocam o *e* por *ei* nas formas rizotônicas (aquelas cuja sílaba tônica está no radical): *pentear* – *pres. ind.*: penteio, penteias, penteia, penteamos, penteais, penteiam; *pres. subj.*: penteie, penteies, penteie, penteemos, penteeis, penteiem; *imp. afirm.*: penteia, penteie, penteemos, penteai, penteiem. Ver *verbos terminados em* -ear *e* -iar.

Per capita (/per cápita/) Latinismo que significa 'por cabeça, por pessoa': "[...] Bangladesh, país no subcontinente indiano de 130 milhões de habitantes e renda *per capita* de trezentos dólares." (Claudia Giudice, *A vida sem crachá*).

Pera Com o Acordo Ortográfico de 1990, perdem o acento gráfico as palavras paroxítonas que, tendo respectivamente vogal tônica aberta ou fechada, são homógrafas, ou seja, têm a mesma grafia, de artigos, contrações, preposições e conjunções átonas. Assim, deixam de se distinguir pelo acento gráfico: *para* (á) [flexão de *parar*], e *para* [preposição]; *pela(s)* (é) [substantivo e flexão de *pelar*] e *pela(s)* [combinação de *per* e *la(s)*]; *pelo* (é) [flexão de *pelar*] e *pelo(s)* (ê) [substantivo e combinação de *per* e *lo(s)*]; *pera* (ê) [substantivo] e *pera* (é) [preposição antiga]; *polo(s)* (ó) [substantivo] e *polo(s)* [combinação antiga e popular de *por* e *lo(s)*]; etc.

Obs.: *Pôr* (verbo) continuará acentuado para se distinguir da preposição *por*; e *pôde* (pretérito perfeito do indicativo do verbo *poder*) continuará acentuado para se distinguir de *pode* (presente do indicativo do verbo *poder*).

Perda, perca O substantivo feminino é *perda* (e não: perca): "Continuei lamentando a *perda* do meu time, participei do campeonato com botões de reserva [...]." (Carlos Heitor Cony, *Quase memória*); "A *perda* da identidade de um dirigente de uma empresa tradicional é penosa e difícil." (Claudia Giudice, *A vida sem crachá*); "Essa consciência da *perda* é extremamente complicada e, de certa forma, define a dimensão humana." (Frei Betto e Marcelo Gleiser com Waldemar Falcão, *Conversa sobre a fé e a ciência*).

A forma *perca* é flexão do verbo *perder* (pres. ind.: *eu perco, tu perdes, ele perde, nós perdemos, vós perdeis, eles perdem*; pres. subj.: *eu perca, tu percas, ele perca, nós percamos, vós percais, eles percam*): "Não *perca* seu tempo comprando (ou guardando) aquele vestido porque um dia vai emagrecer." (Danuza Leão, *É tudo tão simples*); "Você levou anos construindo uma reputação, não deixe que ela se *perca* assim, em segundos." (*Idem, ibidem*).

Perder Verbo irregular de 2.ª conjugação. Assim, temos: *pres. ind.*: perco, perdes, perde, perdemos, perdeis, perdem; *pret. imperf. ind.*: perdia, perdias, perdia, perdíamos, perdíeis, perdiam; *pret. perf. ind.*: perdi, perdeste, perdeu, perdemos, perdestes, perderam; *pret. mais-que-perf. ind.*: perdera, perderas, perdera, perdêramos, perdêreis, perderam; *fut. pres.*: perderei, perderás, perderá, perderemos, perdereis, perderão;

fut. pret.: perderia, perderias, perderia, perderíamos, perderíeis, perderiam; *pres. subj.*: perca, percas, perca, percamos, percais, percam; *pret. imp. subj.*: perdesse, perdesses, perdesse, perdêssemos, perdêsseis, perdessem; *fut. subj.*: perder, perderes, perder, perdermos, perderdes, perderem; *imp. afirm.*: perde, perca, percamos, perdei, percam; *ger.*: perdendo; *part.*: perdido.

Perdoar (regência) O verbo *perdoar* pede objeto direto de coisa perdoada e indireto de pessoa a quem se perdoa. No português atual vem sendo empregado objeto direto de pessoa: *Eu lhe perdoei os erros./ Não lhe perdoamos./ Não o perdoo.*

Perdoo (flexão de *perdoar*) Após o Acordo Ortográfico de 1990, sem acento, seguindo a regra: perde o acento gráfico a vogal tônica fechada do hiato *oo* em palavras paroxítonas, seguidas ou não de *-s*, como: *enjoo(s)* (substantivo) e *enjoo* (flexão de *enjoar*), *perdoo* (flexão de *perdoar*), *povoo* (flexão de *povoar*), *roo* (flexão de *roer*), *voo(s)* (substantivo) e *voo* (flexão de *voar*), etc.

Perigo de vida, perigo de morte Ver *risco de vida, risco de morte*.

Persona grata Latinismo que significa 'pessoa agradável, bem-aceita, bem-vinda'. Conforme Paulo Rónai, 'diz-se, em linguagem diplomática, de pessoa bem acolhida pelo governo junto ao qual é acreditada'. Plural: *personae gratae*.

Persona non grata Latinismo que significa 'pessoa que não é bem-aceita, que não é bem-vinda'. Plural: *personae non gratae*.

Personagem (gênero) O substantivo *personagem* é de dois gêneros. Podemos dizer *a personagem* ou *o personagem* tanto para o sexo masculino quanto para o feminino: "Há uma denúncia muito clara à robotização a que a tevê pode levar através *do personagem* Dalva, uma gata angorá que passa os dias no sofá estampado [...]." (Laura Sandroni, *De Lobato a Bojunga: as reinações renovadas*); "Angélica, por outro lado, é *um personagem* muito consciente de seus direitos." (*Idem, ibidem*); "Vamos ter que incluir *uma personagem* assim, de algum modo. Uma mulher viajante." (Ana Maria Machado, *A audácia dessa mulher* in *Ana Maria Machado: obra reunida*); Bentinho é uma personagem *bastante conhecida*, criada por Machado de Assis.

Perto de Ver *cerca de, perto de (e equivalentes)*.

Pingue-pongue (plural: pingue-pongues) Os compostos formados com elementos repetidos, com ou sem alternância vocálica ou consonântica, por serem compostos representados por formas substantivas sem elemento de ligação, terão hífen: *blá-blá-blá, lenga-lenga, reco-reco, tico-tico, zum-zum-zum, pingue-pongue, tique-taque, trouxe-mouxe, xique-xique* (= chocalho; diferentemente de *xiquexique* = planta), *zás-trás*, *zigue-zague*, etc. Os derivados, entretanto, não serão hifenados: *lengalengar*, *ronronar*, *ziguezaguear*, *zunzunar*, *pinguepongueear*, etc. Obs.: Não se separam por hífen as palavras com sílaba reduplicativa oriundas da linguagem infantil: *babá*, *titio*, *vovó*, *xixi*, etc.

Píton O substantivo masculino *píton* (paroxítono) designa 'adivinho, mago' (fem.: pitonisa). Também no masculino é 'denominação de diversos tipos de serpentes' (pl.: *pítons* e *pítones*): "As grandes serpentes. O *píton reticulado* – cobra-grade, cobra-rede – dos arrozais da Indochina: enrola-se na copa de uma árvore, deixando pender pesados segmentos; sacular, plena, saciforme. O *píton de Sabá*: seu corpo – que abraça e obstringe, e é, em cada palmo, um instrumento de matar – guardou-o, novelo e nó, em redor da cabeça, a qual descansa, suavemente empinada, no ponto mais propício." (João Guimarães Rosa, "Zoo" in *Ave, palavra*).

Plácido O adjetivo *plácido*, que está presente na letra do *Hino Nacional*, significa 'calmo, sossegado, tranquilo': "Ouviram do Ipiranga as margens *plácidas*/ De um povo heroico o brado retumbante [...]." (Joaquim Osório Duque Estrada, Francisco Manoel da Silva, *Hino Nacional Brasileiro*).

Pleonasmo É a repetição de um termo já expresso ou de uma ideia já sugerida, para fins de clareza ou ênfase: Vi-*o a ele* [pleonasmo do objeto direto]./ *Ao pobre* não *lhe* devo [pleonasmo do objeto indireto]./ "[...] o conde atirava à mísera cantora alguns soldos que ainda *lhe* reforçavam *a ela* as cordas vocais" (João Ribeiro, *Floresta de exemplos*) [pleonasmo do dativo de posse].

O grande juiz entre os pleonasmos de valor expressivo e os de valor negativo (por isso considerados erro de gramática) é o *uso*, e não a *lógica*. Se não dizemos, em geral, fora de situação especial de ênfase, *Subir para cima* ou *Descer para baixo*, não nos repugnam construções com O leite está *saindo por fora* ou Palavra de rei *não volta atrás*.

Plural com alteração de *o* fechado para *o* aberto Muitas palavras com *o* fechado tônico, quando passam ao plural, mudam esta vogal para *o* aberto: mi*o*lo (/ô/) – mi*o*los (/ó/). Entre as que apresentam esta mudança (chamada metafonia) na vogal tônica, lembraremos aqui as mais usuais: abrolho, antolho, aposto, caroço, corcovo, coro, corpo, corvo, despojo, destroço, escolho, esforço, fogo, forno, foro, fosso, imposto, jogo, miolo, mirolho, olho, osso, ovo, poço, porco, porto, posto, povo, reforço, rogo, sobrolho, socorro, tijolo, torto, troco, troço ('pedaço de madeira').

Porém continuam com *o* fechado no plural: acordo, adorno, almoço, alvoroço, arroto, boda, bojo, bolo, bolso, cachorro, caolho, coco, contorno, esboço, esposo, estorvo, ferrolho, fofo, forro, gafanhoto, globo, gorro, gosto, gozo, horto, jorro, logro, morro, repolho, rolo, sogro, soldo, sopro, soro, toco, toldo, topo, torno, transtorno. Não sofrem alteração os nomes próprios e os de família: os *Diogos*, os *Mimosos*, os *Raposos*, os *Portos*. Nem sempre a norma brasileira coincide com a norma portuguesa, que pronuncia com *o* aberto em alguns desses plurais.

Plural com deslocação do acento tônico Há palavras que, no plural, mudam de sílaba tônica: ca*rá*ter – carac*te*res; es*pé*cimen – espe*cí*menes; *jú*nior – ju*ni*ores; *Jú*piter – Ju*pí*teres; *Lú*cifer – Lu*cí*feres; *sê*nior – se*ni*ores.

Plural de diminutivos Em se tratando de nomes com o sufixo *-zinho*, põem-se no plural os dois elementos e suprime-se o *s* do substantivo, conforme a regra ortográfica oficial: animalzinho = animal + zinho → animai(s) + zinhos → animaizinhos/ coraçãozinho = coração + zinho → coraçõe(s) + zinhos → coraçõezinhos/ florzinha = flor + zinha → flore(s) + zinhas → florezinhas/ papelzinho = papel + zinho → papéi(s) + zinhos → papeizinhos/ pazinha = pá + zinha → pá(s) + zinhas → pazinhas.

Obs.: Se o sufixo não tem *z-* inicial, só se faz o plural do sufixo: lapisinho – lapisinhos; luzinha – luzinhas; cuscuzinho – cuscuzinhos; rapazinho – rapazinhos; pazinha (curta paz) – pazinhas.

Se o radical permitir indiferentemente -zinho ou -inho, haverá duplicidade de procedimento de plural: florzinha – florezinhas/ florinha – florinhas; mulherzinha – mulherezinhas/ mulherinha – mulherinhas. Com esta sistematização, evitaremos plurais de difícil explicação morfológica, do tipo de pazezinhas (pazes curtas), rapazezinhos, luzezinhas e assemelhados.

Plural de nomes de letras Os nomes de letras vão normalmente ao plural, de acordo com as normas gerais: *Escreve com todos os* efes *e* erres./ *Coloquemos os pingos nos* is. Podemos ainda indicar o plural das letras com a duplicação da sua forma: *ff, rr, ii*. Este processo ocorre em muitas abreviaturas: *E.E.U.U.* (Estados Unidos, também representado por EUA, Estados Unidos da América, e ainda U.S.A., United States of America.)

Plural de nomes de tribos Ver *etnônimo*.

Plural de nomes gregos em -*n* Nos nomes de origem grega terminados em -*n*, pode-se obter o plural com o acréscimo da desinência -*s*, ou recorrer à forma teórica com a recuperação do -*e* (*abdômen* → **abdomene* → *abdômenes*). Melhor fora dar a estes substantivos feição mais de acordo com o sistema fonológico do português, eliminando o -*n* final ou substituindo-o por -*m* e procedendo-se à formação do plural com o só acréscimo do -*s* (*abdome* → *abdomes*; *pólen* → *polem* → *polens*, grafando -*ns*): abdômen → abdomens ou abdômenes/ certâmen → certamens ou certâmenes/ dólmen (dolmem) → dolmens ou dólmenes/ espécimen → espécimens ou especímenes/ gérmen → germens ou gérmenes/ hífen → hifens ou hífenes/ pólen (polem) → polens ou pólenes/ regímen → regimens ou regímenes.

Obs.: 1.ª) *éden* (melhor seria *edem*, que o *Vocabulário Ortográfico* não registra) faz *edens*. 2.ª) *cânon*, melhor grafado *cânone*, faz *cânones*. 3.ª) Recorde-se que são acentuados os paroxítonos em -*n* e não os em -*ens*. Daí *hífen*, mas *hifens* (sem acento gráfico).

Plural de nomes próprios Os nomes próprios fazem o plural obedecendo às normas dos nomes comuns, e a língua-padrão recomenda que se usem no plural, e não no singular: "O fidalgo dos *Vitos Alarcões* tratou da cabeça na cama, uns quinze dias." (Camilo Castelo Branco); "[...] seria um garfo meritório do tronco dos *Parmas d'Eça*, ao qual ele Rui de Nelas se glorificava de ser estranho?" (Idem); "D. Garcia pagou caro por isso: os *Silvas* comandaram uma grande rebelião [...]." (Alberto da Costa e Silva, *A manilha e o libambo*). Todavia, não é raro o uso do singular na língua literária: "Os brasileiros do sul, os *Correia de Sá*, perdiam muito do encanto dessas obras [...]" (Graça Aranha).

Obs.: 1.ª) Em se tratando de nomes compostos, ambos os termos vão ao plural – caso mais comum – ou só o primeiro: os *Vitos Alarcões*, os *Albuquerques Maranhão*.

2.ª) Quando entre os termos aparece a preposição *de*, só o primeiro vai ao plural: os *Correias de Sá*.

3.ª) Não se flexiona o nome próprio quando funciona como aposto, geralmente designativo de marcas ou especificação: Comprou dois automóveis *Ford*./ Escreveu uma crônica de guerra sobre os aviões *Mirage*. [Já sem aposição: Comprou dois *Fords*; "[...] ele está morando na Barra, tem quatro *Pajeros* e dois *Mercedes* na garagem, vai pro trabalho de helicóptero..." (João Ubaldo Ribeiro, "Pais de família num boteco do Leblon", *O conselheiro come*).]

Plural de palavras substantivadas Qualquer palavra, grupo de palavras, oração ou texto pode substantivar-se, isto é, passar a substantivo, que, tomado materialmente, ou seja, como designação de sua própria forma externa, vale por um substantivo masculino e singular: o *sim*, o *não*, o *quê*, o *pró*, o *contra*, o *h*; *Peras* é feminino; *Os homens* é o sujeito da oração. Estas palavras vão normalmente ao plural: os *sins*, os *nãos*, os *quês*, os *prós*, os *contras*, os *hh* (agás).

Enquadram-se neste caso os nomes que exprimem número, quando aludem aos algarismos: *No seu boletim há três setes e dois oitos./ Tire a prova dos noves./ Há dois quatros a mais e três onzes a menos nessas parcelas.*

Fazem exceção os terminados em *-s* (*dois, três, seis*), *-z* (*dez*) e *mil*, que são invariáveis, embora *dez* também possa fazer *dezes*, ainda que mais raro: *Quatro* seis *e cinco* dez (ou *dezes*).

Plural indevido (quando o singular tem valor generalizante)
Modernamente se vem usando o plural onde melhor caberia o singular, por se referir a unidade, quando esta tiver efeito generalizante, como ocorre em exemplos do tipo: *Foram discriminados em razão da cor* de sua pele (e não: de suas peles); *O pássaro voava acima* da nossa cabeça (e não: das nossas cabeças); *O pesquisador estudou* o cérebro *dos fetos* (e não: os cérebros); *A babá limpava* o nariz *das crianças* (e não: os narizes); *Envergonhados, abaixaram* a cabeça (e não: as cabeças).

Poço (/ô/), poços (/ó/) Muitas palavras com *o* fechado tônico, quando passam ao plural, mudam esta vogal para *o* aberto: poço (/ô/) – poços (/ó/). Ver *plural com alteração de* o *fechado para* o *aberto*.

Pode, pôde Com o Acordo Ortográfico de 1990, não se usará mais acento gráfico para distinguir palavras homógrafas (aquelas que possuem a mesma grafia, mas significados diferentes). Exceções: *pôr* (verbo) continuará acentuado para se distinguir da preposição *por*; e *pôde* (pretérito perfeito do indicativo do verbo *poder*) continuará acentuado para se distinguir de *pode* (presente do indicativo do verbo *poder*). Obs.: A grafia *fôrma* (com acento gráfico) deve ser usada apenas nos casos em que houver ambiguidade, como nos versos do poema "Os sapos", de Manuel Bandeira: "Reduzi sem danos/ A *fôrmas* a *forma*."

Poder Verbo irregular de 3.ª conjugação. Assim, temos: *pres. ind.*: posso, podes, pode, podemos, podeis, podem; *pret. imperf. ind.*: podia, podias, podia, podíamos, podíeis, podiam; *pret. perf. ind.*: pude, pudeste, pôde, pudemos, pudestes, puderam; *pret. mais-que-perf. ind.*: pudera, puderas, pudera, pudéramos, pudéreis, puderam; *fut. pres.*: poderei, poderás, poderá, poderemos, podereis, poderão; *fut. pret.*: poderia, poderias, poderia, poderíamos, poderíeis, poderiam; *pres. subj.*: possa, possas, possa, possamos, possais, possam; *pret. imp. subj.*: pudesse, pudesses, pudesse, pudéssemos, pudésseis, pudessem; *fut. subj.*: puder, puderes, puder, pudermos, puderdes, puderem; *imp. afirm.*: pode, possa, possamos, podei, possam; *ger.*: podendo; *part.*: podido.

Poeta, poetisa O feminino de *poeta* é *poetisa*: "Virou pelo avesso o meu 'Último poema', comentou a tradução do 'Torso de Apolo', de Rilke, referiu-se com entusiasmo a uma jovem *poetisa* cubana, Carilda Oliver Labra, conhecia todo o mundo na América, falou de Neruda, de Leon de Greiff, de Coronel Urtecho, mostrou-me notícias de conferências suas em Belém do Pará..." (Manuel Bandeira, *Flauta de papel*); "Informado por Jorge, Mendonça supôs que Margarida era nada menos que uma mulher de letras, alguma modesta *poetisa*, que esquecia o amor dos homens nos braços das musas." (Machado de Assis, *Contos fluminenses*). Contudo, mais modernamente, usa-se a forma *poeta* aplicada a *poetisa*.

Pólen O plural de *pólen* é *polens* e, pouco usado no Brasil, *pólenes*. Ver *plural de nomes gregos em* -n.

Poli- Ver *hífen nas formações com prefixo*.

Polir O verbo *polir*, outrora apontado como defectivo, é hoje conjugado integralmente. Assim, temos: *pres. ind.*: pulo, pules, pule, polimos, polis, pulem; *pret. imperf. ind.*: polia, polias, polia, políamos, políeis, poliam; *pret. perf. ind.*: poli, poliste, poliu, polimos, polistes, poliram; *pret. mais-que-perf. ind.*: polira, poliras, polira, políramos, políreis, poliram; *fut. pres.*: polirei, polirás, polirá, poliremos, polireis, polirão; *fut. pret.*: poliria, polirias, poliria, poliríamos, poliríeis, poliriam; *pres. subj.*: pula, pulas, pula, pulamos, pulais, pulam; *pret. imp. subj.*: polisse, polisses, polisse, políssemos, polísseis, polissem; *fut. subj.*: polir, polires, polir, polirmos, polirdes, polirem; *imp.*

afirm.: pule, pula, pulamos, poli, pulam; *ger.*: polindo; *part.*: polido.

Polo Com o Acordo Ortográfico de 1990, perdem o acento gráfico as palavras paroxítonas que, tendo respectivamente vogal tônica aberta ou fechada, são homógrafas, ou seja, têm a mesma grafia, de artigos, contrações, preposições e conjunções átonas. Assim, deixam de se distinguir pelo acento gráfico: *para* (á) [flexão de *parar*], e *para* [preposição]; *pela(s)* (é) [substantivo e flexão de *pelar*] e *pela(s)* [combinação de *per* e *la(s)*]; *pelo* (é) [flexão de *pelar*] e *pelo(s)* (ê) [substantivo e combinação de *per* e *lo(s)*]; *pera* (ê) [substantivo] e *pera* (é) [preposição antiga]; *polo(s)* (ó) [substantivo] e *polo(s)* [combinação antiga e popular de *por* e *lo(s)*]; etc.

Obs.: *Pôr* (verbo) continuará acentuado para se distinguir da preposição *por*; e *pôde* (pretérito perfeito do indicativo do verbo *poder*) continuará acentuado para se distinguir de *pode* (presente do indicativo do verbo *poder*).

Pompeano Ver *-eano, -iano*.

Ponto e vírgula O plural de *ponto e vírgula* (;) é *ponto e vírgulas*: *Havia vários* ponto e vírgulas *indevidos no texto*.

Pôr (conjugação) Verbo irregular de 2.ª conjugação. Assim, temos: *pres. ind.*: ponho, pões, põe, pomos, pondes, põem; *pret. imperf. ind.*: punha, punhas, punha, púnhamos, púnheis, punham; *pret. perf. ind.*: pus, puseste, pôs, pusemos, pusestes, puseram; *pret. mais-que-perf. ind.*: pusera, puseras, pusera, puséramos, puséreis, puseram; *fut. pres.*: porei, porás, porá, poremos, poreis, porão; *fut. pret.*: poria, porias, poria, poríamos, poríeis, poriam; *pres. subj.*: ponha, ponhas, ponha, ponhamos, ponhais, ponham; *pret. imp. subj.*: pusesse, pusesses, pusesse, puséssemos, pusésseis, pusessem; *fut. subj.*: puser, puseres, puser, pusermos, puserdes, puserem; *imp. afirm.*: põe, ponha, ponhamos, ponde, ponham; *infinitivo flexionado*: pôr, pores, pôr, pormos, pordes, porem; *ger.*: pondo; *part.*: posto. Verbos derivados de *pôr* não têm acento gráfico na 1.ª e 3.ª pess. do sing. do infinitivo flexionado: *compor*, *dispor*, *expor*, *opor*, *propor*, *repor*, etc.

Por mal (com *l*) Locução que significa 'com má intenção, com intuito de prejudicar': "– Titia não fala *por mal*, Candinho. § – *Por mal*? – replicou tia Mônica. – *Por mal* ou por bem, seja o que for, digo que é o melhor que vocês podem fazer." (Machado de Assis, "Pai contra mãe", *Os melhores contos brasileiros de todos os tempos*). Ver *mal, mau*.

Por meio de Locução que significa 'por intermédio de; por mediação ou intervenção de', 'com o auxílio de': "Certo dia, *por meio de* uma requisição à Câmara, propôs que a língua oficial da população brasileira fosse o tupi-guarani." (Bernardo Guimarães, *A filha do escritor*); "O dadá talvez lhes tenha falado *por meio de* uma velha senhora." (Alberto da Costa e Silva, *Francisco Félix de Souza, mercador de escravos*); "[...] dava a entender, *por meio de* sutilezas, que seria capaz de transformar uma nota de dez em uma nota de cem." (Carlos Heitor Cony, *Quase memória*); "*Por meio de* uma cordinha que descia, acompanhando o corrimão da escada [...], a maçaneta do ferrolho era puxada." (Ana Maria Machado, *Palavra de honra* in *Ana Maria Machado: obra reunida*). Ver *através de*.

Por ora, por hora A locução *por ora* significa 'neste momento, por enquanto': "O senhor *por ora* mal me entende, se é que no fim me entenderá." (João Guimarães Rosa, *Grande sertão: Veredas*). Já a locução *por hora* é usada para medir velocidade e significa 'a cada hora': "Enquanto observadores tenazes, num invejável apego à ciência, registravam, hora *por hora*, pressões e temperaturas; inscreviam, invariável, um zero na nebulosidade do céu; e consultavam muito graves o higrômetro." (Euclides da Cunha, *Os sertões*); "Esses ventos alísios sopram com a velocidade de 16 a 48 quilômetros *por hora* – são ótimos, portanto, para os navios de vela." (Monteiro Lobato, *Serões de Dona Benta*). Ver *ora, hora*.

Pôr, por Com o Acordo Ortográfico de 1990, não se usará mais acento gráfico para distinguir palavras homógrafas (aquelas que possuem a mesma grafia, mas significados diferentes). Exceções: 1. *Pôr* (verbo) continuará acentuado para se distinguir da preposição *por*: "Apavorado, Humberto viu a mulher *pôr* a boca no mundo: Uai!" (Nelson Rodrigues, "Um caso perdido", *A vida como ela é*...); "Mas novamente foram dispersados *por* um pelotão de soldados do Exército, de baionetas caladas." (Rubem Fonseca, *Agosto*). 2. *Pôde* (pretérito perfeito do indicativo do verbo *poder*) continuará acentuado para se distinguir de *pode* (presente do indicativo do verbo *poder*).

Por princípio Ver *a princípio, em princípio, por princípio.*

Por que, por quê, porque, porquê Usa-se *por que* em quatro casos: 1. Quando se trata de advérbio interrogativo em oração interrogativa direta (quando termina por ponto de interrogação) ou indireta, valendo por *por que razão, por que causa*: *Por que* ele não veio ontem?/ Quero saber *por que* ele não veio ontem; "Não sei *por que* fui gostar dessa profissão, lamentou-se Alcino." (Rubem Fonseca, *Agosto*); "[...] é o mesmo que perguntar a você *por que* Waldemar ama Mônica e não ama Suzana..." (Frei Betto e Marcelo Gleiser com Waldemar Falcão, *Conversa sobre a fé e a ciência*). Esta é a razão que nos leva a escrever, por exemplo: Temos recebido perguntas sobre *por que* os gramáticos condenam construções [...]. Este advérbio aparece em títulos de livros ou artigos: *Por que* me ufano do meu país (livro escrito por Afonso Celso); *Por que* estudar gramática. 2. Quando se trata da preposição *por* + pronome relativo, valendo por *pelo qual, pela qual, pelos quais, pelas quais*: O caminho *por que* (= pelo qual) andas é perigoso./ A razão *por que* (= pela qual) ele veio é desconhecida./ As palavras *por que* (= pelas quais) perguntam não estão dicionarizadas. 3. Quando se trata da preposição *por* + pronome indefinido adjetivo (isto é, seguido de substantivo), valendo por *por que espécie, por qual, por quanto*: *Por que* razão foste capaz de mentir?/ Bem sabes *por que* motivos não compareci. 4. Quando se trata da preposição *por* + conjunção integrante: Anseio *por que* venhas à nossa festa./ Trabalhou *por que* proporcionasse à família mais conforto.

Escreveremos *por quê* em duas palavras e com acento circunflexo quando o *por que* separado estiver em posição de palavra tônica, isto é, no caso de advérbio interrogativo, em último lugar da oração interrogativa direta, ou seguido de pausa, ou sozinho: Ele não veio *por quê*?/ Diga-me *por quê*?/ Se não sabes *por quê*, deves repetir a lição; "Não sei *por quê*, isso me dá tanto prazer que, às vezes, no alto da torre [...]." (João Ubaldo Ribeiro, *Diário do farol*); "Mas *por quê, por quê*?" (*Idem, ibidem*).

Escreveremos *porque*, numa só palavra, quando se tratar de conjunção causal ou explicativa: Não pude sair *porque* chovia muito./ Não demore *porque* temos pouco tempo.

Grafaremos *porquê*, numa só palavra e com acento circunflexo, quando se tratar de substantivo, sinônimo de *razão*, *motivo*, e, neste caso, precedido de modificador como o artigo e admitindo plural: Ainda não entendemos o *porquê* da discussão./ São vários os *porquês* que justificam sua decisão; "[...] contar quais eram as informações coletadas, os *porquês* e a estratégia que estava embutida na história." (Claudia Giudice, *A vida sem crachá*).

Por si só A locução *por si* significa 'sem intervenção de outrem'. Na locução *por si só*, o adjetivo *só* (= sozinho, isolado) concorda com o substantivo a que se refere: "O fato era que, naquele tempo, não era costume que os moços resolvessem *por si sós* com quem deviam casar." (Ana Maria Machado, *Palavra de honra* in *Ana Maria Machado: obra reunida*); "Reduziram-se as construções em pedra – sinal *por si só* suficiente para caracterizar uma situação de crise." (Alberto da Costa e Silva, *A enxada e a lança*).

Porcentagem, percentagem A tradicional e antiga expressão *por cento* deu origem ao derivado *porcentagem*. Estas (*por cento*, *porcentagem*) são as formas nascidas dentro do idioma português. A forma *percentagem* é um empréstimo devido ao inglês, oriundo da expressão *percent*. Portanto se quisermos usar a prata da casa, devemos dar preferência às formas que apontamos como antigas e tradicionais no idioma. Todavia, *porcentagem* e *percentagem* são usadas ao lado dos respectivos membros da mesma família de palavras que os dicionários apontam. Ver *concordância nas expressões de porcentagem*.

Porta a porta Não ocorre acento grave no *a* nas expressões formadas com a repetição de mesmo termo (ainda que seja um nome feminino), por se tratar de pura preposição: cara *a* cara, face *a* face, frente *a* frente, gota *a* gota, porta *a* porta, etc.: "Até os anos 2000, a venda dos produtos era feita *porta a porta* e para o varejo." (Claudia Giudice, *A vida sem crachá*).

Pos-, pós- Nas formações com os prefixos *co-*, *pro-*, *pre-* e *re-*, estes unem-se ao segundo elemento, mesmo quando iniciado por *o* ou *e*: *coabitar, coautor, coedição, coerdeiro, coobrigação, coocupante, coordenar, cooperação, cooperar, coemitente, coenzima, cofator, cogerente, cogestão, coirmão, comandante; proativo* (ou *pró-ativo*), *procônsul, propor, proembrião, proeminente; preeleito* (ou *pré-eleito*), *preembrião* (ou *pré-embrião*), *preeminência, preenchido, preesclerose* (ou *pré-esclerose*), *preestabelecer, preexistir; reedição, reedificar, reeducação, reelaborar, reeleição, reenovelar, reentrar, reescrita, refazer, remarcar.*

Emprega-se o hífen quando o 1.º elemento termina acentuado graficamente, *pós-*, *pré-*, *pró-*: *pós-graduação*, *pós-tônico* (ou *postônico*); *pré-datado*, *pré-escolar*, *pré-história*, *pré-natal*, *pré-requisito*; *pró-africano*, *pró-ativo* (ou *proativo*), *pró-europeu*. Pode haver, em certos usos, alternância entre *pre-* e *pré-*, *pos-* e *pós-*; neste último caso, deve-se usar o hífen: *preesclerótico* ou *pré-esclerótico*, *postônico* ou *pós-tônico*.

Possível Com *o mais possível*, *o menos possível*, *o melhor possível*, *o pior possível*, *quanto possível*, etc. o adjetivo *possível* fica invariável, ainda que se afaste da palavra *mais*: Paisagens *o mais possível* belas./ Paisagens *o mais* belas *possível*./ Paisagens *quanto possível* belas; "[...] onde se andava na ponta dos pés para pisar *no menor* número de livros *possível* [...]." (João Ubaldo Ribeiro, "A clique de mouse", *A gente se acostuma a tudo*).

Com o plural *os mais*, *os menos*, *os piores*, *os melhores*, o adjetivo *possível* vai ao plural: Paisagens *as mais* belas *possíveis*. Estão erradas concordâncias como: Paisagens *as mais* belas *possível*.

Fora destes casos, a concordância de *possível* se processa normalmente: "As alturas e o abismo são as fronteiras dele: no meio estão todos os universos *possíveis*" (Alexandre Herculano, *Fragmentos literários*); "[...] houve olhares que davam às duas irmãs, em pacote, o futuro promissor de *possíveis* rainhas." (Carlos Heitor Cony, *A volta por cima*).

Poster, pôster Ambas as formas estão corretas e têm uso corrente na língua: a forma inglesa *poster* (pl.: *posters*) e a forma aportuguesada *pôster* (pl.: *pôsteres*): "Quatro grandes *posters* enfeitavam as paredes da sala, e no banheiro um *poster* ainda maior mostrava uma mulher pálida de cabelos negros [...]." (Rubem Fonseca, *A grande arte*); "Nas paredes que eu limpara de todos os vestígios de Lídia – Che Guevara, John Lennon, Charles Chaplin – havia apenas um *pôster* gigantesco, quase dois metros de largura." (Caio Fernando Abreu, *Onde andará Dulce Veiga?*); "Como numa galeria pop exclusivamente feminina, pelas paredes fui identificando *pôsteres* de Janis Joplin, Patty Smith, Tina Turner, Laurie Anderson [...]." (*Idem, ibidem*).

Póstero- Ver *hífen nas formações com prefixo*.

Posto (/ô/), postos (/ó/) Muitas palavras com *o* fechado tônico, quando passam ao plural, mudam esta vogal para *o* aberto: posto (/ô/) – postos (/ó/). Ver *plural com alteração de* o *fechado para* o *aberto*.

Pouco + de + adjetivo Ver *nada, algo, pouco + de + adjetivo*.

Poucos de nós... (concordância) Ver *Quais de nós?, Quais dentre vós?*.

Povoo (flexão de *povoar*) Após o Acordo Ortográfico de 1990, sem acento, seguindo a regra: perde o acento gráfico a vogal tônica fechada do hiato *oo* em palavras paroxítonas, seguidas ou não de *-s*, como: *enjoo(s)* (substantivo) e *enjoo* (flexão de *enjoar*), *povoo* (flexão de *povoar*), *roo* (flexão de *roer*), *voo(s)* (substantivo) e *voo* (flexão de *voar*), etc.

Pra Não é acentuada nem recebe apóstrofo a forma monossilábica *pra*, redução de *para*: "– Ei, *pra* que essa carinha de preocupação?" (Sonia Rodrigues, *Fronteiras*); "Na hora de um pega *pra* capar ele teria uma técnica para dar o fora sem passar por covarde ou traidor." (Carlos Heitor Cony, *Quase memória*). São incorretas as grafias *prá* e *p'ra*.

Prato feito A expressão *prato feito* deve ser grafada sem hífen e significa: 1. Refeição simples e barata, a preço fixo, que já vem servida no prato: "[...] pedir uma quentinha ou dar a ele o dinheiro para um *prato feito* no boteco da esquina." (Ana Maria Machado, *A audácia dessa mulher* in *Ana Maria Machado: obra reunida*). 2. Pessoa ou coisa conveniente, oportuna, ideal, para benefício de outrem: "Céus, uma mulher como você é um *prato feito* para Angelina tiranizar!" (Sonia Rodrigues, *Fronteiras*).

Praza a Deus Ver *prouvera a Deus*.

Prazer (verbo) Ver *prouvera a Deus*.

Prazeroso (E não: prazei*roso*) O adjetivo *prazeroso* significa 'que causa prazer, satisfação, contentamento': "Como ambas tínhamos renda e trabalhos paralelos, a obra da pousada precisava ser um projeto divertido e *prazeroso*." (Claudia Giudice, *A vida sem crachá*); "É uma coisa muito *prazerosa* estar juntos, viajando." (Luis Fernando Verissimo e Zuenir Ventura, *Conversa sobre o tempo com Arthur Dapieve*). Plural: *prazerosos* (/ó/). Fem.: *prazerosa* (/ó/).

Pre-, pré Nas formações com os prefixos *co-*, *pro-*, *pre-* e *re-*, estes unem-se ao segundo elemento, mesmo quando iniciado por *o* ou *e*: *coabitar*, *coautor*, *coedição*, *coerdeiro*, *coobrigação*, *coocupante*, *coordenar*, *cooperação*, *cooperar*, *coemitente*, *coenzima*, *cofator*, *cogerente*, *cogestão*, *coirmão*, *comandante*; *proativo* (ou *pró-ativo*), *procônsul*, *propor*, *proembrião*, *proeminente*; *preeleito* (ou *pré-eleito*), *preembrião* (ou *pré-embrião*), *preeminência*, *preenchido*, *preesclerose* (ou *pré-esclerose*), *preestabelecer*, *preexistir*; *reedição*, *reedificar*, *reeducação*, *reelaborar*, *reeleição*, *reenovelar*, *reentrar*, *reescrita*, *refazer*, *remarcar*.

Emprega-se o hífen quando o 1.º elemento termina acentuado graficamente, *pós-*, *pré-*, *pró-*: *pós-graduação*, *pós-tônico* (ou *postônico*); *pré-datado*, *pré-escolar*, *pré-história*, *pré-natal*, *pré-requisito*; *pró-africano*, *pró-ativo* (ou *proativo*), *pró-europeu*. Pode haver, em certos usos, alternância entre *pre-* e *pré-*, *pos-* e *pós-*; neste último caso, deve-se usar o hífen: *preesclerótico* ou *pré-esclerótico*, *postônico* ou *pós-tônico*.

Preamar É substantivo feminino e significa 'maré-cheia, maré alta'. Antônimo: baixa-mar: "Depois da tempestade, vinha a bonança, já dizia também sua avó. Depois da *preamar*, a vazante." (Ana Maria Machado, *Tropical sol da liberdade* in *Ana Maria Machado: obra reunida*.

Precário O superlativo absoluto sintético de *precário* é *precariíssimo* (com dois *is*). Chamamos a atenção para as palavras terminadas em *-io* que, na forma sintética, apresentam dois *is*, por seguirem a regra geral da queda do *-o* final para receber o sufixo: cheio (*cheiinho, cheiíssimo*), feio (*feiinho, feiíssimo*), frio (*friinho, friíssimo*), necessário (*necessariíssimo*), precário (*precariíssimo*), sério (*seriinho, seriíssimo*), sumário (*sumariíssimo*), vário (*variíssimo*). Ainda que escritores usem formas com um só *i* (*cheíssimo, cheinho, feíssimo, seríssimo*, etc.), a língua-padrão insiste no atendimento à manutenção dos dois *is*.

Precaver Fatos históricos e sociais por que passa uma coletividade podem ensejar que certos defectivos (verbos que, na sua conjugação, não apresentam todas as formas) venham a ser mais usados, e, assim, fiquem mais sujeitos a empregos menos acomodados a lições dos gramáticos, e apareçam mais conformes aos fatores da flexão completa, por falsa analogia com verbos aparentemente da mesma família. Nos dias de hoje, sente o falante a necessidade de ter à sua disposição verbos defectivos como *precaver* e *reaver* com todas as pessoas e formas, e, acreditando serem derivados de *ver* ou *vir*, usa e abusa de *precavejo* ou *precavenho*, *reavejo* ou *reavenho*, estas e outras oriundas do mesmo raciocínio e sujeitas ainda à palmatória da gramática. Na norma-padrão, tais verbos só se conjugam, no presente do indicativo, nas formas *precavemos, precaveis; reavemos, reaveis*. Não sendo conjugados na 1.ª pessoa (eu), não terão o presente do subjuntivo nem o imperativo negativo; do imperativo afirmativo, só haverá a 2.ª pessoa do plural: *precavei; reavei*. No restante, são conjugados plenamente.

Para o verbo *precaver*, presente do indicativo: (nós) *precavemos,* (vós) *precaveis*; pretérito perfeito: *precavi, precaveste, precaveu, precavemos, precavestes, precaveram*; pretérito imperfeito: *precavia, precavias, precavia, precavíamos, precavíeis, precaviam*; pretérito mais-que-perfeito: *precavera, precaveras, precavera, precavêramos, precavêreis, precaveram*; futuro do presente: *precaverei, precaverás, precaverá, precaveremos, precavereis, precaverão*; futuro do pretérito: *precaveria, precaverias, precaveria, precaveríamos, precaveríeis, precaveriam*; pretérito imperfeito do subjuntivo: *precavesse, precavesses, precavesse, precavêssemos, precavêsseis, precavessem*; futuro do subjuntivo: *precaver, precaveres, precaver, precavermos, precaverdes, precaverem*; imperativo afirmativo: *precavei* (vós); infinitivo flexionado: *precaver, precaveres, precaver, precavermos, precaverdes, precaverem*; gerúndio: *precavendo*; particípio: *precavido*.

Se tivermos necessidade de substituir o verbo *precaver* nas suas faltas, poderemos usar sinônimos como *acautelar(-se), precatar(-se), prevenir(-se)*: Acautele-se *contra os aumentos*./ Precate-se *contra os aumentos*./ Previna-se *contra os aumentos*.

Precisa-se de... Ver *-se*.

Preferir O verbo *preferir* sugere uma ideia implícita de comparação, à semelhança de *querer mais, querer antes*, mas exige complemento regido da preposição *a*: Prefiro a praia *ao campo* (e não: *do que o* campo)./ Preferia estudar *a não fazer nada* (e não: *do que* não fazer nada). A aproximação de *preferir* a *querer mais* e *querer antes* (embora não sejam perfeitamente sinônimos) tem gerado duas construções tidas como errôneas pelos nossos gramáticos: a) a adjunção dos advérbios *mais* ou *antes* ao verbo *preferir: Antes prefiro...* ou *Prefiro mais...* b) iniciar o complemento do verbo *preferir* pelos transpositores comparativos *que* ou *do que*: Prefiro a praia *do que o campo*./ Preferia estudar *do que não fazer nada*./ Preferiam *mais* mentir *do que dizer a verdade*. O mesmo ocorre com o adjetivo de dois gêneros *preferível*: É preferível *dizer a verdade* a mentir; Caminhar é preferível a não se exercitar.

Preferível Ver *preferir*.

Preposições (acúmulo de preposições) Ver *para com*.

Preposições essenciais e preposições acidentais Há palavras que só aparecem na língua como preposições e, por isso, se dizem *preposições essenciais*: *a, ante, até, com, contra, de, desde, em, entre, para, perante, por* [*per*], *sem, sob, sobre, trás*. São *acidentais* as palavras que, perdendo seu valor e emprego primitivos, passaram a funcionar como preposições: *durante, como, conforme, feito, exceto, salvo, visto, segundo, mediante, tirante, fora, afora*, etc. (Obs.: Embora *segundo* e *conforme* se acompanhem de pronome reto de 1.ª e 2.ª pessoa, em geral se prefere usar: *segundo meu parecer*, por exemplo, em lugar de *segundo eu*.) Só as preposições *essenciais* se acompanham de formas tônicas dos pronomes oblíquos: Sem *mim* não fariam isso./ Exceto *eu*, todos foram contemplados. Às vezes, entre a preposição e seu termo subordinado aparece um pronome pessoal reto: *Para eu ler* o livro preciso de silêncio. A preposição *para* prende-se ao infinitivo (*para ler*) e não ao pronome. Por isso, evite-se o erro comuníssimo de se dizer: *Para mim ler* o livro preciso de silêncio.

Obs.: 1.ª) Pode ocorrer depois de algumas preposições acidentais (*exceto, salvo, tirante, inclusive*, etc. de sentido exceptivo ou inclusivo) outra preposição requerida pelo verbo, sendo que esta última preposição não é obrigatoriamente explicitada: Gosto de todos daqui, exceto *ela* (ou *dela*). Sem razão, alguns autores condenam, nestes casos, a explicitação da segunda preposição (*dela*, no exemplo dado): "Senhoreou-se de tudo, *exceto dos* dois sacos de prata" (Camilo Castelo Branco *apud* Mário Barreto, *Novíssimos estudos da língua portuguesa*).

2.ª) Na coordenação, não é necessário repetir as preposições, salvo quando assim o exigirem a ênfase, a clareza ou a eufonia: Quase não falaram *com* o diretor e repórteres./ Quase não falaram *com* o diretor e *com* os repórteres. A repetição é mais frequente antes dos pronomes pessoais tônicos e do reflexivo: "Então desde o Nilo ao Ganges/ Cem povos armados vi/ erguendo torvas falanges/ *contra mim* e *contra ti*" (Passos *apud* Epifânio Dias, *Sintaxe histórica portuguesa*). Quando a preposição se encontra combinada com artigo, deve ser repetida se repetido está o artigo: "Opor-se *aos* projetos e *aos* desígnios dalguns" (Epifânio Dias, *Sintaxe histórica portuguesa*).

3.ª) Uma expressão preposicionada indicativa de lugar ou tempo pode ser acompanhada de uma segunda de significado local ou temporal: Levou-o *para ao* pé da cruz./ *Desde pela* manhã, esperava novas notícias./ "Nós não fazemos senão andar atrás delas, *desde pela* manhã até a noite, desde a noite *até pela* manhã" (Mesquita *apud* Mário Barreto, *Últimos estudos da Língua Portuguesa*). Trata-se aqui de expressões petrificadas que valem por uma unidade léxica (*ao pé de*, *pela manhã*, etc.) e como tais podem depois ser precedidas de preposição.

Presidente (fem.: a presiden*te* ou a presiden*ta*) O substantivo *presidente* é de dois gêneros, portanto podemos dizer: *o presidente, a presidente*. O feminino *a presidenta* também é aceito, pois a língua permite as duas formas em referências a mulheres que assumem a presidência. O uso não só atende a princípios gramaticais. A estética e a eufonia são fatores permanentes nas escolhas dos usuários. Os nomes terminados em -*e* são mais resistentes a uma regra geral na formação do feminino. *Mestre/mestra, parente/parenta, infante/infanta* são correntes, e não soam de forma estranha; mas o mesmo não se dá com *ouvinte, estudante, amante* e muitos outros. O repertório lexical que regula ocorrências nos mostra, até o momento, a presença de *a presidente* com mais frequência do que *a presidenta*. Com *vice* a forma vitoriosa é *presidente*, sobre *presidenta*. A tentativa de dar forma feminina a nomes uniformes tem ocorrido em outras línguas. Os franceses criaram *chefesse*, que o filólogo Brunot considerava horrível. No espanhol a imprensa documenta *militanta*, embora não tenha aí chegado a *votantas* e *jóvenas,* como lembra o filólogo granadino Gregório Salvador, em *Noticias del Reino de Cervantes* (Madri, Espasa, 2007).

Preveem (sem acento circunflexo) Conforme o Acordo Ortográfico de 1990, perdem o acento gráfico as formas verbais paroxítonas que contêm um *e* tônico oral fechado em hiato com a terminação *-em* da 3.ª pessoa do plural do presente do indicativo ou do subjuntivo, conforme os casos: cr*eem* (indic.), d*eem* (subj.), descr*eem* (indic.), desd*eem* (subj.), l*eem* (indic.), prev*eem* (indic.), red*eem* (subj.), rel*eem* (indic.), rev*eem* (indic.), tresl*eem* (indic.), v*eem* (indic.).

Prevenir (E não: pre*vi*nir) A grafia do infinitivo do verbo *prevenir* é apenas esta. Porém, conjuga-se: *pres. ind.*: prev*i*no, prev*i*nes, prev*i*ne, prev*e*nimos, prev*e*nis, prev*i*nem; *pret. imperf. ind.*: prevenia, prevenias, prevenia, preveníamos, preveníeis, preveniam; *pret. perf. ind.*: preveni, preveniste, preveniu, prevenimos, prevenistes, preveniram; *pret. mais-que-perf. ind.*: prevenira, preveniras, prevenira, preveníramos, preveníreis, preveniram; *fut. pres.*: prevenirei, prevenirás, prevenirá, preveniremos, prevenireis, prevenirão; *fut. pret.*: preveniria, prevenirias, preveniria, preveniríamos, preveniríeis, preveniriam; *pres. subj.*: previna, previnas, previna, previnamos, previnais, previnam;

pret. imp. subj.: prevenisse, prevenisses, prevenisse, preveníssemos, prevenísseis, prevenissem; *fut. subj.*: prevenir, prevenires, prevenir, prevenirmos, prevenirdes, prevenirem; *imp. afirm.*: previne, previna, previnamos, preveni, previnam; *infinitivo flexionado*: prevenir, prevenires, prevenir, prevenirmos, prevenirdes, prevenirem; *ger.*: prevenindo; *part.*: prevenido.

Previu (E não: pre*veu*) O verbo *prever* conjuga-se como o verbo *ver*. No pretérito perfeito: eu previ, tu previste, ele/ ela/ você previu, nós previmos, vós previstes, eles/ elas/ vocês previram. Assim, temos: "Joaquim buscou o bastão. Ludibriado dentro da própria casa, havia que reparar a ofensa. Borelli *previu* o golpe na cabeça, de consequências fatais." (Nélida Piñon, *A doce canção de Caetana*). Ver *ver*.

Primeiro, um Para referir-se ao dia que inicia cada mês podemos usar tanto o ordinal (primeiro) quanto o cardinal (um): No dia *primeiro* de janeiro nasceu-lhe o segundo filho./ No dia *um* de janeiro nasceu-lhe o segundo filho.

Primeiro-secretário, segundo--secretário, terceiro-secretário Usa-se hífen em compostos (neste caso designam cargos) iniciados por numeral ordinal: *primeiro-secretário* (plural: *primeiros-secretários*), *primeira-secretária* (plural: *primeiras-secretárias*), *segundo-secretário* (plural: *segundos-secretários*), *segunda-secretária* (plural: *segundas-secretárias*), *terceiro-secretário* (plural: *terceiros-secretários*), *terceira-secretária* (plural: *terceiras-secretárias*). Também com hífen temos: *Primeira-Secretaria*.

Privilégio (E não: *previlégio*) A grafia do substantivo masculino *privilégio* (/pri/) é apenas esta: "[...] sabia ver, ouvir e comer com elegância e sensibilidade, o que justificaria a posse do dinheiro e o gozo de todos os *privilégios*." (Rubem Fonseca, *Agosto*).

Pro forma Latinismo que significa 'por mera formalidade': "Não tenho realmente que fazer nenhuma defesa do projeto, vender a ideia a ninguém. Basta uma apresentação *pro forma*." (Ana Maria Machado, *Aos quatro ventos* in *Ana Maria Machado: obra reunida*).

Pro-, pró- Nas formações com os prefixos *co-*, *pro-*, *pre-* e *re-*, estes unem-se ao segundo elemento, mesmo quando iniciado por *o* ou *e*: *coabitar*, *coautor*, *coedição*, *coerdeiro*, *coobrigação*, *coocupante*, *coordenar*, *cooperação*, *cooperar*, *coemitente*, *coenzima*, *cofator*, *cogerente*, *cogestão*, *coirmão*, *comandante*; *proativo* (ou *pró-ativo*), *procônsul*, *propor*, *proembrião*, *proeminente*; *preeleito* (ou *pré-eleito*), *preembrião* (ou *pré--embrião*), *preeminência*, *preenchido*, *preesclerose* (ou *pré-esclerose*), *preestabelecer*, *preexistir*; *reedição*, *reedificar*, *reeducação*, *reelaborar*, *reeleição*, *reenovelar*, *reentrar*, *reescrita*, *refazer*, *remarcar*.

Emprega-se o hífen quando o 1.º elemento termina acentuado graficamente, *pós-*, *pré-*, *pró-*: *pós-graduação*, *pós-tônico* (ou *postônico*); *pré-datado*, *pré-escolar*, *pré-história*, *pré-natal*, *pré-requisito*; *pró-africano*, *pró-ativo* (ou *proativo*), *pró-europeu*. Pode haver, em certos usos, alternância entre *pre-* e *pré-*, *pos-* e *pós-*; neste último caso, deve-se usar o hífen: *preesclerótico* ou *pré-esclerótico*, *postônico* ou *pós-tônico*.

Proativo, pró-ativo Ambas as formas estão corretas e têm registro no Vocabulário Ortográfico da ABL (Volp).

Proceder (regência) O verbo *proceder*, no sentido de 'iniciar', 'executar alguma coisa', pede complemento preposicionado com a preposição *a*: *O juiz vai proceder ao julgamento*.

Próclise Consiste na anteposição do pronome átono ao vocábulo tônico: *Não me deu a notícia*. Ver *ênclise* e *mesóclise*.

Professor adjunto Quando o segundo elemento do composto denota os diversos graus de uma carreira, não se usa o hífen: *professor assistente*, *professor adjunto*, *professor titular*, etc.

Professor assistente Quando o segundo elemento do composto denota os diversos graus de uma carreira, não se usa o hífen: *professor assistente*, *professor adjunto*, *professor titular*, etc.

Professor associado Quando o segundo elemento do composto denota os diversos graus de uma carreira, não se usa o hífen: *professor associado, professor assistente, professor adjunto, professor titular*, etc.

Professor auxiliar Quando o segundo elemento do composto denota os diversos graus de uma carreira, não se usa o hífen: *professor auxiliar, professor assistente, professor adjunto, professor titular*, etc.

Professor titular Quando o segundo elemento do composto denota os diversos graus de uma carreira, não se usa o hífen: *professor assistente, professor adjunto, professor titular*, etc.

Professorinha, professorazinha O diminutivo de *professora* é *professorinha* ou *professorazinha*. Ver *-inho, -zinho*.

Profeta O feminino de *profeta* é *profetisa* (com *s*). A forma *profetiza* (com *z*) é flexão do verbo *profetizar* (pres. ind.: *profetizo, profetizas, profetiza, profetizamos, profetizais, profetizam*).

Pronomes indefinidos São os que se aplicam à 3.ª pessoa quando têm sentido vago ou exprimem quantidade indeterminada. Funcionam como pronomes indefinidos substantivos, todos invariáveis: *alguém, ninguém, tudo, nada, algo, outrem*: "Ninguém mais a voz sentida/ Do Trovador escutou!" (Gonçalves Dias). São pronomes indefinidos adjetivos, todos variáveis, com exceção de *cada*: *nenhum, outro* (também isolado), *um* (também isolado), *certo, qualquer* (só variável em número: *quaisquer*), *algum, cada*: "As tiras saem-lhe das mãos, animadas e polidas. *Algumas* trazem poucas emendas ou *nenhumas*" (Machado de Assis, "O cônego ou metafísica do estilo", *Várias histórias*).

Aplicam-se a quantidades indeterminadas os indefinidos, todos variáveis, com exceção de *mais, menos* e *assaz*: *muito, mais, menos, pouco, todo, algum, tanto, quanto, vário, diverso*. Assim temos: *Mais* amores e *menos* confiança. (Nunca *menas!*)/ Com *pouco* dinheiro compraram *diversos* presentes./ Isto é o *menos* que se pode exigir./ *Muito* lhe devo./ Erraste por *pouco*./ *Quantos* não erraram neste caso!.

Pronomes oblíquos átonos (colocação)

A – Em relação a um só verbo: 1.º) Não se inicia período por pronome átono: "Sentei-*me*, enquanto Virgília, calada, fazia estalar as unhas" (Machado de Assis, *Memórias póstumas de Brás Cubas*); "Não! *vos* digo eu!" (Alexandre Herculano *apud* Fausto Barreto, *Antologia nacional*); "Querendo parecer originais, *nos* tornamos ridículos ou extravagantes" (Marquês de Maricá).

2.º) Não se pospõe, em geral, pronome átono a verbo flexionado em oração subordinada: "Confesso que tudo aquilo *me* pareceu obscuro" (Machado de Assis, *Memórias póstumas de Brás Cubas*); "Se *a* visse, iria logo pedi-la ao pai" (*Idem, ibidem*); "Tu que *me* lês, Virgília amada, não reparas na diferença entre a linguagem de hoje...?" (*Idem, ibidem*). Obs.: Quando se trata de orações subordinadas coordenadas entre si, às vezes ocorre a ênclise do pronome átono na segunda oração subordinada. Também quando na subordinada se intercalam palavras ou oração, exigindo uma pausa antes do verbo, o pronome átono pode vir enclítico: "Mas a primeira parte se trocou por intervenção do tio Cosme, que, ao ver a criança, *disse-lhe* entre outros carinhos..." (Machado de Assis *apud* Mário Barreto, *Últimos estudos da língua portuguesa*). Em todos estes e outros casos que se poderiam lembrar, a ação dos gramáticos se tem dirigido para a obediência ao critério exposto, considerando esporádicos e não dignos de imitação os exemplos que dele se afastam.

3.º) Não se pospõe pronome átono a verbo modificado diretamente por advérbio (isto é, sem pausa entre os dois, indicada ou não por vírgula), ou precedido de palavra de sentido negativo, bem como de pronome ou quantitativo indefinidos, enunciados sem pausa (*alguém, outrem, qualquer, muito, pouco, todo, tudo, quanto*, etc.): "Não *me* parece; acho os versos perfeitos" (Machado de Assis, *Memórias póstumas de Brás Cubas*); Sempre *me* recebiam bem;

Ninguém *lhe* disse a verdade; Alguém *me* ama; Todos *o* querem como amigo. Se houver pausa, o pronome pode vir antes ou depois do verbo: "Ele esteve alguns instantes de pé, a olhar para mim; depois estendeu-*me* a mão com um gesto comovido" (*Idem, ibidem*); "O poeta muitas vezes se delicia em criar poesia, não tirando-*a* de si [...]" (Marquês de Maricá). Obs.: Como já foi indicado antes, o pronome átono, não inicial, pode vir antes da palavra negativa: "[...] descia eu para Nápoles a busca de sol que *o não* havia nas terras do norte" (João Ribeiro, *Floresta de exemplos*).

4.º) Não se pospõe pronome átono a verbo no futuro do presente e futuro do pretérito (condicional). Se não forem contrariados os princípios anteriores, ou se coloca o pronome átono mesoclítico ou proclítico ao verbo: "Teodomiro *recordar-se-á* [ou: *se recordará*] ainda de qual foi o desfecho do amor de Eurico..." (Alexandre Herculano, *Eurico*); "Os infiéis... *contentar-se-ão* [ou: *se contentarão*], talvez, com as riquezas..." (*Idem, ibidem*).

5.º) Não se pospõe ou intercala pronome átono a verbo flexionado em oração iniciada por palavra interrogativa ou exclamativa: "Quantos *lhe* dá?" (Machado de Assis, *Memórias póstumas de Brás Cubas*); "Quem *me* explicará a razão dessa diferença?" (*Idem, ibidem*); Como *te* perseguem!

6.º) Não se antepõe pronome átono a verbo no gerúndio inicial de oração reduzida: Encontrei-o na condução, *cumprimentando-o* cordialmente. Obs.: 1.ª) Se o gerúndio não estiver iniciando a oração reduzida, pode ocorrer também a próclise, a qual será obrigatória se estiver precedido da preposição *em*: Ela veio a mim, *em me dizendo* novidades que eu desconhecia; Saí contente, *ela me dizendo* que não esquecera a infância feliz. 2.ª) Com o infinitivo preposicionado, o pronome átono pode vir anteposto ou posposto ao verbo: A maneira *de achá-los* (ou: *de os achar*).

B – Em relação a uma locução verbal: Temos de considerar dois casos:

a) Auxiliar + infinitivo: *quero falar* ou auxiliar + gerúndio: *estou falando*. Se os princípios já expostos não forem contrariados, o pronome átono poderá aparecer: 1) Proclítico ao auxiliar: Eu *lhe* quero falar./ Eu *lhe* estou falando. 2) Enclítico ao auxiliar (ligado por hífen): Eu quero-*lhe* falar./ Eu estou-*lhe* falando; "[...] e a conversação de Adrião *foi-a* lentamente acostumado à sua presença" (Eça de Queirós, *Contos*). Obs.: Não se usa a ênclise ao auxiliar da construção *haver de* + infinitivo. Neste caso se dirá *Havemos de ajudá-lo* ou *Havemos de o ajudar*. 3) Enclítico ao verbo principal (ligado por hífen): Eu quero falar-*lhe*./ Eu estou falando-*lhe* (mais raro). Obs.: 1.ª) Com mais frequência ocorre entre brasileiros, na linguagem falada ou escrita, o pronome átono proclítico ao verbo principal, sem hífen: Eu quero *lhe* falar./ Eu estou *lhe* falando. A gramática clássica, com certo exagero, ainda não aceitou tal maneira de colocar o pronome átono, salvo se o infinitivo estiver precedido de preposição: *Começou* a lhe *falar* ou *a falar*-lhe. 2.ª) Com o infinitivo podem-se contrariar os princípios 2.º e 3.º anteriormente formulados: Eu não quero falar-*lhe*./ Espero que não queira falar-*lhe*. 3.ª) Nas construções com o verbo *haver* do tipo *há-se de* + *infinitivo* ou *há de se* + *infinitivo*, esta última é mais corrente, e a primeira, mais comum em Portugal, aparece apenas como reminiscência literária: "[...] e hão-me ainda a face/ *De encobrir* ervançais, para não ver-te" (Alberto de Oliveira *apud* Sousa da Silveira, *Lições de português*). 4.ª) Evite-se, por antieufônica, a colocação de *o(s)*, *a(s)*, sem hífen depois do auxiliar em alguns casos, como: *Quero o ver*; *Estamos o chamando*. Empregar-se-á: *Eu o quero ver* (ou: *Quero vê-lo*); *Nós o estamos chamando* (ou: *Estamos chamando-o*). 5.ª) Pelos exemplos dados vê-se que o pronome átono pode, corretamente, acostar-se tanto ao verbo auxiliar quanto ao verbo principal, ao qual serve de complemento.

b) Auxiliar + particípio: *tenho falado*... Não contrariando os princípios iniciais, o pronome átono pode vir: 1) Proclítico ao auxiliar: Eu *lhe* tenho falado. 2) Enclítico ao auxiliar (ligado por hífen): Eu tenho-*lhe* falado. Jamais se pospõe pronome átono a particípio. Entre brasileiros também ocorre a próclise ao particípio: Eu tenho *lhe* falado. Depois do particípio usamos a forma tônica do pronome oblíquo, precedida de preposição: Eu tenho falado *a ele*./ Ela tem visitado *a nós*.

C- Posições fixas: A tradição fixou a próclise ainda nos seguintes casos: 1) Com o gerúndio precedido da preposição *em*: "Ninguém, desde que entrou, em *lhe* chegando o turno, se conseguirá evadir à saída" (Rui Barbosa, *Oração aos moços*). 2) Nas orações exclamativas e optativas, com o verbo no subjuntivo e sujeito anteposto ao verbo: Bons ventos *o* levem!/ Deus *te* ajude! Obs.: No Brasil, apenas na linguagem coloquial, o pronome átono pode assumir posição inicial de período.

Proparoxítono (ou esdrúxulo)
Ver *acento tônico*.

Propor Verbos derivados de *pôr* (*compor, depor, dispor, expor, opor, propor, repor,* etc.) não têm acento gráfico na 1.ª e 3.ª pessoas do singular do infinitivo flexionado: *propor, propores, propor, propormos, propordes, proporem*. Nos demais tempos e pessoas, conjuga-se como *pôr*. Ver *pôr*.

Próprio (concordância) Ver *mesmo, próprio, só*.

Prosa Como substantivo feminino, *a prosa* é uma 'conversa informal', uma 'forma de expressão que se opõe a verso', 'vaidade, orgulho', entre outros significados: "[...] era bom se debruçar e bater dois dedinhos de *prosa* ou fugir para dentro, se quem apontava na esquina era um maçante [...]." (Autran Dourado, "Os mínimos carapinas do nada", *Os melhores contos brasileiros de todos os tempos*); "– Tudo fedendo, seu Liopordo! Rico e pobre, tudo fedendo igual! Pra que, seu Liopordo, tanta *prosa* desta gente graúda?" (Adelino Magalhães, "Um prego! Mais outro prego!...", *Os melhores contos brasileiros de todos os tempos*).

Como adjetivo de dois gêneros (*homem* prosa, *mulher* prosa, *pessoas* prosas), significa 'que se vangloria, que demonstra vaidade, orgulho, presunção': "Chama-se Pedro Trancoso, é muito rico, muito moço, muito *prosa*, e quer fazenda de recreio." (Monteiro Lobato, "O comprador de fazendas", *Os melhores contos brasileiros de todos os tempos*).

Prouvera a Deus Significa 'queira Deus', 'tomara', 'assim seja'. A forma *prouvera* é flexão (pretérito mais-que-perfeito, 3.ª pessoa do singular) do verbo *prazer* (= agradar, comprazer, aprazer), e não do verbo *prover*: "– *Prouvera* a Deus que fosse só isso! suspirou o zangão." (Machado de Assis, *Quincas Borba*). As formas *praz* (presente do indicativo) e *praza* (presente do subjuntivo e imperativo afirmativo) também são usadas em expressões deste tipo: "Azarado fugitivo, e como à *Providência praz*, o marido faleceu, afogado ou de tifo. O tempo é engenhoso." (João Guimarães Rosa, "Desenredo", *Os melhores contos brasileiros de todos os tempos*); Praza a Deus *que ele logo se recupere!* Obs.: O verbo *prazer* é irregular e defectivo, usado apenas nas 3.ªˢ pessoas. Assim, temos: *pres. ind.*: praz, prazem; *pret. imperf. ind.*: prazia, praziam; *pret. perf. ind.*: prouve, prouveram; *pret. mais-que-perf. ind.*: prouvera, prouveram; *fut. pres.*: prazerá, prazerão; *fut. pret.*: prazeria, prazeriam; *pres. subj.*: praza, prazam; *pret. imp. subj.*: prouvesse, prouvessem; *fut. subj.*: prouver, prouverem; *imp. afirm.*: praza, prazam; *infinitivo flexionado*: prazer, prazerem; *ger.*: prazendo; *part.*: prazido.

Prover Verbo irregular de 2.ª conjugação. Assim, temos: *pres. ind.*: provejo, provês, provê, provemos, provedes, proveem; *pret. imperf. ind.*: provia, provias, provia, províamos, províeis, proviam; *pret. perf. ind.*: provi, proveste, proveu, provemos, provestes, proveram; *pret. mais-que-perf. ind.*: provera, proveras, provera, provêramos, provêreis, proveram; *fut. pres.*: proverei, proverás, proverá, proveremos, provereis, proverão; *fut. pret.*: proveria, proverias, proveria, proveríamos, proveríeis, proveriam; *pres. subj.*: proveja, provejas, proveja, provejamos, provejais, provejam; *pret. imp. subj.*: provesse, provesses, provesse, provêssemos, provêsseis, provessem; *fut. subj.*: prover, proveres, prover, provermos, proverdes, proverem; *imp. afirm.*: provê, proveja, provejamos, provede, provejam; *infinitivo flexionado*: prover, proveres, prover, provermos, proverdes, proverem; *ger.*: provendo; *part.*: provido.

Provir (conjugação) Verbo irregular de 3.ª conjugação. Assim, temos: *pres. ind.*: provenho, provéns, provém, provimos, provindes, provêm; *pret. imperf. ind.*: provinha, provinhas, provinha, provínhamos, provínheis, provinham; *pret. perf. ind.*: provim, provieste, proveio, proviemos, proviestes, provieram; *pret. mais-que-perf. ind.*: proviera, provieras, proviera, proviéramos, proviéreis, provieram; *fut. pres.*: provirei, provirás, provirá, proviremos, provireis, provirão; *fut. pret.*: proviria, provirias, proviria, proviríamos, proviríeis, proviriam; *pres. subj.*: provenha, provenhas, provenha, provenhamos, provenhais, provenham; *pret. imp. subj.*: proviesse, proviesses, proviesse, proviéssemos, proviésseis, proviessem; *fut. subj.*: provier, provieres, provier, proviermos, provierdes, provierem; *imp. afirm.*: provém, provenha, provenhamos, provinde, provenham; *infinitivo flexionado*: provir, provires, provir, provirmos, provirdes, provirem; *ger.*: provindo; *part.*: provindo. Atenção: são iguais gerúndio e particípio!

Pseudo- Ver *hífen nas formações com prefixo*.

Pseudo-, todo- (concordância) Usados em termos compostos ficam invariáveis: Sua *pseudo-organização* não me iludia; A diretoria *todo-poderosa* vetou a proposta dos associados.

Quais de nós?, Quais dentre vós? Se o sujeito for constituído de um pronome plural de sentido partitivo (*quais, quantos, algumas, nenhuns, muitos, poucos, vários,* etc.), o verbo concorda com a expressão partitiva introduzida por *de* ou *dentre*: "*Quais dentre vós... sois* neste mundo sós e não tendes quem na morte regue com lágrima a terra que vos cobrir? *Quais de vós sois,* como eu, desterrados no meio do gênero humano?" (Alexandre Herculano, *Eurico*); "Por exemplo, *quantos de nós* não *gostaríamos* de bombardear essas malditas elites, que vivem atrapalhando o nosso governo?" (João Ubaldo Ribeiro, "Se tivesse estudado...", *A gente se acostuma a tudo*); "Ou seja, eles nos deram o direito de falar, *alguns de nós* talvez *tenhamos* abusado [...]." (João Ubaldo Ribeiro, "Agora só falta um ato institucional", *A gente se acostuma a tudo*).

Pode ainda ocorrer o verbo na 3.ª pessoa do plural: "[...] *quantos dentre vós estudam* conscienciosamente o passado?" (José de Alencar *apud* Sousa da Silveira, *Lições de português*); "De vez em quando, a gente tenta, ou pelo menos *alguns de nós tentam.*" (João Ubaldo Ribeiro, "A merencória luz da Lua", *A gente se acostuma a tudo*); "Claro, *poucos de nós reconhecem* que temos alguma coisa a ver [...]." (João Ubaldo Ribeiro, "A gente se acostuma a tudo", *A gente se acostuma a tudo*).

Se a expressão partitiva estiver no singular, impõe-se o verbo no singular: *Qual* de nós *saiu* ileso?

Qual Ver *tal (e) qual*.

Qual de nós? (concordância) Ver *Quais de nós?, Quais dentre vós?*.

Quando eu vir... (E não: quando eu *ver*...) Ocorrem erros frequentes na conjugação dos verbos *ver* e *vir*, sobretudo no futuro do subjuntivo. Quanto ao verbo *ver*, o futuro do subjuntivo é: *vir, vires, vir, virmos, virdes, virem.* Já o futuro do subjuntivo do verbo *vir* é: *vier, vieres, vier, viermos, vierdes, vierem.*

Assim, dizemos: Quando eu *vier* (verbo *vir*) à cidade e *vir* (verbo *ver*) oportunidade de comprar um imóvel, então o farei; "Se o pedestre *vier* [e não: *vir*] a morrer em consequência de seu ato incivilizado [...]." (João Ubaldo Ribeiro, "O bom pedestre", *O conselheiro come*); "[...] as crianças que nos *virem* [e não: *verem*] de livro na mão [...]." (Ana Maria Machado, *Contracorrente: conversas sobre leitura e política* in *Ana Maria Machado: obra reunida*); "Além disso, o que por acaso *vier* [e não: *vir*] a dar certo no futuro se deverá à eficiência do governo." (João Ubaldo Ribeiro, "Ele tem razão", *O conselheiro come*); "[...] todo mundo aceita muito mais uma esquisitice dessas se *vier* [e não: *vir*] de você..." (Ana Maria Machado, *Aos quatro ventos* in *Ana Maria Machado: obra reunida*); "Meus amigos, se durante o meu recesso *virem* [e não: *verem*] por acaso passar a minha amada/ Peçam silêncio geral. [...]" (Vinicius de Moraes, "Carta do ausente", *Para viver um grande amor* in *Vinicius de Moraes: obra reunida*). Ver *ver*. Ver *vir*².

Quanto Ver *(o) quanto*.

Quanto antes Ver *(o) quanto antes*.

Quantos de nós? (concordância) Ver *Quais de nós?, Quais dentre vós?*.

Quão Ver *(o) quão*.

Quaradouro, coradouro Ambas as formas estão corretas e registradas no Vocabulário Ortográfico da ABL (Volp). O substantivo masculino *quaradouro* (ou *coradouro*) significa 'lugar arejado e exposto à luz do sol, onde se estende a roupa para quarar, branquear, clarear': "[...] enquanto deixava a descoberto o *quaradouro* de roupa, os varais [...]." (Ana Maria Machado, *Palavra de honra* in *Ana Maria Machado: obra reunida*); "Sombra, contralto, entre os paralelepípedos/ Do *coradouro* do quintal. Oh, tu [...]." (Vinicius de Moraes, "Epitalâmio", *Antologia poética* in *Vinicius de Moraes: obra reunida*); "As velas alvejavam como as roupas do *coradouro* ao luar." (Xavier Marques, "A noiva do golfinho", *Os melhores contos brasileiros de todos os tempos*).

Ocorrem também as variantes populares *quarador* e *corador*.

Quasar O substantivo masculino *quasar* é oxítono (sílaba tônica: *sar*); portanto, não recebe acento gráfico.

Quase Não se emprega o hífen com a palavra *quase* com função prefixal: *quase alijamento, quase contrato, quase contratual, quase crime, quase criminal, quase delito, quase delitual, quase domicílio, quase domiciliar, quase equilíbrio, quase estático, quase flagrância, quase nada, quase ordem, quase ordinal, quase pároco, quase paróquia, quase posse, quase possessivo, quase renda, quase usufruto,* etc.

Quase alijamento Significa: 'Transferência da carga de um navio em risco para outra embarcação.' Não se emprega o hífen com a palavra *quase* com função prefixal. Ver *quase*.

Quase contrato Significa: 'Compromisso voluntário e lícito, sem a formalidade de um contrato.' Não se emprega o hífen com a palavra *quase* com função prefixal. Ver *quase*.

Quase delito Significa: 'Todo ato culposo de que resulta dano a outra pessoa, devendo o agente repará-lo, ainda que não tenha sido intencional.' Não se emprega o hífen com a palavra *quase* com função prefixal. Ver *quase*.

Quase domicílio Significa: 'Local onde é possível encontrar aquele que não possui residência certa e habitual ou exerce sua atividade em viagens.' Não se emprega o hífen com a palavra *quase* com função prefixal. Ver *quase*.

Quase equilíbrio Significa: 'Característica de um sistema se encontrar em um estado bem próximo ao estado de equilíbrio.' Não se emprega o hífen com a palavra *quase* com função prefixal. Ver *quase*.

Quase estático Refere-se ao processo em que há equilíbrio interno e em relação ao que o cerca. Não se emprega o hífen com a palavra *quase* com função prefixal. Ver *quase*.

Quase nada Significa 'quantidade muito pequena': "E se, nas feiras, conseguiu algum ouro, foi pouco, *um quase nada*." (Alberto da Costa e Silva, *A manilha e o libambo*). Não se emprega o hífen com a palavra *quase* com função prefixal. Ver *quase*.

Quatorze Ver *catorze, quatorze*.
Que Ver *(o) que*.
Quê O substantivo masculino *quê* significa 'algo indefinido ou, especialmente, algo complexo, difícil': "Tinha já o ar distante, extraterreno, com o seu *quê* de fantasmagórico, dos que vão morrer." (Dyonélio Machado, "Ele estava triste...", *Os melhores contos brasileiros de todos os tempos*). Também é interjeição, usada para expressar espanto, contrariedade, admiração, raiva, etc.: *Quê!* Você ainda está aqui?!

Obs.: O pronome *que*, usado isoladamente no final da frase, recebe acento gráfico por se tornar vocábulo tônico: – *Obrigada.* § – *Não há de quê*; "– E Angelina faz o *quê*?" (Sonia Rodrigues, *Fronteiras*).

Que de Com *que de* (= que quantidade de, quanto), seguido de substantivo sujeito no plural, o verbo vai ao plural: *Que de forças existem* no coração feminino!

Que dirá Com a expressão *que dirá*, em construções comparativas opositivas com valor aproximado de 'quanto mais/ menos', fica invariável o verbo em número e pessoa: Se você errou, *que dirá* eu./ Se você errou, *que dirá* nós./ Se você não é feliz, *que dirá* eles./ "Se até ele é inútil, dispensável, *que dirá* eu?" (Darci Ribeiro, *Maíra*).

Que (excessivo) Sob o modelo das locuções conjuntivas finalizadas por *que*, desenvolveu-se o costume de acrescentar este transpositor junto a advérbio que só por si funciona como adjunto adverbial: *enquanto que, apenas que, embora que, mal que*, etc., construções que os puristas não têm visto com bons olhos, apesar dos exemplos de escritores corretos: "Caímos no canapé, e ficamos a olhar para o ar. [...] Mas eu creio que Capitu olhava para dentro de si mesma, *enquanto que* eu fitava deveras o chão [...]." (Machado de Assis, *Dom Casmurro*). Aparece ainda o *que* (excessivo) depois de expressão de sentido temporal como: Desde aquele dia *que* o procuro. Analisando, dispensa-se o transpositor *que*.

Que nem Em vez de *como, do mesmo modo que, tanto como*, empregamos com frequência *que nem*: É forte *que nem* um touro.

Que, quem Se o antecedente do pronome relativo (*que*) funciona como predicativo, o verbo da oração adjetiva pode concordar com o sujeito de sua principal ou ir para a 3.ª pessoa (se não se quiser insistir na íntima relação entre o predicativo e o sujeito): "Sou *eu* o primeiro que não *sei* classificar este livro" (Alexandre Herculano, *Eurico*); Fui o primeiro que *conseguiu* sair; "Éramos dois sócios, que *entravam* no comércio da vida com diferente capital" (Machado de Assis *apud* Sousa da Silveira, *Lições de português*).

Obs.: É de rigor a concordância do verbo com o sujeito de *ser* nas expressões de tipo *sou eu que, és tu que, foste tu que*, etc. (neste caso, era prática da língua até fins do século XVIII usar o artigo como antecedente do relativo: *sou eu o que*, etc.): "Não fui *eu que* o *assassinei*" (Alexandre Herculano *apud* Said Ali, *Gramática histórica da língua portuguesa*); "Foste *tu que* me *buscaste*" (*Idem, ibidem*).

Se ocorrer o pronome *quem*, o verbo da oração subordinada vai para a 3.ª pessoa do singular, qualquer que seja o antecedente do relativo, ou concorda com este antecedente: "Eram as paixões, os vícios, os afetos personalizados *quem fazia* o serviço dos seus poemas" (Alexandre Herculano *apud* Said Ali, *Gramática histórica da língua portuguesa*); "És *tu quem* me *dás* rumor à quieta noite,/ És *tu quem* me *dás* frescor à mansa brisa,/ *Quem dás* fulgor ao raio, asas ao vento,/ *Quem* na voz do trovão longe *rouquejas*" (Gonçalves Dias *apud* Said Ali, *ibidem*); És tu *quem* me *dá* alegria de viver.

Queijo... Os diversos nomes (ou tipos) de queijo designados por uma locução (*queijo de minas, queijo de soja, queijo do reino*) ou acompanhados de adjetivos (*queijo parmesão, queijo suíço, queijo flamengo, queijo cavalo, queijo prato* – isto é, da cidade italiana Prato, donde se tornou conhecido), são hoje escritos sem hífen, em conformidade com o Acordo Ortográfico de 1990.

Queixa-crime Este substantivo deve ser grafado com hífen. Há duas possibilidades de plural: *queixas-crime* e *queixas-crimes*.

Queixamo-nos (E não: *queixamos-nos*) Se o pronome átono (no caso, *nos*) for enclítico (vier depois do verbo: *Queixamo-nos ao diretor*), o verbo perderá o *-s* final apenas na 1.ª pessoa do plural: *queixo-me, queixas-te, queixa-se,* queixamo-nos, *queixais-vos, queixam-se.* Da mesma forma: *apiedamo-nos, tínhamo-nos, tivéssemo-nos,* etc.

Com o pronome nas outras posições, o verbo ficará intacto: Nós *nos* queixamos (pronome antes do verbo: próclise)./ Queixar-*nos*-emos (pronome no meio do verbo: mesóclise). No caso de outros pronomes, nenhuma alteração ocorre: *conhecemos-te, chamamos-lhe, enviamos-lhe, informamos-lhe, requeremos-lhe,* etc.

Quem (concordância) Se ocorrer o pronome *quem*, o verbo da oração subordinada vai para a 3.ª pessoa do singular, qualquer que seja o antecedente do relativo, ou concorda com este antecedente: "Eram as paixões, os vícios, os afetos personalizados *quem fazia* o serviço dos seus poemas" (Alexandre Herculano *apud* Said Ali, *Gramática histórica da língua portuguesa*); "És *tu quem* me *dás* rumor à quieta noite,/ És *tu quem* me *dás* frescor à mansa brisa,/ *Quem dás* fulgor ao raio, asas ao vento,/ *Quem* na voz do trovão longe *rouquejas*" (Gonçalves Dias, *apud* Said Ali, *ibidem*); És *tu quem* me *dá* alegria de viver.

Quem diria A oração substantiva que completa a exclamação de surpresa *quem diria* constrói-se com indicativo (*Quem diria* que ele *era* capaz disso) ou subjuntivo (*Quem diria* que ele *fosse* capaz disso).

Querer Verbo irregular de 2.ª conjugação. Assim, temos: *pres. ind.*: quero, queres, quer/quere, queremos, quereis, querem; *pret. imperf. ind.*: queria, querias, queria, queríamos, queríeis, queriam; *pret. perf. ind.*: quis, quiseste, quis, quisemos, quisestes, quiseram; *pret. mais-que--perf. ind.*: quisera, quiseras, quisera, quiséramos, quiséreis, quiseram; *fut. pres.*: quererei, quererás, quererá, quereremos, querereis, quererão; *fut. pret.*: quereria, quererias, quereria, quereríamos, quereríeis, quereriam; *pres. subj.*: queira, queiras, queira, queiramos, queirais, queiram; *pret. imp. subj.*: quisesse, quisesses, quisesse, quiséssemos, quisésseis, quisessem; *fut. subj.*: quiser, quiseres, quiser, quisermos, quiserdes, quiserem; *imp. afirm.*: quer/quere, queira, queiramos, querei, queiram; *infinitivo flexionado*: querer, quereres, querer, querermos, quererdes, quererem; *ger.*: querendo; *part.*: querido.

Querer (regência) O verbo *querer*, no sentido de 'desejar', pede objeto direto: *Eu quero esse livro*./ *Nós o queremos*. Significando 'querer bem', 'gostar', pede objeto indireto de pessoa: *Despede-se o amigo que muito lhe quer.*

Quieve Ver *Kiev, Kyiv, Quieve.*

Quilo, quilograma Quanto à unidade de medida, a grafia conforme a norma-padrão da língua portuguesa é *qui*lograma (e não *ki*lograma). O Acordo Ortográfico em vigor normatizou da seguinte forma:

"As letras k, w e y usam-se nos seguintes casos especiais: a) Em antropónimos/antropônimos originários de outras línguas e seus derivados: Franklin, frankliniano; Kant, kantismo; Darwin, darwinismo; Wagner, wagneriano; Byron, byroniano; Taylor, taylorista; b) Em topónimos/topônimos originários de outras línguas e seus derivados: Kwanza, Kuwait, kuwaitiano; Malawi, malawiano; c) Em siglas, símbolos e mesmo em palavras adotadas como unidades de medida de curso internacional: TWA, KLM; K - potássio (de kalium), W - oeste (West); kg - quilograma, km - quilómetro/quilômetro, kW - kilowatt, yd - jarda (yard); Watt."

No caso de *quilowatt*, como o texto do Acordo relaciona a grafia com k (*kilowatt*), vale mencionar que o *Vocabulário ortográfico comum* da língua portuguesa (voc.cplp.org) dá *quilowatt* como forma preferencial e a seguinte nota na entrada *kilowatt*: "Embora atestada em pelo menos uma fonte de referência lexicográfica, esta grafia não está de acordo com o recomendado na legislação e usado pela comunidade científica." O Volp da Academia Brasileira de Letras consigna apenas a forma *quilowatt*.

Na *Moderna gramática portuguesa*, temos: "2) Empregam-se em abreviaturas e símbolos, bem como em palavras estrangeiras de uso internacional: K = potássio; Kr = criptônio; kg = quilograma; km = quilômetro; kw = quilowatt; kwh = quilowatt-hora; W = oeste ou wolfrâmio (tungstênio); w = watt; ws = watt-segundo; Y = ítrio; yd = jarda (yard, inglês), etc. 3) Os derivados portugueses de nomes próprios estrangeiros devem escrever-se de acordo com as formas primitivas: frankliniano, kantismo, darwinismo, wagneriano, zwinglianista, byroniano, taylorista, etc. 4) O *k* é substituído por *qu* antes de *e* e *i* e por *c* antes de outra qualquer letra: breque, caqui, faquir, níquel, caulim, etc."

Quilo-henry Termo técnico, substantivo masculino (plural: quilo-henrys). Equivale a mil henrys.

Quilo-hertz Termo técnico, substantivo masculino de dois números. Equivale a mil hertz.

Quilômetro (E não: *ki*lômetro) A grafia correta é *qui*lômetro (com *qu*): "Na volta pensou em espalhar os dedos pelas ruas, com intervalos de cinco *quilômetros* entre um dedo e outro [...]." (Rubem Fonseca, *Agosto*). Sigla: km.

Quilo-oersted Termo técnico, substantivo masculino (plural: *quilo-oersteds*). Equivale a mil oersteds.

Quilo-ohm Termo técnico, substantivo masculino (plural: *quilo-ohms*). Equivale a mil ohms.

Quinquênio (/ü...ü/) Profere-se o *u* depois do *q* em: *aquícola, consequência, delinquência, delinquir, equestre, equevo, equino* (= cavalar), *frequência, loquela, obliquidade, quingentésimo, quinquênio* (ü...ü), *quiproquó, sequência, Tarquínio, tranquilo, ubiquidade*, entre outros.

Quiproquó (/qü/) Profere-se o *u* depois do *q* em: *aquícola, consequência, delinquência, delinquir, equestre, equevo, equino* (= cavalar), *frequência, loquela, obliquidade, quingentésimo, quinquênio* (ü...ü), *quiproquó, sequência, Tarquínio, tranquilo, ubiquidade*, entre outros.

Quis (com *s*) As flexões do verbo *querer* nunca são grafadas com *z*: "O Guri não *quis* beber, deu com a mão na xícara." (Rachel de Queiroz, *Caminho de pedras*). Ver *querer*.

Quiser (com *s*) As flexões do verbo *querer* nunca são grafadas com *z*. Ver *querer*.

Quite O adjetivo *quite* (= livre de dívida, de obrigação) deve concordar com o termo a que se refere. Dizemos: Eu estou *quite*./ Nós estamos *quites*.

Quivi, quiuí (/ki/) Designa certa planta (*Actinidia deliciosa*) e seu fruto. Além de *quivi* ou *quiuí* também grafa-se *kiwi*.

Quociente Ver *cociente, quociente*.

Quorum O substantivo masculino *quorum* é uma palavra latina que significa 'número mínimo de pessoas necessário para que haja uma assembleia, votação etc.': "Em sessão que varara a noite, madrugada adentro, com o que a imprensa chamara de '*quorum* invulgar', os parlamentares se mantiveram em vigília [...]." (Ana Maria Machado, *Tropical sol da liberdade* in *Ana Maria Machado: obra reunida*). A forma aportuguesada *quórum* tem como plural *quóruns*.

Quota Ver *cota, quota*.

Quotidiano Ver *cotidiano, quotidiano*.

Quotizar Ver *cotizar, quotizar*.

Rr

Radioncologia, rádio-oncologia As duas formas estão corretas e registradas no Vocabulário Ortográfico da ABL (Volp), assim como *radioncologista* e *rádio-oncologista* (plural: *rádio-oncologistas*).

Raios X Escreve-se no plural e sem hífen: "O ponto de vista jurídico aplicado ao mundo social produz para o advogado o efeito dos *raios x* da fotografia Roentgen, e quando os demais se preocupam com a face moral e social das questões, ele só vê o seu esqueleto sombrio e descarnado [...]." (Sousa Bandeira, *Estudos e ensaios*); "Os *raios X* são o escafandro do maior mistério da existência, que é a vida [...]." (Luís Carlos, *Encruzilhada*).

Raptar É preciso tomar cuidado com a pronúncia deste verbo e de suas flexões: /raptar/ e não /rapitar/. Desta forma, temos: *pres. ind.*: *rapto* (/ráp/), *raptas* (/ráp/), *rapta* (/ráp/), *raptamos, raptais, raptam* (/ráp/).

Rasto, rastro Ambas as formas estão corretas e são usadas com o significado de 'vestígio deixado por pessoa, coisa ou animal', 'indício, sinal', entre outros: "Mas para onde se dirigira o touro? Pedrinho sabia 'rastrear', isto é, seguir o *rastro* dos animais." (Monteiro Lobato, *Os doze trabalhos de Hércules*); "Aqueles *rastros* tinham vigorado por cima da derradeira lama da derradeira chuva." (João Guimarães Rosa, *Grande sertão: Veredas*); "Enquanto tanto, João Goanhá, Alípio Mota e Titão Passos, cada qual de lado seu, deviam de ir desmanchar os *rastos* na caatinga [...]." (João Guimarães Rosa, *Grande sertão: Veredas*); "O marido aceitou a sua parte do brinde, um pouco mais expansivo, e o jantar acabou sem outro *rasto* de melancolia." (Machado de Assis, *Memorial de Aires*). Ver *lista, listra*.

Ratificar, retificar O verbo *ratificar* significa 'confirmar, validar, comprovar, reafirmar': "Os documentos da época *ratificariam*, assim, a história tradicional de Huntokonu." (Alberto da Costa e Silva,

Francisco Félix de Souza, mercador de escravos).

Já *retificar* quer dizer 'corrigir', 'tornar exato; emendar', 'tornar reto ou harmonioso', entre outros significados: "Os próprios Roland Oliver e J.D. Fage *retificaram*, mais tarde, o modo de pensar e apresentaram argumentos contra a hipótese de Arkell." (*Idem, A enxada e a lança*); "Chegou a pensar em *retificar* o que dissera, logo que estivesse com Sofia, mas reconheceu que a emenda era pior que o soneto, e que há bonitos sonetos mentirosos." (Machado de Assis, *Quincas Borba*); "Foi ao gabinete do marido, que já devorara cinco ou seis jornais, escrevera dez cartas e *retificava* a posição de alguns livros nas estantes." (*Idem, ibidem*).

Re- Nas formações com os prefixos *co-, pro-, pre-* e *re-*, estes unem-se ao segundo elemento, mesmo quando iniciado por *o* ou *e*: *coabitar, coautor, coedição, coerdeiro, coobrigação, coocupante, coordenar, cooperação, cooperar, coemitente, coenzima, cofator, cogerente, cogestão, coirmão, comandante; proativo* (ou *pró-ativo*), *procônsul, propor, proembrião, proeminente; preeleito* (ou *pré-eleito*), *preembrião* (ou *pré-embrião*), *preeminência, preenchido, preesclerose* (ou *pré-esclerose*), *preestabelecer, preexistir; reedição, reedificar, reeducação, reelaborar, reeleição, reenovelar, reentrar, reescrita, refazer, remarcar*.

Ré Ver *marcha à ré*.

Reaver Fatos históricos e sociais por que passa uma coletividade podem ensejar que certos defectivos (verbos que, na sua conjugação, não apresentam todas as formas) venham a ser mais usados, e, assim, fiquem mais sujeitos a empregos menos acomodados a lições dos gramáticos, e apareçam mais conformes aos fatores da flexão completa, por falsa analogia com verbos aparentemente da mesma família. Nos dias de hoje, sente o falante a necessidade de ter à sua disposição verbos defectivos como *precaver* e *reaver* com todas as pessoas e formas, e, acreditando serem derivados de *ver* ou *vir*, usa e abusa de *precavejo* ou *precavenho, reavejo* ou *reavenho*, estas e outras oriundas do mesmo raciocínio e sujeitas ainda à palmatória da gramática. Na norma-padrão, tais verbos só se conjugam, no presente do indicativo, nas formas *precavemos, precaveis; reavemos, reaveis*. Não sendo conjugados na 1.ª pessoa (eu), não terão o presente do subjuntivo nem o imperativo negativo; do imperativo afirmativo, só haverá a 2.ª pessoa do plural: *precavei; reavei*. No restante, são conjugados plenamente. *Reaver* é derivado de *haver* ('haver de novo; recuperar'), sem o *h* medial, mas por ele só se conjuga quando não lhe faltar o *v*.

Assim, temos: presente do indicativo: (nós) *reavemos,* (vós) *reaveis*; pretérito perfeito: *reouve, reouveste,* reouve, reouvemos, reouvestes, reouveram* (e não *reavi, reaveste, reaveu,* etc.); pretérito imperfeito: *reavia, reavias, reavia, reavíamos, reavíeis, reaviam*; pretérito mais-que-perfeito: *reouvera, reouveras, reouvera, reouvéramos, reouvéreis, reouveram*; futuro do presente: *reaverei, reaverás, reaverá, reaveremos, reavereis, reaverão*; futuro do pretérito: *reaveria, reaverias, reaveria, reaveríamos, reaveríeis, reaveriam*; pretérito imperfeito do subjuntivo: *reouvesse, reouvesses, reouvesse, reouvéssemos, reouvésseis, reouvessem*; futuro do subjuntivo: *reouver, reouveres, reouver, reouvermos, reouverdes, reouverem*; imperativo afirmativo: *reavei* (*vós*); infinitivo flexionado: *reaver, reaveres, reaver, reavermos, reaverdes, reaverem*; gerúndio: *reavendo*; particípio: *reavido*.

Se tivermos necessidade de substituir o verbo *reaver* nas suas faltas, poderemos usar de sinônimos como o verbo *recuperar*: *Eu ainda recupero tudo o que me roubaram.*

Reboliço, rebuliço O adjetivo *reboliço* significa 'que rebola', 'que tem forma de rebolo (= pedra de arenito usada para amolar objetos cortantes)'. Como substantivo masculino, no sentido de 'agitação, confusão', 'grupo de pessoas em desordem', 'ruído', 'desentendimento, discórdia', a forma *reboliço* é variante de *rebuliço*: "Nem bem acabara o saci de pronunciar estas palavras e Pedrinho notou grande *reboliço* entre os sacizinhos." (Monteiro Lobato, *O saci*); "Na rua, curiosos. Nas janelas fronteiras e laterais, cabeças aglomeradas. Houve certo *reboliço* quando chegamos." (Machado de Assis, *Relíquias de casa velha*); "Um escândalo. O *rebuliço* do povo, a indignação dos devotos, as queixas do agredido, interromperam por alguns instantes as cerimônias eclesiásticas." (Machado de Assis, *Papéis avulsos*); "O *rebuliço* era causado por um contingente que entrava na Vila. Uns trinta homens armados e municiados, comandados por Leão de Aquino, bicho brabo, resolvido, contador de lorotas, acostumado a escorar barulho." (Bernardo Élis, *O tronco*); "Vejo meu rosto através da chuva. *Rebuliço* estrídulo do vento agudo que varre a casa como se esta estivesse oca de móveis e de pessoas." (Clarice Lispector, *Um sopro de vida*).

Recém- Emprega-se o hífen nos compostos sem elemento de ligação quando o 1.º elemento está representado pelas formas *além, aquém, recém, bem* e *sem*: *além-Atlântico, além-fronteiras, além-mar, além-mundo, aquém-Pireneus, recém-casado, recém-eleito, recém-nascido, bem-estar, bem-humorado, bem-dito, bem-dizer, bem-vestido, bem-vindo, sem-cerimônia, sem-vergonha, sem-terra,* etc.

Recompor Verbos derivados de *pôr* (*compor, depor, dispor, expor, opor, propor, recompor, repor,* etc.) não têm acento gráfico na 1.ª e 3.ª pessoas do singular do infinitivo flexionado: *recompor, recompores, recompor, recompormos, recompordes, recomporem*. Nos demais tempos e pessoas, conjuga-se como *pôr*. Ver *pôr*.

Reco-reco (plural: reco-recos) Os compostos formados com elementos repetidos, com ou sem alternância vocálica ou consonântica, por serem compostos representados por formas substantivas sem elemento de ligação, terão hífen: *blá-blá-blá, lenga-lenga, reco-reco, tico-tico, zum-zum-zum, pingue-pongue, tique-taque, trouxe-mouxe, xique-xique* (= chocalho; diferentemente de *xiquexique* = planta), *zás-trás, zigue-zague*, etc. Os derivados, entretanto, não serão hifenados: *lengalengar, ronronar, ziguezaguear, zunzunar*, etc. Obs.: Não se separam por hífen as palavras com sílaba reduplicativa oriundas da linguagem infantil: *babá, titio, vovó, xixi*, etc.

Recriminar (regência) O verbo *recriminar* constrói-se com objeto direto: *Não posso recriminá-lo* (e não: recriminar-*lhe*); "Seu pai fora duro com ele, [...] *recriminando-o* por tornar-se vulnerável aos ataques dos inimigos da família." (Rubem Fonseca, *Agosto*); "Passei horas *me recriminando* depois que ele se despediu de mim [...]." (João Ubaldo Ribeiro, *Diário do farol*).

Redator-chefe, redatora-chefe Quando o segundo elemento do composto denota seriação ou hierarquia, usa-se hífen: *administrador-geral, administradora-geral, secretário-geral, secretária-geral, gerente-geral, coordenador-geral, coordenadora-geral, diretor-executivo, diretora-executiva, diretor-presidente, diretora-presidente, redator-chefe, redatora-chefe, editor-assistente, editora-assistente, cirurgião-assistente, cirurgiã-assistente*.

Refrão Muitos substantivos em *-ão* apresentam dois e até três plurais. No caso de *refrão*, temos duas possibilidades de plural: *refrães* e *refrãos*.

Regências diferentes O rigor gramatical exige que não se dê complemento comum a termos de regência de natureza diferente. Assim não podemos dizer, conforme este preceito: *Entrei e saí de casa* em lugar de *Entrei em casa e dela saí* (ou equivalente), porque *entrar* pede a preposição *em* e *sair* a preposição *de*. Ao gênio de nossa língua, porém, não repugnam tais fórmulas abreviadas de dizer, principalmente quando vêm dar à expressão uma agradável concisão que a construção gramaticalmente correta nem sempre conhece: "Tenho-o visto *entrar e sair do* Colégio de S. Paulo" (Alexandre Herculano, *O monge de Cister*); "[...] que se deduz daí *a favor* ou *contra o direito* de propriedade literária?" (*Idem, Opúsculos*).

Estendem certos autores a proibição aos dizeres em que duas ou mais preposições de sentido diferente, e até contrário, se referem a um só termo: *Com ou sem vantagens* sairei./ *Antes e depois da luta*. Para tais autores devemos dizer: *Com vantagens ou sem elas*, sairei./ *Antes da luta* e *depois dela*, ou repetindo-se o substantivo como fez Machado de Assis em: "Os gritos da vítima, *antes da luta* e *durante a luta*, continuavam a repercutir dentro de mim" (*apud* Mário Barreto, *Novíssimos estudos da língua portuguesa*).

Salvo as situações de ênfase e de encarecimento semântico de cada preposição, como a que se depreende do trecho citado, a língua dá preferência às construções abreviadas que a gramática insiste em condenar, sem, contudo, obter grandes vitórias: "Um dos tiras *entrou e saiu da sala* de interrogatórios várias vezes, em diligências misteriosas e apressadas." (Rubem Fonseca, *Bufo & Spallanzani*); "[...] e é um tal de tocar violão e *entrar e sair* mulher daquelas obras que é um nunca mais acabar." (Vinicius de Moraes, *As feras* in *Vinicius de Moraes: obra reunida*).

Regime, regímen Ambas as formas estão corretas, mas *regime* é considerada preferencial. O plural de *regímen* é *regimens* e, pouco usado no Brasil, *regímenes*. Ver *plural de nomes gregos em* -n.

Registro (E não: re*s*istro) A forma correta é registro (com g) e não re*s*istro (com s) para todas as acepções ('relógio que indica o consumo de água, luz, eletricidade'; 'tipo de torneira que regula o fluxo de água ou gás'; 'inscrição em livro ou outro meio apropriado'; 'livro em que são feitas anotações oficiais'; 'certidão de nascimento', etc.): "No fim da tarde, foi a uma loja de ferragens comprar *registros* e carrapetas [...]." (Ana Maria Machado, *A audácia dessa mulher* in *Ana Maria Machado: obra reunida*); "Mattos fez os devidos *registros* no livro de ocorrências. Um bêbado foi preso por perturbar a paz pública." (Rubem Fonseca, *Agosto*); "Troquei de nome no *registro* civil [...]." (*Idem*, "Zezé", *Ela e outras mulheres*).

Regougar Ver *verbos unipessoais*.

Reidratar Os prefixos *co-* e *re-* escrevem-se sempre junto ao 2.º elemento, diante de qualquer letra: *coabitar, coerdeiro, coliderança, coprodução, coexecutado, correquerido, correquisito, corresponsável, reeducar, reidratar, reierarquização, reumanizar, reanálise*, etc. Não seguem a regra dos demais prefixos.

Reierarquização Os prefixos *co-* e *re-* escrevem-se sempre junto ao 2.º elemento, diante de qualquer letra: *coabitar, coerdeiro, coliderança, coprodução, coexecutado, correquerido, correquisito, corresponsável, reeducar, reidratar, reierarquização, reumanizar, reanálise*, etc. Não seguem a regra dos demais prefixos.

Reivindicar (E não: *rein*vindicar) A grafia correta é *reivindicar* (= reclamar um direito; solicitar com firmeza; tentar recuperar algo, etc.): "[...] haviam *reivindicado* e conseguido designar um representante credenciado para participar do inquérito da rua Tonelero." (Rubem Fonseca, *Agosto*).

Relâmpago Seguindo-se a um substantivo ao qual se liga por hífen, tem valor de adjetivo com o sentido de 'que dura pouco': *guerra-relâmpago*, *fecho-relâmpago*, *sequestro-relâmpago*, etc.: "[...] do aumento do condomínio à fila do INSS, à notícia da bala perdida, ao plano de saúde, à aposentadoria descontada, ao *sequestro-relâmpago* [...]." (João Ubaldo Ribeiro, "Ele tem razão", *A gente se acostuma a tudo*). Obs.: Nos compostos de dois substantivos, em que o segundo exprime a ideia de *fim*, *semelhança* ou limita a significação do primeiro, admite-se a flexão apenas do primeiro elemento ou dos dois elementos: *cidades-fantasma* (ou *cidades-fantasmas*), *aços-liga* (ou *aços-ligas*), *bombas-relógio* (ou *bombas-relógios*), *canetas-tinteiro* (ou *canetas-tinteiros*), *cidades-satélite* (ou *cidades-satélites*), *decretos-lei* (ou *decretos-leis*), *sequestros-relâmpago* (ou *sequestros-relâmpagos*), etc.

Relampejar (ou relampear, relampaguear, relampadejar) São impessoais e conjugam-se apenas na 3.ª pessoa do singular os verbos (ou expressões) que denotam fenômenos atmosféricos ou cósmicos: *chover, trovejar, relampejar, nevar, anoitecer, fazer* (*frio, calor*, etc.), *estar* (*frio, quente*, etc.), entre outros: *Faz* frio./ *Chove* muito./ "No dia seguinte cheguei às sete em ponto, *chovia* potes e eu tinha que viajar a noite inteira." (Lygia Fagundes Telles, "O moço do saxofone", *Os melhores contos brasileiros de todos os tempos*).

Fora do seu sentido normal, muitos verbos impessoais podem ser usados pessoalmente, ou seja, constroem-se com sujeito. Nestes casos, a concordância se faz obrigatória: *Choveram* bênçãos dos céus./ "No dia seguinte *amanheci de cama*" (Érico Veríssimo, *Solo de Clarineta*)./ "Baiano velho *trovejou*: § – Não tem luz!" (Antonio de Alcântara Machado, "Apólogo brasileiro sem véu de alegoria", *Os melhores contos brasileiros de todos os tempos*).

Relinchar Ver *verbos unipessoais*.

Remedar Ver *arremedar, remedar*.

Remediar Os verbos terminados em -*iar* são conjugados regularmente, à exceção de *mediar* (e *intermediar*), *ansiar, remediar, incendiar* e *odiar*. O verbo *remediar* troca o *i* por *ei* nas formas rizotônicas (aquelas cuja sílaba tônica está no radical): *pres. ind.*: remed*ei*o, remed*ei*as, remed*ei*a, remediamos, remediais, remed*ei*am; *pres. subj.*: remed*ei*e, remed*ei*es, remed*ei*e, remediemos, remedieis, remed*ei*em; *imp. afirm.*: remed*ei*a, remed*ei*e, remediemos, remediai, remed*ei*em. Ver *verbos terminados em* -*ear* e -*iar*.

Reparar O verbo reparar no sentido de 'notar, perceber, observar' constrói-se com objeto direto ou indireto (antecedido da preposição *em*): "Eu *reparei o seu pescoço*, nu, branco, muito branco, cheirando a perfume francês. Não havia nenhum colar ali." (Carlos Heitor Cony, *O irmão que tu me deste*); "[...] a não ser em redação de jornal, que é como sauna, onde todo mundo está nu e não *repara a nudez alheia*." (João Ubaldo Ribeiro, "Sofrendo até o fim", *O conselheiro come*); "*Repara no choramingar plangente* deste sombrio espaço, úmido!" (Adelino Magalhães, "Um prego! Mais outro prego!...", *Os melhores contos brasileiros de todos os tempos*); "Ninguém pudera *reparar no seu aspecto singular.*" (Dyonélio Machado, "Ele estava triste...", *ibidem*); "É porque o senhor é muito simples, não *repara nessas coisas.*" (João Ubaldo Ribeiro, "Questões acadêmicas", *O conselheiro come*).

Repor Verbos derivados de *pôr* (*compor, depor, dispor, expor, opor, propor, repor,* etc.) não têm acento gráfico na 1.ª e 3.ª pessoas do singular do infinitivo flexionado: *repor, repores, repor, repormos, repordes, reporem*. Nos demais tempos e pessoas, conjuga-se como *pôr*. Ver *pôr*.

República de Belarus Ver *Bielorrússia, República de Belarus, Belarus.*

Requerer Verbo irregular de 2.ª conjugação. Assim, temos: *pres. ind.*: requeiro, requeres, requer/requere, requeremos, requereis, requerem; *pret. imperf. ind.*: requeria, requerias, requeria, requeríamos, requeríeis, requeriam; *pret. perf. ind.*: requeri, requereste, requereu, requeremos, requerestes, requereram; *pret. mais-que-perf. ind.*: requerera, requereras, requerera, requerêramos, requerêreis, requereram; *fut. pres.*: requererei, requererás, requererá, requereremos, requerereis, requererão; *fut. pret.*: requereria, requererias, requereria, requereríamos, requereríeis, requereriam; *pres. subj.*: requeira, requeiras, requeira, requeiramos, requeirais, requeiram; *pret. imp. subj.*: requeresse, requeresses, requeresse, requerêssemos, requerêsseis, requeressem; *fut. subj.*: requerer, requereres, requerer, requerermos, requererdes, requererem; *imp. afirm.*: requer/requere, requeira, requeiramos, requerei, requeiram; *infinitivo flexionado*: requerer, requereres, requerer, requerermos, requererdes, requererem; *ger.*: requerendo; *part.*: requerido.

Requerer (regência) Nos seus diversos sentidos pede objeto direto da coisa requerida e objeto indireto de pessoa a quem se requer: *Requeri minhas férias ao diretor./ Requeri-lhe minhas férias./ Vou requerê-las ao diretor*. Em lugar da preposição *a* pode aparecer a preposição *de*: *Requeri de todos a devida atenção.*

Neste caso é sinônimo de 'reclamar', 'exigir'.

Resplandecer O verbo *resplandecer*, que está presente na letra do *Hino Nacional*, significa 'brilhar com intensidade; sobressair': "Se em teu formoso céu, risonho e límpido,/ A imagem do Cruzeiro *resplandece*." (Joaquim Osório Duque Estrada, Francisco Manoel da Silva, *Hino Nacional Brasileiro*).

Responder (regência) O verbo *responder* pede, na língua-padrão, objeto indireto de pessoa ou coisa a que se responde e direto do que se responde: Ela *respondeu aos* seguidores; "O marido *respondia a* tudo com as necessidades políticas." (Machado de Assis, *Memórias póstumas de Brás Cubas*); "– Viu-a, e não se lembrou de nada, observou Palha, sem *responder à* pergunta." (Machado de Assis, *Quincas Borba*); "Quanto à moça, achou que se deve por respeito *responder* alguma coisa [...]." (Clarice Lispector, *A hora da estrela*). (Obs.: A construção *responder a pergunta, o e-mail* [com objeto direto] é corrente no português, especialmente entre brasileiros, apesar de condenada por alguns gramáticos.) O objeto indireto pode ser representado por pronome átono: Vou *responder-lhe*. Admite ser construído na voz passiva: "[...] um violento panfleto contra o Brasil que *foi* vitoriosamente *respondido* por De Angelis." (Eduardo Prado). Registram-se, entretanto, exemplos esparsos de objeto direto de pessoa ou coisa a que se responde, o que os gramáticos pedem não se imite: "Ouviu-os indiferente e contrafeito. Não sabia *respondê-los*." (Euclides da Cunha, *Os sertões*).

Ressarcir O verbo *ressarcir*, outrora apontado como defectivo, é hoje conjugado integralmente. Assim, temos: *pres. ind.*: ressarço, ressarces, ressarce, ressarcimos, ressarcis, ressarcem; *pret. imperf. ind.*: ressarcia, ressarcias, ressarcia, ressarcíamos, ressarcíeis, ressarciam; *pret. perf. ind.*: ressarci, ressarciste, ressarciu, ressarcimos, ressarcistes, ressarciram; *pret. mais-que-perf. ind.*: ressarcira, ressarciras, ressarcira, ressarcíramos, ressarcíreis, ressarciram; *fut. pres.*: ressarcirei, ressarcirás, ressarcirá, ressarciremos, ressarcireis, ressarcirão; *fut. pret.*: ressarciria, ressarcirias, ressarciria, ressarciríamos, ressarciríeis, ressarciriam; *pres. subj.*: ressarça, ressarças, ressarça, ressarçamos, ressarçais, ressarçam; *pret. imp. subj.*: ressarcisse, ressarcisses, ressarcisse, ressarcíssemos, ressarcísseis, ressarcissem; *fut. subj.*: ressarcir, ressarcires, ressarcir, ressarcirmos, ressarcirdes, ressarcirem; *imp. afirm.*: ressarce, ressarça, ressarçamos, ressarci, ressarçam; *ger.*: ressarcindo; *part.*: ressarcido.

Restringido, restrito Ambos são particípios do verbo *restringir*. *Restrito* também pode ser adjetivo: "[...]

é uma massa de leitores anônimos que substitui o *restrito* círculo da nobreza e do clero." (Sonia Rodrigues, *Fronteiras*). Ver *particípio*.

Reter Verbos derivados de *ter* levam acento agudo no *e* do radical na 2.ª e 3.ª pessoas do singular do presente do indicativo (*tu reténs, ele retém*) e na 2.ª pessoa do singular do imperativo afirmativo (*retém tu*). Nos demais tempos e pessoas, conjuga-se como *ter*. Ver *ter*.

Retificar Ver *ratificar, retificar*.

Retorquir Verbo defectivo que não se conjuga nas pessoas em que depois do radical aparece *a* ou *o*. Assim, não se conjuga na 1.ª pessoa do singular do presente do indicativo, em todo o presente do subjuntivo, no imperativo afirmativo (com exceção da 2.ª pessoa do singular [*retorque* tu] e do plural [*retorqui* vós]) e no imperativo negativo. Nos demais tempos e pessoas, conjuga-se regularmente: *pres. ind.: tu* retorques, *ele* retorque, *nós* retorquimos, *vós* retorquis, *eles* retorquem; *pret. perf. ind.*: retorqui, retorquiste, retorquiu...; *pret. imperf. ind.*: retorquia, retorquias, retorquia...; *pret.-mais- -que-perf.*: retorquira, retorquiras, retorquira...; *fut. do pres.*: retorquirei, retorquirás...; *fut. do pret.*: retorquiria, retorquirias, retorquiria...; *pret. imp. do subj.*: retorquisse, retorquisses, retorquisse...; *fut. do subj.*: retorquir, retorquires, retorquir, retorquirmos, retorquirdes, retorquirem; *imp. afirm.*: retorque *tu*, retorqui *vós*; *gerúndio*: retorquindo; *particípio*: retorquido.

Retumbante O adjetivo de dois gêneros *retumbante*, que está presente na letra do *Hino Nacional*, significa 'que provoca grande ressonância, que produz som intenso': "Ouviram do Ipiranga as margens plácidas/ De um povo heroico o brado *retumbante* [...]." (Joaquim Osório Duque Estrada, Francisco Manoel da Silva, *Hino Nacional Brasileiro*).

Reumanizar Os prefixos *co-* e *re-* escrevem-se sempre junto ao 2.º elemento, diante de qualquer letra: *coabitar, coerdeiro, coliderança, coprodução, coexecutado, correquerido, correquisito, corresponsável, reeducar, reidratar, reierarquização, reumanizar, reanálise*, etc. Não seguem a regra dos demais prefixos.

Réveillon O substantivo masculino *réveillon* vem do francês, está registrado no Vocabulário Ortográfico da ABL (Volp) e tem como plural *réveillons*: "Por acaso, numa festa de *réveillon*, dei com Marília toda de branco." (Ana Maria Machado, *Aos quatro ventos* in *Ana Maria Machado: obra reunida*).

Rever Verbo irregular de 2.ª conjugação. O verbo *rever* é conjugado como *ver*; por isso dizemos: A aluna *reviu* (e não: *reveu*) a prova. Ver *ver*.

Rio-Niterói Conforme o Acordo Ortográfico de 1990, usa-se hífen, e não traço ou travessão, para ligar dois ou mais vocábulos que ocasionalmente se combinam, formando não propriamente palavras, mas encadeamentos vocabulares, como: a divisa *Liberdade-Igualdade-Fraternidade*, a ponte *Rio-Niterói*, o percurso *Lisboa-Coimbra-Porto*, a ligação *Angola-Moçambique* e nas combinações históricas ou até mesmo ocasionais de topônimos, tipo: *Áustria-Hungria, Alsácia-Lorena, Angola-Brasil, Tóquio-Rio de Janeiro*, etc. O hífen também é usado para ligar o ponto inicial e o final de um período de tempo, como em: Machado de Assis (1839-1908), a Guerra do Paraguai (1864-1870), etc.

Risco de vida, risco de morte

As locuções *risco de vida, risco de morte, perigo de vida, perigo de morte* aludem a uma mesma situação de periculosidade a que alguém está exposto, se não tomar as precauções devidas. Em outras palavras: são discursos equivalentes quanto ao sentido, mas construídos com signos linguísticos não sinônimos (vida/ morte), isto é, sem o mesmo significado. A opção por usar *vida* ou *morte* vai depender da norma ou uso normal em cada comunidade linguística.

Entre brasileiros aparece documentado no primeiro dicionário monolíngue da língua portuguesa, o de Morais (Antônio de Morais Silva), de 1789. O *Vocabulário português e latino*, de Bluteau, que serviu de fonte ao *Morais*, no volume editado em 1720, registra "pôr-se a perigo de vida, perder a vida", mas faz acompanhar das equivalentes latinas *vitae* ou *mortis periculum adire* ou *subire*, que atribui a Cícero. A norma em alemão prefere *vida* (*Lebensgefahr*), enquanto portugueses – embora estes também conheçam *vida* –, espanhóis, italianos e franceses preferem *morte*: "perigo de morte, *peligro de muerte, pericolo di morte, danger de mort*". Machado de Assis preferia *perigo* ou *risco de vida*: "Se não fosse um homem que passava, um senhor bem-vestido, que acudiu depressa, até com *perigo de vida*, estaria morto e bem morto" (*Quincas Borba*); "– Nada? Replicou alguém. Dê-me muitos desses nadas. Salvar uma criança com *risco da* própria *vida*..." (*Quincas Borba*); "[...] impossível a quem não fosse, como ele, matemático, físico e filósofo, era fruto de dilatados anos de aplicação, experiência e estudo, trabalhos e até *perigos de vida* [...]" (*Papéis avulsos*); "Tu não tens sentimentos morais? Não sabes o que é justiça? Não vês que me esbulhas descaradamente? E não percebes que eu saberei defender o que é meu, ainda com *risco de vida*?" (*Papéis avulsos*).

Condenar *perigo de vida, risco de vida* em favor de *perigo de morte, risco de morte* é empobrecer os meios de expressão do idioma – que conta com os dois modos de dizer –, além de desconhecer a história do seu léxico, em nome de um descartável fundamento lógico.

Rissole (/ssó/) O substantivo masculino *rissole* grafa-se com *ss*: "A vitrine de uma lanchonete reluzia de coxinhas de galinha, camarão empanado, *rissoles* que ela sabia recheados com palmito e azeitona preta." (Sonia Rodrigues, *Fronteiras*).

Rogo (/ô/), rogos (/ó/) Muitas palavras com *o* fechado tônico, quando passam ao plural, mudam esta vogal para *o* aberto: rogo (/ô/) – rogos (/ó/). Ver *plural com alteração de o fechado para o aberto*.

Roo (flexão de *roer*) Após o Acordo Ortográfico de 1990, sem acento, seguindo a regra: perde o acento gráfico a vogal tônica fechada do hiato *oo* em palavras paroxítonas, seguidas ou não de -*s*, como: *enjoo(s)* (substantivo) e *enjoo* (flexão de *enjoar*), *povoo* (flexão de *povoar*), *roo* (flexão de *roer*), *voo(s)* (substantivo) e *voo* (flexão de *voar*), etc.

Roraima É possível pronunciar /Roráima/ ou /Roráima/. Ambas estão corretas.

Rosa (cor) Como substantivo masculino, o *rosa* designa 'a cor vermelho-clara, semelhante à tonalidade da flor de algumas roseiras; cor-de-rosa'. Quando usado como adjetivo, permanece invariável: *casaco* rosa, *fitas* rosa, *paredes* rosa. Outros substantivos usados para designar cores também ficam invariáveis: *botas* creme, *fitas* laranja, *mochilas* salmão, *paredes* abóbora, *sapatos* cinza, *tons* pastel, *uniformes* abacate, etc.

Rosiano (E não: ros*ea*no) Ver -*eano*, -*iano*.

Roubar Verbos com os ditongos fechados *ou* e *ei* (*roubar*, *inteirar*) conjugam-se não se reduzindo a vogais abertas *o* e *e*, respectivamente. Assim, temos: *pres. ind.*: roubo (/rôu/ e não /ró/, etc.), roubas, rouba, roubamos, roubais, roubam; *pret. imperf. ind.*: roubava (/rôu/ e não /rô/, etc.), roubavas, roubava, roubávamos, roubáveis, roubavam; *pret. perf. ind.*: roubei (/rôu/ e não /rô/, etc.), roubaste, roubou, roubamos, roubastes, roubaram; *pret. mais-que-perf. ind.*: roubara (/rôu/ e não /rô/, etc.), roubaras, roubara, roubáramos, roubáreis, roubaram; *fut. pres.*: roubarei (/rôu/ e não /rô/, etc.), roubarás, roubará, roubaremos, roubareis, roubarão; *fut. pret.*: roubaria (/rôu/ e não /rô/, etc.), roubarias, roubaria, roubaríamos, roubaríeis, roubariam; *pres. subj.*: roube (/rôu/ e não /ró/, etc.), roubes, roube, roubemos, roubeis, roubem; *pret. imp. subj.*: roubasse (/rôu/ e não /rô/, etc.), roubasses, roubasse, roubássemos, roubásseis, roubassem; *fut. subj.*: roubar (/rôu/ e não /rô/, etc.), roubares, roubar, roubarmos, roubardes, roubarem; *imp. afirm.*: rouba (/rôu/ e não /ró/, etc.), roube, roubemos, roubai, roubem; *ger.*: roubando; *part.*: roubado.

Rubrica Palavra paroxítona, ou seja, aquela cuja sílaba tônica é a penúltima (*bri*). Portanto a pronúncia deve ser ru*bri*ca (e não: *ru*brica).

Rugir Ver *verbos unipessoais*.

Ruim Palavra dissílaba oxítona, ou seja, aquela cuja sílaba tônica é a última (*im*). Portanto a pronúncia deve ser /ruím/ e não: /rúim/.

Ruir Verbo defectivo que não se conjuga nas pessoas em que depois do *u* do radical aparece *a* ou *o*. Assim, não deve ser conjugado na 1.ª pessoa do singular do presente do indicativo (mas estão corretas as formas: *tu ruis, ele rui, nós ruímos, vós ruís, eles ruem*). Também não se conjuga em todo o presente do subjuntivo, no imperativo afirmativo (com exceção da 2.ª pessoa do singular [*rui* tu] e do plural [*ruí* vós]) e no imperativo negativo. Nos demais tempos e pessoas, conjuga-se regularmente.

Ss

Sacristão Muitos substantivos em -*ão* apresentam dois e até três plurais. É o caso de *sacristão*, plural: *sacristãos* ou *sacristães*. O feminino é *sacristã*.

Sal a gosto (sem acento grave) Ver *a gosto*.

Salmão (cor) Quando usado como adjetivo, permanece invariável: *luvas* salmão, *paredes* salmão. Outros substantivos usados para designar cores também ficam invariáveis: *botas* creme, *casacos* laranja, *mochilas* café, *paredes* abóbora, *sapatos* cinza, *tons* pastel, *uniformes* abacate, etc.

Saltar do veículo (E não: *sol*tar) Dizemos *saltar* (= descer ou apear; desembarcar) de veículo, montaria, etc.: "Viajo com minha filha de dez anos, rota Rio-Buenos Aires. *Saltamos* em São Paulo [...]." (Carlos Heitor Cony, "Da aérea comunicação dos povos", *Da arte de falar mal*); "*Saltou* do trem também com uma piteira, um relógio de pulseira [...]." (João Guimarães Rosa, "O burrinho pedrês", *Sagarana*).

Salvado, salvo Ambos são particípios do verbo *salvar*. E *salvo* também é adjetivo: "No capítulo de que trato, dava para maometana; aceitaria um harém, com as aparências *salvas*." (Machado de Assis, "Missa do Galo", *Os melhores contos brasileiros de todos os tempos*). Como substantivo, dizemos: *os* salvados *do incêndio*. Ver *particípio*.

Salve!, Salvem! Ver *Viva!, Vivam!*.

Salvo Alguns particípios passaram a ter emprego equivalente a preposição e advérbio (por exemplo: *exceto, salvo, mediante, não obstante, tirante*, etc.) e, como tais, normalmente devem aparecer invariáveis. Entretanto, não se perdeu de todo a consciência de seu antigo valor, e muitos escritores procedem à concordância necessária: "Os tribunais, *salvas* exceções honrosas, reproduziam... todos os defeitos do sistema" (Rebelo da Silva, *História de Portugal*); "A razão desta diferença é que a mulher (*salva* a hipótese do cap. CI e outras) entrega-se por amor

[...]." (Machado de Assis, *Memórias póstumas de Brás Cubas*). Como bem pondera Epifânio Dias, flexionar tais termos "é expressar-se na verdade com correção gramatical, mas de modo desusado" (*Sintaxe histórica portuguesa*).

Deste modo, a língua moderna dá preferência a dizer "*salvo* exceções", "*salvo* a hipótese".

Sangue-frio, sangue frio O substantivo masculino *sangue-frio* significa 'autocontrole, tranquilidade; frieza diante de situação difícil, perigosa, etc.': "Como cada qual tinha de atirar com *sangue-frio*, de matar exato." (João Guimarães Rosa, *Grande sertão: Veredas*). Já a locução *sangue frio* refere-se ao sangue de animais (como peixes, répteis) cuja temperatura não é constante, e depende da temperatura do meio externo: "Em carta neste momento escrita ao Arinos disse que quem resiste a tal clima tem nos músculos a elástica firmeza das fibras dos buritis e nas artérias o *sangue frio* das sucuruiubas." (Euclides da Cunha, *Correspondência de Euclides da Cunha*). Ver *a sangue-frio*.

Santo, são Usamos *são* (redução de *santo*) diante dos nomes começados por consoante: *São* Jorge, *São* Paulo, *São* Pedro, etc. E *santo* diante de nomes começados por vogal: *Santo* Antônio, *Santo* Expedito, etc. Conhecem-se poucas exceções: *Santo* Tirso, *Santo* Tomás. Se entre *santo* e o nome próprio se interpõe uma palavra, não ocorrerá a redução: *S. Frei Gil* ler-se-á *Santo Frei Gil*.

São onze e meia O verbo *ser* fica no singular em frases como: é *uma e meia*, era *uma hora e quinze*, é *meio-dia e meia*, é *meio-dia e dez* (e não: são *uma e meia*, eram *uma hora e quinze*, etc.).

Porém concorda no plural em: são *onze e meia*, são *vinte para a uma*, são *cinco para as duas*, eram *doze e trinta*, etc.; "– Não, não, ainda é cedo. Vi agora mesmo o relógio, *são onze e meia*." (Machado de Assis, "Missa do Galo", *Os melhores contos brasileiros de todos os tempos*).

São Tomé e Príncipe (sem hífen) Os adjetivos referentes a São Tomé e Príncipe são: *santomense, são-tomense, sã-tomense*.

Sargento O substantivo *sargento* é de dois gêneros, assim como *primeiro-sargento* (plural: *primeiros-sargentos*) e *segundo-sargento* (plural: *segundos-sargentos*). Assim, dizemos: *o sargento* Rodrigo, *a sargento* Denise, *o primeiro-sargento* Rodrigo, *a primeiro-sargento* Denise; "– Eu sou Letícia, *sargento*, filha de Amanda." (Sonia Rodrigues, *Fronteiras*).

Na hierarquia militar, a denominação para mulheres da profissão parece não haver uma regra generalizada. Correm com maior frequência os empregos: *o capitão* Rodrigo, *a capitã* Denise, *o tenente* Rodrigo, *a tenente* Denise, *o primeiro-tenente* Rodrigo, *a primeiro-tenente* Denise, *o tenente-coronel* Rodrigo, *a tenente-coronel* Denise, *o contra-almirante* Rodrigo, *a contra-almirante* Denise; "A Marinha destaca-se, nesse sentido, pelo pioneirismo em dois aspectos. Foi a primeira das três Forças a aceitar o ingresso das mulheres, em 1980, e é a única a ter uma oficial general, *a contra-almirante* médica Dalva Mendes." (www.brasil.gov.br/defesa-e-seguranca/2014/02/primeira-turma-de-aspirantes-mulheres-ingressa-em-escola-militar, acesso em 21/8/2016).

Sartriano (E não: sar*trea*no) Ver *-eano, -iano*.

Satisfazer (regência) Pede objeto direto ou complemento preposicionado: *Satisfaço o seu pedido.*/ *Satisfaço ao seu pedido.*/ Eu *o satisfaço.*/ Eu *lhe satisfaço*: "Apesar bem de belo, perfeito em forma de semelhanças, cavalo tão cidadão, aquilo não podia *satisfazer o espírito*, como a riqueza esfria amores, permanecido em estado de bicho." (João Guimarães Rosa, "Retrato de cavalo", *Tutameia*); "Aquele, sim, era um santo, a coisa mais fácil do mundo era *satisfazê-lo*." (Ariano Suassuna, *Auto da Compadecida*); "Tudo *satisfazia à sua curiosidade insaciável*." (Luís Viana Filho, *A vida de Rui Barbosa*).

Saudar Verbos com o hiato *au, ai* e *iu* (como *saudar, embainhar* e *amiudar*) conjugam se mantendo o hiato. Assim, temos: pres. ind.: *saúdo, saúdas, saúda, saudamos, saudais, saúdam*; *pret. imperf. ind.*: saudava, saudavas, saudava, saudávamos, saudáveis, saudavam; *pret. perf. ind.*: saudei, saudaste, saudou, saudamos, saudastes, saudaram; *pret. mais-que-perf. ind.*: saudara, saudaras, saudara, saudáramos, saudáreis, saudaram; *fut. pres.*: saudarei, saudarás, saudará, saudaremos, saudareis, saudarão; *fut. pret.*: saudaria, saudarias, saudaria, saudaríamos, saudaríeis, saudariam; *pres. subj.*: saúde, saúdes, saúde, saudemos, saudeis, saúdem; *pret. imp. subj.*: saudasse, saudasses, saudasse, saudássemos, saudásseis, saudassem; *fut. subj.*: saudar, saudares, saudar, saudarmos, saudardes, saudarem; *imp. afirm.*: saúda, saúde, saudemos, saudai, saúdem; *ger.*: saudando; *part.*: saudado.

-se Na voz passiva pronominal, o pronome átono *se* junta-se a um verbo na forma ativa: Fazem-se *persianas.*/ Alugam-se *carros.*/ Viu-se *o erro da última parcela*; "E se conversa muito, *se fazem* discursos, *se lançam* promessas mirabolantes e nada de positivo acontece." (João Ubaldo Ribeiro, "Quem está preso? Quem governa?", *A gente se acostuma a tudo*). O sujeito do verbo na voz passiva pronominal é geralmente um nome de coisa, um ser inanimado, incapaz de praticar a ação expressa pelo verbo. Normalmente aparece posposto ao verbo, mas pode antepor-se-lhe: "Este acontecimento *deu-se* à porta da minha casa, há cinco horas" (Camilo Castelo Branco, *O bem e o mal*). Na voz passiva pronominal o verbo só pode estar na 3.ª pessoa (singular ou plural) e, na língua moderna, não vem expresso o agente da passiva. O pronome átono *se* que se junta ao verbo para formar a voz passiva pronominal denomina-se *partícula apassivadora/ pronome apassivador*.

Obs.: Em *Alugam-se carros*, o verbo, na língua-padrão, obrigatoriamente aparece no plural para concordar com o sujeito (*carros*). Já em *Precisa-se de empregados*, não há voz passiva; *de empregados* é objeto indireto, e não obriga a que o verbo vá ao plural. O *se*, neste caso, se diz índice de indeterminação do sujeito. Os verbos transitivos apenas indiretos não se constroem na passiva, porque só o objeto direto da ativa pode transformar-se em sujeito da passiva.

Se acaso A conjunção *se* pode preceder o advérbio *acaso* (= por acaso, por hipótese, porventura). Portanto, *se acaso* é expressão correta em construções do tipo: "E, *se acaso* se demorava no campo, após o trabalho, nem escolhia, nem marcava a caça, disparando sem gosto, a esmo." (Alcides Maya, "Alvos", *Os melhores contos brasileiros de todos os tempos*). Obs.: *Se caso* é uso incorreto, redundante, pois ambas são conjunções de mesmo sentido.

Sebo (com *s*) O substantivo masculino *sebo* designa: 1. Secreção das glândulas sebáceas. 2. Gordura sólida presente nas vísceras abdominais de ruminantes, usada na fabricação de velas, etc.: "Deram-lhe o boa-noite, e se recolheu, com uma vela de *sebo*, ao quarto do Joaquim." (Lúcio de Mendonça, "O hóspede", *Os melhores contos brasileiros de todos os tempos*); "Para assentarem os indomáveis cabelos rijos que nem piassaba, tinham-nos empastado de *sebo* de holanda, cujo perfume [...]." (José Veríssimo, "O crime do tapuio", *ibidem*). 3. Camada gordurenta, suja: *móveis abandonados, cobertos de* sebo. 4. Livraria onde são comprados e vendidos livros usados: "A primeira coisa que as mulheres fazem quando o marido morre é vender os livros dele para o *sebo*." (Rubem Fonseca, "Nora Rubi", *Ela e outras mulheres*). 5. Pessoa antipática, arrogante, sebosa: *Dizem que ela é um* sebo.

A locução *metido a sebo* refere-se a 'pessoa arrogante, presunçosa, que se supõe melhor do que os demais': "Tanto assim é que mesmo muitos micreiros *metidos a sebo* (quase todos eles ficam *metidos a sebo*, é um espanto, deve fazer parte de alguma síndrome ainda não estudada [...]) [...]." (João Ubaldo Ribeiro, "Meu amado Compaq", *O conselheiro come*).

Seboso (com *s*) O adjetivo *seboso* significa: 1. Coberto ou sujo de sebo, de camada de gordura: "Guedes estava com o seu uniforme, o blusão *seboso* e a camisa encardida de colarinho aberto." (Rubem Fonseca, *Bufo & Spallanzani*). 2. Que é arrogante, presunçoso: "[...] o pai se apresentou, supersimpático, ao vizinho *seboso* que desceu com eles no elevador." (Sonia Rodrigues, *Fronteiras*). 3. Que é sujo, sem higiene.

Seção, secção, sessão, cessão São formas variantes *seção* e *secção* (= divisão de um todo, segmento, setor; corte): *seção* de esportes, *seção* de carnes e peixes, *seção* eleitoral; "Acordo cedo, sou ansioso e, possivelmente, terei aparecido em minha *seção* até antes dos mesários." (João Ubaldo Ribeiro, "Bom domingo", *Os melhores contos brasileiros de todos os tempos*).

Já *sessão* é 'espaço de tempo em que ocorre uma atividade': *sessão* de fotos, *sessão* espírita, *sessão* parlamentar; "Não vou a cinemas à noite, só na *sessão* das duas da tarde [...]." (Danuza Leão, *É tudo tão simples*); "[...] fiquei satisfeitíssimo e pensei mesmo em comunicar o fato a meus pares [...] numa *sessão* da Academia, mas uma crise de modéstia me impediu." (João Ubaldo Ribeiro, "Esta vida de *grife*", *A gente se acostuma a tudo*).

E *cessão* é 'ação de ceder; transferência de posse ou direito; empréstimo': *cessão* de bens entre herdeiros, contrato de *cessão* de direitos, etc.

Seguem anexos, seguem anexas Como adjetivo, *anexo* concorda com o termo a que se refere. Assim sendo, diz-se: *Segue* anexa *a cópia da carta anterior* (e não *anexo*)./ *Remetemos-lhe* anexos *os pareceres*./ *Seguem* anexas *as declarações*./ *Correm* anexos *aos processos vários documentos*.

Obs.: 1.ª) Usa-se invariável *em anexo*: *Vai* em anexo *a declaração*./ *Vão* em anexo *as declarações*. 2.ª) Também é possível dizer *Seguem*-se anexos *os documentos*, com o verbo no mesmo sentido de 'vir em sequência, próximo ou junto'.

Secretário-geral, secretária-geral Quando o segundo elemento do composto denota seriação ou hierarquia, usa-se hífen: *administrador-geral, administradora-geral, secretário-geral, secretária-geral, gerente-geral, coordenador-geral, coordenadora-geral, diretor-executivo, diretora-executiva, diretor-presidente, diretora-presidente, redator-chefe, redatora-chefe, editor-assistente, editora-assistente, cirurgião-assistente, cirurgiã-assistente*.

Segundamente Ver *segundamente, terceiramente*.

Segundamente, terceiramente O uso desses advérbios está de acordo com a língua-padrão. O emprego é gramaticalmente correto, apesar da frequência de uso das formas *segundamente* e *terceiramente* ser bem menor em comparação com *primeiramente*. O *Diccionario de la* *lengua española*, da Real Academia Española, que tem critérios bastante rigorosos, registra *segundamente* e *terceiramente* (indicando que estes dois últimos são pouco usados).

Segundo-secretário, segunda-secretária Ver *primeiro-secretário, segundo-secretário, terceiro-secretário*.

Seja Conjunção alternativa que, enfatizada pela repetição, equivale a *ou...ou, quer...quer*, em construções do tipo: "Nem comer [...] é mais possível sem estresse, *seja* porque a comida vai nos entupir as artérias, *seja* porque nos vai empeçonhar com venenos que causam mortes horrendas, *seja* porque vamos pegar cólera [...]." (João Ubaldo Ribeiro, "Mantendo a forma", *O conselheiro come*).

Selfie Estrangeirismo do inglês. Devemos dizer a *selfie* (= fotografia que alguém tira de si mesmo, segurando a câmera, o celular ou algum bastão que os sustente). Quando a *selfie* abarca várias pessoas, chamamos *selfie* em grupo.

Sem- Emprega-se o hífen nos compostos sem elemento de ligação quando o 1.º elemento está representado pelas formas *além, aquém, recém, bem* e *sem*: *além-Atlântico, além-fronteiras, além-mar, além-mundo, aquém-Pireneus, recém-casado, recém-nascido, bem-estar, bem-humorado, bem-dito, bem-dizer, bem-vestido, bem-vindo, sem-cerimônia, sem-fim* (= quantidade inúmera; vastidão: *um* sem-fim *de possibilidades*; *nos* sem-fins *do deserto*), *sem-nome* (= inqualificável: *atitudes* sem-nome); *sem-número* (= quantidade inúmera; infinidade: *um* sem-número *de chances*); *sem-par* (= sem igual; inigualável: *beleza* sem-par; *ideias* sem-par) *sem-vergonha, sem-terra* (= [trabalhador rural] que não tem a posse legal da terra em que vive ou trabalha: *os* sem-terra; *trabalhadores* sem-terra), *sem-teto* (= [indivíduo] que mora nas ruas ou em abrigos públicos: *os* sem-teto; *trabalhadores* sem-teto), *sem-vergonha* (= [indivíduo] que não tem pudor, dignidade ou é malicioso: *Eram dois* sem-vergonha; *malandros* sem-vergonha), etc.

Semi- Ver *hífen nas formações com prefixo*.

Semi-integral Conforme o Acordo Ortográfico de 1990, nas formações com prefixos, emprega-se o hífen quando o 1.º elemento (*semi-*) termina por vogal igual à que inicia o 2.º elemento (*integral*): *semi-integral, semi-interno, semi-internato*, etc. Ver *hífen nas formações com prefixo*.

Semi-interno Refere-se ao aluno que permanece em horário integral no colégio: "Eu era *semi-interno*, ficava o dia inteiro lá e ia dormir em casa. E caí em Friburgo na orgia. Mulheres e tal... Boemia." (Luis Fernando Verissimo e Zuenir Ventura, *Conversa sobre o tempo com Arthur Dapieve*). Pl.: *semi-internos*.

Semirreta Conforme o Acordo Ortográfico de 1990, nas formações com prefixos, quando o 1.º elemento termina por vogal (*semi-*) e o 2.º elemento começa por *r* (*reta*) ou *s*, não se usa hífen, e estas consoantes devem duplicar-se, prática já adotada também em palavras deste tipo pertencentes aos domínios científico e técnico: *antessala, antirreligioso, antissocial, autorregulamentação, biorritmo, biossatélite, contrarregra, contrassenha, cosseno, eletrossiderurgia, extrarregular, infrassom, macrorregião, microssistema, minissaia, multissegmentado, neorromano, protossatélite, pseudossigla, semirreta, semirrígido, sobressaia, suprarrenal, ultrassonografia*. Ver *hífen nas formações com prefixo*.

Senão, se não Como conjunção, *senão* tem o sentido de 'do contrário' (*Estude,* senão *fracassará nas provas*). Depois de uma negação, vale por uma conjunção adversativa (= mas sim; porém; a não ser) em construções do tipo: "E agora as entregais desta maneira, *não* a pastores *senão a lobos*" (Antônio Vieira *apud* Antenor Nascentes, *Dificuldades de análise sintática*); "– Isto, isto; – e eu *não* tive remédio *senão* rir também, e tudo acabou em galhofa." (Machado de Assis, *Memórias póstumas de Brás Cubas*). Precedido de *não,* também equivale a 'só': Ele *não* quer *senão* o livro = ele *só* quer o livro. Ainda aparece na expressão enfática *não só... senão*:

"Vós, que *não só* amais os livros, *senão* que padeceis a mania deles, vós sabeis muito bem o valor desta palavra [...]." (*Idem, ibidem*).

Como preposição, *senão* significa 'com exceção de; a não ser, exceto': "Afora os jurados não havia mais nada na sala *senão* uns dois ou três indivíduos [...]." (José Veríssimo, "O crime do tapuio", *Os melhores contos brasileiros de todos os tempos*).

Senão também pode ser substantivo masculino, com o sentido de 'falha, defeito': *Não há qualquer* senão *em seu currículo*; *Os* senões *não passaram despercebidos*. Nos demais casos, usamos *se não* separado.

Já a conjunção *se* seguida do advérbio *não* constitui uma oração condicional em construções do tipo: "Hás de lembrar-te delas; *se não,* relê o capítulo, cujo número não ponho aqui, por não me lembrar já qual seja [...]." (Machado de Assis, *Dom Casmurro*); "Se a consternasse é que realmente gostava de mim; *se não*, é que não gostava." (*Idem, ibidem*).

Sendo que As orações adverbiais reduzidas podem ter o verbo, principal ou auxiliar, no gerúndio, e aí equivalente a uma oração causal (*Sendo* este seu desejo, farei o que me pede), condicional (*Sendo* parte da família, teria direito a herança), temporal, etc. O gerúndio pode aparecer precedido de preposição *em* quando indica tempo, condição ou hipótese: "Em Vieira morava o gênio: em Bernardes o amor, que, *em sendo verdadeiro*, é também gênio" (Antônio Feliciano de Castilho *apud* Fausto Barreto, *Antologia nacional*).

Ocorrem mais modernamente empregos da expressão gerundial *sendo que* sem nenhum valor circunstancial: As novidades foram inúmeras, *sendo que* as melhores vieram por último./ A família estava magoada, *sendo que* o pai queria mudar de endereço./ Tais construções aparecem nos jornais, *sendo que* as mais frequentes se estampam em artigos não assinados. Há várias maneiras de alterar a construção do período: A) usando-se a conjunção *e* em lugar de *sendo que*: As novidades foram inúmeras *e as melhores vieram por último*. B) usando-se sinal adequado de pontuação como, por exemplo, ponto e vírgula: A família estava magoada; *o pai queria mudar de endereço*. C) usando-se a construção com relativo ou outra adequada: Aparecem nos jornais tais construções, *das quais* as mais frequentes se estampam em artigos não assinados.

Este uso moderno é uma articulação oracional tão cômoda para a expressão do pensamento que se vem generalizando até entre bons escritores: "Viana tinha cousas más e boas, *sendo que* as cousas boas eram justamente as que se opunham ao gênio especulativo da viúva." (Machado de Assis, *Ressurreição*); "O assombro da assembleia foi imenso, e não menor a incredulidade de alguns, não digo de todos, *sendo que* a maioria não sabia que acreditasse [...]." (*Idem*, "O segredo do bonzo", *Papéis avulsos*); "Naturalmente que isso se estende a qualquer tipo de documento, *sendo que* alguns saem com letra fibriladíssima [...]." (João Ubaldo Ribeiro, "Maluquices variadas", *O conselheiro come*); "Logo tivemos dois caseiros, Eurico Novais e Manuel Firme, *sendo que* este era apenas um pouco mais velho do que eu [...]." (Carlos Heitor Cony, *Quase memória*); "O que os outros se diziam: que Sorôco tinha tido muita paciência. *Sendo que* não ia sentir falta dessas transtornadas pobrezinhas, era até um alívio." (João Guimarães Rosa, "Sorôco, sua mãe, sua filha", *Os melhores contos brasileiros de todos os tempos*); "E não era menino/ Por nada mofino/ *Sendo que* uma vez/ Embolou com três." (Vinicius de Moraes, "O poeta aprendiz", *Para viver um grande amor* in *Vinicius de Moraes: obra reunida*).

Sênior O plural de *sênior* (= que é mais antigo ou graduado em sua profissão ou atividade) é *seniores* (/ôres/), palavra paroxítona (e não: *sêniores* ou *sêniors*.): engenheira sênior; *analistas* seniores; "Se foi gerente, será difícil convencer alguém a contratá-lo como analista *sênior*." (Claudia Giudice, *A vida sem crachá*). Assim como o plural de *júnior* é *juniores* (/ôres/).

Senso Ver *censo, senso*.

Sensor Ver *censor, sensor*.

Sentamo-nos (E não: *sentamos-nos*). Se o pronome átono (no caso, *nos*) for enclítico (vier depois do verbo), o verbo perderá o -*s* final apenas na 1.ª pessoa do plural: *sento-me, sentas-te, senta-se,* sentamo-nos, *sentais-vos, sentam-se*: "Sentamo-nos ao lado um do outro." (Aluísio Azevedo, "O madeireiro", *Os melhores contos brasileiros de todos os tempos*). Da mesma forma: *apiedamo-nos, queixamo-nos, tínhamo-nos, tivéssemo-nos,* etc.

Com o pronome nas outras posições, o verbo ficará intacto: Nós *nos* sentamos (pronome antes do verbo: próclise)./ Sentar-*nos*-emos (pronome no meio do verbo: mesóclise). No caso de outros pronomes, nenhuma alteração ocorre: *conhecemos-te, chamamos-lhe, enviamos-lhe, informamos-lhe, requeremos-lhe*, etc.

Sentar-se à mesa Ver *à mesa, na mesa*.

Sentinela Nomes femininos como *sentinela* ('soldado armado que guarda um posto'; 'indivíduo que está de vigia'), *guarda* (com o significado de 'grupo encarregado da proteção e defesa de um lugar ou de alguém') e assemelhados, quando aplicados a pessoas do sexo masculino, mantêm o gênero feminino e levam para este gênero os determinantes a eles referidos: *a sentinela avançada*; *a guarda equipada*; "E lá estava ela, com Ana à beira do berço como uma *sentinela* [...]." (João Ubaldo Ribeiro, *Diário do farol*).

Sentir, ouvir, olhar, ver (e sinônimos) Ver *verbos causativos e sensitivos*.

Ser (concordância) Como se dá com a relação sintática de qualquer verbo e o sujeito da oração, o normal é que sujeito e verbo *ser* concordem em número: *José era* um aluno aplicado./ *Os dias de inverno são* menores que os de verão.

Todavia, em alguns casos, o verbo *ser* se acomoda à flexão do predicativo, especialmente quando este se acha no plural. São os seguintes os casos em que se dá esta concordância:

a) quando um dos pronomes *isto, isso, aquilo, tudo, ninguém, nenhum* ou expressão de valor coletivo do tipo de *o resto, o mais* é sujeito do verbo *ser*: *Tudo eram* alegrias. A concordância normal com o sujeito ocorre, apesar de mais rara: *Tudo é* alegrias.

b) quando o sujeito é constituído pelos pronomes interrogativos *quem, que, o que*: "O que são comédias?" (Camilo Castelo Branco, *A queda dum anjo*)./ *Quem eram os convidados*?/ Não sei *quem são os vencedores*.

c) quando o verbo *ser* está empregado na acepção de "ser constituído por": A provisão *eram alguns quilos de arroz*.

d) quando o verbo *ser* é empregado impessoalmente, isto é, sem sujeito, nas designações de horas, datas, distâncias, imediatamente após o verbo: *São dez* horas? Ainda não *o são*./ Hoje *são 15* de agosto. (Mas: Hoje é dia *15 de agosto*.)/ "*Eram quatro* de agosto, quando se encontraram" (Alexandre Herculano); "*Eram cinco* e quinze da manhã." (Caio Fernando Abreu, *Morangos mofados*); "Da estação à fazenda *são três léguas* a cavalo" (Said Ali). Obs.: Se o predicativo plural é precedido de uma expressão que denota cálculo aproximado (*perto de, cerca de*, etc.), os escritores ora usam o plural, ora o singular: "*Era perto de duas horas* quando saiu da janela [...]." (Machado de Assis, *Quincas Borba, apud* Sousa da Silveira, *Lições de português*); "*Eram perto de oito horas*" (Machado de Assis, *Histórias sem data, apud Sousa da Silveira, Lições de português*).

e) quando o verbo *ser* aparece nas expressões *é muito, é pouco, é bom, é demais, é mais de, é tanto* e o sujeito é representado por termo no plural que denota preço, medida ou quantidade: "Sessenta mil homens *muita gente é* para casa tão pequena" (Rebelo da Silva, *Contos e lendas*)./ Dez reais *é pouco*./ Um *é* pouco, dois *é* bom, três *é* demais.

Nas orações ditas equativas em que com *ser* se exprime a definição ou a identidade, o verbo, posto entre dois substantivos de números diferentes, concorda em geral com aquele que estiver no plural. Às vezes, um dos termos é um pronome: "A pátria não *é* ninguém: *são* todos" (Rui Barbosa, *Discurso no Colégio Anchieta*). Mas: "Justiça é tudo, justiça *é* as virtudes todas" (Almeida Garrett, *Da educação, Obras completas*). Às vezes, em lugar de *ser*, aparece o verbo *parecer*: "Essa imensa papelada [...] *Parecem* indiscrições" (Gonçalves Dias, *Obras poéticas*, II).

Se o sujeito está representado por pronome pessoal, o verbo *ser* concorda com o sujeito, qualquer que seja o número do termo que funciona como predicativo: *Ela era* as preocupações do pai./ "Nas minhas terras o rei *sou eu*" (Alexandre Herculano); "O Nordeste não *são* 'eles', somos nós todos, os brasileiros." (João Ubaldo Ribeiro em *O Globo*, 11/2/2003). Se o sujeito está representado por nome próprio de pessoa ou lugar, o verbo *ser*, na maioria dos exemplos, concorda com o predicativo: "Ouro Preto *são* dois temperamentos dentro de duas freguesias" (Carlos de Laet).

Na expressão que introduz narrações do tipo de *era uma princesa*, o verbo *ser* é impessoal, com o significado de *existir*, funcionando como predicativo o substantivo seguinte, com o qual concorda: *Era uma princesa* muito formosa que vivia num castelo de cristal./ "*Eram quatro irmãs tatibitates* e a mãe delas tinha muito desgosto com esse defeito" (Luís da Câmara Cascudo, *Contos tradicionais do Brasil*). Com a expressão *era uma vez uma princesa*, continua o verbo *ser* como impessoal e o substantivo seguinte como predicativo (*uma princesa*); todavia, como diz Adriano da Gama Kury, a atração fortíssima do singular *uma vez* (adjunto adverbial de tempo) leva a que o verbo fique também no singular ainda quando o predicativo seja um plural: "Disse que *era uma vez dois* [...] *compadres*, um rico e outro pobre" (*Idem, ibidem*); "*Era uma vez três moças* muito bonitas e trabalhadeiras" (*Idem, ibidem*). A verdade é que muitos idiomas, em textos de níveis distensos, apresentam essas irregularidades que se afastam do uso normal e padrão, principalmente quando o verbo é anunciado antes do sujeito, com alguma distância, como se o falante ao começar a oração pelo verbo ainda não tivesse decidido como iria apresentar formalmente a expressão do sujeito.

A moderna expressão *é que*, de valor reforçativo de qualquer termo oracional, aparece em geral com o verbo *ser* invariável em número: *Nós é que* somos brasileiros. (= Nós somos brasileiros)./ *Esses livros é que* não compraremos agora. (= Não compraremos esses livros agora). Afastado do *que* e junto do termo no plural, aparece às vezes o verbo *ser* no plural, concordância que a língua-padrão rejeita: *São* de homens assim *que* depende o futuro da pátria. (Melhor seria: *É* de homens assim *que* depende o futuro da pátria. Ou: De homens assim *é que* depende o futuro da pátria.)./ *Foram* nesses livros *que* estavam as respostas. (Melhor seria: *Foi* nesses livros *que* estavam as respostas. Ou: Nesses livros *foi que* estavam as respostas.).

Nas expressões que denotam operação aritmética do tipo *um e um, um mais um, um com um*, que funcionam como sujeito do verbo *ser* (*fazer, somar*, etc.), o verbo vai ao plural concordando normalmente com o sujeito: "– Sempre ouvi dizer que duas semanas são quinze dias. § – Eu também tenho ouvido, confessou o Dr. Magalhães. Mas é um engano. Uma semana tem sete dias. *Sete e sete não são* catorze? E então?" (Graciliano Ramos, *São Bernardo*).

Nas expressões do tipo *é de ver, é de reparar*, por influência de *é coisa de ver, é coisa para ver*, põe-se o verbo *ser* no singular, ainda que anteposto a substantivo no plural: *Era de ver* os gestos incontrolados daquelas criaturas. Se a expressão vier posposta ao nome no plural, impõe-se o plural ao verbo: Os gestos *eram de ver*.

Ser (conjugação) Verbo irregular. Assim, temos: *pres. ind.*: sou, és, é, somos, sois, são; *pret. imperf. ind.*: era, eras, era, éramos, éreis, eram; *pret. perf. ind.*: fui, foste, foi, fomos, fostes, foram; *pret. mais-que-perf. ind.*: fora, foras, fora, fôramos, fôreis, foram;

fut. pres.: serei, serás, será, seremos, sereis, serão; *fut. pret.*: seria, serias, seria, seríamos, seríeis, seriam; *pres. subj.*: seja, sejas, seja, sejamos, sejais, sejam; *pret. imp. subj.*: fosse, fosses, fosse, fôssemos, fôsseis, fossem; *fut. subj.*: for, fores, for, formos, fordes, forem; *imp. afirm.*: sê, seja, sejamos, sede, sejam; *ger.*: sendo; *part.*: sido.

Será assistido (voz passiva) Em geral, só pode ser construído na voz passiva verbo que pede objeto direto, acompanhado ou não de outro complemento. Daí a língua-padrão lutar contra construções do tipo: *O espetáculo será assistido por todos*, uma vez que o verbo *assistir*, nesta acepção, só se constrói com complemento relativo/ objeto indireto: *Todos* assistirão ao *espetáculo*. À força do uso já se fazem concessões aos verbos: *apelar*: A sentença não *foi apelada*./ *aludir*: Todas as faltas *foram aludidas*./ *obedecer*: Os regulamentos não *são obedecidos*./ *pagar*: As pensionistas *foram pagas* ontem./ *perdoar*: Os pecadores devem *ser perdoados*./ *responder*: Os bilhetes *seriam respondidos* hoje.

Seriinho Não serão acentuadas as vogais tônicas *i* e *u* das palavras paroxítonas, quando estas vogais estiverem precedidas de ditongo decrescente, como é o caso de *cheiinho* (de *cheio*), *feiinho* (de *feio*), *friinho* (de *frio*), *seriinho* (de *sério*), etc. O superlativo absoluto sintético *seriíssimo* é acentuado por ser uma palavra proparoxítona. Obs.: Chamamos a atenção para as palavras terminadas em –*io* que, na forma sintética, apresentam dois *is*, por seguirem a regra geral da queda do –*o* final para receber o sufixo: cheio (*cheiinho, cheiíssimo*), feio (*feiinho, feiíssimo*), frio (*friinho, friíssimo*), necessário (*necessariíssimo*), precário (*precariíssimo*), sério (*seriinho, seriíssimo*), sumário (*sumariíssimo*), vário (*variíssimo*). Ainda que escritores usem formas com um só *i* (*cheíssimo, cheinho, feíssimo, seríssimo*, etc.), a língua-padrão insiste no atendimento à manutenção dos dois *is*.

Seriíssimo O superlativo absoluto sintético de *sério* é *seriíssimo* (com dois *is*). Ver *seriinho*.

Servir (regência) No sentido de 'estar ao serviço de alguém', 'pôr sobre a mesa uma refeição', pede objeto direto: *Este criado há muito que o serve*./ *Ela acaba de* servir o almoço. No sentido de 'prestar serviço', pede complemento com a preposição *a*: *Sempre* servia aos amigos./ *Ele agora* serve ao Exército. No sentido de 'oferecer alguma coisa a alguém', se constrói com objeto direto de coisa oferecida e indireto de pessoa: *Serviram doces às crianças*./ Ela *nos* (objeto indireto) *serviu gostosos bolinhos* (objeto direto). No sentido de 'ser de utilidade', pede objeto indireto iniciado por *a* ou *para* ou representado por pronome (átono ou tônico): *Isto não* lhe serve; *só* serve para ela.

Sessão Ver *seção, secção, sessão, cessão.*

Shakespeariano (E não: shakespea*rea*no) Ver *-eano, -iano.*

Si e ele na reflexividade A partir do português contemporâneo (séc. XVIII para cá), nasceu a possibilidade de o pronome tônico *si*, nas construções reflexas, ter a concorrência do pronome *ele*, também preposicionado, em orações do tipo: "[...] perguntou Glenda, sentindo que a pergunta não era dirigida apenas a Pablo, mas também *a ela própria*" (Raimundo Barbadinho Neto, *Sobre a norma literária do Modernismo*); "[a amante] viu *diante dela* o meu eugênico amigo" (*Idem, ibidem*). A construção não encontra respaldo nas nossas melhores gramáticas, apesar do emprego largo na literatura moderna brasileira a partir, segundo Barbadinho, de José de Alencar. Nos exemplos citados, a norma gramatical pediria: *a si própria*, *diante de si*, como rezam as passagens onde o pronome se refere ao sujeito do verbo: "O avarento é mau *para si*, o pródigo *para si* e para os outros" (Marquês de Maricá); "Simeão *por si mesmo* escolheu o deserto que lhe convinha [...]." (João Ribeiro, *Floresta de exemplos*); "O espetáculo da beleza é bastante *por si mesmo*" (*Idem, ibidem*); "Depois mudava-se o teatro, e via-se *a si mesmo* [...]" (*Idem, ibidem*); "[...] preferem que os muito curiosos comprem o livro e vão descobrir *por si mesmos*." (João Ubaldo Ribeiro, "Sofrendo até o fim", *O conselheiro come*). Note-se a curiosa concorrência das duas sintaxes neste exemplo de Guimarães Rosa, citado por Barbadinho: "E o Menino estava muito *dentro dele mesmo*, em algum cantinho *de si*." Esta novidade de sintaxe tem contra si o fato de às vezes fazer perigar a interpretação da oração, que só se resolve pela ajuda do contexto: João levou o livro *para ele*. (Para João? Para outra pessoa?)

Sic Advérbio latino que significa 'assim', usado para mostrar que quem transcreve se exime do erro ou da escolha da palavra: "Já temos Governo e este se comunica por nomes que só os repórteres policiais e os encarcerados (*sic*) entendem." (João Ubaldo Ribeiro. "Votar em quem e para quê", *A gente se acostuma a tudo*). Para enfatizar o erro pode, depois do sic, colocar um ou mais pontos de exclamação ou repetir o advérbio latino: "Se houverem (*sic, sic, sic*) reclamações, estou disposto a deletar tudo do meu hard disk [...]. (*Idem*, "Going global", *O conselheiro come*).

Sicrano (E não: *cicla*no) O substantivo masculino *sicrano* é usado para indicar um indivíduo indeterminado, desconhecido ou que não se quer nomear, geralmente empregado depois de *fulano* e *beltrano*: "Figura de proa é isso, e quando dizemos que fulano ou *sicrano* é uma figura de proa, queremos significar que é um sujeito inútil, que apenas serve para figuração." (Monteiro Lobato, *História do mundo para as crianças*); "Imaginai um homem que pouco a pouco emerge de um letargo, abre os olhos sem ver, depois começa a ver, distingue as pessoas dos objetos, mas não conhece individualmente uns nem outros; enfim, sabe que este é Fulano, aquele é *Sicrano*; aqui está uma cadeira, ali um sofá." (Machado de Assis, "O espelho", *Papéis avulsos*).

Sim senhor(a) Não se usa vírgula nas expressões interjetivas e enfáticas *sim senhor(a)* ou *não senhor(a)*, que denotam espanto, perplexidade: "A infelicidade deu um pulo medonho: notei que Madalena namorava os caboclos da lavoura. Os caboclos, *sim senhor*." (Graciliano Ramos, *São Bernardo*). Não confundir com as expressões "sim, senhor(a)" ou "não, senhor(a)", que são meras respostas afirmativas (de concordância) ou negativas (de discordância): "– 'É esta senhora?' perguntou ele. – 'Sim, senhor', murmurou o Leandro com voz sumida [...]." (Machado de Assis, "Singular ocorrência", *Histórias sem data*).

Singapura Ver *Cingapura, Singapura*.

Sino- Emprega-se em adjetivos compostos como redução equivalente a *chinês*: *sino-brasileiro, sino-coreano, sino-francês, sino-indiano, sino-inglês, sino-japonês, sino-português, sino-russo, sino-tibetano*, etc. Assim temos: *comércio sino-português, guerra sino-japonesa, fronteira sino-russa*. Porém é grafado sem hífen em empregos em que só há uma etnia: *sinologia, sinológico*, etc.

Só (concordância) Ver *mesmo, próprio, só*.

Soar (aplicado a horas) Ver *dar, bater, soar*.

Sob- Emprega-se o hífen quando o 1.º elemento termina por *b* (*ab-, ob-, sob-, sub-*) ou *d* (*ad-*) e o 2.º elemento começa por *r*: *ab-rupto, ad-renal, ad-referendar, ob-rogar, sob-roda, sub-reitor, sub-reptício, sub-rogar*. Obs.: *Adrenalina, adrenalite* e afins já são exceções consagradas pelo uso. A forma *ab-rupto* é preferível a *abrupto*, apesar de menos utilizada.

Sob Ver *sobre, sob*.

Sobrancelha (E não: *som*brancelha) A grafia correta é somente so*brancelha*: "Levantando uma *sobrancelha* José Zakkai sondou meu rosto." (Rubem Fonseca, *A grande arte*).

Sobre, sob A preposição *sobre* significa 'em cima de'; 'acima de'; 'a respeito de': O jantar estava *sobre* a mesa./ Os interesses da criança estão *sobre* os nossos./ Falavam *sobre* literatura; "[...] era bom sentir o olhar dela *sobre* as minhas pálpebras fechadas; quando eu abria os olhos ela ali estava [...]." (Rubem Fonseca, *A coleira do cão*); "Lilibeth me fitou parecendo meditar *sobre* o que eu dissera." (*Idem, A grande arte*).

Já a preposição *sob* quer dizer 'embaixo de'; 'em estado de'; 'sujeito à influência ou ao comando de'; 'submetido a'; 'de acordo com; conforme': O gato se escondia *sob* a mesa./ Viajou *sob* forte chuva./ Após ser assaltada, ficou *sob* choque./ Nasceu *sob* o signo de escorpião./ A loja está *sob* nova direção./ Vestia roupas *sob* medida./ A editora fazia impressão *sob* demanda; "*Sob* espessas sobrancelhas grisalhas lampejavam-lhe olhos pardos [...]." (Álvares de Azevedo, "Bertram", *Os melhores contos brasileiros de todos os tempos*); "Está tudo *sob* controle, doutor. Os cadáveres estão na geladeira do Médico Legal [...]." (Rubem Fonseca, *A coleira do cão*); "Por ter sido obrigado a dar um pique, *sob* pena de ser guilhotinado pela porta do metrô R [...]." (Mario Vitor Rodrigues, *Absolvidos*); "[...] aproveitando a intimidade que tinha na casa e indo ao interior *sob* pretexto de dar exercício às pernas." (Machado de Assis, *Histórias da meia-noite*).

Sobrevir Verbos derivados de *vir* levam acento agudo no *e* na 2.ª e 3.ª pessoas do singular do pres. do ind. (*tu sobrevéns, ele* sobrevém) e na 2.ª pessoa do sing. do imper. afirm. (*sobrevém tu*). Nos demais tempos e pessoas, conjuga-se como *vir*. Ver *vir*².

Sócio- Ver *hífen nas formações com prefixo*.

Socorrer (regência) No sentido de 'prestar socorro' pede objeto direto de pessoa: *Todos correram para socorrê-lo*; "Adicionei à minha imagem a de um homem santo e munificente, que dificilmente deixaria de *socorrer alguém* em dificuldades." (João Ubaldo Ribeiro, *Diário do farol*). Pronominalmente, com o sentido de 'valer-se de', pede complemento iniciado pelas preposições *a* ou *de*: *Socorreu-se ao empréstimo./ Socorremo-nos dos amigos* nas dificuldades.

Socorro (/ô/), socorros (/ó/) Muitas palavras com *o* fechado tônico, quando passam ao plural, mudam esta vogal para *o* aberto: socorro (/ô/) – socorros (/ó/). Ver *plural com alteração de* o *fechado para* o *aberto*.

Sogro (/ô/), sogros (/ô/) No Brasil, permanece com *o* fechado tônico, no plural: sogro (/ô/) – sogros (/ô/). Então, pronuncia-se como /ô/ em: "Tal intriga fizera para os *sogros* que eles, ao visitá-la, conversavam somente com a filha, nem sequer cumprimentavam o pobre rapaz, como se ausente estivesse." (Dalton Trevisan, *A guerra conjugal*).

Já em Portugal, com o significado de 'casal constituído pelo pai e pela mãe de um dos cônjuges em relação ao outro cônjuge', a pronúncia é com *o* aberto: sogros (/ó/). No sentido de 'pai de um dos cônjuges', o plural permanece com *o* fechado tônico: sogros (/ô/). Assim, pronuncia-se como /ô/ em: Os noivos fizeram uma foto só com os *sogros* e outra só com as sogras. Ver *plural com alteração de o fechado para o aberto*.

Somali (palavra oxítona) Ver *etnônimo*.

Soprano O *soprano* é a mais aguda das vozes femininas e também a cantora lírica de voz aguda ou a pessoa que tem essa voz: *o soprano* Maria Callas; "Sofia protestou contra o cansaço do barítono, mas ele insistiu, acrescentando que, em Londres, onde o ouvira pela primeira vez, já lhe parecera a mesma cousa. As damas, sim, senhora; tanto *o soprano* como o contralto eram de primeira ordem." (Machado de Assis, "Capítulo dos chapéus", *Histórias sem data*). Mais modernamente, é possível dizer *a soprano*: "Destes se distinguia Bidu Sayão, a que viria a ser *a maior soprano lírica* do Brasil de todos os tempos." (Menotti Del Picchia, *A longa viagem*); "O lamento *da soprano*, entregue ao intenso exercício da piedade, soou convincente na vitrola claudicante." (Nélida Piñon, *A doce canção de Caetana*).

Sóror, soror Forma de tratamento usada para freiras professas. O feminino de *frei* ou *freire* (= membro de antigas ordens religiosas e militares) é *sóror* (ou *soror* /rôr/). O plural *sorores* /rô/ é de *soror* /rôr/, oxítono, e também de *sóror*.

Sota-, soto- Ver *hífen nas formações com prefixo*.

Sotavento, sotopor Escrevem-se aglutinados, sem hífen. Em *sotavento* ('lado oposto àquele de onde sopra o vento') e *sotopor* ('colocar em posição inferior'), os prefixos *sota-* e *soto-* não significam 'anterioridade ou cessação', daí não se enquadrarem na regra que manda hifenar os prefixos *ex-, sota-, soto-, vice-, vizo-* quando têm este sentido (como em ex-almirante, ex-diretor, ex-presidente; sota-almirante, sota-capitão; soto-almirante; vice-presidente, vice-reitor; vizo-rei).

Sotoposição Escreve-se aglutinado, sem hífen. Ver *sotavento, sotopor*.

Sotoposto Escreve-se aglutinado, sem hífen. Ver *sotavento, sotopor*.

Statu quo, status quo A locução *statu quo* ou *in statu quo ante* significa 'no estado em que se achava antes; estado antes existente': "[...] quanto a limites, se reduziu a confirmar o *statu quo* firmado [...]" (Euclides da Cunha, *Peru versus Bolívia*); "[...] esperávamos ver, pela manhã, sair à rua a imprensa apologista do *statu quo* das instituições entrajadas de galas [...]." (Raul Pompeia, *Crônicas 2*); "[...] adversário de ideias, crenças, valores – principalmente os da educação católica – que favorecessem a manutenção do *status quo* [...]." (Laura Sandroni, *De Lobato a Bojunga: as reinações renovadas*); "Parece *1984*, do Orwell, no qual as superpotências travam uma guerra eterna para manter o *status quo* em relação aos seus povos." (Luis Fernando Verissimo e Zuenir Ventura, *Conversa sobre o tempo com Arthur Dapieve*). A expressão original latina é *statu quo* e não *status quo*. A razão deste último uso está na analogia feita com os substantivos latinos em *-us*. Ambas as expressões acabaram por ser adotadas.

Stricto sensu O latinismo *stricto sensu* significa 'em sentido restrito; tomado no sentido rigoroso da palavra': "Antes de inaugurar, discutimos se seríamos uma pousada *stricto sensu* ou se teríamos café da manhã, bar, restaurante e lojinha." (Claudia Giudice, *A vida sem crachá*); "A dispersão dos evés *stricto sensu* teria sido causada – é o que afirma a história oral – pela crueldade de um rei chamado Agokoli [...]." (Alberto da Costa e Silva, *A manilha e o libambo*); "[...] se tornaram conhecidos como anagôs – ou nagôs *stricto sensu*, pois 'nagô' é uma palavra também empregada pelos evés, fons e guns para designar todos os iorubás." (*Idem, ibidem*). Opõe-se a *lato sensu* (= em sentido amplo).

Sua Alteza Ver *formas de tratamento*.

Sua Excelência Ver *formas de tratamento*.

Sua Majestade Ver *formas de tratamento*.

Sua Santidade Ver *formas de tratamento*.

Sub- Nas formações com prefixo, emprega-se o hífen quando o 1.º elemento termina por *b* (*ab-*, *ob-*, *sob-*, *sub-*) ou *d* (*ad-*) e o 2.º elemento começa por *r*: *ab-rupto*, *ad-renal*, *ad-referendar*, *ob-rogar*, *sob-roda*, *sub-reitor*, *sub-reptício*, *sub-rogar*. Obs.: *Adrenalina*, *adrenalite* e afins já são exceções consagradas pelo uso. A forma *ab-rupto* é preferível a *abrupto*, apesar de menos utilizada.

Subemprego (E não: sub-emprego) Emprega-se o hífen quando o 1.º elemento termina por *vogal*, *r* ou *b* e o 2.º elemento se inicia por *h*: *sobre-humano*, *super-humano*, *sub-humano*. Nos demais casos, escreve-se junto: *subemprego*, *subgênero*, *suboficial*, *subprefeitura*, *subsíndico*, *subsolo*, *subtenente*, etc.

Sub-humano (E não: subumano) Emprega-se o hífen quando o 1.º elemento termina por *vogal*, *r* ou *b* e o 2.º elemento se inicia por *h*: *sobre-humano*, *super-humano*, *sub-humano*. Mas grafamos *desumano* e *inumano*, porque não se emprega o hífen com os prefixos *des-* e *in-* quando o 2.º elemento perde o *h* inicial.

Sublinhar Algumas grafias do sistema oficial favorecem novas pronúncias que alteram a divisão silábica tradicional, como em *sublinhar* e *abrupto*, que também já se ouvem como se neles tivéssemos os grupos consonantais *-bl-* e *-br-*: su-bli-nhar e a-brup-to. No caso desta última teremos duas grafias: *ab-rupto* e *abrupto*, e no caso de *sublinhar* duas divisões silábicas: sub-li-nhar e su-bli-nhar.

Submergir O verbo *submergir*, outrora apontado como defectivo, é hoje conjugado integralmente. Assim, temos: *pres. ind.*: submerjo, submerges, submerge, submergimos, submergis, submergem; *pret. imperf. ind.*: submergia, submergias, submergia, submergíamos, submergíeis, submergiam; *pret. perf. ind.*: submergi, submergiste, submergiu, submergimos, submergistes, submergiram; *pret. mais-que-perf. ind.*: submergira, submergiras, submergira, submergíramos, submergíreis, submergiram; *fut. pres.*: submergirei, submergirás, submergirá, submergiremos, submergireis, submergirão; *fut. pret.*: submergiria, submergirias, submergiria, submergiríamos, submergiríeis, submergiriam; *pres. subj.*: submerja, submerjas, submerja, submerjamos, submerjais, submerjam; *pret. imp. subj.*: submergisse, submergisses, submergisse, submergíssemos, submergísseis, submergissem; *fut. subj.*: submergir, submergires, submergir, submergirmos, submergirdes, submergirem; *imp. afirm.*: submerge, submerja, submerjamos, submergi, submerjam; *ger.*: submergindo; *part.*: submergido, submerso.

Suboficial (E não: sub-oficial) Emprega-se o hífen quando o 1.º elemento termina por *vogal*, *r* ou *b* e o 2.º elemento se inicia por *h*: *sobre-humano*, *super-humano*, *sub-humano*. Nos demais casos, escreve-se junto: *subemprego*, *subgênero*, *suboficial*, *subprefeitura*, *subsíndico*, *subsolo*, *subtenente*, etc.

Subsídio (/ssí/) No substantivo *subsídio*, a pronúncia do segundo *s* é /ss/ e não /z/.

Subsíndico (E não: sub-síndico) Emprega-se o hífen quando o 1.º elemento termina por *vogal*, *r* ou *b* e o 2.º elemento se inicia por *h*: *sobre-humano*, *super-humano*, *sub-humano*. Nos demais casos, escreve-se junto: *subemprego*, *subgênero*, *suboficial*, *subprefeitura*, *subsíndico*, *subsolo*, *subtenente*, etc.

Subsolo (E não: sub-solo) Emprega-se o hífen quando o 1.º elemento termina por *vogal*, *r* ou *b* e o 2.º elemento se inicia por *h*: *sobre-humano*, *super-humano*, *sub-humano*. Nos demais casos, escreve-se junto: *subemprego*, *subgênero*, *suboficial*, *subprefeitura*, *subsíndico*, *subsolo*, *subtenente*, etc.

Substantivo designativo de cor empregado adjetivamente Ver *flexão de adjetivos compostos designativos de cores*.

Subtenente (E não: sub-tenente) Emprega-se o hífen quando o 1.º elemento termina por *vogal*, *r* ou *b* e o 2.º elemento se inicia por *h*: *sobre-humano*, *super-humano*, *sub-humano*. Nos demais casos, escreve-se junto: *subemprego*, *subgênero*, *suboficial*, *subprefeitura*, *subsíndico*, *subsolo*, *subtenente*, etc.

Suceder (regência) No sentido de 'substituir', 'ser o sucessor de', pede complemento preposicionado da pessoa substituída: *D. Pedro I* sucedeu a *D. João VI.*/ *Nós* lhe sucedemos *na presidência do Clube*. Também ocorre, com menos frequência, acompanhado de objeto direto de pessoa: *O filho sucedeu o pai.*/ *O filho o sucedeu*. Já no sentido de 'acontecer algo a alguém ou com alguém', teremos sujeito como a coisa acontecida e complemento de pessoa precedida de *a* ou *com*: *Sucedeu horror a mim* (ou *comigo*)./ *Sucederam horrores a mim* (ou *comigo*)./ *Sucederam-lhe horrores*.

Sujeito indeterminado Trata-se de um sujeito indiferenciado, referido à massa humana em geral. A indeterminação do sujeito não indica obrigatoriamente que não o conhecemos, ou não sabemos determiná-lo com precisão; ela é utilizada também quando não nos interessa torná-lo patente àquele com quem falamos, como no seguinte exemplo: Pedro, *disseram-me* que você falou mal de mim.

A língua portuguesa indetermina o sujeito de duas maneiras: a) empregando o verbo na 3.ª pessoa (singular ou plural, sendo este último caso o mais comum) ou uma forma infinita de verbo, sem referência a pessoas determinadas: *Diz que vai chover.* (*diz = dizem*)/ *Estão batendo.*/ *É desagradável saber más notícias.* (*saber = que alguém saiba*);

b) empregando o pronome *se* junto ao verbo, de modo que a oração passe a equivaler a outra que tem por sujeito *alguém, a gente*: *Vive-se bem aqui.* (equivale a: *A gente vive bem aqui.*) / *Precisa-se de empregados.* (equivale a: *Alguém precisa de empregados.*) Dizemos neste caso que o *se* é *índice de indeterminação do sujeito*.

Sujeito ligado por *ou* O verbo concordará com o sujeito mais próximo se a conjunção *ou* indicar:

a) exclusão: "[...] a quem a doença *ou a idade impossibilitou* de ganharem o sustento [...]" (Alexandre Herculano, *Fragmentos literários*); "Se João Fernandes (*ou Platzhoff*) os *dá* como entes sem afeições [...]" (Carlos de Laet, *Obras seletas*);

b) retificação de número gramatical: "Cantares é o nome que o autor *ou autores* do Cancioneiro chamado do Colégio dos Nobres *dão* a cada um dos poemetos [...]." (Alexandre Herculano, *O Bobo*); "Sei que algures *existe a alma ou* as almas, às quais eu me dirijo" (Armando Cortesão, *Cartas à mocidade*); Um *ou dois livros foram retirados* da estante;

c) identidade ou equivalência: O professor *ou* o nosso segundo pai *merece* o respeito da pátria.

Obs.: Se a ideia expressa pelo predicado puder referir-se a toda a série do sujeito composto, o verbo irá para o plural mais frequentemente, porém pode ocorrer o singular: "A nulidade *ou* a validade do contrato [...] *eram* assunto de direito civil" (Alexandre Herculano, *Fragmentos literários*); "A ignorância *ou* errada compreensão da lei não *eximem* de pena [...]" (Código Civil); "Mas aí, como se o destino *ou* o acaso, *ou* o que quer que fosse, *se lembrasse* de dar algum pasto aos meus arroubos possessórios [...]." (Machado de Assis, *Memórias póstumas de Brás Cubas*).

Sujeito oracional Ver *concordância do verbo com sujeito oracional*.

Sujeito simples, sujeito composto O sujeito que contém um só núcleo é denominado *sujeito simples*. P.ex.: "A melhor companhia acha-se em uma escolhida livraria" (Marquês de Maricá). Sujeito: *a melhor companhia*. Núcleo do sujeito: *companhia*. São ainda exemplos de sujeitos simples: *Nós* não o queremos./ *O povo* escolherá bons governos./ *Os rios* são estradas que andam.

Se pensamos em dois ou mais seres distintos e deles fazemos o sujeito de uma oração, esta conterá dois ou mais núcleos: *Eu* e *ele* assistimos a este filme. Sujeito: *eu e ele*. Núcleos do sujeito: *eu, ele*./ O *gaúcho* e o *vaqueiro* do Nordeste são tipos diferentíssimos. Sujeito: *o gaúcho e o vaqueiro do Nordeste*. Núcleos do sujeito: *gaúcho, vaqueiro*. Se o sujeito encerra *mais de um núcleo*, dizemos *sujeito composto*. Os núcleos do sujeito composto se acham ligados pelas conjunções coordenativas: João *e* Pedro viajaram hoje. Maria *ou* Glória fará as compras. Pedro, *mas* não Paulo, viajou hoje. Nos momentos de ênfase, ressaltamos a participação dos vários núcleos do sujeito composto na declaração do predicado substituindo a conjunção *e* pela série *não só... mas também* (ou outra de sentido aditivo), como no seguinte exemplo: *Não só* Pedro, *mas também* Paulo foi ao cinema.

Super- Ver *hífen nas formações com prefixo*.

Supérfluo (E não: supér*fulo*) O *supérfluo*, como substantivo masculino, é 'aquilo que é dispensável, desnecessário': "Eles, porém, recusaram tudo, com simplicidade, dizendo que a filosofia bastava ao filósofo, e que o *supérfluo* era um dissolvente." (Machado de Assis, *Histórias sem data*); "Para o consumo da via férrea, Paleólogo comprava tudo, a bom preço, o necessário, o útil, o *supérfluo*, o sem-precisão." (Geraldo França de Lima, *Serras azuis*). Como adjetivo, quer dizer 'que é mais do que se necessita; que é desnecessário ou extravagante': "*Supérfluo* lembrar, mas lembro: não adianta querer. Querer não faz nenhuma diferença." (João Ubaldo Ribeiro, *Diário do farol*).

Superlativo absoluto sintético É obtido por meio do sufixo derivacional *-íssimo* (ou outro de valor intensivo) acrescido ao adjetivo na forma positiva, com a supressão da vogal temática, quando o exigirem

Superlativo absoluto sintético

regras morfofonêmicas: *cuidadoso - cuidadosíssimo*. Ao receber o sufixo intensivo, o adjetivo pode sofrer certas modificações na sua forma: a) os terminados em *-a, -e, -o* perdem essas vogais: cuidadosa – cuidadosíssima/ elegante – elegantíssimo/ cuidadoso – cuidadosíssimo; b) os terminados em *-vel* mudam este final para *-bil*: terrível – terribilíssimo/ amável – amabilíssimo; c) os terminados em *-m* e *-ão* passam, respectivamente, a *-n* e *-an*: comum – comuníssimo/ são – saníssimo; d) os terminados em *-z* passam esta consoante a *-c*: feroz – ferocíssimo/ sagaz – sagacíssimo.

Há adjetivos que não alteram sua forma, como é o caso dos terminados em *-u, -l* (exceto *-vel*), *-r*: cru – cruíssimo; fácil – facílimo – facilíssimo; regular – regularíssimo. Afora estes casos, outros há em que os superlativos se prendem às formas latinas (ao lado do superlativo à base do termo latino, pode circular o que procede do adjetivo acrescido da terminação *–íssimo*).

Apontemos os mais frequentes: acre – acérrimo/ ágil – agílimo, agilíssimo/ amargo – amaríssimo, amarguíssimo/ amigo – amicíssimo, amiguíssimo/ antigo – antiquíssimo, antiguíssimo/ áspero – aspérrimo, asperíssimo/ benéfico – beneficentíssimo/ benévolo – benevolentíssimo/ célebre – celebérrimo/ célere – celérrimo, celeríssimo/ cristão – cristianíssimo/ cruel – crudelíssimo, cruelíssimo/ difícil – dificílimo/ doce – dulcíssimo, docíssimo/ fácil – facílimo, facilíssimo/ fiel – fidelíssimo/ frio – frigidíssimo, friíssimo/ geral – generalíssimo/ honorífico – honorificentíssimo/ humilde – humílimo, humildíssimo, humilíssimo/ incrível – incredibilíssimo/ inimigo – inimicíssimo/ íntegro – integérrimo/ livre – libérrimo, livríssimo/ magnífico – magnificentíssimo/ magro – macérrimo, magríssimo/ malédico – maledicentíssimo/ malévolo – malevolentíssimo/ maléfico – maleficentíssimo/ miúdo – minutíssimo, miudíssimo/ mísero – misérrimo/ negro – nigérrimo, negríssimo/ nobre – nobilíssimo, nobríssimo/ parco – parcíssimo, parquíssimo/ pobre – paupérrimo, pobríssimo/ pessoal – personalíssimo, pessoalíssimo/ provável – probabilíssimo/ pródigo – prodigalíssimo/ público – publicíssimo/ sábio – sapientíssimo/ sagrado – sacratíssimo/ salubre – salubérrimo/ simples – simplicíssimo, simplíssimo/ soberbo – superbíssimo, soberbíssimo/ tétrico – tetérrimo.

Obs.: Chamamos a atenção para as palavras terminadas em *-io* que, na forma sintética, apresentam dois *is*, por seguirem a regra geral da queda do *-o* final para receber o sufixo: cheio → cheiíssimo, cheiinho/ feio → feiíssimo, feiinho/ frio → friíssimo, friinho/ necessário → necessariíssimo/ precário → precariíssimo/ sério → seriíssimo, seriinho/ sumário → sumariíssimo/ vário → variíssimo. A tendência da língua à fuga ao hiato leva a que apareçam formas com fusão dos dois *ii*, embora num ou noutro adjetivo a eufonia impeça a mudança: **fríssimo, *varíssimo*, por exemplo. Ainda que escritores usem formas com um só *i* (*cheíssimo, cheinho, feíssimo, seríssimo*, etc.), a língua-padrão insiste no atendimento à manutenção dos dois *ii*.

Súpero- Ver *hífen nas formações com prefixo.*

Supor (conjugação) Verbos derivados de *pôr* (*compor, depor, dispor, expor, opor, supor*, etc.) não têm acento gráfico na 1.ª e 3.ª pessoas do singular do infinitivo flexionado: *supor, supores, supor, supormos, supordes, suporem*. Nos demais tempos e pessoas, conjuga-se como *pôr*. Ver *pôr*.

Supor + subjuntivo Ver *suspeitar, duvidar, desconfiar + subjuntivo.*

Supra- Ver *hífen nas formações com prefixo.*

Supra-axilar (x = cs) Conforme o Acordo Ortográfico de 1990, nas formações com prefixos, emprega-se o hífen quando o 1.º elemento (*supra-*) termina por vogal igual à que inicia o 2.º elemento (*axilar*): *supra-axilar, supra-auricular*, etc. Ver *hífen nas formações com prefixo.*

Suprarrenal Conforme o Acordo Ortográfico de 1990, nas formações com prefixos, quando o 1.º elemento termina por vogal (*supra-*) e o 2.º elemento começa por *r* (*renal*) ou *s*, não se usa hífen, e estas consoantes devem duplicar-se, prática já adotada também em palavras deste tipo pertencentes aos domínios científico e técnico: *antessala, antirreligioso, antissocial, autorregulamentação, biorritmo, biossatélite, contrarregra, contrassenha, cosseno, eletrossiderurgia, extrarregular, infrassom, macrorregião, microssistema, minissaia, multissegmentado, neorromano, protossatélite, pseudossigla, semirrígido, sobressaia, suprarrenal, ultrassonografia*. Ver *hífen nas formações com prefixo.*

Suspeitar, duvidar, desconfiar + subjuntivo Depois dos verbos *suspeitar, duvidar, desconfiar, supor, acreditar, negar, imaginar*, etc. e nomes cognatos (*suspeita, dúvida, duvidoso, desconfiança*, etc.), quando empregados afirmativamente, isto é, quando se trata de suspeita, dúvida ou desconfiança reais, usa-se o subjuntivo (na oração subordinada substantiva): "[...] me vinham à mente *suspeitas* de que ela *fosse* um anjo transviado do céu [...]." (Alexandre Herculano, *O monge de Cister*). O verbo no subjuntivo (*fosse*) reforça a suspeita ou desconfiança. Se o falante tem a suspeita como coisa certa, ou nela acredita, o normal é aparecer o indicativo: "*Suspeitava*-se que *era* a alma da velha Brites que andava ali penada [...]." (*Idem, ibidem*). Neste exemplo, o verbo da oração subordinada estando no indicativo (*era*) reforça a certeza de que era a alma da velha Brites que andava ali penada. Assim, a opção por uma ou outra forma revela uma opinião.

Suspendido, suspenso Ver *particípio*.

Tabela-gabarito Usa-se hífen quando um substantivo estiver determinando ou explicitando o anterior. Admite duas formas de plural: *tabelas-gabarito* e *tabelas-gabaritos*.

Tabelião O substantivo masculino (e adjetivo) *tabelião* tem como plural *tabeliães* e femininos: *tabeliã* e *tabelioa*.

Tal (concordância) *Tal*, como todo determinante, concorda em gênero e número com o determinado: *Tal* opinião é absurda./ *Tais* razões não me movem; "Quanto às despesas feitas pelos *tais* bichinhos no hotel onde estiveram... nem uma palavra!" (França Júnior, "Encomendas", *Os melhores contos brasileiros de todos os tempos*).

Tal (e) qual Empregados nas correlações, *tal* e *qual* concordam com o termo a que se referem: Ele não era *tal quais* seus primos./ Os filhos são *tais qual* o pai./ Elas eram *tais qual* o irmão./ Os boatos são *tais quais* as notícias./ Nós somos *tais quais* os pais; "Mas Orfeu se escondeu quem sabe onde.../ Pobrezinho. *Tal qual* alma penada..." (Vinicius de Moraes, *Orfeu da Conceição* in *Vinicius de Moraes: obra reunida*).

Obs.: 1.ª) Em lugar de *tal qual*, podem aparecer: *tal e qual, tal ou qual*. 2.ª) Ao lado da construção flexionada, pode ocorrer, modernamente, a construção invariável com valor adverbial (= como): "Descerra uns sorrisos discretos, sem mostrar os dentes, *tal qual como* as inglesas de primeiro sangue" (Camilo Castelo Branco apud Cândido Jucá [filho], *As categorias gramaticais*); Elas procedem *tal qual* os modelos estrangeiros.

Tamoio Ver *etnônimo*

Tampouco Ver *tão pouco, tampouco*.

Tanto... como Ver *não só... mas (também)*.

Tanto ou quanto Ver *um tanto ou quanto*.

Tanto... quanto Ver *não só... mas (também)*.

Tanto que Ver *contanto que, tanto que*.

Tão pouco, tampouco A locução *tão pouco* (= muito pouco) é usada em construções do tipo: *Ele tinha* tão pouca *paciência que achei melhor não discutir*; "Preferi não criar atrito com ele por *tão pouco*." (Carlos Heitor Cony, *Quase memória*); "E você consegue dar conta, ou fica sempre aquela sensação de que tem tanta coisa para ler e *tão pouco* tempo?" (Luis Fernando Verissimo e Zuenir Ventura, *Conversa sobre o tempo com Arthur Dapieve*); "Eu posso já ter morrido e Schopenhauer vai continuar a ter *tão pouca* importância quanto merece." (João Ubaldo Ribeiro, *Diário do farol*).

Já o advérbio *tampouco* (= também não; muito menos) é usado para enfatizar uma negação: "Todas dedicadas a proibir alguma coisa, assim como em Nova York, além de não se falar mais inglês, *tampouco* se pode fumar, a não ser, talvez, dentro da rede de esgotos sanitários." (João Ubaldo Ribeiro, "Going global", *O conselheiro come*); "Ela se ajeitava, não dizia nada, *tampouco* eu, e fazíamos o que quer que tivéssemos de fazer naquela hora." (*Idem*, *Diário do farol*).

Tapiira As formas paroxítonas e oxítonas com duplicação da vogal *i* são grafadas sem acento gráfico: *xiita*, *tapiira*, *vadiice*, *tapii*. Tapir ou tapiira são outras designações de anta ('mamífero da família dos tapirídeos').

Tapirapé Ver *etnônimo*.

Tarraxa, atarraxar A *tarraxa* (com *x*) é um 'tipo de rosca externa' e 'ferramenta que faz essa rosca'. O verbo *atarraxar* (com *x*) significa 'apertar com tarraxa, ou fazendo movimento giratório'.

Tataravô Ver *avô, avó, avós, avôs*.

Tecelão O substantivo masculino *tecelão* tem como plural *tecelões*. Admite duas formas de feminino: *tecelã* e *teceloa*.

Telefonema O substantivo *telefonema* é palavra masculina: "Era só dar *o telefonema* e a engrenagem começaria a funcionar." (Carlos Heitor Cony, *Quase memória*).

Tenente Ver *sargento*.

Tenessi, Tennessee A grafia aportuguesada correta do estado americano é *Tenessi*. A forma estrangeira *Tennessee* também é aceita. O mesmo ocorre em outros casos como *Hiroxima* (grafia aportuguesada) ou *Hiroshima* (forma estrangeira), *Fucuxima* (grafia aportuguesada) ou *Fukushima* (forma estrangeira). Conforme está no Acordo Ortográfico de 1990: "Recomenda-se que os topônimos de línguas estrangeiras se substituam, tanto quanto possível, por formas vernáculas (...)", o que respeita o proposto desde 1947 por Rebelo Gonçalves em seu Tratado de Ortografia.

Teoria (pronúncia) As vogais *e* e *o* apresentam oscilação fonética (e não ortográfica) nas sílabas pretônicas: /menina/ ou /minina/; /costura/ ou /custura/; /teoria/ ou /tiuria/; /academia/ ou /acadimia/. A essa oscilação chamamos "desbordamento".

Ter (conjugação) Verbo irregular. Assim, temos: *pres. ind.*: tenho, tens, tem, temos, tendes, têm; *pret. imperf. ind.*: tinha, tinhas, tinha, tínhamos, tínheis, tinham; *pret. perf. ind.*: tive, tiveste, teve, tivemos, tivestes, tiveram; *pret. mais-que-perf. ind.*: tivera, tiveras, tivera, tivéramos, tivéreis, tiveram; *fut. pres.*: terei, terás, terá, teremos, tereis, terão; *fut. pret.*: teria, terias, teria, teríamos, teríeis, teriam; *pres. subj.*: tenha, tenhas, tenha, tenhamos, tenhais, tenham; *pret. imp. subj.*: tivesse, tivesses, tivesse, tivéssemos, tivésseis, tivessem; *fut. subj.*: tiver, tiveres, tiver, tivermos, tiverdes, tiverem; *imp. afirm.*: tem, tenha, tenhamos, tende, tenham; *ger.*: tendo; *part.*: tido. Verbos derivados de *ter* levam acento agudo no *e* do radical na 2.ª e 3.ª pessoas do sing. do pres. do ind. E na 2.ª pess. do sing. do imper. afirm.: *conter* (conténs, contém); *deter* (deténs, detém), *entreter* (entreténs, entretém), *obter* (obténs, obtém), etc.

Ter a ver com, ter que ver com Ver *nada a ver, nada que ver*.

Ter certeza (de) que Ver *não há dúvida (de) que, certeza (de) que, etc.*

Ter dúvida (de) que Ver *não há dúvida (de) que, certeza (de) que, etc.*

Ter, haver Constitui incorreção, na língua culta, o emprego do verbo *ter* em lugar de *haver* em orações como: *Tem livros na mesa* por *Há livros na mesa*. Este emprego corre vitorioso na conversação de todos os momentos, e já vai ganhando aceitação nos escritores modernos brasileiros que procuram aproximar a língua escrita da espontaneidade do falar coloquial: "– *Tem* uma mulher que vai todos os dias, cozinha alguma coisa, ajeita a casa, mantém tudo limpo [...]." (Sonia Rodrigues, *Fronteiras*); "– É só para fazer companhia... qualquer coisa é só chamar a enfermeira, *tem* um botão no quarto..." (Carlos Heitor Cony, *A volta por cima*).

Ter mais (o) que fazer Ver *(o) que*.

Ter medo (de) que Ver *não há dúvida (de) que, certeza (de) que, etc.*

Ter muito (o) que contar Ver *(o) que*.

Ter necessidade (de) que Ver *não há dúvida (de) que, certeza (de) que, etc.*

Terceiramente Ver *segundamente, terceiramente*.

Terceiro-secretário, terceira-secretária Ver *primeiro-secretário, segundo-secretário, terceiro-secretário*.

Tetravô Ver *avô, avó, avós, avôs*.

Teuto- (ou germano-) Emprega-se em adjetivos compostos como redução equivalente a *alemão*: *teuto-brasileiro, teuto-inglês, teuto-russo*, etc.; *germano-húngaro, germano-soviético, germano-turco*, etc. Assim temos: *população teuto-brasileira, edição teuto-inglesa, relações teuto-russas, acordo ítalo-teuto-nipônico*. Porém é grafado sem hífen em empregos em que só há uma etnia: *teutomania, teutomaníaco; germanofalante, germanofonia, germanófono*, etc.

Tico-tico (plural: tico-ticos) Os compostos formados com elementos repetidos, com ou sem alternância vocálica ou consonântica, por serem compostos representados por formas substantivas sem elemento de ligação, terão hífen: *blá-blá-blá*, *lenga-lenga*, *reco-reco*, *tico-tico*, *zum-zum-zum*, *pingue-pongue*, *tique-taque*, *trouxe-mouxe*, *xique-xique* (= chocalho; diferentemente de *xiquexique* = planta), *zás-trás*, *zigue-zague*, etc. Os derivados, entretanto, não serão hifenados: *lengalengar, ronronar, ziguezaguear, zunzunar*, etc. Obs.: Não se separam por hífen as palavras com sílaba reduplicativa oriundas da linguagem infantil: *babá, titio, vovó, xixi,* etc.

Tieteano Ver *-eano, -iano*.

Tijolo (/ô/), tijolos (/ó/) Muitas palavras com *o* fechado tônico, quando passam ao plural, mudam esta vogal para *o* aberto: tijolo (/ô/) – tijolos (/ó/). Ver *plural com alteração de o fechado para o aberto*.

Til O substantivo masculino *til* tem como plural *tis* (mais frequente) e *tiles*.

Tique-taque (plural: tique-taques) Os compostos formados com elementos repetidos, com ou sem alternância vocálica ou consonântica, por serem compostos representados por formas substantivas sem elemento de ligação, terão hífen: *blá-blá-blá*, *lenga-lenga*, *reco-reco*, *tico-tico*, *zum-zum-zum*, *pingue-pongue*, *tique-taque*, *trouxe-mouxe*, *xique-xique* (= chocalho; diferentemente de *xiquexique* = planta), *zás-trás*, *zigue-zague*, etc. Os derivados, entretanto, não serão hifenados: *lengalengar, ronronar, tiquetaquear, ziguezaguear, zunzunar*, etc. Obs.: Não se separam por hífen as palavras com sílaba reduplicativa oriundas da linguagem infantil: *babá, titio, vovó, xixi,* etc.

Tireoide, tiroide (/ói/) Ambas as formas estão corretas e registradas no Vocabulário Ortográfico da ABL (Volp), assim como *hipotireoidismo* (ou *hipotiroidismo*) e *hipertireoidismo* (ou *hipertiroidismo*). Com o Acordo Ortográfico de 1990, perdem o acento gráfico as palavras paroxítonas (aquelas cuja sílaba tônica é a penúltima) com os ditongos abertos *ei* e *oi*, como *tireoide* (paroxítona, sílaba tônica *oi*) e *tiroide* (paroxítona, sílaba tônica *roi*).

Títulos no plural Ver *concordância com títulos no plural*.

Toalete Ver *banheiro, toalete*.

Toda minha vida, toda a minha vida Ambas as formas estão corretas: "Aliás, durante *toda a minha vida*, os períodos de atividade não literária mais intensa coincidem com as fases do mais ativo trabalho intelectual." (Afonso Arinos, *A alma do tempo*); "Nunca em minha infância, nunca em *toda a minha vida*, achei um menino mais gracioso, inventivo e travesso." (Machado de Assis, *Quincas Borba*); "Sinto que *toda minha vida* será dominada pelo 'impressionismo fantástico' daquele momento, que me tomou as rédeas aos nervos, aos impulsos, e à razão." (Cláudio de Sousa, *As mulheres fatais*).

Toda vez que, todas as vezes que (E não: todas as vezes em que) Evite-se o erro de colocar a preposição *em* antes de *que*, dizendo-se: *todas as vezes* em *que*, *ao mesmo tempo* em *que*. As formas corretas são: *toda vez que, todas as vezes que, ao mesmo tempo que*.

Todo- Ver *pseudo-, todo-*.

Todo (concordância) *Todo* pode ser empregado adverbialmente, com valor de "inteiramente", "em todas as suas partes": "Desculpe-me, que eu estou *todo* absorvido pela minha mágoa!" (Camilo Castelo Branco, *O bem e o mal*); "Longe de mim a triste ideia de me intrometer nessa questão *todo* particular" (Carlos de Laet, *Obras seletas*). Suas origens pronominais facultam-lhe a possibilidade de poder, por atração, concordar com a palavra a que se refere: *O professor é* todo *ouvidos./ Ela é* toda *ouvidos./ Ele está* todo *preocupado./ Ela está* toda *preocupada./ Acabamos de ver as crianças* todas *chorosas*. Obs.: É por causa de construções semelhantes a esta última que Epifânio Dias (*Sintaxe histórica portuguesa*) diz que a posposição de *todo* pode dar ocasião a ambiguidades, como neste exemplo em que a intenção do escritor foi usar *todo* como advérbio, e não como pronome. Poder-se-ia, é claro, não fazer a flexão, evitando a ambiguidade.

Todo o mundo, todo mundo Em referência às pessoas em geral, estão corretas ambas as formas: "Como *todo o mundo* sabe, a praia do Leblon não cheira a rosas [...]." (Vinicius de Moraes, "Sentido da primavera", *Para uma menina com uma flor* in *Vinicius de Moraes: obra reunida*); "Tinha a impressão de que seu amigo não era gente como *todo mundo* [...]." (Carlos Heitor Cony, *Luciana Saudade*).

Em relação ao planeta dizemos *todo o mundo*: "Só então o prêmio cumprirá suas promessas, não sendo dado apenas a um autor a cada dois anos, mas sendo generosamente distribuído pelas crianças de *todo o mundo*." (Ana Maria Machado, *Texturas: sobre leituras e escritos* in *Ana Maria Machado: obra reunida*).

Todo, todo o Concorda em gênero e número com o substantivo ou pronome a que serve de adjunto adnominal. Quando no singular está anteposto a substantivo ou adjetivo substantivado, vale por "cada", "qualquer" ou "inteiro", "total", podendo vir ou não acompanhado de artigo. Isto significa que, no singular, *todo* pode referir-se tanto à totalidade distributivamente de um conjunto plural (*Todo o homem* é mortal = "todos e cada um dos homens") – e neste sentido equivale ao latim *omnis* –, como à totalidade, integralidade, de um indivíduo, de um singular (*Todo o homem* ou *O homem todo* é pecado e miséria; *Trabalhar todo o dia* ou *o* *dia todo*) – e já neste sentido vale pelo latim *totus* (Herculano de Carvalho, *Teoria da linguagem*).

Ainda que *todo* possa significar 'qualquer', eles podem concorrer juntos na expressão *todo* (*toda*) *e qualquer*: "Introdução de *todo e qualquer* gênero de produto" (Rui Barbosa *apud* Firmino Costa, *Léxico gramatical*); A *toda* falta deve corresponder um castigo adequado (*toda* = cada)/ A *toda a* falta... (*toda* = cada); *Todo* ser merece consideração (*todo* = qualquer)./ *Todo o* ser merece... (*todo* = qualquer); O incêndio destruiu *toda* casa (*toda* = inteira, total)./ O incêndio destruiu *toda a* casa (*toda* = inteira, total).

Enquanto em Portugal não se faz a distinção formal entre "*cada*"/ "*qualquer*" e "*inteiro*"/ "*total*", usando-se quase sempre *todo* seguido de artigo (*Todo o homem é mortal*), no Brasil, para o primeiro sentido, modernamente, dispensa-se o artigo (*Todo homem é mortal*) e, para o segundo, o artigo é obrigatório (*Toda a casa pegou fogo*). Está claro que a presença ou ausência do artigo está inicialmente presa ao fato de o substantivo núcleo do sintagma exigir ou não artigo, independentemente da variedade semântica apontada. Assim, como se diz, nos nomes dos países, com artigo, *o Brasil*, dir-se-á *todo o Brasil*; em contraposição, só se diz, sem artigo, *Portugal*, logo se dirá *todo Portugal*.

A distinção entre "cada"/ "qualquer" e "inteiro"/ "total" fica prejudicada em virtude da ocorrência da fonética sintática que facilita, na pronúncia (com reflexo natural na escrita), a fusão por crase da vogal final de *todo*, *toda* com o artigo singular *o/a*: *todo o* = *todo*; *toda a* = *toda*. Daí, muitas vezes a indecisão que sentem as pessoas na hora de usar *todo* e *todo o*, *toda* e *toda a*. Assim, diz-se, entre brasileiros, sem distinção de sentido, *todo o mundo*, *toda a vida*, *todo o tempo*, *toda a hora*, *toda a parte*, etc., ao lado de *todo mundo*, *toda vida*, *todo tempo*, *toda hora*, *toda parte*, etc., vacilação que se nota no português europeu literário de épocas passadas, em Camões, por exemplo. Em *todo o mundo*, *toda a gente*, percebe-se, na própria significação dos substantivos, o valor coletivo da expressão. *Todo* indica a totalidade numérica, isto é, qualquer indivíduo da classe, quando seguido de oração adjetiva substantivada pelo *o* ou do pronome *aquele* (*todo aquele que*): "[...] *Todo o que* sofre,/ *Todo o que* espera e crê,/ *todo o que* almeja/ Perscrutar o futuro, se coloca/ Ao lado do Senhor" (Fagundes Varela *apud* Sousa da Silveira, *Lições de português*).

Desaparece, naturalmente, a vacilação quando, em vez do artigo definido, aparecer o indefinido *um*, pois aí *todo um* denota "inteiro", "total": *todo um dia* (a par de *um dia todo*), *toda uma cidade*, construção, aliás, sem razão, rejeitada por puristas intransigentes.

Todo no singular e posposto ao substantivo entra sempre na expressão da totalidade: *o homem todo, a casa toda, o país todo, a semana toda, o tempo todo, a fortuna toda, o mundo todo, uma cidade toda*. Nas expressões de reforço enfático ou de valor superlativo do tipo de *todo o resto, toda a soma, todo o mais* (substantivado), *a toda a pressa, a toda a brida, a todo o galope*, o artigo é de presença obrigatória entre brasileiros.

Todos, todas No plural, *todos, todas*, antepostos ou pospostos, exigem sempre a presença do artigo, desde que o substantivo não esteja precedido de adjunto que o exclua: *Todos os alunos* entregaram as provas antes do tempo./ *Todas as revisões* são passíveis de enganos./ *Os alunos todos* disseram sim./ *Todos estes casos* foram examinados./ *Todas elas* responderam às cartas.

Estando a totalidade numérica definida por um numeral referido a substantivo explícito ou subentendido, *todos* pode ser ou não acompanhado de artigo (*todo um, todos dois* ou *todos os dois, todos três* ou *todos os três*, etc.): "Era belo de verem-se *todos cinco* em redor da criança, como se para outro fim se não reunissem!" (Camilo Castelo Branco, *O bem e o mal*)./ *Todas as quatro* razões foram discutidas.

Obs.: 1.ª) É mais comum a presença do artigo quando o substantivo está expresso. 2.ª) Em *todas estas quatro razões*, a presença de um adjunto (*estas*) que exclui o artigo explica a sua ausência. Graças à significação de certos verbos em determinados contextos, *todos* pode ser interpretado em sentido distributivo, com valor aproximado de "cada", como no exemplo: "Dizia um Secretário de Estado meu amigo que, para se repartir com igualdade o melhoramento das ruas por toda a Lisboa, deviam ser obrigados os ministros a mudar de rua e bairro *todos os três meses*" (Almeida Garrett, *Viagens na minha terra*) [isto é, a cada três meses, de três em três meses, como interpreta Epifânio Dias, *Sintaxe histórica portuguesa*].

Tórax (/cs/) O substantivo *tórax* é masculino de dois números (o *tórax*/ os *tórax*): "[...] ela, o menino e os rapazes de sungas curtíssimas, os *tórax* crus [...]." (Vinicius de Moraes, "Conto rápido", *Para uma menina com uma flor* in *Vinicius de Moraes: obra reunida*).

Torto (/ô/), tortos (/ó/) Muitas palavras com *o* fechado tônico, quando passam ao plural, mudam esta vogal para *o* aberto: torto (/ô/) – tortos (/ó/). Ver *plural com alteração de* o *fechado para* o *aberto*.

Transtorno (/ô/), transtornos (/ô/) No plural, permanece com *o* fechado tônico: transtorno (/ô/) –

transtornos (/ô/). Ver *plural com alteração de o fechado para o aberto*.

Traqueano Ver *-eano, -iano*.

Trás, traz O advérbio *trás* significa 'em posição posterior; detrás; atrás': "Para *trás* deixamos várzeas, cafundão, deixamos fechadas matas." (João Guimarães Rosa, *Grande sertão: Veredas*); "No banco de *trás*, deitada, Vera nem tinha força para abrir os olhos." (Carlos Heitor Cony, *Vera Verão*). As locuções "de *trás* para a frente", "por *trás* de" são grafadas desta forma: *Começou a folhear o livro* de trás para a frente, *em busca do índice*; "[...] posso perceber do meu posto, na torre, as pequenas silhuetas movendo-se *por trás das venezianas*." (Gustavo Bernardo, *A filha do escritor*).

A forma *traz* é flexão do verbo *trazer* (*eu trago, tu trazes, ele traz*, etc.): "*Traz* à mão o chapéu de couro, e a arma à bandoleira." (Euclides da Cunha, *Os sertões*.)

Traslado, translado (trasladar, transladar) Ambas as formas estão corretas e registradas no Vocabulário Ortográfico da ABL (Volp).

Tratar-se de É expressão impessoal da língua *tratar-se de* em construções do tipo: *Trata-se de* assuntos sérios. A principal característica dos verbos e expressões impessoais é que (salvo em alguns casos o verbo *ser*) aparecem, na língua exemplar, sempre na 3.ª pessoa do singular.

Traz Ver *trás, traz*.

Trazer Verbo irregular de 2.ª conjugação: *pres. ind.*: trago, trazes, traz, trazemos, trazeis, trazem; *pret. perf. ind.*: trouxe, trouxeste, trouxe, trouxemos, trouxestes, trouxeram; *pret. imperf. ind.*: trazia, trazias, trazia, trazíamos, trazíeis, traziam; *pret. mais-que-perf. ind.*: trouxera, trouxeras, trouxera, trouxéramos, trouxéreis, trouxeram; *fut. pres. ind*: trarei, trarás, trará, traremos, trareis, trarão; *fut. pret. ind.*: traria, trarias, traria, traríamos, traríeis, trariam; *pres. subj.*: traga, tragas, traga, tragamos, tragais, tragam; *pret. imp. subj.*: trouxesse, trouxesses, trouxesse, trouxéssemos, trouxésseis, trouxessem; *fut. subj.*: trouxer, trouxeres, trouxer, trouxermos, trouxerdes, trouxerem; *imp. afirm.*: traz/trazes, traga, tragamos, trazei, tragam; *ger.*: trazendo; *part.*: trazido.

Trazido O particípio do verbo *trazer* é *trazido* (e não: trago!): "[...] um portador do interior de São Paulo me *havia trazido* a encomenda." (Carlos Heitor Cony, *Quase memória*); "*Foi trazido* há tempos pela ambulância da Defesa Civil [...]." (Gustavo Bernardo, *A filha do escritor*).

A forma *trago* é a 1.ª pessoa do singular do verbo *trazer*: "Zeca – *Trago* aqui uma ordem. (Mostra um papel.)" (Dias Gomes, *O Bem-Amado*).

Trema Dizemos *o trema* (e não: *a trema*) porque é substantivo masculino. Com o Acordo Ortográfico de 1990, o trema não será mais usado em palavras portuguesas ou aportuguesadas, como: *aguentar, anguiforme, arguir, bilíngue, lingueta, linguista, linguístico, cinquenta, equestre, frequentar, tranquilo, ubiquidade.*

Mas será mantido em palavras derivadas de nomes próprios estrangeiros que o possuem: *hübneriano*, de *Hübner, mülleriano*, de *Müller*, etc. E também poderá ser usado para indicar, quando for necessário, a pronúncia do *u* em vocabulários ortográficos e dicionários: *lingueta* (gü), *líquido* (qü ou qu), *equidistante* (qü ou qu).

Trisavô Ver *avô, avó, avós, avôs*.

Trouxe-mouxe (plural: trouxe-mouxes) Os compostos formados com elementos repetidos, com ou sem alternância vocálica ou consonântica, por serem compostos representados por formas substantivas sem elemento de ligação, terão hífen: *blá-blá-blá, lenga-lenga, reco-reco, tico-tico, zum-zum-zum, pingue-pongue, tique-taque, trouxe-mouxe* (= ação desordenada; confusão), *xique-xique* (= chocalho; diferentemente de *xiquexique* = planta), *zás-trás, zigue-zague*, etc. Os derivados, entretanto, não serão hifenados: *lengalengar, ronronar, tiquetaquear, ziguezaguear, zunzunar*, etc. Obs.: Não se separam por hífen as palavras com sílaba reduplicativa oriundas da linguagem infantil: *babá, titio, vovó, xixi*, etc.

Trovejar São impessoais e conjugam-se apenas na 3.ª pessoa do singular os verbos (ou expressões) que denotam fenômenos atmosféricos ou cósmicos: *chover, trovejar, relampejar, relampaguear, nevar, anoitecer, fazer* (*frio, calor*, etc.), *estar* (*frio, quente*, etc.), entre outros: *Faz frio./ Chove muito./* "No dia seguinte cheguei às sete em ponto, *chovia* potes e eu tinha que viajar a noite inteira." (Lygia Fagundes Telles, "O moço do saxofone", *Os melhores contos brasileiros de todos os tempos*).

Fora do seu sentido normal, muitos verbos impessoais podem ser usados pessoalmente, ou seja, constroem-se com sujeito. Nestes casos, a concordância se faz obrigatória: *Choveram* bênçãos dos céus./ "No dia seguinte *amanheci de cama*" (Érico Veríssimo, *Solo de Clarineta*)./ "Baiano velho *trovejou*: § – Não tem luz!" (Antonio de Alcântara Machado, "Apólogo brasileiro sem véu de alegoria", *Os melhores contos brasileiros de todos os tempos*).

Tsunâmi Nos dicionários já se acha registrado o termo japonês, ou aportuguesado na forma *tsunâmi* ou como empréstimo não adaptado à nossa ortografia, isto é, registrado sem aportuguesamento sob a forma *tsunami* não acentuada graficamente, como fez a 5.ª edição do Volp em 2009, incluindo-o na lista dos estrangeirismos. Que o termo japonês já assumiu os ares da nossa língua prova-o o tratamento de gênero gramatical que o uso, pelo menos entre brasileiros, lhe confere. No japonês os substantivos não trazem distinção de gênero gramatical, mas sim de sexo. Como *tsunâmi* está ligado a *maremoto*, deve este fato ter concorrido para o emprego como substantivo masculino, que parece ser o mais usual nos meios de comunicação e em Portugal. Todavia *tsunâmi* está ligado a *onda* ("onda no porto", parece ser a tradução literal), o que justifica o emprego no feminino, gênero que também aparece documentado na imprensa brasileira. Na língua italiana ocorrem os dois gêneros. Por todas estas razões, recomendamos se use a grafia *tsunâmi*, e se lhe dê duplo gênero, até decisão em contrário dos usuários da língua.

Tudo que..., tudo o que... Ver *(o) que*.

Tupi Ver *etnônimo*.

Tupi-guarani (Pl.: tupis-guaranis) Ver *etnônimo*.

Turquesa (cor) Permanece invariável quando usado como adjetivo: *camisa* turquesa, *camisas* turquesa. Outros substantivos usados para designar cores também ficam invariáveis: *bolsas* laranja, *sapatos* cinza, *carteiras* abóbora, *vestidos* abacate, etc.

Tv em cores, tv a cores Ver *em cores, a cores*.

Ultimato, ultimátum Ambas as formas estão corretas e registradas no Vocabulário Ortográfico da ABL (Volp).

Ultra- Ver *hífen nas formações com prefixo.*

Ultra-apressado Conforme o Acordo Ortográfico de 1990, nas formações com prefixos, emprega-se o hífen quando o 1.º elemento (*ultra-*) termina por vogal igual à que inicia o 2.º elemento (*apressado*): *ultra-apressado, ultra-aquecido, ultra-atômico,* etc. Ver *hífen nas formações com prefixo.*

Ultrarracional Conforme o Acordo Ortográfico de 1990, nas formações com prefixos, quando o 1.º elemento termina por vogal (*ultra-*) e o 2.º elemento começa por *r* (*racional*) ou *s,* não se usa hífen, e estas consoantes devem duplicar-se, prática já adotada também em palavras deste tipo pertencentes aos domínios científico e técnico: "Lá, ou você é fundamentalista cristão bem louco ou se coloca nessa posição *ultrarracional*; oito ou oitenta." (Frei Betto e Marcelo Gleiser com Waldemar Falcão, *Conversa sobre a fé e a ciência*). Ver *hífen nas formações com prefixo.*

Ultrassom, ultrassonografia Conforme o Acordo Ortográfico de 1990, nas formações com prefixos, quando o 1.º elemento termina por vogal (*ultra-*) e o 2.º elemento começa por *r* ou *s* (*som, sonografia*), não se usa hífen, e estas consoantes devem duplicar-se, prática já adotada também em palavras deste tipo pertencentes aos domínios científico e técnico: *antessala, antirreligioso, antissocial, autorregulamentação, biorritmo, biossatélite, contrarregra, contrassenha, cosseno, eletrossiderurgia, extrarregular, infrassom, macrorregião, microssistema, minissaia, multissegmentado, neorromano, protossatélite, pseudossigla, semirrígido, sobressaia, suprarrenal, ultrassom, ultrassonografia.* Ver *hífen nas formações com prefixo.*

Ultravioleta (sem hífen) O adjetivo *ultravioleta* é de dois gêneros e dois números. Sendo, assim, invariável: *lâmpadas* ultravioleta, *radiações* ultravioleta, *raios* ultravioleta. Ver *infravermelho*.

Um dos que, uma das que Em linguagem do tipo *um dos... que*, o verbo da oração adjetiva pode ficar no singular (concordando com o seletivo *um*) ou no plural (concordando com o termo sujeito no plural), prática, aliás, mais frequente, se o dito verbo se aplicar não só ao relativo mas ainda ao seletivo *um*: "Este era *um dos que* mais se *doíam* do procedimento de D. Leonor" (Alexandre Herculano, *Fragmentos literários*); "*Um dos* nossos escritores modernos *que* mais *abusou* do talento, e que mais portentos *auferiu* do sistema [...]." (*Idem, ibidem*); "Demais, *um dos que* hoje *deviam* estar tristes, eras tu" (Carlos de Laet, *Obras seletas*); "Tinha vindo das guerras do outro tempo; foi *um dos que pelearam* na batalha de Ituzaingó [...]." (João Simões Lopes Neto, "Contrabandista", *Os melhores contos brasileiros de todos os tempos*); "Se por acaso eu tivesse sido político profissional, seria *um dos que preferem* o papel de eminências pardas, *um dos que não gostam* de ostentar seu poderio." (João Ubaldo Ribeiro, *Diário do farol*).

O singular é de regra quando o verbo da oração só se aplica ao seletivo *um*. Assim nos dizeres "foi *um dos* teus filhos *que jantou* ontem comigo", "é uma das tragédias de Racine que *se representará* hoje no teatro", será incorreto o emprego do número plural; o singular impõe-se imperiosamente pelo sentido do discurso (Ernesto Carneiro Ribeiro, *Redação do projeto do Código Civil*).

Obs.: Pode dar-se a omissão de *um*: "Foi *dos últimos que usaram* presilhas no Rio de Janeiro, e talvez neste mundo." (Machado de Assis, *Dom Casmurro*); "Garrida manhãzinha de março, *das que florejam* somente aqui na ilha [...]." (João Ubaldo Ribeiro, *Miséria e grandeza do amor de Benedita*).

Um e outro, nem um nem outro, um ou outro (concordância) Depois da expressão *um e outro*, põe-se no singular o substantivo a que faz referência e no plural ou singular o verbo: *Uma e outra coisa merece* a nossa atenção; *Uma e outra coisa merecem* a nossa atenção; "*Um e outro não entregaram* Bamba a um Silva, mas, sim, a um Afonso. D. Garcia pagou caro por isso: os Silvas comandaram uma grande rebelião [...]." (Alberto da Costa e Silva, *A manilha e o libambo*). Se se tratar de verbo de ligação posto no plural, também se usará no plural o nome que funcionar como predicativo: *Um e outro é inteligente*; *Um e outro são inteligentes*.

Com *nem um nem outro* continua de rigor o singular para o substantivo e o verbo se porá no singular: *Nem uma coisa nem outra coisa é necessária*.

Com *um ou outro* o substantivo fica no singular e invariavelmente aparece no singular o verbo, do qual a expressão serve de sujeito: "*Um ou outro* soldado *revidava...*" (Euclides da Cunha, *Os Sertões*).

Note-se ainda que, referindo-se a expressão *um e outro* a pessoas de sexos diferentes, é mais comum a permanência do masculino: "Ali o teve *el-rei* escondido algum tempo, e lá começaram os seus amores com a *rainha*, que tão fatais foram para *um e outro*" (Arlindo Leite, *Fragmentos literários de Alexandre Herculano*).

Quando um dos elementos está no plural, temos: "Até a poesia, que assenta *nos sons vocais* e *no ritmo*, essenciais na língua falada é entre nós uma atividade principalmente escrita. Só a leitura recria o valor oral de *uns* e de *outro*" (Mattoso Câmara, *História e estrutura da língua portuguesa*).

Um ou outro (concordância) Ver *um e outro, nem um nem outro, um ou outro.*

Um tanto ou quanto, um tanto (E não: tanto e quanto) Significa 'razoavelmente, medianamente': *Era um trabalho* um tanto ou quanto *difícil* (e não: *tanto quanto* difícil) ou *Era um trabalho* um tanto *difícil.*

A expressão "tanto quanto" indica igualdade, correlação: *Estava* tanto ansiosa quanto *feliz./ A atleta treinou* tanto quanto *pôde.*

Ureter (/tér/) O substantivo masculino *ureter* é palavra oxítona, ou seja, aquela cuja sílaba tônica é a última. Portanto a pronúncia deve ser /ure*tér*/ (e não: /u*réter*/).

Uspiano (E não: us*pea*no) Ver -*eano*, -*iano*.

V v

Vadiice As formas paroxítonas e oxítonas com duplicação da vogal *i* são grafadas sem acento gráfico: *xiita, tapiira, vadiice, tapii*.

Vai dar (E não: vai *dá*) A locução verbal é *vai dar* (auxiliar + infinitivo): "– Mas olha, relaxa que *vai dar* tudo certinho." (Caio Fernando Abreu, *Morangos mofados*).

Vai vir (E não: vai *vim*) A locução verbal é *vai vir* (auxiliar + infinitivo): "É com uma dona que eu conheci em São Luís nesta viagem e que *vai vir* comigo, de papel passado, para morar aqui." (Josué Montelo, *Cais da sagração*).

Valer Verbo irregular de 2.ª conjugação. Assim, temos: *pres. ind.*: valho, vales, vale, valemos, valeis, valem; *pret. perf. ind.*: vali, valeste, valeu, valemos, valestes, valeram; *pret. imperf. ind.*: valia, valias, valia, valíamos, valíeis, valiam; *pret. mais-que-perf. ind.*: valera, valeras, valera, valêramos, valêreis, valeram; *fut. pres. ind*: valerei, valerás, valerá, valeremos, valereis, valerão; *fut. pret. ind.*: valeria, valerias, valeria, valeríamos, valeríeis, valeriam; *pres. subj.*: valha, valhas, valha, valhamos, valhais, valham; *pret. imp. subj.*: valesse, valesses, valesse, valêssemos, valêsseis, valessem; *fut. subj.*: valer, valeres, valer, valermos, valerdes, valerem; *imp. afirm.*: vale, valha, valhamos, valei, valham; *ger.*: valendo; *part.*: valido.

Valor-meta Este substantivo deve ser grafado com hífen. Há duas possibilidades de plural: *valores-meta* e *valores-metas*.

Vamo-nos (E não: va*mos*-nos) Se o pronome átono (no caso, *nos*) for enclítico (vier depois do verbo), o verbo perderá o -*s* final apenas na 1.ª pessoa do plural: *vou-me, vais-te, vai-se,* va*mo-nos, ides-vos, vão-se*: "– Acabando este ato, *vamo-nos* embora..." (Domício da Gama, "Conto de verdade", *Os melhores contos brasileiros de todos os tempos*). Da mesma forma: *aborrecemo-nos, afastemo-nos, apiedamo-nos, divertimo-nos, queixamo-nos, tínhamo-nos, tivéssemo-nos,* etc.

Com o pronome nas outras posições, o verbo ficará intacto: Nós *nos* vamos (pronome antes do verbo: próclise)./ Ir-*nos*-emos (pronome no meio do verbo: mesóclise). No caso de outros pronomes, nenhuma alteração ocorre: *conhecemos-te, chamamos-lhe, enviamos-lhe, informamos-lhe, requeremos-lhe*, etc.

Vários de nós... (concordância) Ver *Quais de nós?, Quais dentre vós?*.

Veem (sem acento circunflexo) Conforme o Acordo Ortográfico de 1990, perdem o acento gráfico as formas verbais paroxítonas que contêm um *e* tônico oral fechado em hiato com a terminação -*em* da 3.ª pessoa do plural do presente do indicativo ou do subjuntivo, conforme os casos: *creem* (indic.), *deem* (subj.), *descreem* (indic.), *desdeem* (subj.), *leem* (indic.), *preveem* (indic.), *redeem* (subj.), *releem* (indic.), *reveem* (indic.), *tresleem* (indic.), *veem* (indic.).

Vencer (regência) O verbo *vencer* é transitivo direto: "Senhores, cumpre *vencer* os preconceitos." (Machado de Assis, "A Sereníssima República", *Papéis avulsos*); "Naquela hora o ausente, o esquecido, esmagava e *vencia* todos com a sua carta, o seu filho, com os direitos do passado." (Rachel de Queiroz, *Caminho de pedras*); "Os romanos, depois da tarefa da destruição de Cartago, tinham posto ombros à empresa incomparavelmente mais séria de *vencer* a natureza antagonista." (Euclides da Cunha, *Os sertões*).

Vende-se..., Vendem-se... Ver -*se*.

Ver Verbo irregular de 2.ª conjugação. Assim, temos: *pres. ind.*: vejo, vês, vê, vemos, vedes, veem; *pret. imperf. ind.*: via, vias, via, víamos, víeis, viam; *pret. perf. ind.*: vi, viste, viu, vimos, vistes, viram; *pret. mais-que-perf. ind.*: vira, viras, vira, víramos, víreis, viram; *fut. pres.*: verei, verás, verá, veremos, vereis, verão; *fut. pret.*: veria, verias, veria, veríamos, veríeis, veriam; *pres. subj.*: veja, vejas, veja, vejamos, vejais, vejam; *pret. imp. subj.*: visse, visses, visse, víssemos, vísseis, vissem; *fut. subj.*: vir, vires, vir, virmos, virdes, virem; *imp. afirm.*: vê, veja, vejamos, vede, vejam; *infinitivo flexionado*: ver, veres, ver, vermos, verdes, verem; *ger.*: vendo; *part.*: visto.

Ver (regência) O verbo *ver* pede objeto direto: *Nós o vimos na cidade* (e não: lhe vimos!); "*Nós o vimos* lutar inúmeras vezes, os dentes como lâminas, o pelo eriçado, rosnando enquanto rodava o chão." (Adonias Filho, *Léguas da promissão*).

Ver, ouvir, olhar, sentir (e sinônimos) Ver *verbos causativos e sensitivos*.

Ver, vir Ocorrem erros frequentes na conjugação desses dois verbos, sobretudo no futuro do subjuntivo. Quanto ao verbo *ver*, o futuro do subjuntivo é: *vir, vires, vir, virmos, virdes, virem*. Já o futuro do subjuntivo do verbo *vir* é: *vier, vieres, vier, viermos, vierdes, vierem*.

Assim, dizemos: Quando eu *vier* (verbo *vir*) à cidade e *vir* (verbo *ver*) oportunidade de comprar um imóvel, então o farei; "Se o pedestre *vier* [e não: *vir*] a morrer em consequência de seu ato incivilizado [...]." (João Ubaldo Ribeiro, "O bom pedestre", *O conselheiro come*); "[...] as crianças que nos *virem* [e não: *verem*] de livro na mão [...]." (Ana Maria Machado, *Contracorrente: conversas sobre leitura e política* in *Ana Maria Machado: obra reunida*); "Além disso, o que por acaso *vier* [e não: *vir*] a dar certo no futuro se deverá à eficiência do governo." (João Ubaldo Ribeiro, "Ele tem razão", *O conselheiro come*); "[...] todo mundo aceita muito mais uma esquisitice dessas se *vier* [e não: *vir*] de você..." (Ana Maria Machado, *Aos quatro ventos* in *Ana Maria Machado: obra reunida*); "Meus amigos, se durante o meu recesso *virem* [e não: *verem*] por acaso passar a minha amada/ Peçam silêncio geral. [...]" (Vinicius de Moraes, "Carta do ausente", *Para viver um grande amor* in *Vinicius de Moraes: obra reunida*). Ver *ver*. Ver *vir*[2].

Verbos abundantes São os que apresentam duas ou três formas de igual valor e função: *traduze* tu (ou *traduz*); *faze* tu (ou *faz*); *havemos* e *hemos*; *constrói* e *construi*; *pagado* e *pago*; *nascido*, *nato*, *nado* (pouco usado). Normalmente esta abundância de forma ocorre no particípio.

Verbos causativos e sensitivos Assim se chamam os verbos *deixar*, *mandar*, *fazer* e sinônimos (causativos) e *ver*, *ouvir*, *olhar*, *sentir* e sinônimos (sensitivos) que, juntando-se a infinitivo ou gerúndio, não formam locução verbal, mas, muitas vezes, se comportam sintaticamente como tal, isto é, acusam relações internas que se estabelecem dentro do grupo entre o infinitivo e os termos que o acompanham.

Com os causativos *deixar*, *mandar*, *fazer* (e sinônimos), a norma é aparecer o infinitivo sem flexão, qualquer que seja o seu agente: "Sancho II deu-lhe depois por válida a carta e *mandou*-lhes *erguer* de novo os marcos onde eles os haviam posto" (Alexandre Herculano, *Fragmentos literários*); "*Fazei*-os *parar*" (*Idem, ibidem*); "*Deixai vir* a mim as criancinhas". Mas flexionado em [obs.: repare que a flexão se apresenta geralmente quando o infinitivo vem acompanhado de um pronome pessoal oblíquo átono]: "E *deixou fugirem*-lhe duas lágrimas pelas faces" (Alexandre Herculano, *Fragmentos literários*); "Não são poucas as doenças para as quais, por desídia, vamos *deixando perderem*-se os nomes velhos que têm em português" (Mário Barreto, *De gramática e de linguagem*).

Com os sensitivos *ver*, *ouvir*, *olhar*, *sentir* (e sinônimos), o normal é empregar-se o infinitivo sem flexão, embora aqui o critério não seja tão rígido: "Olhou para o céu, viu estrelas... escutou, *ouviu ramalhar as árvores*" (Alexandre Herculano, *Fragmentos literários*); "[...] o terror fazia-lhes crer que já *sentiam ranger e estalar* as vigas dos simples [...]" (*Idem, ibidem*). Os seguintes exemplos atestam o emprego do infinitivo flexionado: "Em Alcoentre os ginetes e corredores do exército real vieram escaramuçar com os do infante, e ele próprio os *ouvia chamarem*-lhe traidor e hipócrita" (Alexandre Herculano, *Fragmentos literários*); "Creio que comi: *senti renovarem*-se-me as forças" (*Idem, ibidem*). Com tais verbos causativos e sensitivos a flexão do infinitivo se dá com mais frequência quando o agente está representado por substantivo, sem que isto se constitua fato que se aponte como regra geral, conforme demonstram os exemplos citados.

Obs.: 1.ª) Com os causativos e sensitivos pode aparecer ou não o pronome átono que pertence ao infinitivo: "*Deixei*-o *embrenhar* (por *embrenhar-se*) e transpus o rio após ele" (Alexandre Herculano, *Fragmentos literários*); "O faquir *deixou*-o *afastar* (por *afastar-se*)" (*Idem, ibidem*); "Encostando-se outra vez na sua dura jazida, Egas *sentiu alongar-se* a estropiada dos cavalheiros..." (Alexandre Herculano, *O bobo*); "E o eremita *viu*-a, ave pernalta e branca, *bambolear*-se em voo, ir chegando, *passar*-se para cima do leito, *aconchegar*-se ao pobre homem..." (João Ribeiro, *Floresta de exemplos*). Por isso não cabe razão a Mário Barreto quando condena, nestes casos, o aparecimento do pronome átono. 2.ª) Aqui também o infinitivo pode aparecer flexionado, por se calar o auxiliar: "[...] *viu alvejar* os turbantes, e, depois *surgirem* rostos tostados, e, depois, *reluzirem* armas [...]."(Alexandre Herculano, *Fragmentos literários*).

Verbos de ligação Caracterizam-se por ligar ao sujeito um estado, qualidade, condição ou classificação que pode ser, entre outras indicações: a) *estado permanente*: José *é* estudioso./ Aurora *vive* cansada. b) *estado passageiro*: José *está* estudioso./ Maria *anda* triste./ Antônio *acha-se* preocupado./ Pedro *encontra-se* doente. c) *continuidade de estado*: José *continua* estudioso./ Maria *permanece* triste. d) *mudança de estado*: José *ficou* estudioso./ Maria *tornou-se* triste./ Antônio *acabou* preocupado./ Pedro *caiu* doente./ O vizinho *fez-se* professor./ A crisálida *virou* borboleta./ Ela *converteu-se* em culpada./ Quem *servirá* de meu advogado?/ Ele *se meteu* poeta (ou a poeta). e) *aparência*: José *parece* estudioso (parece ser)./ Maria *parece* triste (parece estar).

Verbos defectivos São os que, na sua conjugação, não apresentam todas as formas: *colorir, precaver-se, reaver*, etc. É preciso não confundi-los com os verbos chamados impessoais e unipessoais, que só se usam nas terceiras pessoas. A defectividade verbal é devida a várias razões, entre as quais a primeira é o resultado histórico da conjugação mista em latim seguida da eufonia e da significação. Entretanto, a defectividade de certos verbos não se assenta em bases morfológicas, mas em razões do uso e da norma vigentes em certos momentos da história da língua. Daí certa disparidade que por vezes se encontra na relação das gramáticas. Se a tradição da língua dispensa, por dissonante, a 1.ª pessoa do singular do verbo *colorir* (*coloro*), não se mostra igualmente exigente com a 1.ª pessoa do singular do verbo *colorar*. Por outro lado, o critério de eufonia pode variar com o tempo e com o gosto dos escritores; daí aparecer de vez em quando uma forma verbal que a gramática diz não ser usada. É na 3.ª conjugação que se encontra a maioria dos verbos defectivos. Quase sempre faltam as formas rizotônicas dos verbos defectivos.

Suprimos, *quando necessário*, as lacunas de um defectivo empregando um sinônimo (derivado ou não do defectivo): eu *recupero* (para *reaver*); eu *redimo* (para *remir*); eu *pinto* (para *colorir*). Muitos verbos apontados outrora como defectivos são hoje conjugados integralmente: *agir*, *advir*, *compelir*, *desmedir-se*, *discernir*, *emergir*, *explodir*, *imergir*, *fruir*, *polir*, *submergir* entre outros.

Ressarcir e *refulgir* (que alguns gramáticos só mandam conjugar nas formas em que o radical é seguido de *e* ou *i*) tendem a ser empregados como verbos completos. Ver *verbos impessoais*. Ver *verbos unipessoais*.

Verbos impessoais Os principais são:

a) os que denotam fenômenos atmosféricos ou cósmicos: *chover*, *trovejar*, *nevar*, *anoitecer*, *fazer* (frio), etc. São conjugados apenas na 3.ª pessoa do singular: Chovia *muito./* Neva *no Sul./ Ontem* relampejou *bastante.* Quando em sentido figurado, conjugam-se em quaisquer pessoas: Chovam *as bênçãos do céu*; "Onde jamais se tinha visto um tal privilegiado [...] não reconhecer as dádivas que *choviam* sobre sua cabeça, onde jamais se vira tamanha ingratidão? (João Ubaldo Ribeiro, *Diário do farol*); "E fui despejando tudo, que nem um saco que a gente revira pelos fundos e vai *chovendo* todo o feijão guardado lá dentro." (Ana Maria Machado, *Canteiros de Saturno* in *Ana Maria Machado: obra reunida*); "No dia seguinte *amanheci* de cama." (Érico Veríssimo, *Solo de Clarineta*); "Baiano velho *trovejou*: § – Não tem luz!" (Antonio de Alcântara Machado, "Apólogo brasileiro sem véu de alegoria", *Os melhores contos brasileiros de todos os tempos*).

b) os verbos *haver* e *ser* em orações sinônimas às construídas com *existir*: Há livros bons. (= Existem livros bons); "*Eram* quarenta pessoas ao todo, entre homens, mulheres e crianças" (Miguel Torga, *Vindima*). [Obs.: O verbo *ser*, com sentido existencial, na expressão literária e hoje consagrada do início das histórias *era uma vez*, tende a ser empregado impessoalmente e, por isso, invariável: "Disse que *era uma vez* dois corcundas, compadres, um rico e outro pobre" (Câmara Cascudo, *Contos tradicionais do Brasil*); "*Era uma vez* três moças muito bonitas e trabalhadeiras..." (*Idem, ibidem*); "Diz que *era uma vez* quatro ladrões muito sabidos e finos" (*Idem, ibidem*). Sem a expressão *uma vez*, ocorre o plural: "*Eram* quatro irmãs tatibitates e a mãe delas tinha muito desgosto com esse defeito." (*Idem, ibidem*).].

c) os verbos *haver, fazer* e *ser* nas indicações de tempo: *Há* cinco anos não aparece aqui; *Faz* cinco anos não aparece aqui; *Era* à hora da sobremesa. A tais verbos podemos chamar *impessoais essenciais*, uma vez que há vários outros que acidentalmente aparecem em construções impessoais mas que tendem, em sua maioria, a ser usados com sujeito próprio, portanto em todas as pessoas. Dos verbos que entram nessas construções impessoais merecem atenção:

1) *bastar, chegar* (nas ideias de suficiência): "*basta* de férias" (Bernardo Guimarães, *O seminarista*), "*chega* de sacrifício"; 2) *dar-se*: "como quem não *se* lhe *dá* da vizinha fronteira" (Machado de Assis, *Memórias Póstumas de Brás Cubas*); 3) *constar*: "nem me *consta* de serviços que nunca entre nós se trocassem" (Rui Barbosa, *Cartas políticas e literárias*); 4) *ir* acompanhado de advérbio ou locução adverbial para exprimir como correm as coisas a alguém: "Pouco te *vai* em meus negócios" (Mário Barreto, *Fatos*); 5) *ir* acompanhado das preposições *em* ou *para* exprimindo o espaço de tempo em que uma coisa acontece ou aconteceu: Vai *em* dois anos ou pouco mais; 6) *vir* acompanhado das preposições *por* ou *a* exprimindo o tempo em que algo acontece: "Nesse mesmo dia quando *veio* pela tarde" (Antônio Feliciano de Castilho, *Quadros históricos de Portugal*, II); 7) *passar* acompanhado da preposição *de* exprimindo tempo: Já *passava de* dois meses; 8) *feito é de*, locução do estilo literário que significa que uma coisa está perdida: "*Feito era* talvez para sempre, *dos* alterosos fados nascentes desta Monarquia, se dos céus lhe não assistira uma providência, e na terra um D. Egas" (*Idem, Quadros históricos de Portugal*, I); 9) *tratar-se* acompanhado da preposição *de* em construções do tipo: Agora não *se trata disso*.

Verbos na voz passiva Ver *voz passiva*.

Verbos sensitivos Ver *verbos causativos e sensitivos*.

Verbos terminados em -*ear* e -*iar* Os verbos em -*ear* trocam o *e* por *ei* nas formas rizotônicas (aquelas cuja sílaba tônica está no radical). Por exemplo: *nomear – pres. ind.*: nom*e*io, nom*e*ias, nom*e*ia, nomeamos, nomeais, nom*e*iam; *pres. subj.*: nom*e*ie, nom*e*ies, nom*e*ie, nomeemos, nomeeis, nom*e*iem; *imp. afirm.*: nom*e*ia, nom*e*ie, nomeemos, nomeai, nom*e*iem.

Os verbos terminados em *-iar* são conjugados regularmente. Por exemplo: *premiar – pres. ind.*: premio, premias, premia, premiamos, premiais, premiam; *pres. subj.*: premie, premies, premie, premiemos, premieis, premiem; *imp. afirm.*: premia, premie, premiemos, premiai, premiem. Cinco verbos em *-iar* se conjugam, nas formas rizotônicas, como se terminassem em *-ear* (MARIO é o anagrama que deles se pode formar): *mediar* (e também *intermediar*): med*e*io, med*e*ias, med*e*ia, mediamos, mediais, med*e*iam; *ansiar*: ans*e*io, ans*e*ias, ans*e*ia, ansiamos, ansiais, ans*e*iam; *remediar*: remed*e*io, remed*e*ias, remed*e*ia, remediamos, remediais, remed*e*iam; *incendiar*: incend*e*io, incend*e*ias, incend*e*ia, incendiamos, incendiais, incend*e*iam; *odiar*: od*e*io, od*e*ias, od*e*ia, odiamos, odiais, od*e*iam.

Obs.: Enquanto no Brasil já vamos conjugando os verbos em *-ear* e *-iar* pelo que acabamos de expor, entre os portugueses ainda se notam vacilações em muitos que, grafados com *-iar*, deveriam seguir o modelo de *premiar*, mas se acostam ao de *nomear*, dada a homofonia dos dois finais na fala corrente: além do próprio *premiar*, *agenciar*, *comerciar*, *licenciar*, *negociar*, *penitenciar*, *obsequiar*, *presenciar*, *providenciar*, *reverenciar*, *sentenciar*, *vangloriar*, *vitoriar*, *evidenciar*, *glorificar*, *diligenciar* e outros.

Verbos unipessoais Os verbos que designam vozes de animais (*balir* [ovelha e cordeiro], *cacarejar* [galinha], *grunhir* [porco, javali, etc.], *ladrar* [cão], *latir* [cão], *miar* [gato], *mugir* [bovídeo], *relinchar* [cavalo, burro, etc.], *regougar* [gambá, raposa, etc.], *rugir* [leão, tigre e outros felinos], *zurrar* [burro, jumento], etc.), geralmente só aparecem nas terceiras pessoas do singular e plural, em virtude de sua significação (exceto quando usados metaforicamente), e são indevidamente arrolados como defectivos. Melhor chamá-los, quando no seu significado próprio, *unipessoais*.

Verde-claro, verde-escuro Ver *flexão de adjetivos compostos designativos de cores* e *flexão de substantivos compostos designativos de cores*.

Verde-garrafa Ver *flexão de adjetivos compostos designativos de cores* e *flexão de substantivos compostos designativos de cores*.

Vezinha O diminutivo de *vez* é *vezinha*. Ver *-inho, -zinho*.

Viagem, viajem O substantivo feminino *viagem* grafa-se com *g*. O verbo *viajar* e suas flexões em todos os tempos e pessoas grafam-se com *j*: *pres. subj.*: *viaje, viajes, viaje, viajemos, viajeis, viajem*.

Vice-, vizo- Ver *hífen nas formações com prefixo*.

Vice-primeiro-ministro, vice-primeira-ministra Escreve-se com hífen e tem como plural: *vice-primeiros-ministros* e, na forma feminina, *vice-primeiras-ministras*: "A *vice-primeira-ministra* da Ucrânia acusou nesta segunda-feira a Rússia de manter civis, incluindo jornalistas, ativistas e autoridades eleitas, em prisões em território russo." (*IstoÉ Dinheiro*, 11/4/22). Da mesma forma escreve-se *ex-primeiro-ministro* e *ex-primeira-ministra*.

Videoaula Deve ser grafada sem hífen e sem acento gráfico. Uma *videoaula* é uma aula gravada e distribuída em formato de vídeo.

Videomanifesto Deve ser grafado sem hífen e sem acento gráfico. O *videomanifesto* é um manifesto produzido e divulgado em formato de vídeo.

Viger (E não: vigir) O verbo *viger* (= estar em vigor; ter vigência, valor; vigorar) é regular de 2.ª conjugação. Anteriormente considerado defectivo, este verbo vem apresentando conjugação completa. Assim, temos: *pres. ind.*: vijo, viges, vige, vigemos, vigeis, vigem; *pret. imperf. ind.*: vigia, vigias, vigia, vigíamos, vigíeis, vigiam; *pret. perf. ind.*: vigi, vigeste, vigeu, vigemos, vigestes, vigeram; *pret. mais-que-perf. ind.*: vigera, vigeras, vigera, vigêramos, vigêreis, vigeram; *fut. pres.*: vigerei, vigerás, vigerá, vigeremos, vigereis, vigerão; *fut. pret.*: vigeria, vigerias, vigeria, vigeríamos, vigeríeis, vigeriam; *pres. subj.*: vija, vijas, vija, vijamos, vijais, vijam; *pret. imp. subj.*: vigesse, vigesses, vigesse, vigêssemos, vigêsseis, vigessem; *fut. subj.*: viger, vigeres, viger, vigermos, vigerdes, vigerem; *imp. afirm.*: vige, vija, vijamos, vigei, vijam; *infinitivo flexionado*: viger, vigeres, viger, vigermos, vigerdes, vigerem; *ger.*: vigendo; *part.*: vigido.

Obs.: Na história da língua, verbos há que mudaram de conjugação, mas deixaram vestígios em outras formas não verbais: *cair* (antigo *caer*), com vestígio no adjetivo *cadente* (e não *cadinte*, como *ouvinte*). José de Alencar usa *rangir* por *ranger*, e hoje *viger* (*vigente*) tem o concorrente *vigir* que, apesar de muito usado, não é aceito na norma exemplar: *A lei deve viger* (e não: *vigir*).

Vilão Muitos substantivos em *-ão* apresentam dois e até três plurais. É o caso de *vilão*, plural: *vilões, vilãos* ou *vilães*. O feminino pode ser *vilã* ou *viloa*.

Vimos, viemos A forma *vimos* é pretérito perfeito do verbo *ver* (*vi, viste, viu, vimos, vistes, viram*): "Lembro muito bem da última vez que nos *vimos*, antes de que tudo acontecesse e eu sumisse, você lembra?" (Ana Maria Machado, *Tropi-*

cal sol da liberdade in *Ana Maria Machado: obra reunida*); "A casa da madrinha é, como já *vimos*, a metáfora do futuro ideal [...]."(Laura Sandroni, *De Lobato a Bojunga: as reinações renovadas*).

Já a forma *viemos* é pretérito perfeito do verbo *vir* (*vim, vieste, veio, viemos, viestes, vieram*): "– Nós já moramos aqui perto, assim que *viemos* para o Rio." (Sonia Rodrigues, *Fronteiras*); "– Não escondo – disse ele – que eu e meu amigo *viemos* com esse objetivo claro." (Nelson Rodrigues, *Cidade*). Ver *ver, vir*.

Vinho (cor) Quando usado como adjetivo, permanece invariável: *bolsa* vinho, *sapatos* vinho. Outros substantivos usados para designar cores também ficam invariáveis: *bolsas* laranja, *sapatos* cinza, *carteiras* abóbora, *vestidos* abacate, etc.

Violeta (cor) Quando usado como adjetivo, permanece invariável: *bolsa* violeta, *sapatos* violeta. Outros substantivos usados para designar cores também ficam invariáveis: *botas* café, *casacos* laranja, *mochilas* salmão, *paredes* gelo, *camisas* creme, *vestidos* abóbora, *sapatos* cinza, *tons* pastel, *uniformes* abacate, *laços* rosa, *caixas* vinho, etc. Ver *flexão de adjetivos compostos designativos de cores*.

Vir[1] Ver *ver, vir*.

Vir[2] Verbo irregular de 3.ª conjugação. Assim, temos: *pres. ind.*: venho, vens, vem, vimos, vindes, vêm; *pret. imperf. ind.*: vinha, vinhas, vinha, vínhamos, vínheis, vinham; *pret. perf. ind.*: vim, vieste, veio, viemos, viestes, vieram; *pret. mais-que-perf. ind.*: viera, vieras, viera, viéramos, viéreis, vieram; *fut. pres.*: virei, virás, virá, viremos, vireis, virão; *fut. pret.*: viria, virias, viria, viríamos, viríeis, viriam; *pres. subj.*: venha, venhas, venha, venhamos, venhais, venham; *pret. imp. subj.*: viesse, viesses, viesse, viéssemos, viésseis, viessem; *fut. subj.*: vier, vieres, vier, viermos, vierdes, vierem; *imp. afirm.*: vem, venha, venhamos, vinde, venham; *infinitivo flexionado*: vir, vires, vir, virmos, virdes, virem; *ger.*: vindo; *part.*: vindo.

Verbos derivados de *vir* levam acento agudo no *e* na 2.ª e 3.ª pessoas do singular do pres. do ind. e na 2.ª pessoa do sing. do imper. afirm.: *intervir* (intervéns, intervém); *sobrevir* (sobrevéns, sobrevém), etc. Como *vir*, conjugam-se *advir, avir-se, convir, desavir-se, intervir, provir, sobrevir*.

Visar (regência) O verbo *visar* no sentido de 'mirar', 'dar o visto em alguma coisa', pede objeto direto: *Visavam o chefe da rebelião./ O inspetor visou o diploma.*

No sentido de 'pretender', 'aspirar', 'propor-se', pede de preferência complemento preposicionado iniciado pela preposição *a*: *Estas lições visam ao estudo da linguagem./ Estas lições visam a estudar a linguagem*; "Sob desculpa de fabricar delicado buquê, *visava ao extermínio* da espécie naquela primavera." (Nélida Piñon, *Tebas do meu coração*).

Modernamente já se constrói o verbo, neste sentido, sem preposição, quase sempre junto de infinitivo, sem o respaldo da norma exemplar: *Estas lições* visam *o estudo da linguagem./ Estas lições* visam estudar *a linguagem.*

Visioespacial Ver *visuoespacial, visioespacial.*

Visitar (regência) O verbo *visitar* pede objeto direto: *Visitamos a exposição de arte./ Ele o visitou no hospital*: "*Visitava* este universo e o arraial, onde comprava fiado; viam-no feliz como o se alastrar da abobrinha nova, forte como testa de touro preto." (João Guimarães Rosa, "Grande Gedeão", *Tutameia*).

Visto Ver *dado, visto.*

Visuoespacial, visioespacial As duas formas estão corretas e têm como significado: 'que se refere à percepção visual do formato, disposição, local, movimento ou velocidade das coisas no espaço físico e à interação com elas'. Podemos dizer: *raciocínio visuoespacial, habilidades visuoespaciais, função visuoespacial.*

Vitrina, vitrine Ambas as formas estão corretas e registradas no Vocabulário Ortográfico da ABL (Volp): "Subitamente para diante de uma *vitrina*. Gravatas!" (Aníbal Machado, "O telegrama de Ataxerxes", *Os melhores contos brasileiros de todos os tempos*); "[...] estava diante da loja de antiguidades, o nariz achatado na *vitrina*, tentando vislumbrar a tapeçaria lá no fundo." (Lygia Fagundes Telles, "A caçada", *Os melhores contos brasileiros de todos os tempos*); "A *vitrine* de uma lanchonete reluzia de coxinhas de galinha, camarão empanado [...]." (Sonia Rodrigues, *Fronteiras*).

Viva!, Vivam! Unidades como *viva!, morra!* e similares podem guardar seu significado lexical e aparecer como verbos, ou, esvaziado este valor, serem tratadas como formas interjetivas. No primeiro caso, se fará normalmente a concordância com seu sujeito: "*Vivam* os meus dois jovens, disse o conselheiro, *vivam* os meus dois jovens, que não esqueceram o amigo velho." (Machado de Assis, *Esaú e Jacó*). Todavia, a língua moderna revela acentuada tendência para usar, nestes casos, tais unidades no singular, dada a força interjetiva da expressão: *Viva os campeões!*; "Acho a ideia maravilhosa, e *viva* os ingleses." (Danuza Leão, *É tudo tão simples*). A língua-padrão prefere que seja observada a regra geral de concordância com o sujeito.

Obs.: *Salve!*, como pura interjeição de aplauso, não se flexiona; portanto: *Salve os campeões!* Como flexão do verbo *salvar* (= livrar de dificuldade, de perigo), a concordância é feita normalmente: *Salvem os animais silvestres! Eles correm perigo de extinção.*

Vívido O adjetivo *vívido*, que está presente na letra do Hino Nacional, significa 'que tem muita força, muita intensidade': "Brasil, um sonho intenso, um raio *vívido*/ De amor e de esperança à terra desce [...]." (Joaquim Osório Duque Estrada, Francisco Manoel da Silva, *Hino Nacional Brasileiro*).

Voltar atrás Ver *pleonasmo*.

Voo (flexão de *voar* e substantivo) Após o Acordo Ortográfico de 1990, sem acento, seguindo a regra: perde o acento gráfico a vogal tônica fechada do hiato *oo* em palavras paroxítonas, seguidas ou não de *-s*, como: *enjoo(s)* (substantivo) e *enjoo* (flexão de *enjoar*), *povoo* (flexão de *povoar*), *roo* (flexão de *roer*), *voo(s)* (substantivo) e *voo* (flexão de *voar*), etc.: "Em meio ao acenar de lenços o avião deslizou pela pista, em direção ao mar, alçou *voo* [...]." (Rubem Fonseca, *Agosto*).

Vossa Alteza Ver *formas de tratamento*.

Vossa Excelência Ver *formas de tratamento*.

Vossa Majestade Ver *formas de tratamento*.

Vossa Santidade Ver *formas de tratamento*.

Vossa Senhoria Ver *formas de tratamento*.

Voto-vista Termo da área jurídica; deve ser grafado com hífen e apresenta duas possibilidades de plural: *votos-vista* e *votos-vistas*.

Voto-vogal Termo da área jurídica; deve ser grafado com hífen e apresenta duas possibilidades de plural: *votos-vogal* e *votos-vogais*.

Voz ativa Forma em que o verbo se apresenta para, normalmente, indicar que a pessoa a que se refere é o *agente* da ação: *Eu escrevo a carta*.

Voz passiva É a forma que o verbo assume para indicar que seu sujeito sofre a ação por ele indicada. A voz passiva analítica é formada com um dos verbos: *ser, estar, ficar* seguido de *particípio*. Consideremos o seguinte exemplo: *O livro foi escrito por Graciliano Ramos*. Nele, *o livro*, sujeito de *foi escrito*, não pratica a ação, mas recebe-a, sofre-a; quem a pratica é *Graciliano Ramos,* que, por isso mesmo, se diz *agente da passiva*.

Na chamada *voz ativa*, o agente da passiva passa a sujeito, enquanto o sujeito da passiva passa a objeto direto. Daí, normalmente, essa mudança de voz só ocorrer com o verbo transitivo direto: *O livro foi escrito por Graciliano Ramos* (voz passiva)/ *Graciliano Ramos escreveu o livro* (voz ativa). O complemento de agente da passiva é introduzido pela preposição *por* e, nas formas combinadas com artigo, pela forma antiga *per*: *pelo, pela, pelos, pelas*: *A República foi proclamada pelo general Deodoro da Fonseca*. Com verbos que exprimem sentimento, pode aparecer neste emprego a preposição *de*: O professor é estimado *de todos* (ou *por todos*).

Como foi dito, em geral só pode ser construído na voz passiva verbo que pede objeto direto, acompanhado ou não de outro complemento. Daí a língua-padrão lutar contra linguagens do tipo: *A missa foi assistida por todos,* uma vez que o verbo *assistir*, nesta variedade e nesta acepção, só se constrói com complemento relativo/ objeto indireto: *Todos assistiram à missa*. À força do uso já se fazem concessões, além de *assistir*, aos verbos: *apelar* (*A sentença não foi apelada*), *aludir* (*Todas as faltas foram aludidas*), *obedecer* (*Os regulamentos não são obedecidos*), *pagar* (*As pensionistas foram pagas ontem*), *perdoar* (*Os pecadores* devem ser perdoados), *responder* (*Os bilhetes seriam respondidos hoje*).

Na voz passiva pronominal, o pronome átono *se* junta-se a um verbo na forma ativa: Fazem-se *persianas*./ Alugam-se *carros*./ Viu-se *o erro da última parcela*; "E se conversa muito, *se fazem* discursos, *se lançam* promessas mirabolantes e nada de positivo acontece." (João Ubaldo Ribeiro, "Quem está preso? Quem governa?", *A gente se acostuma a tudo*). O sujeito do verbo na voz passiva pronominal é geralmente um nome de coisa, um ser inanimado, incapaz de praticar a ação expressa pelo verbo. Normalmente aparece posposto ao verbo, mas pode antepor-se-lhe: "Este acontecimento *deu-se* à porta da minha casa, há cinco horas" (Camilo Castelo Branco, *O bem e o mal*). Na voz passiva pronominal o verbo só pode estar na 3.ª pessoa (singular ou plural) e, na língua moderna, não vem expresso o agente da passiva. O pronome átono *se* que se junta ao verbo para formar a voz passiva pronominal denomina-se *partícula apassivadora/ pronome apassivador*.

Voz reflexiva Forma verbal que indica que a ação verbal não passa a outro ser, 1) podendo reverter-se ao próprio agente (sentido reflexivo propriamente dito): Eu *me visto*./ Tu *te feriste*./ Ele *se enfeita*; 2) podendo atuar reciprocamente entre mais de um agente (reflexivo recíproco): Eles *se amam*./ Nós *nos carteamos*; 3) podendo indicar movimento do próprio corpo ou mudança psicológica (reflexivo dinâmico): Ela *sentou-se*; 4) podendo expressar sentido de 'passividade com se' (reflexivo passivo): *Alugam-se* casas; e 5) podendo expressar sentido de impessoalidade (reflexivo indeterminado), conforme as interpretações favorecidas pelo contexto, formada de verbo seguido do pronome oblíquo de pessoa igual à que o verbo se refere: *Assistiu-se* a festas. O verbo, empregado na forma reflexiva propriamente dita, diz-se *pronominal*.

Vulcão Muitos substantivos em *-ão* apresentam dois e até três plurais. É o caso de *vulcão*, plural: *vulcãos* ou *vulcões*.

Ww

W Letra incorporada ao alfabeto, assim como *k* e *y*, conforme o Acordo Ortográfico de 1990. Usam-se as letras *k*, *w*, *y* : a) Em nomes próprios originários de outras línguas e seus derivados: Byron, byroniano; Darwin, darwinismo; Franklin, frankliniano; Kafka, kafkiano; Kant, kantismo, kantista; Kardec, kardecista, kardecismo; Taylor, taylorista; Wagner, wagneriano; Kuwait, kuwaitiano; Malawi, malawiano. b) Em siglas, símbolos e mesmo em palavras adotadas como unidades de medida de uso internacional: TWA, KLM; K – potássio (de *kalium*), W – oeste (*West*); kg – quilograma, km – quilômetro, kW – kilowatt, yd – jarda (*yard*); Watt. c) Na sequência de uma enumeração: a), b), c), ... h), i), j), k), l), ... t), u), v), w), x), y), z).

Da mesma forma mantêm-se nos vocábulos derivados eruditamente de nomes próprios estrangeiros quaisquer combinações ou sinais gráficos não peculiares à nossa escrita que figurem nesses nomes: comtista, de Comte; garrettiano, de Garrett; jeffersônia, de Jefferson; mülleriano, de Müller; shakespeariano, de Shakespeare.

O *w* será uma vogal ou semivogal pronunciado como /u/ em palavras de origem inglesa: *watt-hora*, *whisky*, *waffle*, *Wallace*, *show*. Será consoante como o nosso /v/ em palavras de origem alemã: *Walter*, *Wagner*, *wagneriano*. No nome do célebre naturalista inglês *Darwin* soa como /v/, pronúncia mais geral, ou como /u/. Nome da letra: *dáblio* ou *dábliu*.

Web-aula Deve ser grafada com hífen e tem como plural *web-aulas*.

Webinário O substantivo masculino *webinário* é uma adaptação do inglês *webinar*, abreviação de *web based seminar*. Um *webinário* é um 'seminário realizado pela internet, em que é feita uma apresentação, geralmente com finalidade educativa ou comercial, ao vivo ou gravada, podendo-se permitir a participação do público e, posteriormente, o acesso ao conteúdo, caso fique disponível na plataforma em que foi transmitido'.

Este aportuguesamento já está registrado no Vocabulário Ortográfico da ABL (Volp).

Xx

Xadrez O substantivo masculino *xadrez* designa 'certo jogo de tabuleiro', 'forma visual semelhante ao tabuleiro deste jogo' e, coloquialmente, 'prisão, cadeia': "Tentei meditar sobre o tabuleiro de *xadrez* em que se moviam [...]." (Luiz Eduardo Soares, Cláudio Ferraz, André Batista, Rodrigo Pimentel, *Elite da tropa 2*); "Em sinal de protesto, o poeta preferiu continuar vivo e nu e foi levado ao *xadrez*, com grande escândalo [...]." (Carlos Heitor Cony, "Eis: os fatos", *Da arte de falar mal*).

Como adjetivo de dois gêneros e dois números, *xadrez* (= que apresenta desenho semelhante ao do tabuleiro do jogo) fica invariável: *camisas* xadrez; "Seu aspecto é o de um coelho normal, mas ele tem um bolso *xadrez* costurado na barriga [...]." (Laura Sandroni, *De Lobato a Bojunga: as reinações renovadas*).

Xiita (sem acento gráfico) As formas paroxítonas e oxítonas com duplicação da vogal *i* são grafadas sem acento gráfico: *xiita, tapiira, vadiice, tapii*. Como adjetivo de dois gêneros, *xiita* significa 'que é partidário das convicções religiosas do xiismo, uma das correntes da crença islâmica': "Em pouco tempo, esse imame *xiita* derrotou os Aglábidas, destruiu o sultanato de Tahert [...]." (Alberto da Costa e Silva, *A manilha e o libambo*). Também é usado como substantivo de dois gêneros: *o* xiita, *a* xiita, *os/as* xiitas.

Xique-xique, xiquexique Os compostos formados com elementos repetidos, com ou sem alternância vocálica ou consonântica, por serem compostos representados por formas substantivas sem elemento de ligação, terão hífen: *blá-blá-blá, lenga-lenga, reco-reco, tico-tico, zum-zum-zum, pingue-pongue, tique-taque, trouxe-mouxe, xique-xique* (= chocalho [plural: xique-xiques]; diferentemente de *xiquexique* = planta), *zás-trás, zigue-zague*, etc. Os derivados, entretanto, não serão hifenados: *lengalengar, ronronar, tiquetaquear, ziguezaguear, zunzunar,* etc. Obs.: Não se separam por hífen as palavras com sílaba reduplicativa oriundas da linguagem infantil: *babá, titio, vovó, xixi,* etc.

Y y

Y Letra incorporada ao alfabeto, assim como *k* e w, conforme o Acordo Ortográfico de 1990. Usam-se as letras *k*, *w*, *y* : a) Em nomes próprios originários de outras línguas e seus derivados: Byron, byroniano; Darwin, darwinismo; Franklin, frankliniano; Kafka, kafkiano; Kant, kantismo, kantista; Kardec, kardecista, kardecismo; Taylor, taylorista; Wagner, wagneriano; Kuwait, kuwaitiano; Malawi, malawiano. b) Em siglas, símbolos e mesmo em palavras adotadas como unidades de medida de uso internacional: TWA, KLM; K – potássio (de *kalium*), W – oeste (*West*); kg – quilograma, km – quilômetro, kW – kilowatt, yd – jarda (*yard*); Watt. c) Na sequência de uma enumeração: a), b), c), ... h), i), j), k), l), ... t), u), v), w), x), y), z).

Da mesma forma mantêm-se nos vocábulos derivados eruditamente de nomes próprios estrangeiros quaisquer combinações ou sinais gráficos não peculiares à nossa escrita que figurem nesses nomes: comtista, de Comte; garrettiano, de Garrett; jeffersônia, de Jefferson; mülleriano, de Müller; shakespeariano, de Shakespeare.

O *y* é um som vocálico pronunciado como /i/ com função de vogal ou semivogal. Nome da letra: *ípsilon* (plural: *ípsilons* e, pouco usado no Brasil, *ipsílones*), *ipsilone* (coloquial) ou *ipsílon*.

Zangão O substantivo masculino zangão (= macho de diversas espécies de abelhas) tem como plural *zangões* e *zangãos*.

Zás-trás Os compostos formados com elementos repetidos, com ou sem alternância vocálica ou consonântica, por serem compostos representados por formas substantivas sem elemento de ligação, terão hífen: *blá-blá-blá, lenga-lenga, reco-reco, tico-tico, zum-zum-zum, pingue-pongue, tique-taque, trouxe-mouxe, xique-xique* (= chocalho; diferentemente de *xiquexique* = planta), *zás-trás, zigue-zague*, etc. Os derivados, entretanto, não serão hifenados: *lengalengar, ronronar, tiquetaquear, ziguezaguear, zunzunar*, etc. Obs.: Não se separam por hífen as palavras com sílaba reduplicativa oriundas da linguagem infantil: *babá, titio, vovó, xixi*, etc.

Zero grau, zero hora A concordância com o numeral *zero* é no singular. Dizemos: *Faz* zero grau (e não: *Faz* zero graus); *O horário de verão começa à* zero hora *deste domingo* (e não: zero horas); "Ele quebrou o joelho jogando futebol no domingo. No mais, *zero* acidente." (Claudia Giudice, *A vida sem crachá*).

Já o substantivo masculino *zero* pode ser pluralizado: "Não lia mais jornais, não se dera conta dos *zeros* que a todo mês se alinhavam à direita dos preços [...]." (Ana Maria Machado, *Palavra de honra* in *Ana Maria Machado: obra reunida*).

Obs.: 1.ª) Por motivo de clareza, na locução adverbial *à zero hora*, o *a* é acentuado: *Os relógios devem ser adiantados* à zero hora *de domingo*. 2.ª) A locução *a zero* significa 'sem dinheiro, sem recursos': "O governador declarou que estava *a zero*, raspara tudo, todas as suas economias [...]." (Carlos Heitor Cony, *Quase memória*).

Zero-quilômetro O adjetivo *zero-quilômetro* (= sem uso, novo, em referência a veículos e, por extensão, a diversas coisas) é invariável: *carros* zero-quilômetro; *computador* zero-quilômetro.

Também pode ser usado como substantivo masculino de dois números, com o significado de 'automóvel zero-quilômetro': *o sonho de comprar um* zero-quilômetro.

Zigue-zague (plural: zigue-zagues) Os compostos formados com elementos repetidos, com ou sem alternância vocálica ou consonântica, por serem compostos representados por formas substantivas sem elemento de ligação, terão hífen: *blá-blá-blá, lenga-lenga, reco-reco, tico-tico, zum-zum-zum, pingue-pongue, tique-taque, trouxe-mouxe, xique-xique* (= chocalho; diferentemente de *xiquexique* = planta), *zás-trás, zigue-zague,* etc. Os derivados, entretanto, não serão hifenados: *lengalengar, ronronar, ziguezaguear, zunzunar,* etc. Obs.: Não se separam por hífen as palavras com sílaba reduplicativa oriundas da linguagem infantil: *babá, titio, vovó, xixi,* etc.

-zinho Ver *-inho, -zinho*.

Zoo-hematina, zooematina O substantivo feminino *zoo-hematina* ou *zooematina* (= princípio que determina a cor do sangue) pode ser grafado dessas duas formas. Ver *hífen nas formações com prefixo*.

Zum-zum-zum (plural: zum-zum-zuns) Os compostos formados com elementos repetidos, com ou sem alternância vocálica ou consonântica, por serem compostos representados por formas substantivas sem elemento de ligação, terão hífen: *blá-blá-blá, lenga-lenga, reco-reco, tico-tico, zum-zum-zum, pingue-pongue, tique-taque, trouxe-mouxe, xique-xique* (= chocalho; diferentemente de *xiquexique* = planta), *zás-trás, zigue-zague,* etc. Os derivados, entretanto, não serão hifenados: *lengalengar, ronronar, ziguezaguear, zunzunar,* etc. Obs.: Não se separam por hífen as palavras com sílaba reduplicativa oriundas da linguagem infantil: *babá, titio, vovó, xixi,* etc.